ROWOHLT
BERLIN

Thiel

Guy Corneau

Kann denn Liebe glücklich sein?

Über das Leben zu zweit

Aus dem Französischen
von Brigitte Große

Rowohlt · Berlin

1. Auflage Juli 1999

Die französische Originalausgabe erschien 1997 unter
dem Titel «N'y a-t-il pas d'amour heureux?»

Satz aus der Sabon PostScript PageOne
Umschlaggestaltung Walter Hellmann
Foto: Tod Papageorge
Gesamtherstellung Clausen & Bosse, Leck
Printed in Germany
ISBN 3 87134 369 2

There is a crack, a crack in everything
That's how the light gets in.
LEONARD COHEN

Sag diese Worte, mein Leben,
und halt deine Tränen zurück:
«In der Liebe gibt's kein Glück.»
LOUIS ARAGON

Meinen Eltern für ihre Liebe und Großzügigkeit

Meinen Schwestern für ihre Freundschaft

Marie-Ginette und allen Frauen, die ein Stück Leben mit mir teilten und durch Freud und Leid der Liebe zu meiner schwierigen Geburt beigetragen haben

Meinen Weggefährten vom Männernetzwerk Quebec und den Männergruppen in Belgien, der Schweiz und Frankreich

Dem Leben, das uns alle so liebenswürdig in seinem Schoß trägt

Inhalt

Einführung

Bei Kaffee und Bienenstich

«Bei Kaffee und Bienenstich sagt' ich zu dir, ich liebe dich ...» Dieses Lied summte das erste Mädchen, dem ich einen Kuß gestohlen hatte – in einem Wäldchen nahe dem Haus meiner Kindheit. Ich muß ungefähr vierzehn gewesen sein, und mein Herz klopfte zum Zerspringen. Das Lied, das Begehren, der Duft des feuchten Waldes, das Lächeln meiner Liebsten, alles verschmolz auf wunderbare Weise. Mit Jacques Brel, der seine erste Liebe besang, hätte ich einstimmen können: «Ich flog, ich schwör's. Ich schwöre, daß ich flog.»

Ich war jung. Meine Flügel entfalteten sich gerade. Ich sah keine Schwierigkeiten vor mir. Der Schwung meines Herzens warf mich in die Arme der Mädchen, wo ich wie der Dichter Aragon «ein Land zu finden hoffte». Alles war leicht. Ich glaubte, mit der richtigen Partnerin seien alle Probleme auf einen Streich gelöst. Und dann spielte mir die Liebe einen Streich. Heute bin ich 45, kinderlos, und lebe allein. Ich habe eine Freundin, aber wir wohnen nicht zusammen.

Ich glaubte, die Liebe würde das Leben für mich einfacher machen, aber es wurde immer komplizierter. Ich lernte Frauen kennen und habe mich sogar getraut, mit manchen ein Paar zu bilden. Doch liebte ich sie wirklich, hatten sie Angst vor mir, und umgekehrt lief ich weg, wenn mich eine wirklich liebte. Meine naive Begeisterung zerschellte an den Schwierigkeiten des Alltags, der Eifersucht und des Verrats. Ein paar Jahre verbrachte ich damit, um jeden Preis lieben zu wollen, und mindestens ein Jahrzehnt lang habe ich mein Herz verschlossen. Ich habe Treue geschworen aus Liebe, aber ich habe auch Untreue geschworen aus Trotz und um nicht mehr zu leiden.

Wenn ich manchmal den strahlend hingerissen Liebenden, den großzügigen, gefühlvollen Geliebten, den verantwortlichen, pflichtbewußten Mann in mir ahnen konnte, dann habe ich doch auch den getroffen, der mit den Frauen noch ein Hühnchen zu rupfen hatte, den Rächer, den Angreifer, den Besitzer, ja den Gewalttäter, den Flüchtling, den Lügner. So viele Persönlichkeiten, die ich vorher nicht kannte und lieber gar nicht erst kennengelernt hätte. Aber es gibt sie, und sie zwingen mich dazu, mit meinen Urteilen über andere vorsichtiger zu sein – jetzt, seit ich weiß, daß ich selbst zum Besten wie zum Schlechtesten fähig bin.

Mit der Zeit wurde mir bewußt, daß ich liebte, um mich von der Leere zu befreien, die ich in meinem Innern spürte. Ich warf mein Herz jeder, die kam, vor die Füße, weil ich nicht wußte, was ich damit anfangen sollte. Ich wollte, daß jemand sich um mich kümmerte, damit ich es nicht selbst tun mußte. Um das alles besser zu verstehen, um den Ursprung meiner Probleme zu finden, mußte ich noch einmal in meine Kindheit zurückgehen. Ich habe die Vergangenheit meiner Partnerinnen und die meiner Patienten erforscht.

Nach und nach wurde mir klar, daß diese ungeheure Macht, die uns in Begierde und Not stürzt und uns aneinanderwirft, die Liebe ist. Ich weiß jetzt, daß man sich selbst in ihr findet – und auch den anderen. Durch die Prüfungen, die sie uns aufbürdet, lernen wir uns selbst kennen. Sie verletzt, sie öffnet und knetet uns gleichsam durch, so daß wir immer empfänglicher werden für das Glück. Damit bereitet sie uns darauf vor, daß wir sie in ihrer strahlenden Größe empfangen können.

Heute fühle ich mich wieder lebendig und froh. Die Reise in mein Inneres hat mir Sicherheit und Gelassenheit gebracht. Die Liebe ist zu einer inneren Verfassung geworden, die nicht von einer Partnerin abhängt. Aber ich weiß auch, daß ich sie jeden Tag neu entstehen lassen muß. Und es gibt in meinen Augen keine vornehmere und dringlichere Aufgabe, als die Liebe zwischen den Menschen in diesem Sinne neu zu sehen, neu zum Leben zu bringen – neu zu erfinden.

Die Liebe im Krieg

Im Land der Liebe ist der Krieg ausgebrochen. Wie kommt es zu so vielen Konflikten in unserem Leben, wenn wir doch alle auf der Suche nach Glück sind? Wie kommt es, daß wir ausgerechnet gegen jene Krieg führen, die wir am meisten lieben? Was nutzt dieser Krieg? Wer hat ihn erklärt? Was gewinnen wir damit? Und, vor allem, wie können wir ihn beenden?

Genaugenommen sind alle Kriege auf der Welt, unter welchem Vorwand sie auch begonnen werden, Grenzstreitigkeiten. Der Krieg bricht aus, wenn zwei Länder die Souveränität über dasselbe Gebiet für sich beanspruchen, wenn die Grenzen zwischen zwei unabhängigen Staaten unklar sind oder sich mit der Zeit verwischt haben. Wo klare Grenzen festgelegt und geachtet werden, gibt es weder Streit noch Verwirrung. In einer Gesellschaft im Umbruch jedoch, in der alle Rollen und Grenzen neu definiert werden, ist Klarheit nicht leicht herzustellen. Die Uneindeutigkeit aber begünstigt die Ausweitung des Konflikts auf alle Fronten, besonders auf den Bereich von Paar und Familie. Wagt man es nämlich, die von der patriarchalen Gesellschaft festgelegten Rollen in Zweifel zu ziehen und zu fragen, was charakterisiert einen Vater, was eine Mutter, was ist ein Mann, was eine Frau, wie fassen wir Heterosexualität auf, wie Homosexualität, so kann man darauf wetten, daß das einen offenen Konflikt in den Gefühlen zwischen Männern und Frauen bewirkt.

In gewisser Weise haben unsere westlichen Gesellschaften diesen Krieg wohl bitter nötig, um mit den eingefahrenen Mustern zu brechen, die unser Leben sonst von vornherein bestimmen. Dieser Konflikt treibt die Menschen oft bis zum Siedepunkt. Darin liegt auch etwas Positives: Wie im physikalischen Bereich ist große Hitze nötig, um alte Amalgame aufzulösen und neue Moleküle zu bilden. Die neuen Moleküle, von denen hier die Rede ist, sind die Ansätze zu gegenseitiger Unterstützung und Gleichheit zwischen Männern und Frauen.

Dabei steht außer Frage, daß jede Krise auch Gefahren birgt. Bei den Chinesen bedeutet das Wort «Krise» beides: Chance und Gefahr. Eine Krise bietet uns die riskante Gelegenheit zur Entwicklung. Wir können die Offenheit der Situation nutzen, um eine neue Nähe zwischen Männern und Frauen zu schaffen. Die Gefahr besteht darin, daß wir in den alten Vorwürfen gegen das jeweils andere Geschlecht steckenbleiben.

Das Glück erfinden

Wenn ich einen Vortrag über Nähe halte, stelle ich zu Beginn oft die Frage, wer von den Anwesenden ein glückliches Paar kennt. Da heben die meisten ihre Hand. Frage ich aber nach zwei, nach drei glücklichen Paaren, zähle ich unter fünfhundert Zuhörern noch höchstens ein Dutzend erhobener Hände. Bei über fünf müssen fast alle passen.

Schöne Bilanz! Unwillkürlich fragt man sich, ob das Paar nicht ein Hirngespinst oder eine Sonderform des Masochismus ist. Fast alle versuchen sich daran und hoffen, auf diese Weise ihr Glück zu finden. Doch offenbar verhält es sich mit dem Glück zu zweit wie mit der Karotte vor der Nase des Esels: Es reizt unseren Appetit, zieht uns an und wir laufen hinterher …

Ich neige dazu, mit der Psychoanalytikerin Jan Bauer anzunehmen, daß, von Ausnahmen abgesehen, eine wirkliche Nähe zwischen Männern und Frauen noch nie bestanden hat.[1] Das heißt, das Glück liegt nicht in der Vergangenheit. Früheren Generationen ist mitnichten gelungen, woran wir so jämmerlich

---

1 Siehe Jan Bauer, *Unmögliche Liebe – vom Sinn unerlaubter Leidenschaft*, Zürich: Schweizer Spiegel Verlag 1995

scheitern. Nein, die Nähe zwischen Mann und Frau, das Glück als Paar liegt noch vor uns! Wir müssen es erfinden. Wir haben keinen Schiffbruch erlitten, im Gegenteil, wir sind dabei, zu neuen Ufern aufzubrechen. Wir haben noch viel zu lernen.

Auf der Suche nach Nähe

Dieses Buch ist eine Reflexion über die Herausforderung der Nähe zwischen Mann und Frau an der Schwelle zum dritten Jahrtausend. Ein Versuch über den langen Weg der Annäherung von beiden Seiten. Ich werde Ihnen keine Zauberformel für das Glück zu zweit liefern, denn ich glaube nicht an dergleichen. Anstatt tausendundeine Methode zu empfehlen, die das Abenteuer einer Beziehung erleichtern könnte, möchte ich den Sinn der auftauchenden Probleme beleuchten. Ich will sichtbar machen, wie sie zustande kommen und auf welchen Voraussetzungen sie beruhen, weil ich glaube, daß das Wissen darum ihre Überwindung ermöglicht.

Im ersten Kapitel beschreibe ich die Krise heutiger Beziehungen vor dem Hintergrund der brüchig gewordenen männlichen Vorherrschaft. Im zweiten Kapitel erläutere ich einige Begriffe, die uns durch das ganze Buch begleiten werden, wie «Ichbildung», «Elternkomplexe», «Selbstwertgefühl» und die Archetypen «Animus» und «Anima».

Im dritten und vierten Kapitel geht es dann um die Beziehungen zwischen Vater und Tochter und zwischen Mutter und Sohn, weil sie sich unmittelbar auf das Spiel der Kräfte zwischen den Geschlechtern auswirken. Die ausweglosen Situationen von heute lassen sich zum Gutteil aus den Fehlern der Vergangenheit erklären. Hier wird nachvollziehbar, wie väterliche Vernachlässigung *die Frau, die zu sehr liebt,* zeugt und wie ein Übermaß an mütterlicher Fürsorge *den Mann, der Angst vor der Liebe hat*, hervorbringt. Von den inneren Konflikten des «braven Jungen» und des «braven Mädchens» wird die Rede sein sowie von ihren jeweiligen Bemühungen, ihre Liebes- und Handlungsfähigkeit wiederzuerlangen. Anschließend stelle ich im achten Kapitel «Überlegungen zur Mutterrolle» an, weil sich mir immer wieder zeigte, daß mein Buch *Abwesende Väter, verlorene Söhne*[2] die Mütter, insbesondere die alleinerziehenden Mütter, verunsichert hat.

Im folgenden Abschnitt kommen wir zu den Liebesbeziehungen: Das neunte Kapitel «Liebesleid» handelt von den Problemen der Paare, die sich in ständige Wiederholungen verstrickt haben. Es erläutert das Leiden der Männer an etwas, das wir mit einem Augenzwinkern als «Strick-um-den-Hals-Syndrom» bezeichnen könnten, und das Leiden der Frauen am «Lassosyndrom». Das folgende Kapitel, «Liebesfreuden», spricht von der Herausforderung der Nähe. Es stellt Fragen und enthält Elemente einer Antwort, die uns bei der Überwindung der Krise und bei der Herstellung einer funktionierenden Paarbeziehung helfen können.

Abschließend geht es in diesem Buch um die «Nähe zu sich selbst». Denn das ist meiner Meinung nach die neue Frage, der wir uns unter den veränderten Umständen heute stellen müssen: Wie kann Nähe zu anderen empfunden werden, wenn wir keine Nähe zu uns selbst empfinden? Die Liebesbeziehung bietet uns die wunderbare Möglichkeit, an unserer Veränderung zu arbeiten, und sie ist gleichzeitig eine Brücke, die uns mit den anderen, mit dem Universum verbindet. Ich spreche in diesem Buch hauptsächlich von heterosexuellen Paaren, hoffe aber, daß auch homosexuelle Paare hiervon profitieren können, denn ungeachtet der sexuellen Orientierung weisen Paarbeziehungen oft erstaunliche Gemeinsamkeiten auf. Ebenso sind die klassischen Beziehungsmuster zwischen Vater und Tochter, Mutter und Sohn, die ich beschreibe, nicht absolut zu verstehen. Selbstverständlich kann sich ein Mann im großen Spiel der Liebe und ihrer Schrecken auch eine Partnerin suchen, die nicht seiner Mutter ähnelt, sondern charakteristische Züge des Vaters trägt.

---

2 Guy Corneau, *Abwesende Väter, verlorene Söhne. Die Suche nach der männlichen Identität*, Solothurn/Düsseldorf: Walter 1993

Die Psychologie ist kein Dogma

Ich habe keine unumstößlichen Wahrheiten zu bieten, sondern halte mich an das, was in der Lebenswirklichkeit funktioniert und was immer auch vom Kontext abhängt. Die Pueblo-Indianer zum Beispiel definierten sich als Söhne und Töchter der Sonne und widmeten der Sonne einen täglichen Kult, weil sie befürchteten, sie würde sich weigern aufzugehen, wenn sie ihre Glaubensbekundungen vernachlässigten. Dieser Kern ihrer spirituellen Praxis verlieh ihrem Leben Sinn und bestärkte ihre enge Bindung an die Natur. Sie wären krank geworden, hätte man ihnen den Kult genommen. Diese psychische Wahrheit verdankte sich der Realitätsauffassung der Pueblo-Indianer und ist im Kontext ihrer Epoche zu verstehen. Jeder Mensch braucht so ein Grundprinzip, so einen Mythos, um seinem Leben Sinn zu verleihen. Entscheidend ist nicht, daß diese Idee oder Vorstellung von der Welt objektiv oder nachprüfbar ist, sondern daß sie uns jeden Tag aufs neue den nötigen Schwung gibt, auf unserem Lebensweg voranzukommen. Das ist die Wahrheit, nach der ich suche: eine innere, eine psychische Wahrheit, die uns erlaubt, die Paardynamik unter einem neuen Blickwinkel zu sehen, eine Wahrheit, die unseren Problemen einen Sinn gibt und unsere Lust, zu leben und zu lieben, wieder weckt. Ich möchte Sie bitten, das Buch als Erkundungshilfe zu gebrauchen. Nutzen Sie, was Sie betrifft, was in Ihnen ein Echo findet, und lassen Sie den Rest beiseite.

Die Liebe im Frieden

Es gibt sicherlich nicht nur einen einzigen, «den richtigen» Weg fort vom Schlachtfeld und hin zu einem kreativeren Umgang der Geschlechter. Ich weiß nur aus Erfahrung, daß es der Mühe wert ist, sich intensiv mit seinem Seelenleben zu beschäftigen, nachzudenken über das, was dort geschieht, den eigenen Lebensweg zu erforschen, ohne zu urteilen, und zu versuchen, sich mit sich selbst, den Eltern und all jenen zu versöhnen, die dieses Leben teilen. Diese Mühe kann zu einer Quelle heiterer Gelassenheit und großer Freude werden. Wenn wir sie auf uns nehmen, sind wir schließlich den Schmerzen und Dramen der Liebe weniger hilflos ausgeliefert.

Diese Mühe besteht vor allem immer wieder darin, mit unseren eigenen erworbenen Tabus, unserer Selbstzensur und Selbstverhinderung zu brechen, uns selbst gegenüber den Kampf zu führen: um das Recht, wir selbst sein zu dürfen. Zwischen Himmel und Hölle, zwischen Spiritualismus und Materialismus, zwischen weiblichen und männlichen Werten beginnt sich ein Weg abzuzeichnen, den wir einschlagen können. Indem wir uns anerkennend auf unsere Sinnlichkeit, auf unsere seelische Glücksfähigkeit und den Frieden unseres Geistes gründen, können wir die tiefe Freude erfahren, an der großen Gemeinschaft der Welt teilzuhaben. Wir sind nicht geboren, um Sexbestien, hoffnungslos Liebende oder weltabgewandte Asketen zu werden. Die Würde des Menschseins ist unsere Berufung.

1. Die Liebe im Krieg

Mann und Frau auf dem Sofa

Sie

Er ist gerade von der Arbeit gekommen und hat sich aufs Wohnzimmersofa fallen lassen, müde, aber zufrieden. Er hat seine Schuhe ausgezogen, gähnt und streckt sich. Er hat viel zu erzählen heute abend. Er hört auch nicht zu reden auf, wenn du in die Küche gehst, um Gläser zu holen. Er trägt das Hemd, das dir so gut an ihm gefällt, schließlich hast du es ja selbst ausgesucht. Es gibt ihm was Freches und lockert ein wenig den Ernst, mit dem er sein Leben angeht. Du magst es, wenn er sich dank seiner Müdigkeit beim Reden ein bißchen gehen läßt. Was er erzählt, ist nicht so interessant, aber wenigstens spricht er mit dir. Er nimmt die Verbindung zu dir auf ... Während er redet, gehst du zu ihm hin, zum Sofa. Du hast plötzlich Lust, ihn zu umarmen, einfach so, ganz ohne Grund, nur um diesen Augenblick zu feiern. Jetzt wirst du mal anfangen, statt immer ihm die Initiative zu überlassen, worüber er sich schon bitter beklagt hat. Lasziv und sinnlich gehst du auf ihn zu.

Er sieht dich aus den Augenwinkeln kommen und lächelt dich an, er nimmt dir die Gläser ab und stellt sie auf den Tisch. Deinen ersten Kuß erwidert er mit offensichtlichem Vergnügen, aber je mehr du ihn bedrängst, desto unbehaglicher wird dir. Irgend etwas läuft schief. Du merkst, wie dein Körper steif wird und sich sozusagen verweigert. Er lächelt immer noch, aber sein Gesicht ist erstarrt. Er hat aufgehört zu reden und greift nach seinem Glas.

Ihm ist offenbar nicht wohl in seiner Haut, und du verstehst überhaupt nichts mehr. Oder doch, aber was du da zu begreifen beginnst, gefällt dir kein bißchen. Wenn du damit anfängst, ist es auch immer bald zu Ende. Jedesmal erwischst du den falschen Moment. Im Zweifelsfall schützt er Kopfweh vor. Er ist wie ein kleiner Junge, der Angst vor seiner Mutter hat. Aber du bist nicht seine Mutter, du hast mit ihr nichts zu tun! Du möchtest jetzt nur noch eins: Ihren kleinen Liebling in einem gut verschnürten Päckchen mit der Aufschrift «Schadhaft!» zu ihr zurückschikken.

Er

Sie ist vor dir nach Hause gekommen, ihr Duft erfüllt schon den Raum. Ihr Duft und das Sonnenlicht, das zu dieser Tageszeit durch alle Fenster hereinfällt. Sie fragt dich *Willst du was trinken?* und du sagst *Warum nicht?* Du magst es, wenn sie dir etwas bringt, wenn sie gut gelaunt und aufmerksam zu dir ist. In solchen Momenten fühlst du dich umsorgt und vom Schicksal begünstigt und findest das Leben schön.

Während sie in der Küche hantiert, erzählst du ihr einen Haufen belangloses Zeug, um sie zum Lachen zu bringen, weil du weißt, daß sie dich gern reden hört. Du redest und redest und kriegst plötzlich Lust, mit ihr zu schlafen. Wenn sie doch nur einmal den ersten Schritt machen könnte, um dir zuvorzukommen! Du würdest sie mit Haut und Haaren fressen! Aber das tut sie fast nie. Oder doch? Wie sie da auf dich zukommt, als ob ein Traum wahr würde. Aber irgend etwas ist komisch ... Dieser Eifer, mit dem sie dich verführen will. Soviel Leidenschaft irritiert dich. Als hinge ihr Leben davon ab. Als hätte sie einen solchen Hunger nach Gefühl, daß kein Mann ihn jemals stillen könnte.

Sie hat ihr Glas abgestellt, schmiegt sich an dich und küßt dich. Jetzt will sie, daß du ihr sagst *Ich liebe dich*. O nein, geht das schon wieder los! Du müßtest das mal auf Kassette aufnehmen, dann könnte sie es sich den ganzen Tag lang anhören. Das Ganze wird dir unangenehm. Ihr Hunger nach Gefühl ist so groß, daß er dir angst macht, wie ein Schlund, der dich verschluckt, wenn du ihm zu nah kommst. Aber wenn du sie fragst, wieso, sagt sie immer nur: «Keinen Papa gehabt!» Ehrlich! «Keinen Papa gehabt!» Als hättest du einen gehabt ... Nach dem vierten Kuß greifst du zum Glas. Hoffentlich merkt sie nicht, wie unbehaglich du dich fühlst, aber bei ihrer Intuition hast du wenig Chancen. Jetzt fehlt nur noch, daß du Wein auf dem Teppich verschüttest. Du gehst jetzt besser zur Toilette, um dich wieder einzukriegen.

Sie

Ach ja, jetzt verkrümelt er sich schon wieder! Aber diesmal rennst du ihm nicht hinterher. Dir reicht's. Du hast genug von seiner Kaltschnäuzigkeit. Lange genug hast du das brave Mädchen gespielt. Du hast keine Lust mehr, ihm was Nettes zu kochen und seine Bettspielchen mitzumachen, nur wegen dem bißchen Gefühl, das du sowieso nie kriegst. Zorn steigt in dir hoch, aber du möchtest lieber nichts sagen, weil dir das, was du zu sagen hast, zu groß, zu böse vorkommt. Vor fünf Minuten wolltest du ihn noch küssen, jetzt hast du eine Rechnung mit ihm zu begleichen. Wenn er nur endlich zurückkäme ...

Er

Im Bad machst du dir Vorwürfe. Sie wollte dir doch nur eine Freude machen! Wenn du doch nur ein einziges Mal drauf einsteigen würdest! Wenn du ihr die Zuwendung geben könntest, die sie braucht ... Das würde diesem Kleinkrieg, den ihr euch seit Tagen liefert, ein Ende bereiten. Also los! Voll guter Vorsätze gehst du ins Wohnzimmer zurück.

Da hockt sie wie ein Häufchen Elend am anderen Ende des Sofas, abweisend und kalt. Deine guten Vorsätze sind sofort verflogen. Wenn sie Krieg will, soll sie ihn haben! denkst du. Du läßt dich doch nicht veräppeln! Seit sie in die Therapie geht und mit dieser Selbstbehauptung angefangen hat, gibt es immer mehr Probleme. So kommt es dir jedenfalls vor. Über alles und jedes regt sie sich auf.

Jetzt fängt sie wieder mit einer ihrer Tiraden über Liebe und Beziehung an, und du wirst langsam wütend. Du trinkst einen Schluck Wein, um dich zu beruhigen, aber der Wein schmeckt wie Essig. Essig, genau, Essig! Blitzartig wird dir das ganze Problem vollkommen klar. Alles, was sie anfaßt, schmeckt nach Essig. Essigpisse! Schon wieder ein Abend verdorben. Und du denkst nur noch an eines: Raus hier! Du willst ihr ins Wort fallen, um es ihr zu sagen, aber sie nimmt dir das Wort aus dem Mund: «Du willst doch schon wieder weg! Ich könnte drauf wetten. Du findest mich gestört. Aber vielleicht fühlst du dich auch nur gestört. Das ist ein Unterschied, mein Schatz! Glaubst du wirklich, daß die anderen Frauen anders sind? Meinst du, du findest die ideale Frau? Hast du dich schon mal im Spiegel angeschaut?»

Das Gewicht eines Traums

Das war's wieder mal! Der Reigen gegenseitiger Vorwürfe und Schuldzuweisungen hat begonnen. Der Ton steigt an, es wird ein paar Auftritte mit Türenknallen, Weglaufen und Wiederkommen geben, ein bißchen Geschrei, ein paar Tränen, Bitterkeit auf beiden Seiten, Bedauern, Küßchen, und wenn alles gutgeht, wird das Ganze im Bett enden. Und in ein paar Tagen geht es wieder von vorne los.

Ich weiß, Sie haben geglaubt, so etwas kommt nur bei Ihnen vor. Da muß ich Sie leider enttäuschen, das kommt in den besten Familien vor, überall, jeden Tag. Aber Sie können dem Ganzen natürlich Ihre persönliche Note verleihen. Manchmal sitzen zwei Männer auf dem Sofa, manchmal zwei Frauen. Oft ist *sie* es, die *ihn* zurückweist. Manchmal setzt es Schläge ... Aber im allgemeinen verändert sich an diesem Szenario so wenig, daß man den Eindruck gewinnen könnte, Liebesbeziehungen zwischen Menschen jeden Geschlechts verliefen nach einem vorausberechneten Programm.

Sie behauptet, sie sei reif genug und suche nun einen Mann, der fähig sei, sich einzulassen. *Er* soll ihr geben, was sie von ihrem Vater nicht bekommen konnte. Doch das Gewicht dieser Erwartung flößt *ihm* Angst ein. Um so mehr, als er gar keinen Begriff davon hat, was Nähe zu einem Menschen oder zu sich selbst bedeutet. *Er* kennt die Macht, den Ruhm, die Mechanik, die Ideen. Mit den Gefühlen ist das etwas anderes. *Ihm* fehlt eine wesentliche Zutat zum Liebesmahl, von der *sie* behauptet, sie habe sie. Und plötzlich hat er das Gefühl, daß er auf diesem Gebiet eine Null ist.

Er fühlt sich schuldig, weil er nicht die Erfüllung ihres Wunschtraums darstellt, den *sie* schon seit so langer Zeit verwirklicht haben will, was aber immer scheitert. *Sie* ist unglücklich, weil sie ihn nicht glücklich machen kann, obwohl sie sich doch so große Mühe gibt, ihm dabei zu helfen, daß er der Märchenprinz wird, den sie sich erträumt. *Er* fühlt sich gegängelt, manipuliert, genötigt, etwas zu sein, das er nicht ist. *Sie* macht ihn genauso ratlos wie seine Mutter, die auch ihren kleinen Prinzen aus ihm machen wollte. *Sie* träumt denselben Traum, ergreift genauso Besitz von ihm, ohne sich darüber im klaren zu sein.

Sie kennt das Gewicht ihres Traumes nicht. *Er* weiß nichts vom Gewicht ihrer Forderungen, nichts vom Gewicht seiner Versäumnisse. *Ihm* ist nicht klar, daß das seine Art ist, *sie* büßen zu lassen für den Traum, den sie von ihm träumt. So kann er sie manipulieren und dazu bringen, auf *ihn* zuzugehen. Und so wird das Ganze allmählich unerträglich. *Sie* wartet und läuft ihm hinterher. *Er* schweigt und läuft vor ihr davon. Jede ihrer Gesten verrät, was sie voneinander erhoffen, und doch enttäuschen sie einander ständig. Und machen trotzdem weiter, spielerisch, boshaft, nur um irgendwie weiterzumachen, weil sie nicht sehen, wie es anders und besser gehen könnte. Ohnmächtig. Wenn sie sich lange genug ausgereizt und gequält haben, gehen sie in beiderseitiger Abscheu auseinander. *Sie* wird sagen, sie sei wieder einmal hereingefallen. *Er* wird sagen, er habe sich wieder einmal einfangen lassen. Und beide werden darunter leiden, daß es wieder einmal nicht geklappt hat.

Bedurfte es nicht einer fundamentalen Krise, um diesen Seufzerreigen, in dem sich die Paare seit Jahrhunderten drehen, auf der Stelle anzuhalten, um endlich über Veränderungen nachzudenken?

Die Beziehung ist zum Schlachtfeld geworden

Die Erschütterung des Patriarchats

Sie und *Er* befinden sich in einer Krise, wie so viele Paare heute. Doch der Krieg, den sie sich liefern, hat lange vor ihnen angefangen. Er fußt hauptsächlich auf der Organisation der Macht innerhalb des Patriarchats, wie eine Gesellschaft genannt wird, in der das Gesetz des Vaters und die männlichen Werte vorherrschen.

Vor diesem Hintergrund kann man sich fragen, was mit «Zwei sein heißt eins werden» eigentlich gemeint ist. In der traditionellen Ehe beruhte der häusliche Friede meist auf einem Opfer der Frau zugunsten des Mannes. Die Frau wurde eins mit dem Mann und gehorchte wie er den Vorschriften der patriarchalischen Gesellschaft. Es war selbstverständlich, daß sie ihre Individualität – ihre Neigungen, ihre Ambitionen und ihre Kreativität – verleugnete, um sich ganz der Versorgung von Mann und Kindern zu widmen. Seit immer mehr Frauen sich diesen Verhältnissen verweigern, ist die Beziehung von Mann und Frau in eine Krise geraten, denn wir haben kein historisches Vorbild für ein Zusammenleben, bei dem beide Partner vollständige, autonome Persönlichkeiten bleiben.

Das Patriarchat ist ein System von Vorstellungen, das die psychische und soziale Identität von Männern und Frauen formt. Diese Ideologie weist den Frauen einen untergeordneten Rang zu. Sie hält sich an das Vorurteil, daß die Gedanken und Leistungen der Männer wichtiger seien als das, was Frauen tun, denken und fühlen. So wurde alles, was mit Weiblichkeit, Gefühlen und Häuslichkeit zu tun hatte, entwertet. Deshalb erschüttert es unsere patriarchalen Gepflogenheiten, wenn die Frauen nun seit etwa fünfundzwanzig Jahren behaupten, sie seien auch Menschen. Deshalb gab und gibt es den Krieg zwischen den Geschlechtern – innerhalb und außerhalb der vier Wände. Er läßt sich auf eine schlichte Frage reduzieren. Sie lautet: *Wer dient und wer läßt sich bedienen?*

Mit dem Soziologen Edgar Morin können wir feststellen: «Frauen sind die Agenten der Moderne», denn die fortschreitende Erschütterung des Patriarchats entspricht den Etappen ihres Wegs zur Autonomie. Auch wenn es schon immer Frauen gab, die gleiche Rechte forderten[1], ist es doch noch nicht lange her, daß ihre Lage sich grundlegend zu verändern begann. Die Erfindung der Pille, die die Frauen von der Zwangsmutterschaft befreite, hat zweifellos dem allmählichen Machtverlust der Männer den Boden bereitet. Der Raum der Lust und des Begehrens, der sich den Frauen damit auftat, erlaubte eine Infragestellung der traditionellen Rollenverteilung. Die zweite Etappe dieser Destabilisierung seit den späten sechziger Jahren hängt mit dem massiven Vordringen der Frauen auf den Arbeitsmarkt zusammen. Es ist der Beginn ihrer wirtschaftlichen Existenz und ihrer Befreiung aus finanzieller Abhängigkeit. Diese Entwicklung mündete in den aktiven organisierten Feminismus der siebziger Jahre, der für alle Handlungsfelder die Anerkennung der Gleichberechtigung fordert.

---

1 Ich denke hier etwa an das Theaterstück *Lysistrata*, in dem die Frauen beschließen, in Sexstreik zu treten, um ihre Rechte durchzusetzen. Aristophanes, der griechische Autor dieses Stücks, lebte von 445 bis 386 v. Chr.

Wie nicht anders zu erwarten, hat diese Bewegung auch das Liebesleben erreicht. Die Zweierbeziehung ist – neben dem Arbeitsplatz – zu einem bevorzugten Schlachtfeld geworden, auf dem die Scharmützel um die patriarchalische Gesellschaft ausgetragen werden. Die gegensätzlichen Kulturen von Männern und Frauen prallen in den alltäglichen Reibereien heftig aufeinander. Im privaten Raum informeller Beziehungen, in Küchen und Schlafzimmern wird heute über die Kultur der Patriarchen neu verhandelt.

Das Patriarchat ist in uns allen

Der Streit wäre einfach zu regeln, wenn auf der einen Seite die Guten, auf der anderen die Bösen stünden. Aber man sollte sich da keine Illusionen machen. Denn die andere, weniger bekannte Seite der Medaille sind die Kosten der Männer. Das Patriarchat hat nicht nur die Frauen unterdrückt, sondern auch die Männer sich selbst entfremdet. Es gibt ihnen den heroischen, harten Kerl zum Vorbild, der nicht über Gefühle redet. Und das funktioniert so gut, daß viele Frauen die Männer für empfindungsunfähig, vom Familienleben überfordert und in der Kindererziehung für vollkommen unbrauchbar halten. Das entspricht ungefähr der männlichen Überzeugung, Frauen könnten nicht denken.

Sich an diesen Vorurteilen festzuhalten heißt, die Ungerechtigkeiten der patriarchalischen Gesellschaft zu zementieren. Sollten wir uns nicht langsam eingestehen, daß die tiefgreifenden neueren historischen Entwicklungen Männer ebenso betreffen wie Frauen? Daß es auf beiden Seiten Opfer und Täter gibt? Sollten nicht Männer wie Frauen ihre starren Haltungen endlich überdenken?

Viele Frauen, die sich einen Platz in der Männerwelt erobern wollen, spielen das Spiel der Härte mit. Denn das gnadenlose Gesetz der patriarchalischen Welt lautet für alle: Trenne dich von deinen spontanen Empfindungen, wenn du nach oben willst!

Solange dieser Geist in unserer Gesellschaft herrscht, ist die Liebe in ihrer Existenz bedroht. Die patriarchale Männlichkeit erfordert die Unterdrückung von Emotion und Sinnlichkeit und die Blockierung des spontanen Gefühlsausdrucks. Ihre Verfassung ist die Herrschaft einer abstrakten Vernunft, deren Gesetz für alle Bereiche des Seins geltend gemacht wird. Wir alle, Männer wie Frauen, wirken an diesem kollektiven Mythos mit, der uns immer weiter vom Leben wegführt und uns die Nähe zur Welt und den Menschen unserer Umgebung versperrt. Denn das Patriarchat ist mehr als eine Organisationsform gesellschaftlicher und politischer Macht. Es ist nicht abstrakt und von uns unabhängig. Es ist zuerst und vor allem in uns. Wir unterwerfen unsere Gefühle und Gedanken seinem Diktat, wir geben äußerlichen Pflichten den Vorrang vor affektiven Werten und lassen zu, daß die Vernunft über das Herz triumphiert. Jeder Mann, jede Frau empfindet mehr oder weniger deutlich den Schmerz über diese innere Spaltung, die das Patriarchat uns aufgezwungen hat. Ein wirksames Heilmittel gegen dieses Leiden wäre eine wirkliche Nähe zwischen den Geschlechtern in Gleichheit und gegenseitiger Ergänzung.[2]

Für eine neue Nähe

Wirkliche Nähe und Vertrautheit zwischen Männern und Frauen hat es nie gegeben. Erst seit kurzem wird aus Liebe geheiratet, und daß zwei Menschen aus Liebe zusammenbleiben wollen, ist noch ungewohnter. Unsere Großeltern und Urgroßeltern hatten zur Eheschließung, abgesehen von der Familiengründung, verschiedene Gründe: finanzielle Not, Standesinteressen oder Mehrung des Familienerbes. Und da sie keinen Ärger mit der Kirche

2 Siehe dazu auch meinen Aufsatz «Le défi de l'intimité» (Die Herausforderung der Nähe), in: Jacques Salomé (Hg.), *Communiquer pour vivre*, Paris: CLÉS/Albin Michel 1996, S. 65 f.

oder den Nachbarn haben wollten, blieben sie auch meist zusammen. Echte, lebendige Nähe, sei es zwischen den Eheleuten oder zwischen Eltern und Kindern, gehörte nicht zum Katalog des Ehelebens.

In früheren Generationen waren die Rollen von Vater und Mutter, Mann und Frau recht genau bestimmt. Deshalb ist nun alles in sich zusammengebrochen. Dieses Modell eines geordneten Lebens war von einer Art krankhafter Austrocknung befallen. Heute wird es in Frage gestellt. Die Rolle der Mutter oder des Vaters sind für uns nicht mehr so klar. Wir zerbrechen uns sogar darüber den Kopf, was eigentlich einen Mann oder eine Frau ausmacht, was Homo- und was Heterosexualität ist. Eine Krise von erheblichem Ausmaß ist ausgebrochen, und sie bietet uns noch nie dagewesene Entwicklungsmöglichkeiten. Unsere Kultur hatte bisher noch nicht die Muße, sich Fragen dieser Größenordnung zu stellen. Das macht unsere Epoche so aufregend und so verwirrend. Und gegen den Pessimismus, der uns angesichts des massenhaften Scheiterns von Beziehungen befallen könnte, wendet die Journalistin und Schriftstellerin Ariane Émond ein, das Verhältnis der Geschlechter sei noch nie besser gewesen, weil sie nun zum erstenmal in ihrer Geschichte damit begonnen hätten, außerhalb vorgeschriebener Rollen miteinander zu sprechen.[3] Das Patriarchat hat eine männliche und eine weibliche Identität hervorgebracht, die eine Beziehung zwischen Mann und Frau tendenziell unmöglich machen. Doch das Wagnis ihrer Überwindung ist an- und aufregend. Eine neue Nähe bringt neue Herausforderungen mit sich. Jetzt, da beide Geschlechter begonnen haben, ihre Autonomie einzuklagen, geht es nicht mehr darum, daß eines für das andere Opfer bringt, sondern darum, wie zwei eigenständige Individuen eins werden und dabei ganz bleiben, zu zweit sein und dabei eins mit sich bleiben können.

---

3 Ariane Émond, *Les Ponts d'Ariane*, Montréal: VLB Éditeur 1994.

2. Wir werden als Mann oder Frau geboren

Der Begriff der Identität

Der Herzschlag des Seins

Wie können zwei eigenständige Wesen eins werden und dabei zwei ganze Persönlichkeiten bleiben? Das ist die entscheidende Frage, nicht nur für die Beziehung, sondern auch für das Seelenleben jedes einzelnen. Auf der Suche nach möglichen Antworten brauchen wir einige theoretische Bezugspunkte. Dieses Kapitel erläutert daher einige Grundbegriffe, wie etwa Ichbildung und Komplexe, die Entstehung des Bewußtseins, die Geschlechtsidentität und die Archetypen Animus und Anima. Zunächst jedoch geht es um den Herzschlag des Seins, die Grundlage der Identität.

Unsere Identität gründet von Anfang an auf einer zweifachen Bewegung: Wir nähern uns an, um dazuzugehören, und nehmen Abstand, um uns von anderen zu unterscheiden und diese Unterschiede zu erkunden. In der Annäherungsbewegung suchen wir Liebe, in der Distanz nach Bestätigung unserer Differenz. Wie wir diese zweifache Bewegung in unser Leben hineinnehmen, ist nicht ohne Wirkung auf den weiteren Verlauf unseres Liebeslebens, im Gegenteil, es wird davon entscheidend beeinflußt. Denn unser ganzes Leben spielt sich zwischen den beiden Polen Verschmelzung und Trennung ab. Am Anfang ist alles ein großes Ganzes. Das Kind befindet sich in totaler Symbiose mit seiner Umgebung, als wäre es noch im Bauch der Mutter. Die Geburt ist der erste Schock, der in diesem großen Ganzen als Anreiz für ein individuelles Bewußtsein dient. Aber das ist nur ein erstes Stammeln, noch ist nichts artikuliert. Einige Monate wird das Kind noch keine Trennung spüren und sich eins fühlen mit seiner Umgebung. Es wird die Mutter als Teil seiner selbst empfinden oder sich selbst vage als Erweiterung ihrer Brust wahrnehmen.[1]

Durch ständige kleine Frustrationen, zum Beispiel, wenn es verzweifelt schreit und niemand kommt oder das Fläschchen ausbleibt, lernt das Kind allmählich, sich selbst von anderen zu unterscheiden. Diese Enttäuschungen lassen ein Bewußtsein seiner eigenständigen Existenz entstehen. Ohne diese Reibung zwischen dem Individuum und seiner Umgebung gäbe es kein subjektives, das heißt, kein seiner selbst bewußtes Leben. Allerdings sollte man das nicht so verstehen, daß die Frustration das Bewußtsein hervorbringt. Sie ist nur der Auslöser, durch sie erfährt das Kind seine Existenz. So ist das Bewußtsein das Ergebnis einer Zusammenziehung, eines Rückzugs auf sich selbst, als Reaktion auf die Einwirkung der Außenwelt. Doch diesem Rückzug steht auf universeller Ebene die vollständige Entfaltung des Menschen gegenüber. Denn das Individuum hat die Aufgabe, seine primären Reaktionen in neue Äußerungen zu verwandeln, die es wiederum in die Welt schickt. Darin besteht das ungeheure schöpferische Potential jedes einzelnen Menschen. Und so entsteht der Kreislauf des Lebens: Handlung, Reaktion, Verwandlung, Handlung. Das Kind verwandelt sein Hungergefühl in Schreien, sein Schreien wirkt auf die Eltern, und diese verwandeln ihre Reaktion der Sorge in die Handlung, ihm zu essen zu geben.

Aus dieser Spannung zwischen Selbst und umgebendem Universum, zwischen sich und den anderen nährt sich das Seelenleben des Individuums. Diese Spannung bestimmt den Herzschlag des Seins. Wir müssen diese Spannung akzeptieren, um ein

---

1 Heinz Kohut, *Die Heilung des Selbst*, Frankfurt/M.: Suhrkamp 1991. Kohut entwickelte im Rahmen neuer Narzißmustheorien seine Psychologie des Selbst aufgrund von Beobachtung an Säuglingen. Er orientiert sich nicht mehr am Freudschen Phasenmodell der oralen, analen und genitalen Entwicklung, sondern geht von den beobachtbaren kindlichen Bedürfnissen aus. Der jungianische Analytiker Mario Jacoby erblickt darin eine Brücke zur Psychologie C. G. Jungs. Siehe: Mario Jacoby, *Individuation und Narzißmus*, München: J. Pfeiffer 1985.

Gleichgewicht finden und herstellen zu können, denn sie ermöglicht Bewegung und Veränderung. Vor allem aber ist diese Spannung Grundlage der Ichbildung; anders betrachtet könnten wir auch sagen, die Identität des Menschen erwächst aus dem Chaos. Zu Beginn ist diese Identität eng mit anderem verwoben und wird von allen möglichen Dingen überschwemmt, von denen sie sich schrittweise differenzieren muß, um Form anzunehmen. Gäbe es diese fundamentale Spannung nicht, die den Menschen dazu drängt, sich aus der Ursubstanz zu lösen, um er selbst zu werden, blieben wir Gefangene ohne jedes Bewußtsein unserer eigenständigen Existenz, und die Knospe würde sich nicht zum Blatt entfalten.

Die Ichbildung

In dem Maße, in dem das Baby heranwächst, festigt sich dieses Bewußtsein seiner selbst ebenso wie das Gefühl für sein Überdauern in der Zeit. Man könnte auch sagen, das Ich des Kindes nimmt allmählich Gestalt an. Bald nimmt es sein Spiegelbild wahr und erkennt sich darin wieder. Wie Narziß, der sich in sein Spiegelbild verliebte, als er sich über das Wasser eines Sees neigte und darin sein Abbild erblickte, genießt es seine Existenz. Daher heißt dieses Angezogensein vom eigenen Bild in der Psychoanalyse *Narzißmus*. Ein Kind ist von Natur aus narzißtisch, das heißt, auf sich selbst zentriert. Diese Phase ist absolut notwendig, sie ist die Quelle der Selbstliebe, von der später noch ausführlich die Rede sein wird. Der französische Psychoanalytiker Jacques Lacan hat sich mit dieser Phase, die er das «Spiegelstadium» nannte, intensiv auseinandergesetzt. Von nun an steht das Ich im Zentrum des Bewußtseinsfeldes. Seine Herausbildung ermöglicht erst die psychische Geburt des Subjekts, das heißt, eines Wesens, das über seine subjektive Erfahrung sprechen und Ich sagen kann, wenn es sich selbst meint. In der Folge wird das Ich des Kindes immer stärker, so daß es seine Persönlichkeit zunehmend bewußt entfaltet. Anfangs ist es noch mit Mutter und Vater verschmolzen und identifiziert sich mit den Werten seiner Eltern. Die Schule erlaubt ihm jedoch, sich von ihren Wünschen und schließlich auch von den Vorstellungen seiner familiären Umwelt zu lösen. Das ist ein großer Schritt, durch den das Kind die Differenz zu seiner Familie bestätigt und frei wird für andere Werte, von denen es sich allerdings auch wieder distanzieren muß, um weiter seinen eigenen Weg einzuschlagen. Das gleiche gilt für die professionelle Identität, die man durch die Ausübung eines Berufs erwirbt. Auch sie kann den Menschen unterdrücken und sein eigenständiges Ich zum Schweigen bringen. So geht es weiter, von Etappe zu Etappe ... Und in diesem Geflecht menschlicher Beziehungen versucht man sich anzupassen und dabei gleichzeitig man selbst zu bleiben.

Das Ich braucht allerdings den anderen Menschen, die Liebe anderer, um sich zu entwickeln. Ein ganzes Leben lang sind wir auf Menschen angewiesen, um uns in unserer Individualität zu erkennen, zu entwickeln und auszuformen. Wir müssen uns mit anderen identifizieren oder uns von ihnen abheben, das heißt, Unterschiede bekräftigen und Ähnlichkeiten annehmen.

Außerdem rufen Beziehungen zu anderen Menschen Gefühle in uns hervor, die wir verwandeln müssen, um sie auszudrücken und an die Welt weiterzugeben. Diese Beziehungen, ob negativ oder positiv, erhalten uns am Leben und regen unsere Kreativität an. Man könnte sagen, daß der andere Mensch mehr ist als eine angenehme Zutat zum Leben, mit dem wir uns irgendwie abfinden müssen. Es ist nämlich der andere, der uns eigentlich erst ermöglicht, wir selbst zu werden.

Die Selbstwerdung

Es läßt sich aber beobachten, daß viele Menschen die Entwicklung ihrer Persönlichkeit hemmen und ihre Besonderheit verdrängen, weil sie fürchten, anderen zu mißfallen. Natürlich sind wir alle ständig der Versuchung ausgesetzt, uns in einer unserer Lebensphasen bequem einzurichten und nicht mehr weiterzugehen. Manche lösen sich nie von ihrer Familie oder von ihrem beruflichen Image. Sie bleiben ihr Leben lang anonyme Mitglieder eines Clans, eines Paares oder eines Berufsstandes. Das gibt ihnen eine gewisse Sicherheit, aber ihr eigentliches Wesen nimmt Schaden und wird früher oder später unvermeidlich sein Recht fordern, ob als körperliches oder als seelisches Leiden.

Persönlichkeitsentwicklung und Selbstwerdung sind mehr als eine psychologische Aufgabe, sie sind ein fundamentales Bedürfnis, dessen Verdrängung sich bitter rächt. Demgegenüber vermittelt die Befriedigung dieses Bedürfnisses das Gefühl, sich selbst verwirklicht zu haben, und die innerste Gewißheit, daß man seinen Platz im Universum und den Sinn seines Lebens gefunden hat. Dieser unveränderliche Drang zur Selbstwerdung, dieses ständige Streben nach Autonomie ist die Grundlage dessen, was der Schweizer Psychoanalytiker Carl Gustav Jung den «Prozeß der Individuation» nennt.[2]

Im Individuationsprozeß wird der Mensch zutiefst er selbst und ist doch untrennbar verbunden mit allem, was ihn umgibt. Fünf Phasen lassen sich in diesem Prozeß unterscheiden: In der ersten geht es um die Unabhängigkeit von den Eltern und den Komplexen, die aus den familiären Beziehungen entstanden sind. In der zweiten Phase entwickeln wir unsere Fähigkeit, Beziehungen zu anderen Menschen zu unterhalten. Die dritte Phase drängt zur Selbstwerdung, die vierte zur Ganzwerdung, das heißt, immer mehr auf uns selbst zentriert und mit dem Prozeß des Lebens in allen seinen Aspekten verbunden.[3]

---

2 Zum Individuationsprozeß und seinen unterschiedlichen Etappen siehe das grundlegende Werk von C. G. Jung, *Die Beziehung zwischen dem Ich und dem Unbewußten*, Grundwerk Band 3, Freiburg/Br.: Walter 1984.

3 Siehe Verena Kast, «Animus and Anima. Zwischen Ablösung von den Eltern und Spiritualität», in: Frick/Huber (Hg.), *Die Weise von Liebe und Tod. Psychoanalytische Betrachtungen zu Kreativität, Bindung und Abschied*, Göttingen: Vandenhoeck 1998.

In der fünften und letzten Phase des Individuationsprozesses löst sich der Gegensatz von Verschmelzung und Trennung auf, denn wenn das Ich mit der tiefsten Seinsebene, das heißt dem Selbst, in Verbindung steht, ist die Spaltung zwischen Selbst und anderem aufgehoben. Dann sind wir Persönlichkeit und Gemeinschaft, Individualität und Universalität gleichermaßen. Dann ist das Ich zutiefst es selbst und mit allem Seienden verbunden. Das ist das Mysterium unserer Identität. Aber bis dahin ist es ein weiter Weg. In Gemeinschaft anderer man selbst zu bleiben und sich in der Gemeinschaft aufgehoben zu fühlen, wenn man allein ist, sind die gegensätzlichen Pole, zwischen denen unser ganzes Leben aufgespannt ist. Die unvermeidliche Reibung zwischen Individualität und Universalität ist das Wesen der Kreativität. Ihr entspringt die lebendige Kraft des Seins.

Die Komplexbildung

Eine der heikelsten Aufgaben des Individuationsprozesses ist wohl die Befreiung von den Elternkomplexen. Häufig sind sie es, die Menschen daran hindern, ihre Individualität zu behaupten, und die ihnen im Liebesleben einen Strich durch die Rechnung machen. Es scheint daher sinnvoll, der Entstehung von Komplexen im allgemeinen und von Elternkomplexen im besonderen einige Zeilen zu widmen.

Komplexe[4] entstehen aus der Verinnerlichung der familiären Dynamik, gewöhnlich in Zusammenhang mit Ereignissen von hoher emotionaler Ladung. Sie nisten sich für lange Zeit ver-

4 Es war C. G. Jung, der im Rahmen seiner «Diagnostischen Assoziationsstudien» (mit Franz Riklin) den Begriff «Komplex» prägte. Er forderte seine Versuchspersonen auf, zu verschiedenen Wörtern spontan zu assoziieren, wobei er sich besonders dafür interessierte, was sie am Antworten hinderte. In Verzögerungen, Lachanfällen, Scham oder Antwortverweigerungen sah er Hinweise darauf, daß einige Wörter bestimmte «gefühlsbetonte Komplexe» der Versuchsperson berührten.

steckt in uns ein, können aber zu richtigen inneren Stimmen werden, die uns dazu treiben, immer wieder dieselben Grundmuster zu wiederholen, oder uns in eine Verweigerungshaltung drängen.

Dennoch sind die Komplexe nicht so negativ, wie sie im allgemeinen Sprachgebrauch erscheinen, etwa wenn man von einem Minderwertigkeitskomplex spricht. Sie sind vielmehr Konstruktionsteile unseres Seelenlebens, das aus der Gesamtheit unserer geistigen und gefühlsmäßigen Reaktionen besteht. Jeder Komplex hat sozusagen seine eigene Grundstimmung, er ist von einer bestimmten affektiven Tonalität gefärbt, die aus einem emotionalen Ereignis herrührt. Diese Grundstimmung wirkt wie ein Magnet und zieht in der Folge alle Ereignisse, Gedanken und Phantasien an sich, die den gleichen affektiven Gehalt haben. Diese Elemente vermischen sich im Unbewußten miteinander und bilden dort Assoziationsketten. Deshalb behauptete Freud, man könne von jeder geistigen Äußerung auf den dahinterliegenden Komplex schließen, und entwickelte davon ausgehend eine Methode zur grundlegenden Erforschung der Seele, die er freie Assoziation nannte.

Um sich das vorzustellen, konzentrieren Sie sich zum Beispiel auf das Wort Ekel; lassen Sie es in Ihrem Inneren widerhallen, und Sie werden sehen, daß nach und nach die Dinge und die Erfahrungen, die seit Ihrer Kindheit Ihre Abscheu hervorrufen, an die Oberfläche steigen. Wenn ich über dieses Wort nachdenke, tauchen vor meinen Augen sofort Ratten und Mülleimer auf. Ich erinnere mich an ein von Mäusen und Schlangen heimgesuchtes Haus auf dem Land, das ich vor ein paar Jahren gemietet hatte. Dann fällt mir ein, daß Freunde aus meiner Kinderzeit Würmer aßen und so weiter. Sie können die gleiche Übung mit dem Wort Freude oder jedem anderen Wort machen.

Es wird Ihnen bewußt werden, daß bestimmte Wörter eine höhere Ladung haben als andere, daß sie mehr Gefühle hervorrufen – Rohr etwa oder Loch. Sie verweisen dann auf Erfahrungen, an die Sie nicht gern erinnert werden möchten oder an die zu denken Sie sich verboten haben. Die innere Spannung ist ein Zeichen dessen, was man in der Psychoanalyse allgemein einen «Widerstand» nennt, denn das Ich will nicht an unangenehme (oder allzu angenehme) Dinge denken. Das Ich hat es gern nett und sauber in seinem Haus. Also wehrt es sich gegen gewisse Gedanken und Erfahrungen und «verdrängt» sie ins Unbewußte. Das hat den Komplexen ihren schlechten Ruf eingebracht, denn mit dieser Art von Komplexen wollen wir nichts zu tun haben. Sind die Komplexe dagegen positiv, bemerken wir sie nicht einmal. Sie tragen dann einfach zur allgemeinen Harmonie unseres Lebens bei und spielen ihre Rolle als Mittler zwischen innen und außen.

Die Elternkomplexe

Dasselbe gilt für die Bildung der Elternkomplexe. Vaterkomplex und Mutterkomplex gehören zu den mächtigsten Komplexen unserer Seele. Auch sie besitzen eine besondere emotionale Färbung, je nachdem, ob Sie Ihren Vater oder Ihre Mutter als gut, erträglich oder katastrophal erlebt haben. Die Elternkomplexe sind der Extrakt Ihrer Beziehung zu Ihren Eltern. Es ist aber wichtig zu verstehen, daß diese Komplexe Ihnen ganz alleine gehören: Sie sind Ihre Erinnerung an die Beziehung zu Ihren Eltern und sagen nichts darüber aus, wie Ihre Eltern wirklich sind.

Der Mutterkomplex hat nicht nur mit der Mutter zu tun. Er ist die Summe all unserer Erfahrungen mit Mütterlichkeit. Er beruht auf einer Vielzahl von Ereignissen, die wir mit unterschiedlichen Personen, die in unserem Leben eine wichtige Rolle spielten, in Verbindung bringen – ob es die Großmutter war, eine Tante oder auch das Kindermädchen. Das gleiche gilt für den Vaterkomplex, der eine Synthese all unserer Erfahrungen mit diversen Vaterfiguren ist.

Ich habe in der Therapie eine Frau kennengelernt, die während des Krieges von ihren Eltern mehrmals in ein Heim gegeben wurde, um sie in Sicherheit zu bringen. Sie kam zu mir in die Behandlung, weil sie ständig Angst hatte, verlassen zu werden. Ihre inneren Stimmen urteilten streng über sie, statt sie zu unterstützen. Sie hatte wenig Selbstvertrauen und fühlte sich verfolgt. Ihre Elternkomplexe waren ausgesprochen negativ und überzeugten sie davon, sie sei nichts wert und es lohne sich eigentlich nicht, in ihrem Fall auch nur das geringste zu unternehmen, um sie davon zu befreien. Dabei waren ihre Eltern in Wirklichkeit ganz in Ordnung. Die wiederholte Erfahrung des Verlassenwerdens in frühester Kindheit, wenn das Kind den Blick seiner Eltern so dringend braucht, um sich zu spüren, hatte jedoch tiefe Spuren in ihr hinterlassen, die sie nur schwer loswerden konnte.

Wie alle anderen Komplexe können auch die Elternkomplexe positiv oder negativ sein. Eine Kindheit ohne besondere Zwischenfälle, in der man sich angenommen und geliebt fühlte, wird positive Elternkomplexe hervorrufen, die die Selbstbehauptung fördern und einem das nötige Vertrauen geben, um im Leben voranzukommen. Da sie eine im großen und ganzen harmonische Entwicklung ermöglichen, werden sie auch nie in einer Psychotherapie zur Sprache kommen. Selbst wenn man als Kind negative Erfahrungen mit einer Elternfigur gesammelt hat, kann dies teilweise ausgeglichen werden, wenn man das Glück hatte, anderen, positiven Elternfiguren zu begegnen.

Man sollte nie vergessen, daß Komplexe keine toten Gegenstände sind. Die Seele ist kein Museum. Sie hat die Gewalt eines Ozeans, der alles, was sich in ihm befindet, durcheinanderwirbelt. Die Komplexe sind wie Fische in diesem Ozean, manche sind entzückend, manche schrecklich. Sie können sich auch verändern, und wenn man sie bewußt zur Kenntnis nimmt, verlieren sie ihre irritierende Selbständigkeit. Doch daß die Komplexe lebendig sind, ermöglicht unsere individuelle Entwicklung.

Auch das Ich ist ein Komplex

Sie werden vielleicht erstaunt sein zu erfahren, daß für die Psychoanalyse und die Psychologie auch das Ich ein Komplex ist. Das Ich stellt die bewußte Persönlichkeit dar, als die wir uns kennen. In seinem Zentrum steht das Gefühl der Identität und des Überdauerns in der Zeit. Es verfügt über eine gewisse Energie, die es dank seines Willens nach Gutdünken verwenden kann. Wenn das Ich im Zentrum steht und die bewußte Persönlichkeit bestimmt, kann man sich die anderen Komplexe als eine Art mehr oder weniger mit dem Ich verbundener untergeordneter Persönlichkeiten vorstellen. Jedes dieser Alter egos verfügt über ein eigenes Gedächtnis und ein gewisses Maß an Selbständigkeit. Das kann man gut an Menschen beobachten, die an Krankheiten wie Multipler Persönlichkeitsspaltung oder Schizophrenie leiden. In diesen Fällen brechen ganze, ziemlich klar strukturierte Charakterbestandteile plötzlich ins Bewußtsein ein und übernehmen die Stelle des gewohnten Ichs. Das verändert die Persönlichkeit vollständig. Wenn das geschieht, sagt man nicht mehr: «Ich fühle mich wie Julius Cäsar heute morgen!», sondern: «Ich bin Julius Cäsar!» – und glaubt es auch.

Wäre das Ich kein Komplex wie die anderen eher unbewußten Elemente der Persönlichkeit auch, könnten solche Umschwünge nicht passieren. Und falls jemand Sie so sehr ärgert, daß Sie tatsächlich außer sich geraten oder aus der Haut fahren, also aus Ihrem gewohnten Ich heraustreten, werden Sie feststellen, daß man nicht schizophren sein muß, um in sich selbst noch eine ganz andere Persönlichkeit und eine ungeahnte Energie zu entdecken.

Nach C. G. Jung enthüllt die Bildung des Ichs und der Komplexe bestimmte unpersönliche, der Seele innewohnende Strukturen, die der ganzen Menschheit gemeinsam sind, sogenannte Archetypen[5]. Das bedeutet, daß die menschliche Seele bei allen

5 Für ein tieferes Verständnis des Begriffs «Archetypus» siehe auch: An-

Menschen und in allen Kulturen tendenziell auf die gleiche Weise Form annimmt. So veranlaßt etwa der Archetyp der Mutter das Kind, einen Mutterkomplex zu entwickeln, als wäre es sozusagen von vornherein darauf programmiert, in seiner unmittelbaren Umgebung alles auszumachen, was zur Ordnung des Mütterlichen gehört. Insgesamt ist der Archetypus eine Veranlagung, die je nach der konkreten Erfahrung aktiviert, humanisiert und personalisiert wird. Der Komplex, der sich in Reaktion auf ein persönliches Erleben bildet, aktualisiert allerdings nur einen Teil des archetypischen Feldes. Im Fall des mütterlichen Archetypus etwa umfaßt dieses Feld die ganze Spanne zwischen der schrecklichen, verschlingenden Mutter und der gütigen, annehmenden Mutter. Das ist übrigens die Grundlage der therapeutischen Hoffnung: Es geht letztlich darum, den schlafenden Teil des Archetyps zu wecken.

Wir projizieren Teile unseres Selbst auf andere

Im allgemeinen sind die Komplexe unbewußt und bleiben es meist auch, weil wir sie nach außen projizieren. Die Projektion[6] ist Teil der Abwehrmechanismen, die das bewußte Ich dazu verwendet, sich gegen bestimmte Affekte zu schützen, die aus dem Unbewußten aufsteigen und es in Verwirrung stürzen könnten. Es entledigt sich dieser Schattenaspekte[7], die wir oft verdrängen,

---

thony Stevens, *Archetypes, A Natural History of the Self*, New York: Quill 1983, S. 21–79.

6 Zur Erläuterung der klassischen Begriffe der Psychoanalyse wie *Projektion, Verdrängung, Widerstand, Identität, Ich, Komplexe*, siehe: Laplanche/Pontalis, *Das Vokabular der Psychoanalyse*, Frankfurt/Main: Suhrkamp 1972.

7 Der *Schatten* ist ein universeller Archetyp, der unser aller Neigung zum sogenannten Bösen verkörpert. Auf individueller Ebene ist er der «schlimme kleine Bruder» in uns, den wir vor anderen verstecken. Im weiteren Sinne bezeichnet der Schatten manchmal das ewig dunkle, undurchschaubare Unbewußte als Ganzes.

indem wir sie anderen zuschreiben. In der Projektion werden sie zu Projektilen. Am Ende ertappen wir uns dabei, daß wir anderen unsere eigenen Unzulänglichkeiten vorwerfen, die wir an uns nicht sehen. Gereiztheit ist meist ein Zeichen dafür, daß wir einen Teil unseres Selbst auf andere projiziert haben. Deshalb haben die anderen immer unrecht und alle Fehler der Welt.

In der Liebesbeziehung kommt dieser Mechanismus besonders deutlich zur Geltung. Durch die heftigen Reibungen des Alltagslebens wird er noch verstärkt. So kann unsere Paarbeziehung zu einem Ort intensiver Arbeit an uns selbst werden, und zwar von dem Zeitpunkt an, da wir uns auf den Gedanken einlassen, daß das, was uns an unserem Partner stört, unsere eigenen dunklen Seiten sein könnten. Die Zurücknahme der Projektion mag uns auch zu der Erkenntnis verhelfen, daß unsere Erlebnisse in der äußeren Welt eine innere Dynamik widerspiegeln, die von unseren Komplexen gestaltet ist. Unser Individuationsprozeß erfordert also eine ständige Arbeit, um sich die aktiven Kräfte des Unbewußten bewußt zu machen.

Sich lieben

Das Selbstwertgefühl ist ein Bestandteil unseres seelischen Gleichgewichts

Wenden wir uns nun einer der Grundfesten unserer Identität zu: dem Selbstwertgefühl. Die Liebe und Achtung, die wir uns selbst entgegenbringen, ist ein wesentlicher Aspekt unserer Identität und der Schlüssel zu ihrer Entwicklung. Außerdem hat sie einen bestimmenden Einfluß auf unsere Beziehungen zu anderen. Indem wir uns selbst einen hohen Wert beimessen, vermeiden wir Abhängigkeitsverhältnisse und geraten nicht in die Not, bei anderen nach der Bestätigung unseres Lebensrechts zu suchen. Für unser Thema ist die Einsicht wichtig, daß die Liebe zu sich selbst und die Liebe zu anderen direkt miteinander verknüpft sind.

Menschen, die so sehr lieben, daß sie sich verlieren, lieben sich selbst nicht genug. Sie haben den zweiten Teil des christlichen Gebots vergessen, das da lautet: «Liebe deinen Nächsten *wie dich selbst*!» Eine gesunde Identität beruht auf einem gesunden Selbstwertgefühl. Wir müssen uns selbst vertrauen und uns wertschätzen. Aus Liebe zu uns können wir uns dazu ermächtigen, wir selbst zu sein, ohne den Beifall der anderen abzuwarten. Aus Liebe zu uns selbst dürfen wir uns erlauben, das zu suchen und auszuprobieren, was uns gefällt und Freude bereitet, ohne darüber zu urteilen. Kurz, uns das Recht zugestehen, auf der Welt zu sein, frei zu atmen und soviel Platz einzunehmen, wie wir zu unserer Entfaltung brauchen, ohne dabei die Grenzen der anderen zu übertreten. Solange wir uns geringschätzen, suchen wir nicht nach dem, was wir zu einer positiven Entwicklung und zur Verwirklichung unseres Potentials tatsächlich brauchen, weil wir nicht glauben, daß uns das Beste zusteht, was das Leben zu bieten hat. Manche meinen sogar, sie hätten für sich genommen keine Existenzberechtigung oder ihr Leben sei es nicht wert, gelebt zu werden. Wenn wir damit aufhören, auf Zustimmung zu harren, um uns selbst und das Leben würdigen zu können, ist das ohne Zweifel eine immense Umwälzung. Sich für das Leben und die Liebe zu entscheiden, die Freude am Leben zu feiern, die volle Verantwortung für die eigene Lebendigkeit und das eigene Glück zu übernehmen, ist sicherlich das Schöpferischste, was ein Mensch vollbringen kann.

Aber das ist gar nicht so einfach. Die meisten von uns werden von der Last der Vergangenheit überwältigt und haben schwer zu tragen an ungelösten familiären Bindungen, an den unvermeidlichen Zusammenstößen des Liebeslebens und den negativen Stimmen in ihrem Inneren. Um zur Liebe und zur Selbstliebe fähig zu sein, müssen wir Liebe erfahren haben. Die Spiegel, die Eltern und Elternfiguren uns durch ihre Gesten und Blicke boten, sind Grundbestandteile eines gesunden Selbstwertgefühls.[8]

---

8 Für ein gründlicheres Verständnis des Selbstwertgefühls siehe Mario

Wenn wir als Kinder das Leuchten der Bewunderung, der Begeisterung und der Liebe in den Augen derer sehen, die uns nahe sind, dann verinnerlichen wir allmählich dieses positive Spiegelbild und lernen so, uns selbst zu lieben. Diese Verinnerlichung trägt zur Bildung positiver Elternkomplexe bei, die uns ermuntern, statt uns niederzumachen. Die Liebe zu uns selbst läßt uns Vertrauen zu uns fassen, uns selbst treu bleiben, selbst wenn andere manche Seiten an uns nicht mögen, sie läßt uns aufrecht auch durch schlimme Zeiten gehen und das Leben wie ein großes Abenteuer leben. Das positive innere Spiegelbild ist die Basis eines gesunden Narzißmus.

Wenn der Spiegel, den man uns vorhielt, durch bestimmte Umstände getrübt war: wenn die Mutter krank, der Vater Alkoholiker war oder wir in frühester Kindheit längere Zeit im Krankenhaus verbracht haben, wenn niemand uns behütet hat oder die Eltern keine Freude daran hatten, ihre Kinder großzuziehen, dann entwickeln wir nur ein klägliches Selbstwertgefühl. Anstatt auf unsere Fähigkeiten zu vertrauen, zweifeln wir ständig an uns. Die problematische Erfahrung, von seiner mitmenschlichen Umgebung nicht angenommen zu werden, führt zur Bildung negativer Elternkomplexe.

Statt Ermutigung hören wir dann die tägliche Litanei unserer Unzulänglichkeiten, als gäbe es ein boshaftes Echo in uns, das wie der Spiegel im Märchen ständig sagt: «Aber Schneewittchen ist tausendmal schöner als Ihr!» Dann beginnen wir uns dessen zu schämen, was wir sind, und hassen alle, die es einfacher haben als wir. Wir rivalisieren mit ihnen, beneiden sie, versuchen sie «kleinzukriegen» oder klammern uns an sie und ahmen sie nach, um die Aufmerksamkeit, die sie anscheinend bekommen, auf uns zu ziehen. So treten wir in eine Art Liebesverhältnis zu unseren

---

Jacoby, *Scham – Angst und Selbstwertgefühl: ihre Bedeutung in der Psychotherapie*, Solothurn: Walter 1993. Bei seiner Erforschung der Ursprünge der Scham und des Selbstwertgefühls stützt sich Jacoby auf Beobachtungen an Neugeborenen.

idealisierten Vorbildern, das leicht in Haß umschlagen kann, wenn sie uns enttäuschen, indem sie uns oder unsere Talente nicht anerkennen.

Hier ist der Narzißmus krank. Anders, als man erwarten könnte, wirken gerade Menschen mit einem schwer beschädigten Selbstwertgefühl besonders egozentrisch. Sie sind so unsicher, daß sie ununterbrochen Respektbezeugungen und Komplimente brauchen. Deshalb stellen sie sich und ihre Leistungen immer in den Mittelpunkt, wie ein Kind, das um jeden Preis für sein Bild gelobt werden möchte. Erst wenn sie sich dazu aufraffen, gegen das negative Selbstbild anzugehen, das ihnen von ihren Komplexen unbarmherzig aufgezwungen wird, finden sie genug Selbstvertrauen, um dieses Verhalten abzulegen. Ohne eine langwierige therapeutische Arbeit ist das bei so tiefsitzenden Verletzungen allerdings kaum zu schaffen. Wir wollen uns nun etwas ausführlicher mit den Wurzeln des Selbstwertgefühls beschäftigen.

Von der Allmacht zum Selbstwertgefühl

Wie wir gesehen haben, wird das Kind in eine Welt hineingeboren, in der vollkommene Einheit herrscht. Lange wird es mit aller Kraft dem Wirklichkeitsverständnis der anderen trotzen, das seinen Allmachtsvorstellungen ein Ende setzen würde. Kinder werden als Könige geboren. Sie halten sich für den Nabel der Welt, und das ist gut so. Für ein paar Monate muß der Mensch sich als Mittelpunkt des um ihn pulsierenden Lebens fühlen. Die Liebe, die er zu Beginn seines Lebens erfährt, gibt ihm die grundlegende Sicherheit, von der aus er ein Gefühl für den eigenen Wert entwickeln kann.

Nach und nach muß das Kind allerdings einsehen, daß es nicht der Mittelpunkt des Universums ist. Es begreift allmählich, daß seine Eltern auch andere Interessen haben und sich nicht alles um seine kleine Person dreht. Wie aber können Eltern ihrem Kind dabei helfen, von seinen Omnipotenzvorstellungen zu einer angemesseneren Wahrnehmung der Wirklichkeit zu gelangen? Was können sie tun, damit es ein gesundes Selbstwertgefühl und Vertrauen in seine eigene Macht entwickelt? Denn der Wert, den wir uns selbst beimessen, ist das Ergebnis eines Kompromisses zwischen unserem Omnipotenzanspruch und den Grenzen, die uns die Wirklichkeit setzt. Wie können wir das Gefühl der eigenen Macht bewahren, auch wenn sie, an unserem Allmachtsanspruch gemessen, ziemlich relativ ist?

Theoretisch wissen wir das ganz genau: Durch kleine Enttäuschungen, die das Kind nicht allzusehr entmutigen oder ihm das Gefühl geben, total abgelehnt zu werden, können die Eltern seinen Omnipotenzvorstellungen die notwendigen Grenzen setzen, ohne seine innere Sicherheit zu gefährden. Im Lauf der Zeit sollten sie dann von ihrer elterlichen Allmacht Abstriche machen und dem Kind immer mehr zutrauen, bis es sie schließlich als ganz und gar menschliche Wesen mit all ihren menschlichen Schwächen erfährt.

Im Leben allerdings sind die Dinge selten so, wie man es gerne hätte. Und ich würde auf die Frage, was heutzutage der häufigste Grund für eine Therapie sei, antworten: mangelndes Selbstwertgefühl. Es ist erschütternd, in wie hohem Maße es uns an Liebe zu uns selbst fehlt. Im folgenden werde ich ein paar typische Fälle sogenannter narzißtischer Störungen beschreiben.

Manche Menschen reagieren auf allzu große oder traumatische Enttäuschungen in frühester Kindheit, bedingt durch unglückliche Umstände oder liebesunfähige Eltern, mit dem Versuch, um jeden Preis ihren Willen durchzusetzen. Sie leben nicht in einer Welt der Liebe, sondern in einer Welt der Macht. Es ist verblüffend, wie sich ein enttäuschtes Bedürfnis nach Liebe fast immer in einen Willen zur Macht verwandelt. Im Bereich der Partnerschaft kommt es mit dem Abklingen der Verliebtheit oft zu immer heftigeren Machtkämpfen. Dieses schreckliche Gesetz scheint auf die kleinen Haustyrannen ebenso zuzutreffen wie auf die großen Volkstyrannen: Sie alle leiden tief in ihrem Innern an einem Liebestrauma.

Der Psychoanalytiker Alfred Adler hat seinen sozialpsychologischen Ansatz vom Machtwillen des Individuums im wesentlichen durch den von ihm so genannten Komplex der «Organminderwertigkeit»[9] begründet. Dabei handelt es sich um tatsächliche oder eingebildete körperliche Mängel, die meistens ein nahezu grenzenloses Bedürfnis nach Bestätigung hervorrufen. So reagierte Napoleon auf seine Kleinwüchsigkeit mit unersättlichem Ehrgeiz: Er wollte die ganze Welt erobern. Oder denken wir an den Mann, der seinen Penis für zu klein hält und das mit dem Kauf eines schnittigen Sportwagens kompensiert. Er stellt seinen frustrierten Machtwunsch öffentlich zur Schau. In beiden Fällen geht es darum, Vergeltung zu üben für die Enttäuschung des Omnipotenzanspruchs.

Wenn ein Teil unserer Person von unserer Umgebung nicht geschätzt oder akzeptiert wurde, was sich etwa in kränkenden Hänseleien wegen geistiger oder körperlicher Mängel geäußert hat, fällt es uns schwer, diesen Teil zu lieben. Ja, wir setzen ihn noch weiter herab und leben in ständiger Angst vor Zurückweisung. Aufgrund solcher tatsächlichen oder vermeintlichen Fehler entsteht ein Minderwertigkeitskomplex, das deutlichste Zeichen mangelnden Selbstwertgefühls. Man muß darauf nicht unbedingt mit Überkompensation reagieren wie Napoleon. Manche brechen darunter auch zusammen. Sie ziehen sich in sich selbst zurück, überzeugt davon, daß sie kein besseres Los verdient haben als das ihnen zugefallene. Das Leben ist für sie ein Jammertal, mehr als Leiden sei hinieden wohl nicht zu erwarten. Und in der Tat hat eine so resignative Haltung meist ein trübseliges Leben zur Folge, das manchmal in Selbstzerstörung aus Selbsthaß endet.

Wenn Eltern nichts von ihrer Macht abgeben wollen und mit ihren Handlungen und Gesten dem Kind ständig demonstrieren,

---

9 Zur «Organminderwertigkeit» siehe das Kapitel über Alfred Adler in: Henry Ellenberger, *Die Entdeckung des Unbewußten: Geschichte und Entwicklung der dynamischen Psychiatrie*, Zürich: Diogenes 1985.

daß sie recht haben, entsteht daraus ein Gefühl der Wertlosigkeit, das es veranlaßt, durch besonders auffallendes Verhalten der ganzen Welt seinen Wert zu beweisen oder aber sich hinter Nörgelei und Mittelmäßigkeit zu verschanzen. Später, als Erwachsener, verharrt es in der Haltung des ewigen Kindes, sucht nach perfekten Vorbildern und klammert sich an Menschen, die es für mächtig hält. Es verleugnet seine eigene Macht und überläßt sie dem, der klug genug ist, sie zu gebrauchen.

Die Folge davon ist das, was man gemeinhin Abhängigkeit nennt. Abhängigkeit – sei es vom Partner oder von der familiären Umgebung, sei es von der jeweils neuesten Mode – ist ein Versuch, die Wunden der Vergangenheit zu heilen und der Zurückweisung zu entgehen. Schnell wird man bei diesem Spielchen zum Jasager, der nie eine von der Mehrheitsmeinung seiner Gruppe abweichende Meinung äußert. Die Zugehörigkeit zu einer Sekte, einer Bande, einem Verein verhilft Menschen, die es nicht wagen, ihre eigene Macht zu entfalten, zu einer maßgeschneiderten Identität. Die Gruppe bestätigt sich selbst und nimmt ihnen so die Verantwortung für ihre Identität ab.

Wenn andererseits Eltern sich davor scheuen, die ihnen zustehende Macht auch auszuüben und ihrem Kind Grenzen zu setzen, dann wird das Kind ihnen auf der Nase herumtanzen und in seinem späteren Leben Anpassungsschwierigkeiten haben. Es besteht die große Gefahr, daß es angesichts der ersten Mißerfolge resigniert oder gar an seinen Niederlagen zerbricht, weil es nie gelernt hat, Prüfungen durchzustehen. Unwissentlich liefern so die Eltern ihr Kind hilflos den Katastrophen aus, die mit Sicherheit eintreten und ihm beweisen werden, daß es eben doch nicht allmächtig ist. Manche flüchten sich daraufhin in hochfliegende Träume über ihre Macht und ihre glänzende Zukunft, andere nehmen zu Alkohol und Drogen Zuflucht, um wenigstens für kurze Zeit die bedrohte Allmacht wiederherzustellen.

Der Übergang von der Allmachtsvorstellung zu einem ausgeglichenen Selbstwertgefühl ist also, wie wir gesehen haben, ziemlich heikel. Vieles kann dazwischenkommen und dazu führen, daß man sich hinter einem trügerischen Gefühl der Überlegenheit verschanzt oder aus Scham verkriecht. Größenwahn und Depression liegen oft nahe beieinander. Doch je mehr man seine Begabungen auslebt und es wagt, man selbst zu sein, je mehr Bestätigung und Liebe man bekommt, um so eher stellen sich inneres Gleichgewicht und Sicherheit ein. Entscheidend ist es, in Verbindung mit dem Lebensquell zu bleiben, der Liebe, die nicht den rachsüchtigen Blick von Schneewittchens Stiefmutter hat. Lassen wir die Knospe, die in jedem ist, erblühen!

Einäuglein, Zweiäuglein und Dreiäuglein

Ein Märchen aus der Sammlung der Gebrüder Grimm soll uns helfen, die psychische Dynamik zwischen dem Ich und den Komplexen besser zu verstehen. Das zentrale Problem in «Einäuglein, Zweiäuglein und Dreiäuglein»[10] ist nämlich der Mangel an Selbstwertgefühl. Das ist, wie wir gesehen haben, das Hauptproblem von Menschen, die nicht in ihrer Entwicklung gefördert wurden. Ihr bewußtes Ich bleibt schwach und kann sich schlecht behaupten.

Die Heldin des Märchens hat keinen Vater, sondern nur eine böse, verschlingende Mutter. Sie ist die mittlere von drei Schwestern und die einzige, die wie andere Menschen ist. Sie hat nämlich zwei Augen, während die erste Tochter ihrer Mutter nur eines hat, die dritte und jüngste aber dafür drei. Deshalb heißen sie Einäuglein, Zweiäuglein und Dreiäuglein. Die Mutter und die beiden Schwestern behandeln Zweiäuglein als Außenseiter. Sie muß alle unangenehmen Hausarbeiten verrichten und wird dann auf die Weide geschickt, um die Ziege zu hüten.

---

10 Jacob und Wilhelm Grimm, *Kinder- und Hausmärchen*, Berlin (DDR): Der Kinderbuch Verlag 1963. Ich möchte insbesondere Lucie Richer, Daniel Bordeleau und Tom Kelly für ihre Beiträge zur Interpretation dieses Märchens danken.

Wenn wir dieses Märchen psychologisch interpretieren wollen, müssen wir es uns als Drama vorstellen, in dem alle Figuren Teile der Heldin verkörpern. Alles, was darin geschieht, widerfährt ihrem Ich, das sich in einer Krise befindet. Zweiäuglein stellt eine Frau dar, die in sich selbst nicht genügend Kraft findet, sich zu behaupten. Die Komplexe stehlen ihre Macht. Sie sind eifersüchtig und neidisch auf sie. Diese psychischen Komplexe werden in der Geschichte durch Einäuglein, Dreiäuglein und die Mutter verkörpert. Die Mutter verkörpert den negativen Mutterkomplex. Die beiden Schwestern verkörpern Unterpersönlichkeiten von Zweiäuglein, die stärker sind als die bewußte Persönlichkeit.

Haben wir nur ein Auge, ist unsere Sicht eingeschränkt. Auf psychologischer Ebene könnte man sagen, daß dies eine einseitige Einstellung verrät, eine Sicht mit Scheuklappen, eine rigide Haltung. Unter diesem Einfluß fehlt es Zweiäuglein an Perspektive. Sie sieht dann nur eine Seite der Medaille. Wie der einäugige Zyklop bestärkt sie ihren rigiden Standpunkt mit einer dunklen, maßlosen Leidenschaft, die durchaus finstere Gedanken gegen jeden zeitigen könnte, der sich ihr widersetzt. Dreiäuglein dagegen verkörpert eine überkritische Einstellung. Wenn man drei Augen besitzt, gibt es immer eines, das nicht schläft. Dreiäuglein symbolisiert die ständige Sorge um sich selbst, eine unermüdliche Selbstüberwachung und dauernde Selbstzweifel. Die Zurschaustellung kategorischer Ansichten und eine minutiöse Wachsamkeit gegen sich selbst charakterisieren Menschen, die aufgrund negativer Elternkomplexe kein starkes Ich entwickelt haben und ihre Schwäche zu verbergen trachten. Ziel dieses Verhaltens ist es, sich vor Urteilen der Außenwelt zu schützen.

Die Armut der Heldin symbolisiert im Märchen das Ich, dem es an Kraft zur Selbstbehauptung fehlt. Oft tritt das schwache Ich in Gestalt einer Dienstmagd auf, die die niedrigsten Aufgaben verrichten muß. (Aschenputtel ist dafür das wohl bekannteste Beispiel.) In dieser Geschichte verfügt das geschwächte Ich jedoch über einen Trumpf: seine gesunde Beziehung zur Triebnatur, die durch die Ziege verkörpert wird.

Eines Tages beginnt Zweiäuglein, die gerade die Ziege auf die Weide gebracht hat, bitterlich zu weinen und über ihr trauriges Los zu klagen. Sie ist hungrig, weil sie immer nur das zu essen bekommt, was die anderen übriglassen. Da erscheint eine Fee und sagt ihr einen Zauberspruch, mit dessen Hilfe sie sich einen gedeckten Tisch herzaubern und wieder wegzaubern kann. Der Zauberspruch beginnt jedesmal mit einer Anrufung der Ziege: «Zicklein meck, Tischlein deck, Zicklein meck, Tischlein weg», und ist der beste Beweis für die nährende Beziehung zur Triebnatur.

Da Zweiäuglein seither die paar Brocken verschmäht, die man ihr zu Hause zu essen gibt, ahnen Mutter und Schwestern bald, daß etwas passiert sein muß. So begleiten die beiden Schwestern Zweiäuglein nacheinander auf die Weide, und bald kommt Dreiäuglein, die niemals schläft, hinter das Geheimnis. Die Mutter beschließt also, das Zicklein zu schlachten, damit Zweiäuglein nicht mehr aufs Feld hinausgeht, und macht daraus ein Festmahl für sich und die beiden anderen Töchter. Hier tritt die teuflische Grausamkeit der Komplexe unserer Heldin deutlich zutage. Die Macht der negativen Komplexe über jemanden, dem es an Selbstwertgefühl fehlt, ist so groß, daß sie jeden Rückhalt zerstört. Sobald man etwas gefunden hat, das für einen gut ist, mischen die Komplexe sich ein und säen Zweifel, die jede Hoffnung zunichte machen, man könnte es doch noch einmal schaffen.

Die gute Fee erscheint Zweiäuglein zum zweitenmal und rät ihr, wenigstens die Eingeweide des Zickleins zu verlangen, die ohnehin weggeworfen würden, und sie im Boden zu vergraben. Aus dieser Saat entsteht ein Baum, der goldene Äpfel trägt, die nur die Heldin pflücken kann. Ein schöner Prinz entdeckt diesen Apfelbaum, verlangt die Besitzerin und verspricht ihr alles, was sie sich wünscht, wenn sie ihm einen Zweig davon gibt. Zweiäuglein will gleich mit ihm fortgehen, in sein Königreich. Sie wird seine Frau, und später empfängt sie als gute Königin ihre beiden Schwestern, die in Armut geraten sind. Das bedeutet, daß die Komplexe ihre Macht verloren haben, dem Ich in seiner Entwicklung zu schaden.

Psychologisch höchst interessant sind auch die in die Erde gepflanzten Eingeweide. Hilfe für das Ich kommt hier aus den Innereien, die man wegwirft. Sie müssen begraben werden, damit sie wachsen können und einen Wert bekommen. Daraus können wir ableiten, daß wir den Kontakt zu unserer inneren «Scheiße», das heißt, zu all dem, was die anderen an uns unverdaulich gefunden und ausgeschieden haben, nicht aufgeben sollten. Ein Apfelbaum, der goldene Früchte trägt, wächst aus den vergrabenen Innereien, was uns zeigt, wie fruchtbar ein gutes Verhältnis zur eigenen wie zur äußeren Natur und ihrem ewigen Kreislauf ist. Die Natur hat hier wie in vielen anderen Märchen einen hohen Wert. Als wäre der Bruch des Patriarchats mit der Natur und ihren Rhythmen schon damals klar als Verlust erkannt worden …

Zweiäuglein muß nicht viel tun, um die Verwandlung herbeizuführen. Es geht nicht so sehr um Arbeit als um ein gutes, bejahendes Verhältnis zum natürlichen Prozeß. Die gute Fee, die den positiven Mutterkomplex verkörpert, greift zweimal ein, als das Mädchen weint. Das erste Mal leidet Zweiäuglein Hunger, das zweite Mal wird ihr Zicklein geschlachtet. Wenn man sich dem tiefen Geheimnis anvertraut, sein Leiden annimmt und offen ausdrückt, setzt das den schöpferischen Heilungsprozeß in Gang, der die Wunden der Kindheit heilt. Ein Ich, das seine Schwäche anerkennt und um Hilfe bittet, ist immer ein entscheidendes Element in einer psychischen Leidenssituation. Man muß das Leiden anerkennen, damit sich etwas ändern kann.

Wir haben an diesem Märchen gesehen, in welchem Grad die negativen Komplexe aktiv werden und der Persönlichkeitsentwicklung schaden können. Ich möchte nur noch etwas anmerken: Es ist verblüffend, daß in Märchen mit weiblicher Hauptfigur die Heldin sich oft nur bewußt werden muß, daß sie sich in einer Sackgasse befindet, damit die Entwicklung wieder in Gang kommt. Anders bei den männlichen Helden: Sie müssen meist über Berg und Tal wandern, um am Ende den Schatz zu finden.

Das ist vielleicht der Ausdruck eines grundlegenden Unterschieds zwischen männlicher und weiblicher Psyche und lädt uns ein, über geschlechtliche Identität nachzudenken. Denn es gibt nicht nur die Liebe zu sich selbst, es gibt auch die Liebe zum anderen.

Identität und Geschlechtsdifferenz

Die Geschlechtsidentität ist ein psychologisches Konstrukt

Der zweite Pol unserer Identität liegt in der Annäherung an andere Menschen durch Liebe und Sexualität. Ob wir es wollen oder nicht – wenn wir *ich* sagen, spricht entweder ein Mann oder eine Frau. Wir kommen in einem männlichen oder in einem weiblichen Körper auf die Welt. Allerdings ist die Geschlechtlichkeit des Menschen, wenn auch genauso angeboren wie bei den Tieren, nicht so streng festgelegt. Das erlaubt uns eine größere Kreativität und einen vielfältigeren Ausdruck im Liebesleben. Die Hauptrichtung der Sexualität kann auch von der ursprünglichen genetischen Bestimmung abweichen, wie etwa bei Homosexuellen, die Menschen ihres eigenen Geschlechts begehren. Anders ausgedrückt heißt das, ihre psychische Geschlechtsidentität stimmt nicht mit ihrer biologischen Geschlechtsidentität überein. Allerdings durchdringt die Kultur die Natur in einem solchen Ausmaß, daß man die jeweiligen Wirkungen nur schwer unterscheiden kann.

Die Geschlechtsidentität läßt sich somit als kulturelles Konstrukt betrachten, dem eine natürliche Gegebenheit, das heißt, das biologische Geschlecht, zugrunde liegt.[11] Diese Sichtweise hat den großen Vorteil, daß sie uns der fruchtlosen Auseinander-

---

11 Zu diesen Gedanken über Geschlechtsidentität und deren Konstruktion wurde ich von Gesprächen mit den Psychoanalytikern Tom Kelly und John Desteian angeregt. Siehe auch: John Desteian, *Coming Together – Coming Apart. The Union of Opposites in Love Relationships*, Boston: Sigo Press 1989.

setzungen über «natürliche» und «widernatürliche» Sexualität enthebt. Aus meiner Sicht sind alle Arten der menschlichen Sexualität zumindest teilweise von der Kultur beeinflußt, und keine ist durch und durch natürlich oder sie sind es allesamt, sofern wir uns darauf einigen, daß der Natur nichts Menschliches fremd ist.

Schon 1948 erfaßte übrigens der Kinsey-Report die sexuelle Orientierung der Versuchspersonen in einer sechsstufigen Skala, die dem bis dahin üblichen Entweder-Oder-Denken ein anderes Bild entgegenhielt. Am einen Ende des Spektrums standen die reinen Homosexuellen, am anderen die reinen Heterosexuellen. Nach den Erhebungen Kinseys und seiner Forschungsgruppe gehörten nur jeweils zehn Prozent der Bevölkerung zu einer dieser Kategorien. Die meisten Männer dagegen schwankten unterschiedlich stark zwischen Homosexualität und Heterosexualität. Ein Drittel der Männer hat nach der Pubertät eine homosexuelle Beziehung mit vollständigem Orgasmus erlebt. Kurz, die ganze Angelegenheit ist nicht so eindeutig, wie Kneipen- oder Salongespräche es vermuten lassen.

Psychologisch betrachtet ist es realistischer, wenn wir ungeachtet unserer moralischen oder religiösen Vorbehalte sowie unserer sexuellen Vorlieben die Geschlechtsidentität als etwas Wandelbares betrachten, als ein Konstrukt, in dem sich triebhafte und psychologische mit politischen und ideologischen Aspekten mischen. So bewirken enttäuschte Liebe oder ein enges Zusammenleben mit Menschen des gleichen Geschlechts gelegentlich einen Wechsel von der Heterosexualität zur Homosexualität oder umgekehrt. Traditionell konnte in Schiffsmannschaften, Gefängnisbelegschaften und überall dort, wo Männer häufig lange unter sich blieben, ein Mann durchaus mit einem anderen schlafen, ohne sich deshalb für homosexuell zu halten.

Wir wissen nicht, in welchem Maße unsere Kultur und unsere seelischen Wunden unsere Wahrnehmung des Penis, der Vagina, der Brüste und unsere Art zu lieben beeinflussen. Auch in der Sexualität drückt sich unser ganzes Wesen mit seiner ganzen Geschichte aus.

Die Rolle des gleichgeschlechtlichen Elternteils

Von Anfang an spielen die Eltern ihrem jeweiligen Geschlecht gemäß eine bestimmte Rolle in der Geschlechtsentwicklung des Kindes. Der gleichgeschlechtliche Elternteil hat einen wesentlichen Einfluß auf die Konstruktion der Geschlechtsidentität. Der andersgeschlechtliche Elternteil zeigt uns die Geschlechtsdifferenz. Durch seinen Blick erfahren wir, daß wir Mann oder Frau sind.[12]

Das Kind erkennt sich von vornherein im gleichgeschlechtlichen Elternteil wieder. Das ist der Elternteil, dem es ähnelt, gleicht, es ist wie er. Diesen Menschen will es nachahmen, ihn nimmt es sich zum Vorbild. Das Verhältnis des Vaters zum Sohn, der Mutter zur Tochter bildet also den Grundstein der Geschlechtsidentität. Die Probleme, die sich aus diesem psychologischen Gesetz ergeben können, liegen auf der Hand.

Ist der gleichgeschlechtliche Elternteil abwesend oder abweisend, ist er für das Kind kein positives Spiegelbild seines Geschlechts, und das Kind wird sich mit seinem Mann- oder Frausein nur schwer anfreunden können. Wenn ein Kind vom gleichgeschlechtlichen Elternteil nicht bestätigt und dieser Mangel auch von keiner mütterlichen oder väterlichen Bezugsperson kompensiert wird, dann lehnt es sich oft selbst ab und schämt sich für sich und sein Geschlecht. Dieser Mangel an Selbstliebe hindert uns im späteren Leben zu erkennen, was für uns gut ist.

In diesem Zusammenhang möchte ich vor einer verengten psychologischen Sichtweise warnen, nach der Kinder eben ihre Eltern brauchen. Kinder müssen bemuttert oder bevatert[13] werden, sie brauchen Männer und Frauen, die auf väterliche oder

12 Ein Klassiker zu dem Thema ist: Christiane Olivier, *Jokastes Kinder. Die Psyche der Frau im Schatten der Mutter*, München: DTV 1993.

13 Es ist so ungewohnt, daß Männer sich um ihre Kinder kümmern, daß sich für das Wort *bemuttern*, also mütterlich behandeln, kein männliches Gegenstück im Wörterbuch findet. Ich führe hier also für «väterlich behandeln» die Wortschöpfung *bevatern* ein.

mütterliche Weise ihre Identität formen, sie wollen Kontakt haben zum Männlichen und zum Weiblichen. Aber die wahren Eltern sind nicht immer der leibliche Vater oder die leibliche Mutter, sondern die Menschen, die sich um das Kind kümmern.

Der andersgeschlechtliche Elternteil

Der andersgeschlechtliche Elternteil läßt uns die geschlechtliche Wirklichkeit erkennen, indem er uns durch nichts als seine Gegenwart unsere grundlegende Verschiedenheit vor Augen führt. Deshalb ranken sich die erotischen Phantasien und Liebesgeschichten der Mädchen um den Vater und die des Jungen um die Mutter. Mit drei oder vier Jahren wollen fast alle kleinen Jungen ihre Mama, kleine Mädchen dagegen ihren Papa heiraten.

Wir müssen uns nur die unterschiedlichen seelischen Verletzungen ansehen, die Männer und Frauen davongetragen haben, um uns ein genaueres Bild vom Einfluß des elterlichen Geschlechts zu machen. Männer, die aus traditionellen Familien stammen, in denen die Mutter zu Hause und der Vater meist abwesend ist, leiden unter einer Verletzung ihrer Geschlechtsidentität, weil ihnen das männliche Vorbild mangelte. Ihre Beziehung zu Frauen dagegen wurde durch die Präsenz und Aufmerksamkeit der Mutter erleichtert. Zugespitzt könnte man sagen, sie sind überzeugt, daß es auf der Welt immer eine Frau für sie geben wird, während ihre Beziehungen zu Männern von Mißtrauen geprägt bleiben. Bei Frauen ist das umgekehrt. Die Wunde, die der Vater ihnen zufügte, ist eine Verletzung des Gefühls, der Beziehung. Sie sind sich nicht sicher, daß es wirklich einen Mann für sie gibt auf der Welt. Die Suche nach ihm wird zu einer Lebensaufgabe. Oft harren Frauen in unerträglichen Beziehungen aus, weil sie zutiefst davon überzeugt sind, keinen anderen Mann mehr zu finden. Dagegen bauen sie auf ihre Freundinnen. Das Einverständnis mit der Mutter hat sie für Beziehungen zu anderen Frauen geöffnet. War die Beziehung zur Mutter jedoch nicht gut, sind freundschaftliche Bande zu Frauen schwer zu knüpfen. In solchen Fällen fühlen sich Frauen trotz der fehlenden Zuwendung ihres Vaters in der Gesellschaft von Männern wohler.

Die geschlechtliche Differenzierung

Die geschlechtliche Differenzierung ist notwendig, weil sie der Erweckung des Selbst dient, aber sie ist auch eine Prüfung. Wie weiter oben beschrieben, lebt das Kind in einem Zustand vollkommener Einheit mit dem Universum, in Freude, in Schmerz, aber vor allem ohne Bewußtsein. Um Bewußtsein zu bilden, muß es lernen, sich von seiner Welt zu unterscheiden. Einer der Unterschiede, mit dem es sich auseinandersetzen muß, weil er so offensichtlich ins Auge springt, ist der zwischen Männlein und Weiblein. Die Erfahrung dieser Verschiedenheit wird ihm später erlauben, in die Welt der Einheit zurückzukehren, doch dann im vollen Bewußtsein.

In der ersten Zeit widersetzt sich das Kind mit aller Kraft der Anerkennung des Geschlechtsunterschieds, sosehr es auch davon fasziniert ist. Denn die Tatsache, daß es zwei Geschlechter gibt, rüttelt an den Grundfesten seines Allmachtsgefühls. Wenn man unwiderruflich und für alle Zeit nur Mann oder Frau sein kann, ist man niemals ganz, also auf ewig unvollkommen. Eine Welt gegenseitiger Abhängigkeit und Ergänzung tut sich vor ihm auf, die es anfangs noch nicht akzeptieren kann.

Von diesem Zeitpunkt an ist das Kind intensiv damit beschäftigt, sich vom anderen Geschlecht abzugrenzen. Jungen versuchen ständig zu beweisen, daß sie Jungs sind, Mädchen, daß sie Mädchen sind und daß ihr jeweiliges Geschlecht dem anderen an Kraft, Intelligenz und Geschicklichkeit überlegen ist. So versucht das Kind, wenigstens einen Teil seines Allmachtsanspruchs zu retten, der durch die Entdeckung, daß es nur eins von zwei Geschlechtern haben kann, erschüttert ist. Es klammert sich an den gleichgeschlechtlichen Elternteil und versucht sich zu beruhigen, indem es ihn nachahmt. Und was wäre besser geeignet, die Ähnlichkeit mit dem gleichgeschlechtlichen Elternteil und die Unterschiede zum andersgeschlechtlichen Elternteil hervorzuheben, als ein Nachspielen ihrer häuslichen und gesellschaftlichen Rollen? Heißt das, die Eltern sollten auf eine strenge Rollenteilung zu Hause achten, um ihrem Kind diese Phase zu erleichtern? Absolut nicht. Im Gegenteil. Eltern haben von Natur aus einen unterschiedlichen Stil, Dinge zu tun. Väter wechseln die Windeln nicht auf die gleiche Art wie Mütter, und die Kinder bemerken diese Unterschiede, seien sie auch noch so gering. In dieser Phase tut das Kind alles, um dem gleichgeschlechtlichen Elternteil zu ähneln. Es sucht begierig nach Unterschieden, um seine Geschlechtsidentität daran festzumachen. Davon ausgehend kann es sich selbst als Mann oder als Frau erfinden.

Eine geglückte geschlechtliche Differenzierung liefert die Basis für die spätere Erkenntnis der grundlegenden Ähnlichkeiten zwischen den Geschlechtern. Je sicherer man sich der eigenen Geschlechtsidentität ist, desto eher kann man sich dem Gegenüber stellen, ohne sich bedroht zu fühlen. Ein Mann, der seiner Männlichkeit vertraut, hat keine Probleme mit der Vorstellung, daß er auch über weibliche Seiten verfügt, und eine Frau, die sich ihrer Weiblichkeit sicher ist, wird leichter akzeptieren, daß sie auch männliche Anteile hat. Ist die geschlechtliche Differenzierung allerdings nicht gelungen, verbringt man womöglich sein ganzes Leben damit, sich vom anderen Geschlecht abzugrenzen, indem man ein übertrieben weibliches oder männliches Verhalten an den Tag legt, um sein Anderssein zu demonstrieren.

Zum Dank für einen Vortrag schenkte mir ein Universitätsprofessor einmal ein Gedicht. Es handelte davon, wie sehr er sich darauf freute, einen Ring im Ohr zu tragen, wenn er alt wäre und nicht mehr ständig davor Angst haben müßte, für schwul gehalten zu werden. Mitten in seiner Karriere jedoch schien ihm das unmöglich, weil es seinem Image gefährlich geworden wäre. Damit hätte er seine Sensibilität zu erkennen gegeben und sich von den anderen Männern abgeschnitten.

Wenn ein Mann sich als Mann in seiner Haut wohl fühlt und von Männern, die in seinen Augen Bedeutung haben, genügend Anerkennung bekam, kann er auch seiner Sensibilität Ausdruck verleihen, ohne sich bedroht zu fühlen. Er kann sogar seine Härte ablegen und Vorlieben und Verhaltensweisen zeigen, die in seiner Kultur als weiblich gelten.

Die Geschlechtsdifferenz konfrontiert uns mit unserer grundsätzlichen Unvollständigkeit. Sie beweist unwiderruflich, daß uns etwas fehlt. Das Bewußtsein dieses Mangels ruft den Wunsch nach Vollständigkeit hervor und bringt uns dazu, den fehlenden Teil in der romantischen Liebe zu suchen. So ersetzen wir gleichsam die Vorstellung, das Universum zu sein, durch den Traum, mit einem anderen Menschen ein Universum zu bilden.

Animus und Anima

Die bessere Hälfte

Ist es wirklich nur der gekränkte Narzißmus, der uns zur Liebe drängt? Wollen wir wirklich nur zusammensein, um darüber hinwegzukommen, daß wir allein bloß ein Mann oder eine Frau wären? Treibt uns wirklich nur der Wunsch, zu zweit ein Ganzes zu bilden, trotz aller Unterschiede und Schwierigkeiten? Schauen wir deshalb jeden Mann, jede Frau an und fragen uns dabei heimlich: «Ist er es, der mir bestimmt ist? Ist sie es?» Halten wir nur deshalb die Zweierbeziehung für natürlich? Das wäre doch eine ziemlich beschränkte Sicht des Lebens.

In Wirklichkeit sind Sie und Er nicht allein auf ihrem Wohnzimmersofa. Sie tragen innere Begleiter mit sich herum, die ohne ihr Wissen den Reigen von Anziehung und Abstoßung weitertanzen. Sie heißen Animus und Anima. Wir können davon ausgehen, daß seit der Pubertät ein Archetypus in uns wirkt, der uns dabei hilft, uns von den Eltern zu lösen und unsere psychische Entwicklung allein und unabhängig weiterzuführen. Daß wir alle eine mehr oder weniger genaue Vorstellung von unserem Idealpartner haben, ist eine Spur unseres Animus, unserer Anima. Dieses Bild läßt uns träumen, hoffen und der Liebe hinterherlaufen, um zum Paar zu werden. Das Unbewußte hat eine angeborene Neigung, solche Vorstellungen hervorzubringen. Der Schweizer Psychoanalytiker C. G. Jung nannte diese Vorstellungen Archetypen. In dem besonderen Fall, der uns hier beschäftigt, gab er der weiblichen Phantasievorstellung im Mann den Namen Anima und der männlichen Phantasievorstellung in der Frau den Namen Animus.[14]

Jung entdeckte die Archetypen, indem er sich mit den Träumen von Männern und Frauen beschäftigte. Ihm fiel auf, daß Männer oft von geheimnisvollen und unbekannten Frauen träumen, die ihnen großen Respekt einflößen, Frauen dagegen werden in ihren Träumen oft von ganzen Gruppen von Männern begleitet, von denen auch eine große Faszination ausgeht. Daraus schloß Jung, daß unser sexuelles Gegenstück, das zugunsten unseres sichtbaren Geschlechts unterdrückt wurde, als eine Person des anderen Geschlechts in uns weiterlebt.

Dabei handelt es sich um unsere eigentliche «bessere Hälfte», eine innere Persönlichkeit, die wir, da wir nichts von ihr wissen, außerhalb suchen. Aus tiefstem Herzen rufen wir nach dieser «Schwesterseele», diesem «Seelenbruder». Das führt zu dem ganzen Wirrwarr aus Erwartungen und Mißverständnissen in der Liebe, denn wir wünschen zu sehr, daß unser Partner unserem Idealbild entspricht.

Es ist, als würden Animus und Anima uns in das Abenteuer der Liebe treiben, als wäre aber ihre eigentliche Funktion die, als

---

14 Im eigentlich Jungschen Sinne sind Archetypen keine Vorstellungen. Sie sind eher psychische Strukturen, die die symbolischen Vorstellungen organisieren. Um das Wesen der Archetypen besser zu verstehen, siehe C. G. Jungs «Theoretische Überlegungen zum Wesen des Psychischen», in: *Von den Wurzeln des Bewußtseins. Studien über den Archetypus* (Psychologische Studien 9), Zürich: Rascher 1954.

Zu den Archetypen Animus und Anima siehe C. G. Jung, *Die Beziehung zwischen dem Ich und dem Unbewußten*, a. a. O.

innere Dimensionen unserer selbst erkannt zu werden. Denn unsere Partner werden diesen fehlenden Teil niemals verkörpern. Das ist es, was unsere gescheiterten Liebesbeziehungen uns nach und nach lehren können. Solange wir von unseren Partnern fordern, daß sie sich ändern, so lange verlangen wir von ihnen, ein treues Abbild unseres Animus, unserer Anima zu sein. Was natürlich völlig unmöglich ist. Tatsächlich laden Animus und Anima ebenso zum Abenteuer der Gefühle draußen ein wie zum schöpferischen Abenteuer im Innern. Anfangs, wenn es darum geht, die Liebe zu erkunden und eine Familie zu gründen, holen sie uns aus dem Schoß unserer Herkunftsfamilie und führen uns zur Erschaffung unseres eigenen Familienkosmos. Später fordern sie uns auf, in uns selbst zurückzukehren, um die Tiefen unseres Unbewußten zu erforschen, die einen anderen Ausdruck als Partnerschaft, Arbeit und Kinder finden möchten.

Wie sehen Animus und Anima aus?

Wenn der gleichgeschlechtliche Elternteil unser Verhalten als Mann oder Frau beeinflußt, so wird unser Bild von dem Mann oder der Frau, die wir in uns tragen, von der Persönlichkeit des andersgeschlechtlichen Elternteils geprägt. Schließlich ist er die erste Person des anderen Geschlechts, die wir näher kennengelernt haben. Daran, daß Animus und Anima nach dem Vorbild des gegengeschlechtlichen Elternteils geformt wurden, liegt es übrigens auch, daß wir uns häufig in Menschen verlieben, die uns an charakteristische Züge unseres Vaters oder unserer Mutter erinnern.

Wenn es einerseits stimmt, daß Animus und Anima im Grunde den Archetypus des Lebens selbst verkörpern, das uns dazu aufruft, uns unabhängig von unseren Eltern zu entwickeln, so gilt andererseits, daß diese archetypischen Gestalten, die unser Liebesstreben erwecken, in mächtigen negativen Elternkomplexen gefangen bleiben und unseren Autonomietrieb blockieren können. Im Märchen taucht dieses Thema öfter auf, dargestellt durch ein Mädchen, das im Schloßturm seines Vaters eingekerkert ist. Auf symbolischer Ebene verkörpert der Ritter, der es schließlich befreit, den erwachenden Animus ebenso wie die Liebe des Mädchens, die es dazu bringt, seine Familie zu verlassen.

Wenn die elterlichen Komplexe das Ich so sehr behindern und in seiner natürlichen Entwicklung hemmen, daß es dem Autonomietrieb unmöglich wird, sich seinen Weg zu bahnen, verwandeln Animus und Anima sich in ihr Gegenteil. Dann wird die Handlungsfähigkeit der Frau zu passiver Erwartung. Dauert die Situation an, wird ihr eingesperrter Animus wütend oder verbittert.

Wenn der Animus die Handlungsfähigkeit der Frau verkörpert, dann stellt die Anima die Liebesfähigkeit des Mannes dar. Wird sie vernachlässigt, kann sie launisch und stürmisch werden. Sie überfällt den Mann mit unberechenbaren Stimmungsumschwüngen, die sich seiner ohne sein Wissen bemächtigen, so daß er sich widerstandslos in Depression und Hoffnungslosigkeit treiben läßt.

Sind Animus und Anima Gefangene der Elternkomplexe, werden sie unvermeidlich auf Menschen projiziert, die den Eltern ähneln. Es ist, als wollte die Natur uns zwingen, dieses Problem zu lösen, um unsere Kreativität zu befreien und unsere Entwicklung fortzusetzen.

Im wirklichen Leben sind Menschen, deren Animus oder Anima frei sind von Elternkomplexen, ziemlich selten. Die meisten befinden sich in einem Stadium, in dem ihre Kreativität noch Gefangene eines Vater- oder Mutterkomplexes ist. Solange das der Fall ist, werden sie sich mit Menschen einlassen, mit denen sie Ausschnitte aus dem Drama ihrer Kindheit wiederholen. Und das wird so weitergehen, bis dieses Drama aufgearbeitet ist. Das Leben ist ein guter Lehrmeister, denn es setzt uns so lange die gleiche Mahlzeit vor, bis wir uns dessen, was wir da essen, bewußt werden.

Der kollektive Aspekt der Archetypen

In einem größeren Rahmen betrachtet, sind Animus und Anima nicht bloß durch den eigenen Vater, die eigene Mutter geprägt, sondern auch durch das, was das Mannsein oder Frausein seit Urzeiten ausmacht. Eine Schicht unseres Unbewußten besitzt eine kollektive Dimension, die dem persönlichen Unbewußten als Sockel dient. Das kollektive Unbewußte drückt sich in Reaktionen aus, die für unsere Kultur und für das Menschengeschlecht im allgemeinen typisch männlich oder typisch weiblich sind. So braucht uns niemand beizubringen, wie man leidet oder wie man sich verliebt, und dennoch folgen wir darin oft festgelegten Mustern. Auch wie wir uns das andere Geschlecht vorstellen und was wir von ihm halten, wird vom kollektiven Unbewußten beeinflußt.

Allgemein und positiv verstanden, verkörpert der Animus Mut, Initiative, Entschiedenheit, Aktion, Sprache und Geist im weitesten Sinn. Und häufig sind dies die Dinge, die Frauen bei einem Mann suchen. Die Anima verkörpert Gefühle, Stimmungen, Ahnungen, Liebesfähigkeit, die Beziehung zum Unbewußten und ein Gefühl für die Natur.[15] Bilder der Anima in der Kultur sind die Flüchtige, die Geheimnisvolle, die sinnliche, erotische, erdhafte Frau, die poetische, kultivierte Frau, die spirituelle Lehrmeisterin oder Priesterin. Und nach solchen Frauen suchen auch die Männer. C. G. Jung stellte fest, daß die Anima eines Mannes, der sich hauptsächlich über seinen Verstand definiert und seine Beziehungsnöte ignoriert, sich durch unkontrollierbare irrationale Ausbrüche bemerkbar macht, die unerwartet von ihm Besitz ergreifen. Diese «Besessenheit» währt so lange, wie er keinen bewußten Kontakt zu seiner inneren Weiblichkeit aufnimmt. Das macht ihn zur leichten Beute einer Liebe auf den ersten Blick, wenn er nämlich, ohne sich darüber im klaren zu sein, einen Teil von sich in einer anderen Person zu entdecken vermeint.

---

15 Marie-Louise von Franz, «Der Individuationsprozeß», in: *Archetypische Dimensionen der Seele*, Einsiedeln: Daimon 1994, S. 336

Anders ausgedrückt: Weil er ihr keinen Platz in seinem bewußten Leben einräumt, hat seine ihm selbst nicht bewußte Sensibilität die Macht, ihn ohne sein Wissen zu beherrschen. Während seiner Krisen gewinnt eine Karikatur des Weiblichen in ihm die Oberhand. Ein harmloser Schnupfen wird dann zu einem Kampf auf Leben und Tod, und eine Frau, deren Bekanntschaft er eben machte, zur Liebe seines Lebens. Er ist für den Einfluß seiner launischen Anima um so empfänglicher, je weniger er seine Gefühle, sein Innenleben beachtet. Das ist der Trick, den das Unbewußte gefunden hat, ihn mit seiner Sensibilität bekannt zu machen.

Ähnlich ergeht es der Frau, die sich vollkommen mit der traditionellen Weiblichkeit identifiziert. Sie schwört Stein und Bein auf Dinge, die, vernünftig betrachtet, ganz und gar unhaltbar sind, ohne den geringsten Beweis dafür zu erbringen. Sie weiß es eben, das muß reichen. Dabei handelt es sich um einen Angriff ihres Animus, der dem Angriff der Anima beim Mann vergleichbar ist. Sie wird sich von diesem Herrn, der sich als allwissend ausgibt, erst an dem Tag befreien können, an dem sie ihm die Chance gibt, sich angemessener zu äußern, und es wagt, ihre Meinungen an der allgemein anerkannten, objektiven Wirklichkeit zu messen. Interessant ist auch, daß der Animus in Träumen oft als eine Gruppe von Männern – etwa Richter, Lehrer oder Jugendliche – auftritt, während die Anima sich meist in einer einzigen geheimnisvollen Frau verkörpert. Jung folgert daraus, daß der Mann *die* Frau in allen Frauen, die Frau hingegen *alle* Männer in einem suche. Das würde nicht nur erklären, daß Frauen im allgemeinen treuer sind als Männer, sondern auch, daß Frauen oft Angst vor *den Männern* haben, die sie bisweilen als einen Männerbund ansehen, während die Anwesenheit ihres Partners ihnen Sicherheit gibt. Männer dagegen fürchten eher die Nähe zu *einer Frau*, nicht aber die Frauen im allgemeinen.

Die Frau im Mann, der Mann in der Frau

Um Irrtümer zu vermeiden, möchte ich im Rahmen dieser Erläuterung von Animus und Anima einige Begriffe klären. Wenn ich vom *Weiblichen* im allgemeinen spreche, dann verstehe ich darunter die beim Mann, bei der Frau und in der Gesellschaft vorhandenen weiblichen Werte. Dasselbe gilt für die Verwendung des Begriffs *männlich*, der sich auf die männlichen Werte sowohl bei *Ihr* als auch bei *Ihm* bezieht. Ich persönlich spreche allerdings lieber von der Anima, wenn es um die weibliche Empfänglichkeit des Mannes geht, und von Animus, wenn ich etwas zur männlichen Energie der Frau sagen möchte, weil die Jungsche Theorie schon zu oft mißbraucht wurde.

Das *Weibliche* und das *Männliche*, das durch die Begriffe Animus und Anima hindurchschimmert, hat immer den Anschein des Stereotypen und Konventionellen. Doch das Konzept ist ausgefeilter. Für C. G. Jung sind diese inneren Gestalten eigentlich psychische Repräsentanzen, die sich aus der Kompensation des bewußten, nach außen gerichteten Verhaltens im Inneren bilden. Ein Beispiel macht das schnell begreiflich. In der Gralslegende hat der Ritter Parzival eine Frau mit dem Namen Blancheflor. Sie verkörpert die weibliche Gestalt, auf die er seine Anima projiziert hat. Die innere Weiblichkeit Parzivals ist also, wenn wir uns in unserer Vorstellung von ihrem Namen leiten lassen, unschuldig, weiß, schlicht und zart. Parzival selbst ist ein gallischer Ritter, der nicht lange fackelt. Sein Mut, seine Kraft, aber auch seine Roheit und Gewalttätigkeit sind gefürchtet. Deshalb ist seine Anima so zart. Sie kompensiert, was seinem bewußten Verhalten zur Ganzheit fehlt. Jung konnte beweisen, daß dies meist der Fall ist.

Diese Vorstellung entspricht eher der psychischen Realität und erlaubt es uns, von den Stereotypen wegzukommen. Wir verstehen dann auch besser, daß ein sanftmütiger Junge ein kantiges, ja, brutales seelisches Bild in sich trägt und sich am Ende mit einer herrischen Frau als Partnerin wiederfindet. Ebenso, daß eine sehr harte Frau sich in einen weichen Jungen verliebt, weil er das Bild ihrer Seele verkörpert, nämlich die Eigenschaften, die sie braucht, um sich selbst näher zu sein.

Die Projektion eines tief in uns selbst verwurzelten Teils nach außen erklärt auch einen Großteil unserer Bindungen und der Schwierigkeiten, die sich aus ihnen ergeben. Oft haben wir das Bedürfnis, daß der andere sich diesem unbewußten Teil unserer Seele anpaßt. Viele Streitigkeiten und Trennungen kommen dadurch zustande, daß der Partner nicht dem inneren Männer- oder Frauenbild entspricht.

Der Grundsatz der Kompensation zwischen dem Bild der Seele und der äußeren Persönlichkeit, die Jung «Persona»[16] nannte, fordert von uns eine gewisse Vorsicht, wenn wir vom «Weiblichen im Mann» und vom «Männlichen in der Frau» sprechen, denn Männlichkeit und Weiblichkeit variieren nicht nur von einer Kultur zur anderen, sondern auch von einem Individuum zum anderen. Dennoch kann man natürlich von allgemeinen Tendenzen sprechen, etwa, daß Männer weniger Zugang zu ihren Gefühlen haben und Frauen einen weniger ausgeprägten Sinn für zielgerichtetes Handeln. Wir sollten dabei aber nicht vergessen, daß Ausnahmen von diesen Regeln nicht eben selten sind. Viele Frauen sind nicht besonders gewandt darin, in einer Liebesbeziehung offen über ihre Gefühle zu sprechen, und viele Männer sind nicht besonders zielstrebig veranlagt. Auch trifft es keineswegs immer zu, daß wir unter dem Deckmantel unserer

16 Die «Persona» ist die Maske, die wir anderen gegenüber aufsetzen. Das Wort bezeichnete einst die Maske, die der Schauspieler trug, damit seine Stimme im Amphitheater mehr Fülle und Klang bekam (*per sonare*). Die Persona ist also eine Brücke zu den anderen, eine Anpassung an die Gesellschaft und vermittelt zwischen unserem wahren Ich und den anderen. Die Persona ist wesentlich, sie dient der Triebbeherrschung und dem gesellschaftlichen Leben. Aber wir dürfen uns nicht so sehr mit ihr identifizieren, daß wir glauben, unsere ganze Individualität sei in ihr verkörpert. Siehe C. G. Jung, «Die Persona als ein Ausschnitt aus der Kollektivpsyche», in: Grundwerk Bd. 3, S. 39 ff., a. a. O.

Liebesbeziehungen nur den andersgeschlechtlichen Elternteil wiederfinden wollen. So kann ein Mann sich auch mit einer Frau verbinden, die etwas von seinem Vater hat, und eine Frau sich einen Mann aussuchen, der ihrer Mutter ähnlich ist.

Zusammenfassend können wir sagen, daß die Anima jene Kraft im Mann ist, die in ihm das Bedürfnis hervorruft, zu lieben und geliebt zu werden, fürsorglich und geschätzt zu sein. Erst durch sie wird er fähig, zu lieben und zu empfangen, durch sie wird er bereit zur Toleranz über alle Vernunft und zu Mitgefühl über alle Grenzen hinaus. Pervertiert wird sie zu Abhängigkeit, Unterwürfigkeit, Kriecherei, Knechtschaft und Masochismus. Unterdrückt wird sie zu Kälte, Abwehr und Härte. Der Mann wird unbewußt nach Frauen suchen, die den einen oder anderen Aspekt verkörpern und ihm die Entdeckung seines Selbst ermöglichen.

Der Animus ist jene Energie, die sich in der Verwandlung der Materie nach ihrem Willen verwirklichen muß. Er ist eine Handlungs-, Bewegungs- und Antriebskraft. Pervertiert wird er zu manischer Betriebsamkeit, Herrschsucht, Tyrannei und Sadismus. Unterdrückt wird er zu Willensschwäche, Weichlichkeit, Selbstzerstörung. Und auch die Frau hält Ausschau nach Männern, die ihre unbewußten Anteile verkörpern, um sich selbst kennenzulernen.

Animus und Anima zusammen machen jeden von uns zu diesem unglaublichen und unerklärlichen Wunder Mensch und gewähren uns die Erfahrung der Liebe in all ihren Formen – von der schäbigsten bis zur erhabensten.

Das familiäre Dreieck – möglich oder unerträglich?

Die Familienlandschaft

Wir haben jetzt den Einfluß des gleichgeschlechtlichen und des andersgeschlechtlichen Elternteils auf die Bildung der Geschlechtsidentität kennengelernt und einiges darüber erfahren, wie schädlich negative Elternkomplexe sich auswirken können. Bevor wir uns ausführlicher mit der Eltern-Kind-Beziehung befassen, soll gezeigt werden, wie begrenzt der elterliche Einfluß ist und daß die Eltern am Unglück ihrer Kinder selten die Alleinschuldigen sind. Damit wollen wir diesen theoretischen Teil abschließen.

Im realen Erleben des Kindes gibt es nicht nur die Vater-Tochter- oder die Mutter-Sohn-Interaktion, sondern hauptsächlich und vor allem anderen das Dreieck Vater-Mutter-Kind. Mit seinem ganzen Sein hat das Kind Anteil an der ehelichen Beziehung. Das ist wichtig, denn die Anerkennung des Dritten bedeutet die Anerkennung des wirklich anderen. Zu dritt bildet man schon eine kleine Gesellschaft.

Das Kind lebt so sehr in Symbiose mit dem Elternpaar, daß es durchaus zu dem Schluß gelangen kann, es sei verantwortlich für die Harmonie seines Zusammenlebens oder beispielsweise auch für seine Trennung. Die Einigkeit des Elternpaars bedeutet dem Kind viel. Sie symbolisiert ihm die wechselseitige Ergänzung der Gegensätze, die den Bestand der Welt garantiert. Deshalb halten Scheidungskinder so lange an der Vorstellung fest, ihre Eltern wieder zusammenzubringen – ob durch schöne oder traurige Ereignisse, ob durch Geburtstag oder Unfall –, und sie sind zutiefst befriedigt, wenn ihnen das gelingt.

Aber auch dieses Dreieck ist eine künstliche Abgrenzung und keineswegs ein Abbild der wirklichen Verhältnisse. Die Familie ist nämlich viel mehr als dieses Dreieck, sie ist ein System, zu dem auch die Geschwister gehören sowie nahe Verwandte wie Großväter und Großmütter und andere Menschen, die im familiären

Bereich ihren Platz haben. Sie alle können für das Kind auf psychologischer Ebene von Bedeutung sein. Wenn man ein Kind bittet, eine «Familienlandschaft» zu malen, indem es alle Personen als Gegenstände darstellt und Verbindungslinien zwischen ihnen zeichnet, dann sieht man, wie durchlässig die Grenzen seiner psychischen Realität sind. Auch wenn Mutter und Vater natürlich zentrale Positionen in einer solchen Landschaft besetzen, wird klar, daß sich das nicht auf den biologischen Vater oder die biologische Mutter beschränkt, weil das Kind ganz selbstverständlich dem Ersatzvater oder der Ersatzmutter die gleiche Wichtigkeit zuschreibt wie einem biologischen Elternteil.

Daraus folgt, wie schon weiter vorn beschrieben, daß alle Menschen, die von nah oder fern zum Bevatern oder Bemuttern des Kindes beigetragen haben, auch an der Bildung seiner Elternkomplexe beteiligt sind.

Kinder kommen gut mit einer Vielfalt unterschiedlicher Einflüsse zurecht, vorausgesetzt, sie wissen, wer für sie die Hauptbezugsperson ist. Das ist heutzutage das Drama vieler Kinder: Sie haben keinen Bezugspunkt. Wenn beide Eltern arbeiten, ist die Zeit, die sie mit ihren Kindern verbringen, knapp. Positive Elternbilder können da gar nicht erst entstehen. Die Kinder wachsen in einer Art Leere auf, und ihre männliche oder weibliche Identität bleibt verschwommen. Davon sind auch Selbstvertrauen und Selbstbehauptung betroffen.

Je mehr man mit jungen Menschen arbeitet, desto öfter fällt einem auf, daß eine Kinderfrau, ein Hausmeister oder auch Nachbarn den wichtigsten Platz in der Familienlandschaft eingenommen haben. Immerhin besser als die große Leere. Manche Kinder beziehen die Vorbilder für den Aufbau ihrer Persönlichkeit aus dem Fernsehen, und ihre Eltern sind zu selten da oder haben zu wenig Zeit für sie, um diese kulturellen Stereotypen zu vermenschlichen.

Das familiäre Abenteuer kann dergestalt für die Identität des Kindes schnell zur Katastrophe werden und das familiäre Dreieck unerträglich. Eine beschädigte Kindheit führt fast unausweichlich zu einem totalen Rückzug. Das Ich, von seiner Unfähigkeit überzeugt, versinkt in Trübsinn und kann sich in der Welt nicht mehr behaupten.

Maßstäbe für eine gesunde Identität sind: Selbstvertrauen, die Fähigkeit zu wählen, seinen Wünschen und Neigungen zu folgen, eine Verbindung mit seinen Gefühlen und Bedürfnissen zu unterhalten und emotionale Bindungen einzugehen. Menschen mit einer schwachen Identität sind voller Zweifel und meist von ihren Gefühlen abgeschnitten. Sie leben in einer feindseligen Welt, in der alle ständig über sie richten und sie verurteilen. Sie fühlen sich oft schuldig wegen ihrer Bedürfnisse und meinen, sie hätten nicht das Recht, sie zu äußern. Damit eine Kindheit glückt, muß das Kind sich in seiner Erforschung der Welt ebenso gehalten fühlen, wie wenn es seine Gefühle und Bedürfnisse zeigt und behauptet.

Alle Erfahrungen des Menschen scheinen nur auf ein Ziel gerichtet zu sein: den Ausdruck seiner Besonderheit und die Entfaltung seiner individuellen Begabungen. Am glücklichsten sind offenbar jene Menschen, die eine befriedigende Weise der Selbstverwirklichung finden – ob in der Gartenpflege, beim Basteln oder durch eine künstlerische Betätigung. In ihrer Sexualität, ihrer Partnerschaft, ihrer Familie oder ihrer Arbeit verleihen sie ihrem wahren Wesen Ausdruck. Diese Fähigkeit, sich zu äußern, ermöglicht ihnen, mit den Menschen wie mit der Natur um sie herum eine Verbindung einzugehen.

Wer seine grundlegenden Bedürfnisse befriedigen und seinem Wesen Ausdruck geben kann, hat Freude am Leben. Liebe scheint eine Folge dieser Zufriedenheit zu sein. Wem es gelingt, seine inneren Zwänge zu lösen, und wer das Glück hat, sich frei äußern zu können, lebt in einer Welt der Fülle und Dankbarkeit, statt in einer Welt des Darbens und der Mißgunst. Selbst wenn rundum Mangel herrscht, wird ihm Freude und Nahrung aus tieferen Quellen zufließen.

Daher ist es die vornehmste elterliche Pflicht, Kinder in ihrer Welterkundung zu unterstützen und den Ausdruck ihrer Individualität zu fördern. Zwar brauchen Kinder auch die Sicherheit eines festen Rahmens, doch wenn der Rahmen zu eng oder zu starr ist, kann ihre Kreativität daran zerbrechen. Zu große Fürsorge oder Strenge kastrieren das Kind und nehmen ihm sein wertvollstes Instrument: die Fähigkeit, sich selbst auszudrücken.

Die besten Eltern in dieser Hinsicht sind übrigens nicht diejenigen, die versuchen, perfekte Vorbilder zu sein, sondern diejenigen, die sich eine schöpferische Leidenschaft für das Leben bewahrt haben. Denn man trifft im wirklichen Leben nur selten Menschen, die den bewußten Erziehungszielen ihrer Eltern oder wichtigen Bezugspersonen gefolgt wären. Demgegenüber gibt es viele, deren Lebenskraft durch die Präsenz eines leidenschaftlichen Menschen geweckt wurde. Was aber ein Kind wirklich prägt, ist die oft ganz unbewußte Einstellung und das Verhalten der Eltern gegenüber den Schattenseiten des Lebens. Verzagt ein Elternteil bei der geringsten Schwierigkeit, wird das Kind später genauso reagieren und auf Prüfungen mit Defätismus antworten. Begegnen die Eltern dagegen allen Herausforderungen mit Optimismus, dann stehen die Chancen gut, daß das Kind sie auch darin nachahmt und sich angesichts auftauchender Probleme sagt: «Das ist nicht das Ende der Welt. Meine Eltern haben überlebt, ich werde es auch überleben. Morgen ist ein neuer Tag.»

Ein Kind ist kein unbeschriebenes Blatt

Von Anfang an zeigt jedes Kind einen so individuellen Charakter, daß es unmöglich scheint, seine Einzigartigkeit und Besonderheit zu leugnen. Ein Kind ist kein unbeschriebenes Blatt, auf dem die Eltern das Drehbuch seines Lebens entwerfen könnten. Und doch wundern sich Eltern immer wieder darüber, wie auffallend die individuellen Unterschiede der Kinder schon von Geburt an sind.

Wir machen die Erfahrung, daß ein Teil der Einzigartigkeit eines Menschen sich unseren Analysen stets entzieht. Auch wenn es stimmt, daß die Präsenz der Eltern und die Qualität dieser Präsenz zur Bildung einer gesunden Identität beim Kind beitragen, kann dieses Gesetz doch nicht allein die ganze Vielfalt des Lebendigen erklären. Manche Faktoren bleiben im dunkeln. Ein Junge, der, psychologisch betrachtet, in einem benachteiligten Milieu aufwächst, kann eine beispielhafte Selbstbehauptung entwikkeln. Ein Mädchen, dem alle erdenkliche Aufmerksamkeit und Fürsorge zuteil wurden, kann dennoch in Depressionen verfallen.

Letztendlich bleibt es für uns ein Rätsel, warum ein Jugendlicher, der gute Eltern hatte, der sich ausdrücken konnte und gut in der Schule war, beim ersten Liebeskummer Selbstmord begeht. Selbst wenn wir eine solche Tat damit erklären könnten, daß es ihm an innerer Festigkeit mangelte, weil seine Umgebung es ihm unmöglich machte, sich seiner selbst bewußt zu werden – können wir wirklich die Eltern voll und ganz dafür verantwortlich machen, die doch gewöhnlich ihr Bestes gegeben haben oder es einfach nicht besser wußten?

An dieser Stelle scheint es mir angebracht, die Mahnung des Dichters Khalil Gibran aus dem Werk *Der Prophet* zu zitieren:

Eure Kinder sind nicht eure Kinder.
Sie sind die Söhne und Töchter der Sehnsucht,
die das Leben nach sich selber hat.
Sie kommen durch euch, nicht von euch.
Und wenn sie auch bei euch sind,
gehören sie euch doch nicht.[17]

Hören wir auf den Dichter und betreiben wir eine Psychologie, die dem Kind die eigene Macht zurückgibt. Die Rolle der Eltern verändert sich dadurch nicht grundlegend, es wird ihnen dadurch nur etwas von ihrer Allmacht abgenommen. Sie sollten sich zwar bemühen, den Lebensdrang ihres Kindes zu schützen

17 Khalil Gibran, Der Prophet, Olten/Freiburg i. Br., Walter 1997

und zu fördern, aber sie sind nicht für sein Schicksal verantwortlich. Sie sollten aufmerksam auf die Eigenart ihres Kindes eingehen, die sich ausdrücken muß, um zu werden, aber sich immer dessen bewußt sein, daß das Kind auf ein Leben zugeht, das es sich selbst erschafft und für das es die ganze Verantwortung trägt.

Vielleicht sind die Spannungen zwischen Eltern und Kindern nur dazu da, daß alle Beteiligten durch Freude und Schmerz zu einer tieferen Erkenntnis ihres Selbst gelangen. Von diesem Standpunkt aus betrachtet, gibt es gar keine negativen Erfahrungen. Sie dienen alle letztlich nur der Selbsterkenntnis und Orientierung im weiten Feld des Lebens. Angesichts der Vielfalt individueller Schicksale kam schon C. G. Jung auf die Idee, daß manche Menschen die Abgründe ihres Unbewußten nur durch schreckliche Taten wie etwa einen Mord ausdrücken können. Diese Vorstellung erschreckt uns, mahnt aber auch zur Toleranz in den Urteilen, die wir über solche Menschen fällen. Marie-Louise von Franz, eine Schülerin C. G. Jungs, sprach von Kriminellen als negativen Erlösern, die die in den Abgründen unserer Seele verborgenen Wunden und Leiden auf sich nähmen. Vielleicht gäbe es weniger blutige Auseinandersetzungen auf diesem Planeten, wenn jeder von uns den Mut hätte, seinen Schattenteil auf sich zu nehmen. Unsere Faszination an großen Verbrechern verrät nur, wie sehr wir selbst an ihrem Wesen teilhaben – ob uns das nun gefällt oder nicht.

Wenn man sieht, daß negative Erfahrungen die tiefste Lebensfreude enthüllen können, kommt man nicht umhin, die großen persönlichen Krisen als die besten Gelegenheiten zur Veränderung zu betrachten. Es ist nicht zu leugnen, daß eine schwere Kindheit, jahrelanger Alkoholismus, ja sogar das Erleben von Gewalt für den einzelnen ein Ansporn sein können, den Weg zu einem befriedigenderen Leben zu finden. Doch wäre es zynisch, daraus umgekehrt zu schließen, daß Eltern ihren Kindern derartige Erfahrungen wünschen und ihnen gleichzeitig die Verantwortung dafür übertragen würden.

Niemand entgeht dem Leiden. Wir können es sogar begrüßen, denn es konfrontiert uns mit den wichtigsten Fragen des Lebens. Es kann wach machen und zerstören. Es ist der Stachel, der die Menschen dazu zwingt, sich angemessen zu verhalten. Wenn man das Leiden so auffaßt, wäre es geradezu niederträchtig, die Eltern für das Leiden ihrer Kinder anzuklagen oder umgekehrt. In vielen Hinsichten brauchen Menschen sogar das Leiden, um wachsen zu können. Und es hat manchmal negative Auswirkungen, wenn Eltern versuchen, ihren Kindern jegliches Leid zu ersparen.

Nach diesen Erläuterungen zur Identität wenden wir uns im folgenden Kapitel den Vater-Tochter-Beziehungen zu, um das Drama, das *Sie* und *Er* auf dem Sofa erleben, besser zu verstehen.

3. Väter und Töchter: Heimliche Liebe

Der schweigende Vater

In Stereotypen gefangen

Um Mann und Frau auf dem Wohnzimmersofa zu charakterisieren, könnte man sagen, *Sie* ist eine Frau, die zu sehr liebt[1], *Er* dagegen ein Mann, der Angst hat zu lieben[2]. Diese aus der Populärpsychologie bekannten Figuren haben allerdings eine Geschichte. Sie wurzeln in dem aus dem Gleichgewicht geratenen Dreieck der traditionellen Familie, in der der Vater nur Schlaf- und Wochenendgast ist und die Mutter versucht, seine Abwesenheit zu kompensieren, indem sie mehrere Rollen gleichzeitig spielt. In den folgenden Kapiteln werden wir uns mit der Entstehung dieser psychischen Konstellationen von *Ihm* und *Ihr* beschäftigen, indem wir das Verhältnis zwischen Vater und Tochter und zwischen Mutter und Sohn betrachten. Denn das Schweigen des Vaters schafft die Frau, die zu sehr liebt, und die Einsamkeit der Mutter den Mann, der Angst hat zu lieben.

Wenn man sich die Beziehungen zwischen Eltern und Kindern vornimmt, läuft man natürlich Gefahr, sich in Vorwürfen und Verurteilungen zu erschöpfen. Da wir aber die Vergangenheit nicht ändern können, hat ein solches Vorgehen nur dann Sinn, wenn es uns hilft, unser gegenwärtiges Verhalten besser zu verstehen. Die Vergangenheit als solche ist uninteressant. Die Ver-

---

1 Diesen Begriff habe ich dem internationalen Bestseller von Robin Norwood entlehnt: *Wenn Frauen zu sehr lieben. Die heimliche Sucht gebraucht zu werden*, Reinbek: Rowohlt 1986.

2 Auch *der Mann, der Angst hat zu lieben*, ist bereits beschrieben worden, siehe Julian Carter und Julia Sokol: *Ces hommes qui ont peur d'aimer*, Paris: «J'ai lu» 1994.

gangenheit, die in unserem Alltag nachwirkt, indem sie unbemerkt unsere Entscheidungen beeinflußt, ist von größtem Interesse. Ihre Erforschung soll uns in die Lage versetzen, schädliche Konditionierungen zu durchschauen und uns von ihnen zu befreien.

Bei einem Seminar, das in der Sahara stattfand, fragte mich eine Teilnehmerin, als wir gerade mit der Arbeit an der Vaterbeziehung beginnen wollten, ob es denn wirklich nötig sei, daß sie auspackt. Ich bat sie, mir zu sagen, ob sie sich dieselbe Frage stellen würde, wenn es um einen vom stundenlangen Marsch durch die Wüste erschöpften und durstigen Reisenden ginge, der in seinem Rucksack einen Haufen überflüssiger, schwerer Sachen mit sich herumschleppte. Sie würde ihm doch zweifellos raten, einiges abzuladen, auch wenn es etwas Zeit kosten würde. Dazu wäre aber unabdingbar, alle Dinge auszupacken und durchzusehen, sich klarzumachen, welche unnütz sind, sich zu entschließen, die unbrauchbaren Sachen aufzugeben, und sich schließlich, was nicht weniger schwer ist, an die verringerte Last zu gewöhnen. Denn die Angst vor Freiheit und Leichtigkeit ist wahrscheinlich das größte Entwicklungshindernis.

Im folgenden Abschnitt werden wir einige Aspekte der Vater-Tochter-Beziehung untersuchen, denn wenn die Paarbeziehung nicht länger von den Verletzungen aus der Kindheit bestimmt werden soll, muß die Dynamik der Vergangenheit erkannt und durchschaut werden. Noch einmal: Es ist nicht das Ziel dieses Erklärungsversuchs, die wirklich Schuldigen an unserem Unglück herauszufinden und ihnen Vorwürfe zu machen, sondern die Kränkungen, die uns in einem gemeinsamen Drama an diese Menschen gebunden haben, zu verstehen, um sie zu überwinden. Denn in der therapeutischen Praxis stellen wir immer wieder fest, daß, wie Freud es formulierte, die Vergangenheit, die unbewußt bleibt, sich wiederholt, oder, wie C. G. Jung es sah, was unbewußt bleibt, uns von außen zustößt wie ein Schicksal, das uns fremd erscheint, obwohl es nur unsere innere Verfaßtheit spiegelt.

Nirgendwo zeigt sich das deutlicher als in der Paarbeziehung. Es ist immer wieder verblüffend, daß Menschen sich Partner aussuchen, die ihrem Vater oder ihrer Mutter ähneln. Man könnte sogar sagen: Je schmerzhafter eine Beziehung, desto eher spiegelt sich in ihr eine ungeklärte Kindheitsdynamik. Wenn noch unklare, unaufgelöste Bindungen zwischen Eltern und Kindern bestehen, erleben die alten Dramen auf der Beziehungsbühne eine Reprise nach der anderen. Das kann so weit gehen, daß Beziehungen potentiell unmöglich werden.

Die heimliche Liebe

Jedesmal, wenn ich einen Workshop über die Vaterbeziehung abhalte, bin ich von der großen Zärtlichkeit verblüfft und gerührt, die die meisten Frauen ihrem Vater entgegenbringen – trotz der Mauer des Schweigens, die diese Beziehung umgab. Manchmal werde ich auch zum Zeugen ihrer Wut oder ihrer Empörung, weil sie sich betrogen fühlen, aber fast zwangsläufig steht im Hintergrund der bittersüße Schmerz dieser Liebe ohne Worte. Einer jahrelang im Schweigen gefangenen Liebe, Liebe als Strafe. Das ist wie ein Liebeskummer, an den man sich mit der Zeit gewöhnt hat, man kommt nicht darüber hinweg, also muß man damit leben. Eine tiefere Begegnung hat nicht stattgefunden. Man kann sich nicht davon lösen, weil man im Grunde seines Herzens davon überzeugt ist: Es hätte anders sein können. Und diese andere Liebe, die vielleicht möglich gewesen wäre, sucht man immer noch, verzweifelt, bei anderen Männern.

In diesem Kapitel werden wir sehen, daß das Unbehagen der Frau auf dem Sofa teilweise aus den unzulänglichen Beziehungen zwischen Vätern und Töchtern stammt.

Eine Leere, die gefüllt werden muß

Nach Christiane Olivier[3] hat es das Mädchen in den ersten Lebensjahren noch schwerer als der Junge, da es sich weder im Vater noch in der Mutter wiederfindet. Sein Leben beginnt in einem Identitätsvakuum, da es weder die Geschlechtsmerkmale des Vaters noch die der Mutter besitzt.

Vielleicht ist das der Grund dafür, daß die Metapher der Leere im Leben vieler Frauen eine so große Rolle spielt. Erfüllt fühlen sie sich glücklich, leer unglücklich. Liebe und Aufmerksamkeit sind die Erfüllung, wenn sie fehlen, bleibt nur Leere. Leere und Fülle, Mangel und Überfluß bilden im Körperlichen wie im Seelischen die Pole, um die sich ihr Leben anscheinend drehen muß: Sie haben entweder zuviel Gewicht, Busen, Po oder zuwenig; sie sind zu dünn, zu flachbrüstig, zu klein oder zu groß. Oder sie haben gleichzeitig vom einen zuviel und vom anderen zuwenig: zuviel Po und zuwenig Busen, zuviel Bauch und zuwenig Po. Oder ein Mangel wird durch einen anderen erklärt: «Wenn ich mehr Busen hätte, würde ich mich mehr trauen.»

Das Schweigen des Vaters verschlimmert dieses Gefühl der Leere. Das Mädchen beginnt zu glauben, daß sein Papa nicht mit ihm spricht, weil es nicht hübsch genug, nicht klug genug ist; und je mehr Zeit vergeht, desto mehr füllt sich die Leere mit negativen Überzeugungen. Am Ende fühlt das Kind sich schuldig am väterlichen Schweigen und fängt an, sich selbst herabzusetzen: «Ich bin es gar nicht wert. Ich bin eben nicht anziehend genug. Ich schaffe es nie.»

---

3 Christiane Olivier, *Jokastes Kinder*, a. a. O.

Die Idealisierung des Vaters

Man könnte fast sagen, das junge Mädchen beginnt in diesem Moment an seinem Liebesschicksal zu weben, denn während es sich selbst auf der einen Seite herabsetzt, idealisiert es auf der anderen den Mann und füllt die Leere mit dem Traum vom Märchenprinzen. «Eines Tages wird mein Prinz kommen», läßt sich in vielen Fällen so übersetzen: «Eines Tages wird mein Vater kommen, er wird mit mir sprechen, und dann werde ich endlich als Frau existieren.» Die ersten Kontakte zu Männern führen dank dieses Traums natürlich zur vorhersehbaren Katastrophe. Kein Mann kann den Traumprinzen ausstechen, er ist ein Ideal. Aber die Frauen halten an diesem Ideal fest und zwingen es den Männern ihrer Umgebung auf, auch auf die Gefahr hin, damit Schiffbruch zu erleiden. Denn es verdeckt eine Leere, mit der sie sich nicht konfrontieren wollen.

Wenn der Vater ganz fehlt, erhält der Traum des Mädchens ein noch größeres Gewicht. Dann wird der mythische Aspekt seiner Phantasien über den Mann, der es eines Tages erwählt, damit es ihn glücklich und zufrieden macht, nicht vermenschlicht, und das Mädchen bleibt in seinen romantischen Vorstellungen gefangen: Es wartet auf den Erlöser, der das Waisenkind rettet, die Prinzessin aus ihrem Turm befreit. Auf der psychischen Ebene drückt sich dieses Gefangensein in den eigenen Vorstellungen in Träumen aus, in denen das Mädchen zum Opfer eines Vampirs oder von einer Gestalt verfolgt wird, die sich eines Blaubart würdig erweist. Und tatsächlich wird ihm, wenn es so sehr ins Netz seiner Phantasien verstrickt ist, seine ganze Lebenskraft ausgesogen. Die Libido zerfließt in romantischen Träumereien, statt in das Bett einer möglichen, wirklichen Liebe zu strömen. Dann kann man in der Tat sagen, daß die Kraft des Animus in einem negativen Vaterkomplex gefangen ist.

Wenn ein Mädchen keinen Vater hatte, bleibt es in seinem Wunsch nach Aufmerksamkeit Phantasien überlassen. Ich habe mehrere junge Frauen kennengelernt, die davon träumten, nach Hollywood zu gehen, um dort von einem Regisseur, der ihr Talent erkennen würde, entdeckt und berühmt gemacht zu werden. Diese mythischen Vorstellungen werden noch dadurch gefördert, daß weibliche Schönheitsstereotype in unserer Gesellschaft die Medien- und Bilderwelt beherrschen. Einige berühmte Models müssen bloß schön sein, um auf der ganzen Welt im Rampenlicht zu stehen.

Das düstere Schicksal

Die Leere und die mit ihr einhergehenden trüben Gedanken bekommt man nicht leicht in den Griff. Ich hatte einige Jahre lang eine Frau in der Analyse, die in einer Familie mit mehreren Mädchen aufgewachsen war. Die Mutter litt unter krankhafter Eifersucht. Ihren Argusaugen entging nicht die geringste Aufmerksamkeit, die ihr Mann seinen Töchtern schenkte, ebensowenig wie die potentiellen Blicke, die er der einen oder anderen Nachbarin hätte zuwerfen können. Sie dichtete ihm außereheliche Verhältnisse an und bekam während der Mahlzeiten Nervenzusammenbrüche. So wurde der arme Mann gewissermaßen kastriert. Er saß still am Kopfende des Tisches und war äußerst sparsam mit Blicken und mit Worten. Die Mädchen dagegen rivalisierten untereinander, um seine Aufmerksamkeit auf sich zu ziehen.

Ich wunderte mich nicht, als ich von meiner Patientin erfuhr, daß der Mann, den sie geheiratet hatte, ebenso schweigsam war wie ihr Vater. Sie hatte mit ihm eine Tochter, um die er sich kaum kümmerte. Als sie mit der Therapie anfing, lebte sie seit zehn Jahren mit ihrem Mann zusammen. Seit drei Jahren hatten sie keinen Geschlechtsverkehr mehr gehabt. Der Mann war abends meist außer Haus oder verschanzte sich hinter einem Science-fiction-Roman. Am Ende der ersten Sitzung jedoch erklärte sie trotz ihrer Unzufriedenheit: «Ich möchte mich nicht von ihm trennen!»

Sie hatte nicht genügend Selbstvertrauen, um diese Beziehung, die ihr nur Verdruß bereitete, zu beenden. Als Reaktion auf das Schweigen des Vaters hatte sich ein nagender Zweifel in ihrem Inneren eingenistet; eine Stimme flüsterte ihr ständig zu: «Du findest keinen anderen!» Sie verwandte ihre ganze Phantasie darauf, sich die schrecklichsten, düstersten Szenarien im Falle einer Scheidung auszumalen. Natürlich stand ihre Tochter im Mittelpunkt dieser Erzählungen. Sie sah sie schon als junges Mädchen zur Psychotherapie gezwungen, weil sich ihre Eltern getrennt hatten. Bis zu dem Tag, an dem sie zu verstehen begann, daß ihre Tochter lieber dem Beispiel einer mutigen Mutter folgen würde, die eine Trennung riskiert, als dem einer Frau, die sich mit ihrem Schicksal abgefunden hatte.

Das Schweigen des Vaters hatte bei dieser Frau einen Komplex entstehen lassen, der schließlich ihr ganzes Selbstvertrauen untergrub. Die Stimme, die ihr fortwährend ein unausweichliches, düsteres Schicksal prophezeite, war die Stimme eines negativen, in einem Vaterkomplex gefangenen Animus. Erst nach der Trennung fand sie ihre Kreativität wieder, und die unheilkündenden Stimmen wurden leiser. Sie brauchte sehr viel Mut, um ihr Schicksal wieder selbst in die Hand zu nehmen, denn symbolisch hatte die schwierige Beziehung zu ihrem Vater sie ihrer Hände beraubt.

Die verwundete Frau

Das Mädchen ohne Hände

Zur Illustration dieses Beispiels möge ein Märchen aus der Sammlung der Brüder Grimm dienen, «Das Mädchen ohne Hände»[4], in dem der Heldin vom eigenen Vater beide Hände abgehackt werden. Es erzählt von der seelischen Verletzung, die durch väterliche Gleichgültigkeit hervorgerufen wird.

Ein verarmter Müller will dem Teufel alles verkaufen, was

4 Jacob und Wilhelm Grimm, *Kinder- und Hausmärchen*, a. a. O.

sich hinter seiner Mühle befindet. Dabei denkt er an den alten Apfelbaum, der ihm nichts bedeutet. Als Gegenleistung soll er alle Reichtümer erhalten, die er sich wünscht. Als der Müller voller Freude über den glücklichen Handel wieder zu Hause ist, muß er zu seinem Schrecken erfahren, daß seine Tochter gerade den Hof hinter der Mühle fegte, als er den Pakt mit dem Teufel abschloß. Da ihm sein Leben lieb ist, will er den Vertrag dennoch einhalten und fordert von seiner Tochter, sich bereit zu halten, wenn der Teufel kommt, um sie zu holen.

Als die vereinbarte Frist von drei Jahren verstrichen ist, will der Teufel seinen Lohn, aber das Mädchen hat sich gewaschen und ist so rein und fromm, daß er sie nicht mitnehmen kann. Also befiehlt er dem Vater, seiner Tochter zu verbieten, daß sie sich mit Wasser reinigt. Doch auch beim zweiten Mal kommt er vergebens, denn diesmal hat das Mädchen zu viele reine Tränen über seine Hände vergossen. Als der Teufel droht, an ihrer Stelle den Vater mitzunehmen, hackt der Vater auf Geheiß des Teufels seiner Tochter beide Hände ab. Doch das reine Mädchen vergießt wiederum einen Strom von Tränen über die Stümpfe, und der Teufel muß zum drittenmal unverrichteter Dinge von dannen ziehen; seine Rechte sind nun verwirkt. Der Müller ist erleichtert und verspricht seiner Tochter alle Reichtümer, die sie sich nur wünscht, bis ans Ende ihrer Tage. Sie aber ekelt sich vor seiner Feigheit, und so beschließt sie, ihr Elternhaus zu verlassen und trotz ihrer Behinderung anderswo ihr Glück zu suchen.

Bald kommt sie in ein Land, über das ein gütiger König herrscht. Er entbrennt in Liebe und Mitgefühl zu ihr, heiratet sie und läßt ihr Hände aus Silber anfertigen. Unglücklicherweise muß er kurz darauf, als seine Frau gerade schwanger ist, in den Krieg ziehen. Der Teufel, der seine Niederlage nicht verwunden hat, nutzt diese Situation, um sich wieder auf sie zu stürzen. Er sorgt dafür, daß sie und ihr Kind mit Schimpf und Schande aus dem Land gejagt werden. Sie flieht unter dem Schutz eines Engels bis tief in den Wald. In dem Versteck wachsen ihr wegen ihrer Frömmigkeit neue Hände. Als der König aus dem Krieg zurückkehrt, sucht er nach ihr, bis er sie endlich wiederfindet und sie in Liebe und Frieden vereint sind. Ich will hier nicht alle Schicksalsschläge im einzelnen erörtern, mir geht es um den Anfang. Die Psychoanalytikerin Marie-Louise von Franz[5] interpretierte das Märchen auf zwei Ebenen: Eine hängt mit dem Los des Weiblichen und der Frauen in der patriarchalischen Gesellschaft zusammen, die andere mit den psychischen Prozessen, die beim Müller und seiner Tochter im Spiel waren.

Beginnen wir mit der Psychologie des Mannes, der durch den Müller verkörpert wird. Zunächst geht Marie-Louise von Franz auf das Unbewußte des Vaters ein, der, um reich zu werden, aus Versehen seine Tochter verschachert. Sie vergleicht sein Verhalten mit dem der heutigen Väter, die von ihrem Beruf so sehr in Anspruch genommen werden, daß sie emotionale Bindungen an Frau und Kinder nur ansatzweise ausprägen. Metaphorisch gesprochen ist das, als würden sie ihre Tochter an den Teufel verkaufen, das heißt, als versuchten sie, sich ihrer Anima zu entledigen. Anders ausgedrückt: Dieser Mann hat sein eigenes Unbewußtes verraten, um beruflich und sozial Erfolg zu haben. Er hat seine Beziehungsfähigkeit verkümmern lassen und sich dem inneren Konflikt entzogen, der mit dem Ausdruck seiner Gefühle verknüpft ist. Deshalb fällt das Mädchen dem Schatten seines Vaters zum Opfer, in dem sich Gier und Fühllosigkeit mischen.

Dann wird schön herausgearbeitet, wie das Märchen die Frau mit der Natur verknüpft, indem es das Mädchen mit dem alten Apfelbaum in Verbindung bringt. Der Müller will ihn loswerden, weil er ihm nichts wert ist, und unterbricht damit symbolisch den Kontakt zur Natur. Gleichzeitig unterbricht er den Kontakt zu seiner inneren Weiblichkeit, die durch seine Tochter symbolisiert wird. Mit dem Ergebnis, daß er nur noch unpersönliche, abstrakte, nicht aber konkrete, individuelle Beziehungen eingehen kann.

---

5 Marie-Louise von Franz, *Das Weibliche im Märchen*, Stuttgart: Bonz 1977, S. 71 f.

Auf einer umfassenderen Ebene weist die Analytikerin darauf hin, daß im Märchen immer die Heldinnen, nicht aber die Helden ihre Hände einbüßen, da es die weibliche Kreativität war, die von der patriarchalischen Kultur unterdrückt wurde. Ihrem Wesen nach schafft die weibliche Kreativität etwas, indem sie es wachsen und gedeihen läßt, wohingegen die männliche Kreativität sich durch aktives Handeln verwirklicht. In der weiblichen Kreativität geht es darum, im Einklang mit dem Rhythmus der Natur etwas in sich zu tragen und reifen zu lassen. Das Motiv der Verstümmelung bedeutet, daß die patriarchalische Gesellschaft dieser Art von Kreativität keinen Wert beimißt. Viele von uns sind übrigens selbst von dieser Verstümmelung betroffen: Wir verstehen es, durch Willenskraft etwas hervorzubringen, haben aber den Kontakt zu einer Kreativität verloren, die aus dem Bauch kommt, deren Schöpfungen reifen müssen, bis sie ans Tageslicht treten.

Genauer gesagt, symbolisiert dieses Märchen den Autonomieverlust der Frauen in einer Gesellschaft der Patriarchen. Sie sind verstümmelt und können ihr Schicksal nicht mehr in die Hand nehmen. Daran läßt sich erkennen, wie früher in Volksmärchen metaphorisch Kritik an der patriarchalischen Kultur geübt wurde. Wie Träume gaben sie mit Hilfe von Bildern wieder, was auf dem Grund des Unbewußten geschah, und mahnten die Väter, ihre Familie nicht zu vernachlässigen, um dem Geld nachzulaufen. Es ist auch kein Zufall, wenn in dem Märchen, mit dem wir uns beschäftigen, der Vater des Mädchens Müller ist – einer der ersten Berufsstände, die von der Verarbeitung dessen lebten, was andere herstellten, einer der ersten Industriellen also. In den Märchen macht sich eine Vorahnung bemerkbar, daß die Industrialisierung Gräben aufreißen würde, sowohl zwischen Mensch und Natur als auch zwischen Mann und Frau.

Kommen wir nun zur Psychologie des Mädchens. Die Vernachlässigung durch den Vater und dessen Feigheit symbolisieren sicherlich einen negativen Vaterkomplex, dem das Ich zum Opfer fällt. Aber was bedeutet es, an den Teufel verkauft zu sein?

Psychologisch gesehen heißt das, daß man nicht mehr selbst über sich verfügt, also in einen Zustand der Besessenheit gerät. Viele Frauen, die von einem gleichgültigen Vater an den Teufel verkauft wurden, verfallen in eine solche Besessenheit. Ihre verletzte Kreativität wendet sich gegen sie selbst und ihre Umgebung, die sie nicht mehr versteht. Krisen, Launen, peinliche Zucht, kleinliche Kontrollversuche um jeden Preis, Manipulationen im großen Stil und vorwurfsvolles Seufzen gehören dann zum Bild. Der Animus, der draußen nicht seinen angemessenen Ausdruck findet, wird teuflisch, wenn er eingesperrt ist. Er läuft ruhelos in seinem Gefängnis auf und ab, ein Schrecken für alle, die sich ihm zu nähern versuchen.

Wenn die schöpferische Kraft in einem negativen Vaterkomplex gefangen bleibt, dann ist das, als würde sich das Autonomiestreben gegen das Individuum wenden und den Rest der Persönlichkeit mit sich reißen. Eine schwarze Wolke schwebt ständig über dem Kopf dieser Frauen. Selbst an glücklichen Ereignissen finden sie etwas auszusetzen. Ihr Leben spinnt sich fort um Krisen und Leiden. Da sie die väterliche Wärme vermissen mußten, verdienen sie sich die Aufmerksamkeit ihrer Umwelt durch ihre Leiden. Manchmal fragt man sich, ob sie sich darin nicht womöglich gefallen. In Wahrheit leiden sie unter der Herrschaft dieses dunklen Animus, der seinen Griff so lange nicht lockert, bis die Lebenskraft wieder ihren normalen Lauf nehmen kann.

Um die Bedeutung dieses teuflischen Animus, der versucht, sich des Mädchens zu bemächtigen, noch genauer zu beschreiben, fügt Marie-Louise von Franz hinzu:

Ob sie sich auf intellektuellem Gebiet an Dinge heranwagt oder sich als autonome Persönlichkeit behauptet, sie läuft stets Gefahr, von ihrem negativen Animus oder einem Anfall von Machthunger besessen zu werden und ebenso kalt, unbarmherzig und roh zu werden wie ihr Vater.[6]

Ein Mädchen, das nicht von einem väterlichen Gefühl ge-

6 Marie-Louise von Franz, *Das Weibliche im Märchen*, a. a. O.

nährt wurde und auf der Gefühlsebene unbefriedigt blieb, meint die Analytikerin, läuft Gefahr, daß ein zerstörerischer Intellektualismus von ihm Besitz ergreift. Wenn es diesem teuflischen Animus nachgibt, wird es ehrgeizig und kalt. Es tritt in die Fußstapfen seines Vaters und ahmt seine unerträglichsten Verhaltensweisen nach. Es wird leistungsorientiert und berechnend werden und, dem Vorbild des Vaters folgend, seine erotischen Fähigkeiten verdrängen.

Das Mädchen in unserem Märchen geht diesen Weg nicht. Um sich gegen sein Los zu wehren, hat es nur die Möglichkeit, sich die Hände abschlagen zu lassen, das heißt, auf seine Kreativität und Handlungsfähigkeit zu verzichten. So tritt es ins Leben, obwohl es sich, psychologisch betrachtet, als Waise und Krüppel fühlt. Es nimmt die Verstümmelung hin, um sich dem Dämon zu entziehen, und geht fort, um dem Vater zu entkommen.

Auf symbolischer Ebene ist die Hand von herausragender Bedeutung für die Entwicklung der menschlichen Spezies. Die Beweglichkeit seiner Hände hat den Menschen von zahlreichen Einschränkungen befreit und es ihm ermöglicht, Werkzeuge herzustellen, um die materielle Welt zu bearbeiten. Aber die Hände haben auch eine affektive Dimension. Die Verstümmelung symbolisiert nicht nur den Verlust der Macht über die Umwelt, sondern auch den verlorenen Kontakt zu ihr. Das Mädchen kann noch sehen und hören, aber nicht mehr berühren, nicht mehr Hand in Hand mit seinem Kind oder seinem Liebsten spazierengehen. Nimmt das Ich diese Verstümmelung hin, bedeutet das, daß man die Fühlung zu anderen verliert und die Handlungsfähigkeit zugunsten vegetativer Lebensvorgänge einbüßt. Es ist, als wäre man fremd in seiner Welt und hätte jedes Autonomiestreben aufgegeben. In unserem Falle allerdings erlaubt das freiwillig dargebrachte Opfer dem Mädchen, seine Kräfte in der Natur zu erneuern und seine Handlungsfähigkeit wiederzuerlangen.

Der inzestuöse Vater

Mit seinem grausamen Vaterkomplex und dem teuflischen Animus könnte dieses Märchen sehr wohl auch das innere Drama eines Mädchens beschreiben, das einer anderen Art von Verstümmelung durch den Vater zum Opfer gefallen ist, dem Inzest. Dieser sexuelle Mißbrauch ist eines der Verbrechen, die lautlos vor sich gehen, doch hinter dem Schweigen verbirgt sich eine mörderische Lüge. Der Psychologe Réjean Simard erwähnte in seinem Vortrag auf einem internationalen Kongreß über bioenergetische Analyse einen Inzestfall, den er zwölf Jahre lang behandelt hatte, und stellte in diesem Zusammenhang fest, daß «Opfer eines massiven sexuellen Mißbrauchs weniger in ihrer sexuellen Identität als vielmehr in ihrer Existenz angegriffen sind».[7] Solchen Menschen fällt es schwer, mit ihrem Leben in Kontakt zu bleiben und nahe Beziehungen zu ihrer Umgebung zu unterhalten. Die Schwierigkeiten, die gestörte Selbstverständlichkeit ihres Auf-der-Welt-Seins verraten ein durch das Handeln des Vaters zutiefst erschüttertes Selbstwertgefühl. Das sehen wir auch an dem folgenden Beispiel, in dem das Märchen vom Mädchen ohne Hände in grauenhafter Gestalt wiederkehrt. In einem vor wenigen Jahren veröffentlichten Buch berichtet Gabrielle Lavallée von ihren Erlebnissen in einer Sekte mit dem Namen L'Alliance de la brebis (Der Bund des Lamms).[8] Das Grüppchen lebte zurückgezogen in einer abgelegenen Gegend Quebecs, unter der Herrschaft von Roch Thériault alias Moses, der sich hier mit seinen drei Frauen, seinen Kindern und zwei anderen Paaren niedergelassen hatte, um auf den Weltuntergang zu warten.

Gabrielle Lavallée beschreibt, wie dieser wahnsinnige und sadistische Mann ihr eiskalt einen Arm amputierte, weil eine Ent-

---

7 Réjean Simard, «Au delà de l'inceste. A la recherche de son identité», Vortrag beim 11. Kongreß über bioenergetische Analyse, Miami, Florida (USA), Mai 1992

8 Siehe dazu den Bericht von Gabrielle Lavallée in *L'Alliance de la brebis*, Montréal: Editions JCL 1993

zündung an einem Finger auftrat. Sie schildert den unerträglichen Schmerz, den sie dabei empfand. In ihren Visionen verwandelte sich dieser von ihr verehrte Mensch vor ihren Augen in eine Inkarnation des Teufels. Eine Art Gnade kam über sie und erlöste sie von dem Schmerz, wie das auch von vielen Märtyrern berichtet wird. Der Blick Gottes strahlte aus den Augen ihres Peinigers. Endlich wurde der göttlichen Gerechtigkeit Genüge getan, denn der abgetrennte Arm hatte sexuelle Handlungen an ihrem Vater vollzogen, der sie als Jugendliche mißbraucht hatte. Jetzt, so glaubte sie, war sie endlich von der Schuld befreit, die seit dieser Zeit auf ihr lastete.

Wie so viele Inzestopfer fühlte sie sich für das verantwortlich, was ihr Vater ihr angetan hatte. Seit ihrer Jugend hatte sie nach einer Vaterfigur gesucht, deren Liebe es ihr erlaubte, sich selbst zu verzeihen und sich nicht ganz so wertlos zu fühlen. Sie glaubte, ihn in besagtem Moses gefunden zu haben. Doch dieser stärkte ihre Selbstachtung keineswegs, sondern verstümmelte sie. Und ihr tiefverwurzeltes Schuldgefühl brachte sie dazu, darin das Opfer zu sehen, das zur Sühnung ihrer Kindheit dargebracht werden mußte. Wird ein Mädchen Opfer eines Inzestes, kann die Wunde, die ihrer körperlichen Integrität zugefügt wurde, sie auch dazu bringen, ihren vom Vater in Besitz genommenen Körper «allen Männern» zu überlassen. Sie zieht sich in einen ganz winzigen Teil ihrer selbst zurück, der jungfräulich bleibt und den sie dem Mann schenkt, den sie liebt – ihrem «Beschützer» oder Zuhälter. Die meisten Prostituierten, heißt es, sind Inzestopfer.[9] Die Entfaltung ihrer Persönlichkeit wurde verhindert. Weil sie nicht geachtet wurden, können sie sich selbst nicht achten. Oft

9 Es gibt bisher keine offiziellen Statistiken zum Inzest in Kanada. Michel Dorais, Sozialarbeiter im Bereich der Prostitution, der mehrere Bücher zu diesem Thema verfaßt hat, schätzt, daß bis zu 80 Prozent der Prostituierten Inzestopfer sind. Er ist Mitautor mehrerer Untersuchungen über die Prostitution, u. a. *Les enfants de la prostitution*, Montréal: VLB Editeur 1987, und *Une enfance trahie. Sans famille, battu, violé*, Montréal: VLB Editeur/Le Jour 1993.

hassen sie auch ihren Vater und alle Männer, die mit ihnen verkehren.

Eine Prostituierte erzählte im Radio [10], sie sei achtundzwanzig Jahre alt und habe einen kleinen Jungen von vier Jahren. Ihren Beruf hatte sie gerade an den Nagel gehängt. Die Sozialarbeiterin, die bei dem Gespräch dabei war, merkte an, daß sie sich für eine Mutter, die ihren Vater und die «verfluchte männliche Spezies» hasse, vorbildlich um ihren Sohn kümmerte. Im Moment würde es ganz gut gehen, antwortete die junge Frau, aber sie fürchte den Tag, an dem die Sexualität ihres Sohnes erwachen und er zu einem dieser Männer werden würde, die sie so sehr haßte.

In geringerem Maße haben auch Mädchen, die nicht unmittelbar zu sexuellen Handlungen oder Duldungen benutzt, sondern nur von einem «zudringlichen» Vater zu offensichtlich begehrt wurden, das Problem der Männerverachtung und ein schwaches Selbstwertgefühl. Diese Art von väterlichem Verhalten ruft meist Ekelgefühle beim Kind hervor und kann dazu führen, daß es kalt und verschlossen wird und sich aus seinem Körper zurückzieht, weil es eine Grenze setzen will. Der Vater wahrt sie nämlich nicht, und da häufig auch die Mutter nicht eingreift, muß es sich selbst verteidigen, indem es einen Schutzschild der Abweisung um sich errichtet.

Eine andere Art der Verteidigung ist der Exhibitionismus. Um sich dem Vater zu entziehen, bietet sich das Mädchen den Augen aller dar. Die Hauptdarstellerin eines europäischen Erotikfilms erzählte mir, sie habe ihren Vater einmal von einer Kneipe abgeholt, wo er mit seinen Freunden trank. Die üppige Schönheit des jungen Mädchens veranlaßte einen der Männer zu einer zweideutigen Geste. Daraufhin erhob sich der Vater, legte ihr schützend einen Arm um die Brust und sagte zum Entsetzen des Mädchens, das ihn noch nie so reden gehört hatte: «Pfoten weg! Das

---

10 «En direct», Société Radio-Canada, Sendung von Christiane Charette.

gehört mir!» Von diesem Tag an habe sie ihrem Vater mißtraut und beschlossen, ihm klarzumachen, daß sie ihm nie gehören würde.

Die inzestuösen Väter sind nicht immer die, bei denen man solches Verhalten vermutet. Untersuchungen haben ergeben, daß die Väter, die ihre Töchter sexuell mißbrauchen, meist bis zur Pubertät keinerlei emotionale Beziehung zu ihrer Tochter unterhalten haben. Oder es sind Stiefväter, die sich in der neuen Familie an Mädchen vergehen, mit denen sie nichts verbindet.[11] Tatsächlich stellt eine möglichst frühe emotionale Beziehung zwischen dem Mädchen und seinem Vater den besten Schutz vor Inzest dar. Wer möchte schon, daß die Pflanze, die er lange Zeit gehegt und gepflegt hat, durch die eigene Bedenkenlosigkeit und Nachlässigkeit Schaden nimmt?

11 Einige Sozialarbeiter vermuten eine Ausbreitung der Inzestproblematik in sogenannten «Patchwork-Familien», aber darüber gibt es noch keine Statistiken. Im Gegensatz dazu zeigt die prozentuale Verteilung der körperlichen und sexuellen Übergriffe auf Kinder, die von der Polizei für das Jahr 1992 in Kanada erhoben wurde, daß diese zu 45 Prozent vom Vater oder der Mutter, zu 27 Prozent von einem nahen Familienangehörigen und zu 26 Prozent von einem entfernteren Familienangehörigen verübt werden. (Quelle: Statistique Canada, *La Violence familiale au Canada* [Gewalt in der Familie in Kanada], produit Nr. 89-5 410XPF Katalog.)

Der Inzestwunsch

Der Inzest ist eines der umfassendsten Tabus [12], weil er den Menschen von Natur aus zuwider ist und wegen des Unheils, das aus der Blutschande erwächst. Dieses jahrtausendealte Verbot verlieh der verpönten Tat eine ungeheure Anziehungskraft, deren energetisches Potential sich in wilden Phantasien entlädt. Da den verdrängten Emotionen der Ausweg in die Wirklichkeit verbaut ist, geben sie der Vorstellung immer neue Nahrung. Mord, ein weiteres universelles Verbot, übt die gleiche Art der Anziehung aus. Daher unsere Faszination an großen Strafprozessen und Kriminalromanen. Der Wunsch, mit der Tochter oder dem Sohn, mit Mutter oder Vater sexuell zu verkehren, tritt eigentlich in jeder Analyse zutage, sobald man die Patienten eingehender befragt. Unzufriedenheit oder sexuelle Entbehrung eines Elternteils steigern diesen Wunsch. Meistens findet er auf der Vorstellungsebene Befriedigung und verwandelt sich in die Phantasie, mit jemandem zu schlafen, der älter oder jünger ist als man selbst. Pornozeitschriften für Männer schlachten diese Bereitschaft aus, indem sie junge Frauen in Schülerinnenkleidung oder ältere Frauen mit großen Brüsten zeigen. Da das Verbot aus sozialen und moralischen ebenso wie aus psychologischen Gründen aufrechterhalten werden muß, läßt sich der Inzestwunsch nur in verwandelter Form befriedigen, etwa in der Beziehung zu einem älteren oder jüngeren Partner. So kann man den verbotenen

---

12 Freud stellt in *Totem und Tabu* die These auf, daß ein grausamer Patriarch über die Frauen herrscht und seine Söhne vertreibt. Schließlich lehnen diese sich gegen ihn auf und töten den Urvater. Dann stellen sie ein Inzestverbot auf, damit es unter ihnen nicht zu Machtkämpfen um die Herrschaft über die Frauen kommt, die dem Vater gehört hatten. Sie beschließen, sich dem Stärksten zu unterwerfen und ihn nicht zu töten. Dies wäre der Ursprung der beiden grundlegenden Tabus der Menschheit: des Inzests und des Vatermords. Heutige Ethnologen stellen diese von Freud aufgestellte Geschichte der Tabus in Frage, aber es handelt sich dabei doch um einen interessanten psychologischen Mythos. Siehe auch Henry Ellenberger, a. a. O.

Wunsch ausleben, ohne dafür verurteilt zu werden. Im Mittelalter etwa legitimierten die sogenannten *Mündelehen* zwischen sehr jungen Mädchen und älteren Herren diese Verschiebung des Inzestwunsches.

Die Auflösung der klassischen Verhaltensregeln in unserer Gesellschaft erleichtert die Verbindungen zwischen einem Mann reiferen Alters und einer jüngeren Frau oder zwischen einer reifen Frau und einem jungen Mann. Dieses Phänomen spielt auch bei homosexuellen Paaren eine Rolle. Solche Liebesbeziehungen machen es möglich, Gefühlen auf den Grund zu gehen, die lange Zeit verboten waren. Selbst wenn es sich dabei nicht im entferntesten um Inzest im eigentlichen Sinne des Wortes handelt, lebt man doch die Metapher einer inzestuösen Situation, die die emotionale Intensität solcher Verbindungen möglicherweise verstärkt.[13]

Ich meine auch, daß Kinder, deren Familien auseinanderbrechen und die schon in sehr jungen Jahren vom Vater oder von der Mutter verlassen werden, quasi dazu gezwungen sind, die unzulänglichen Beziehungen aus ihrer Kindheit in der Liebe wiederaufzunehmen. Sie versuchen, ihr schwaches Selbstwertgefühl zu stärken, indem sie die Anerkennung von Menschen suchen, die sie an den fehlenden Elternteil erinnern. Es kann für eine junge Frau oder einen jungen Mann heilsam sein, sich mit jemandem einzulassen, der über mehr Erfahrung verfügt und es gut mit ihnen meint, eine elterliche Übergangsfigur, die sie in ihrer Autonomie unterstützt. Daß ein solches Unterfangen andererseits Gefahren birgt, versteht sich von selbst.

---

13 Ich verweise hier nochmals auf das ausgezeichnete Buch von Jan Bauer, *Unmögliche Liebe: vom Sinn unerlaubter Leidenschaft*, a. a. O., in dem der psychologische Sinn dieser verbotenen Leidenschaften untersucht wird.

Der emotionale Inzest

Das Thema Inzest verweist auf die Frage nach dem angemessenen Abstand zwischen Vater und Tochter. Außer dem sexuellen gibt es auch einen emotionalen Inzest. Dabei schmarotzt der Vater am Gefühlsleben seiner Tochter. Er ist unfähig, sie ihr eigenes Leben leben zu lassen. Eine junge Frau von Anfang zwanzig erzählte mir, was sie mit ihrem Vater erlebte.

Der Vater hat seine Familie verlassen, als die Tochter noch klein war, um eine künstlerische Laufbahn einzuschlagen. Er trinkt viel, man könnte auch sagen, er ist Alkoholiker. Begeistert schildert die junge Frau, wie ihr Vater, als sie in die Pubertät kam, sich plötzlich besonnen und entdeckt habe, daß es sie gab. Reuevoll nahm er wieder Kontakt zu ihr auf. Doch statt nun endlich die Zuwendung zu bekommen, die ihr gefehlt hatte, erlebte sie einen merkwürdigen Rollentausch. Ihr Vater nahm ihr gegenüber einfach die Rolle des Sohnes ein und legte sein Schicksal in ihre Hände, als wäre sie seine Mutter. Sie wollte das nicht. Diese Bürde lastete schwerer auf ihr als die Leere, die sie in der Zeit davor ertragen mußte.

Sie revoltierte innerlich, schwieg aber. Der Vater konnte nicht allein leben und machte seine Tochter für sein Unglück verantwortlich. Er erpreßte sie mit Bemerkungen wie: «Du läßt mich auf meinem Fleckchen Erde zurück, du verläßt mich!» Als ich sie fragte, warum sie auf diese Erpressung eingehe, antwortete sie mir ganz schlicht: «Ich will seinen Tod nicht auf meinem Gewissen haben. Ich möchte, daß er zu mir sagt: ‹Du bist nicht für mich verantwortlich.›» Dem Vater gelang es nicht, den angemessenen Abstand zu seiner Tochter einzuhalten, und sie schaffte es auch nicht besser, ihre Grenzen zu verteidigen. Das Unbewußte des Vaters und die Schuldgefühle der Tochter waren die Hauptbestandteile dieses emotionalen Inzestes.

Diese Frau erlebte eine Situation, die sie mit vielen «parentifizierten» Kindern teilt, mit Kindern, die zu Eltern ihrer Eltern werden mußten. Sie können sich nicht von ihnen trennen, weil sie in einem Netz aus Schuldgefühlen gefangen sind. Meist gehen sie Beziehungen zu sehr abhängigen Persönlichkeiten ein, die dem Bild ihrer Eltern genau entsprechen. So verfaßte diese junge Frau die wissenschaftlichen Arbeiten ihres Freundes und brachte es nicht fertig, ihn zu verlassen. Sie mußte sich immer wieder selbst davon überzeugen, daß er ein autonomer Mensch sei, der eine Trennung überleben würde. Sie versuchte, das Problem mit ihrem Vater in der Beziehung zu ihrem Freund zu lösen.

Der prüde Vater

Der prüde Vater ist das Gegenstück zum inzestuösen Vater. Seine Prüderie beruht im Grunde auf dem gleichen Inzestwunsch. Der inzestuöse Vater schreitet zur Tat, der prüde Vater ist darin gehemmt. Meist versucht er, seine Tochter durch äußerste Zurückhaltung vor seinem möglichen Begehren, ja sogar vor spontanen körperlichen Reaktionen seinerseits zu schützen. Doch diese Zurückhaltung und vor allem das Schweigen, mit dem er sich umgibt, können sich negativ auswirken. Viele Väter sind auf diese Weise daran gehindert, eine emotionale Beziehung zu ihren Töchtern aufzubauen, während die Töchter den Rückzug ihres Vaters oft nicht verstehen.

In den meisten Fällen berührt der Vater seine heranwachsende Tochter nicht und spricht auch nicht mit ihr. Kaum ist sie in der Pubertät, kann er nicht oder nicht mehr zu ihr sagen: «Du bist schön, und du sollst wissen, daß ich dich liebe», ohne ein tiefes Unbehagen angesichts der Zweideutigkeit seiner Worte zu verspüren – um so mehr, als er dazu neigt, jedes Zeichen der Zuneigung oder Zärtlichkeit Frauen gegenüber zu sexualisieren. Für einen solchen Vater ist die Welt der Gefühle so fremd und unheimlich, daß er dazu neigt, Zärtlichkeit mit Sexualität, menschliche Wärme mit Liebesglut zu verwechseln. Und mit seinem Schweigen fügt er der heranwachsenden Tochter den ersten und schmerzlichsten Liebeskummer zu.

Viele Frauen sagen, sie hätten zu ihrem Vater eine völlig normale, herzliche Beziehung gehabt, bis sie dreizehn oder vierzehn wurden und ihre Welt plötzlich aus dem Lot kam. In einem Text, der in einer feministischen Zeitschrift erschienen ist, erzählt Hélène Pednault, eine Dichterin aus Quebec, von ihrer Kindheit.[14] Ihr Vater hatte sie immer zum Angeln mitgenommen und auf die Jagd. Sie war stolz gewesen auf diese besondere Beziehung. Sie hatte Vertrauen und fühlte sich geliebt. Doch von einem Tag auf den anderen verbot ihr dieser Vater, sich auf seinen Schoß zu setzen und ihn zu umarmen. Sie war vollkommen verwirrt und verstand ihren Vater nicht mehr, der in dem Versuch, sie vor sich zu schützen, den aufkeimenden Eros seiner halbwüchsigen Tochter verletzt hatte.

Natürlich kann ein Vater ein solches Verbot aussprechen, wenn er seine Reaktion fürchtet. Besser wäre es allerdings, wenn er es verstünde, diese Kränkung in ihr Gegenteil zu verwandeln, indem er eine andere Haltung einnimmt. Die französische Therapeutin Dominique Hautreux meint, daß viel Leid vermieden werden könnte, wenn die Väter sich bloß dazu aufrafften, ihren Töchtern einmal zu sagen: «Du bist schön und du wirst langsam eine Frau. Du bist dabei, für Männer begehrenswert zu werden, und ich bin ein Mann. Mir wäre es lieber, wenn wir einen gewissen Abstand einhielten.»[15] Dann könnten sie sicher sein, Männern zu gefallen, und mit größerer Selbstgewißheit in die Welt des Begehrens eintreten. Sie würden darin jene Bestätigung des Geschlechtsunterschieds finden, auf die sie gewartet haben. Man sollte nicht vergessen, daß Schweigen häufig wie eine Gewalttat wirkt, die das Mädchen in seiner Entwicklung zur Frau zutiefst verletzen kann.

Wenn diese Worte ungesagt bleiben, wenn der prüde Vater

14 Hélène Pednault, «Mon père à moi» in: *La vie en rose*, März 1985, Montréal.

15 Diese Sätze verdanke ich einem Gespräch mit der Psychologin Dominique Hautreux.

sein Verhalten nicht erklärt, leidet die Tochter darunter. Während sie allmählich zur Frau wird, ihre Brüste wachsen, ihre Rundungen sich abzuzeichnen beginnen und sie mit dem Stolz erfüllen, endlich wie ihre Mutter eine ganze Frau zu werden, gibt ihr ein Mann durch sein Schweigen zu verstehen, daß er das alles nicht beachtenswert oder gefährlich findet. Sie kann auf zweierlei Weise reagieren: Entweder sie unterstreicht ihre weiblichen Attribute verführerisch, um die Aufmerksamkeit auf sich zu lenken, oder sie versucht den Geschlechtsunterschied zu überspielen, indem sie Busen und Po unter weiten Kleidern versteckt. Offensichtlich verwechseln viele Männer den Inzestwunsch mit dem, was man väterlichen Eros nennen könnte. Damit meine ich Beziehungsfähigkeit, die Fähigkeit zu persönlicher Liebe, Herzlichkeit und Zuneigung. Dabei geht es nicht um Sexualität, sondern um Gefühle. Ich höre noch heute den Züricher Psychoanalytiker Adolf Guggenbühl[16] von seinem Lehrstuhl herab verkünden, ein kleiner Flirt zwischen Vater und Tochter schade nie – sofern der Vater die Grenzen zu wahren wisse.

Wenn der Vater nicht völlig von seiner Arbeit vereinnahmt wird, wenn seine Sensibilität so weit entwickelt ist, daß er die Bedeutung individueller Beziehungen begreift, und wenn er zwischen Eros und Inzestverlangen unterscheiden kann, wird es ihm nicht allzuschwer fallen, eine herzliche, zärtliche Beziehung zu seiner Tochter herzustellen. Solange sie noch klein ist, wird dieser Eros in ihr den Wunsch wecken, ihren Papa zu heiraten, um ihm ein wenig von der Liebe und Zärtlichkeit zurückzugeben, die sie von ihm bekommt. Später wird sie an ihm ihre ersten Verführungsversuche vornehmen. Als Halbwüchsige weiß sie zwar, daß ihr Vater nicht der Mann ihres Lebens sein wird, aber sie braucht ihn noch, seine Gefühle, seine Zärtlichkeit und Zuneigung, um ihrem eigenen Begehren, ihrem Liebesleben zu ihrem Recht zu verhelfen.

---

16 Adolf Guggenbühl-Craig beschäftigt sich mit diesen Fragen in: *Die Ehe ist tot – lang lebe die Ehe*, Zürich: Schweizer Spiegel Verlag 1980

Es ist leicht zu begreifen, daß väterlicher Eros in angemessener Form einer der ausschlaggebenden Faktoren für die Entfaltung eines Mädchens ist. Er dient der Entwicklung eines positiven Animus, der das Selbstvertrauen stärkt und die Bereitschaft zur Initiative fördert. Glücklicherweise scheint es immer mehr Väter zu geben, die sich ihrer Rolle bewußt sind. Aber noch bilden sie eine Minderheit. Nur wenige sind in der Lage, ihren Töchtern das Geschenk einer herzlichen, nicht nur flüchtigen Präsenz zu machen. Wie wir gesehen haben, herrscht immer noch der abwesende Vater vor – ob er nun körperlich abwesend ist oder geistig, distanziert oder schlichtweg mißbrauchend. Die Beziehung, die er seiner Tochter in der Mehrzahl der Fälle bietet, verletzt sie. Und sie wird Verhaltensweisen annehmen, die eine Reaktion auf diese Verletzung sind, sie aber nicht heilen können.

Töchter des Schweigens

In ihrem schönen Buch *The wounded woman*[17] beschreibt die amerikanische Psychoanalytikerin Linda Schierse-Leonard glänzend die unterschiedlichen Verhaltensweisen, die Frauen als Reaktion auf die Verletzung durch den Vater annehmen können. Es gibt viele Möglichkeiten, die Aufmerksamkeit eines Mannes auf sich zu lenken, wenn die Vater-Tochter-Beziehung große Leere hinterlassen hat. In der Typologie Linda Schierse-Leonards werden zwei Charaktere unterschieden: die ewigen Mädchen und die Amazonen. Das sind jedoch keine starren Kategorien, und viele Frauen werden sich in beiden wiedererkennen, wobei wahrscheinlich meist der eine oder der andere Typus überwiegt. Auf den folgenden Seiten will ich Ihnen diese Typologie vorstellen.

---

17 Linda Schierse-Leonard, *The wounded woman – healing the father-daughter relationship*, Boston: Shambhala 1983

Die ewigen Mädchen

Mädchen, die von ihrem Vater nicht in ihrer seelischen Entwicklung unterstützt wurden, bleiben entweder gefangen in dem Wunsch zu gefallen, oder sie verbarrikadieren sich hinter Aufsässigkeit. Sie verkriechen sich in ihrer inneren Welt oder schaffen sich wie die Jungen einen schützenden Panzer. Sie wollen entweder gar nicht gefallen oder eifern den unerreichbaren Bildern in Frauenzeitschriften nach. Die Frau aus Fleisch und Blut jedenfalls, die geboren wird und altert, liebt und stirbt, hat in ihrem Weltbild keinen Platz. Ihre eigentliche Persönlichkeit kann sich nicht verwirklichen.

Nach dem Vorbild von Schneewittchen, das aus seiner Passivität eine Tugend macht, oder Aschenputtel, das sich mit der Rolle der Magd abfindet und gleichzeitig vom Märchenprinzen träumt, verzichten die ewigen Mädchen auf ihre Macht, um den Männern zu gefallen. Ob als Ehefrauen oder Vamps, als perfekte Hausfrauen oder Musen mit tragischem Schicksal, eines haben sie alle gemeinsam: Sie verraten sich selbst und beziehen ihre Identität aus Bildern, die andere, hauptsächlich Männer, auf sie projizieren.

Das ewige Mädchen will nicht erwachsen werden und überläßt es lieber anderen, seine großen Lebens- und Schicksalslinien zu bestimmen. Die Initiative zu ergreifen und Entscheidungen zu treffen fällt solchen Frauen ziemlich schwer. Statt in ihrem eigenen Interesse zu handeln, passen sie sich lieber den Veränderungen an, die das Leben oder die Männer ihres Lebens von ihnen fordern, und flüchten sich, wenn es schwierig wird, in eine Phantasiewelt.

Linda Schierse-Leonard unterteilt die ewigen Mädchen in vier Gruppen. Am häufigsten kommt hier «Barbie» vor, die gut aussieht und elegant gekleidet am Arm eines erfolgreichen Mannes hängt. Solche Frauen wirken stolz und selbstsicher, was manchmal den Neid anderer Frauen erregt, aber sie selbst wissen, daß das nur Fassade ist. Sie sind zu Marionetten in den Händen des

Mannes geworden, die trotz des Aufruhrs in ihrem Innern weiterhin gefallen müssen.

Je länger sie so und nicht anders leben, desto schwerer fällt es ihnen, ihren Groll und ihre Verbitterung zu verbergen. Eine Wut, die ihnen meist gar nicht bewußt ist, veranlaßt sie, ihren Partner mit Vorwürfen zu überhäufen, während sie gleichzeitig passiv und abhängig bleiben. Bisweilen gelingt es ihnen in der Beziehung, die Oberhand zu gewinnen, und dann sind sie es, die den Mann mit sanfter Gewalt und Verführung manipulieren. Die großen amerikanischen Fernsehserien wie *Dynasty* oder *Dallas* sind voll von diesen charmanten Püppchen, die uns mit ihrer Kälte und Falschheit faszinieren.

Diese Verhaltensweisen spiegeln zum Großteil die innere Not einer Frau, die von ihrem Vater vernachlässigt wurde. Er schätzte seine Tochter nur ihres Charmes und ihrer Schönheit wegen, während ihr Wesen und ihre Begabungen ihn völlig gleichgültig ließen. Wenn sie diesen Kreislauf der Abhängigkeit durchbrechen und sich durchsetzen will, indem sie ihre Ideen und Talente unter Beweis stellt, muß sie riskieren, daß ihr Image als charmantes kleines Mädchen auf der Strecke bleibt und sie mißfällt. Alle ewigen Mädchen funktionieren nach dem gleichen Schema. Das Mädchen aus Glas nimmt seine Zerbrechlichkeit und Überempfindlichkeit zum Vorwand, um sich in seinen Büchern oder Phantasiewelten zu verkriechen, und wird so zu einer Art Gespenst. Der Typus der Verführerin lebt in der Welt des Unvorhersehbaren und der Freude des Augenblicks. Ihre Pläne zerrinnen ihr schnell zwischen den Fingern. Sie möchte nach ihrem Instinkt leben und verabscheut jede Art von Zwang. Ist sie in Liebe entbrannt, verweigert sie jede Verantwortung und hat, wie der männliche Don Juan, enorme Schwierigkeiten, sich auf eine dauerhafte Beziehung einzulassen. Dieses improvisierte Leben ist die Auflehnung einer von der Mutter geknechteten und vom Vater vernachlässigten Frau. Sie hat kein Gefühl für ihren eigenen Wert, und ihre Auflehnung hindert sie, eine wirkliche Beziehung zu dem geliebten Mann aufzubauen.

Die Außenseiterin schließlich identifiziert sich mit einem Vater, der zum schwarzen Schaf wurde, der gegen gesellschaftliche Regeln verstoßen hat oder anderweitig von der Gesellschaft ausgeschlossen wurde. Die Mutter hat in diesen Fällen vollkommen zu Recht die Alleinverantwortung für die Familie übernommen, das Mädchen jedoch sieht nur das Drama des Vaters, nimmt häufig ähnliche problematische Charakterzüge an und tritt biographisch ebenso häufig in seine Fußstapfen. Die Außenseiterin unterstreicht ihr Anderssein und kritisiert alles und jeden. Es fällt ihr schwer, sich zu ändern, falls sie das nicht rundweg ablehnt. Sie kann sich aber auch nicht dazu aufraffen, aktiv zu werden, um die Gesellschaft mit all den Übeln, unter denen sie leidet, zu verändern. Die gleiche Passivität läßt sie oft in Alkoholismus, Drogen, Prostitution oder Selbstmord enden. Häufig verfällt sie in Depressionen und Masochismus, beklagt ihr gescheitertes Leben und ihre gescheiterten Beziehungen. In der tiefen Überzeugung, sie sei ein wertloses Nichts, sucht sie nach einem Gott, der alles für sie ist.

In der Praxis habe ich festgestellt, daß Außenseiterinnen häufig von ihrem Vater oder Stiefvater sexuell mißbraucht worden sind. Wegen dieses Mißbrauchs gelingt es ihnen nicht, sich selbst zu achten und zu lieben. In einer Sendung über Selbstmord bei Jugendlichen, der vor einigen Jahren von Radio-Quebec[18] ausgestrahlt wurde, berichtete ein junges Mädchen vom Schicksal seiner besten Freundin Linda. Sie war im Alter zwischen zwölf und vierzehn Jahren immer wieder von ihrem Stiefvater vergewaltigt worden und äußerte häufig, ein Müllsack verdiene mehr Liebe und Achtung als sie. Sie ging auf den Strich und spezialisierte sich auf Dominaphantasien. Sie schlug ihre Kunden und überhäufte sie mit unsinnigen Beschuldigungen und Obszönitäten. Als sie zwei Wochen vor ihrem Selbstmord ihre Mutter anrief und um Verzeihung bat, erhielt sie zur Antwort: «Als Mutter kann ich dir

18 Richard Boutet, «Le spasme de vivre», Sendung über Selbstmord unter Jugendlichen, September 1991

verzeihen, als Frau niemals!» Die Mutter hatte das innere Drama ihrer Tochter nicht begriffen. Linda hätte die Entschuldigung und das Verständnis der Mutter gebraucht, um weiterleben zu können. Denn auch sie fühlte sich wie viele Inzestopfer, schuldig an der Tat, deren Zielscheibe sie wurde.

Das ewige Mädchen muß um jeden Preis gefallen. Seine Überlebensstrategie besteht darin, mit allen Mitteln die Blicke der Männer auf sich zu ziehen. Abgesehen von der verzweifelten Außenseiterin, die sich nicht einmal mehr an diese Illusion klammert, läßt sich die Strategie des ewigen Mädchens so zusammenfassen: Es will gesehen, geschätzt, begehrt und benutzt werden.

Als Therapeut habe ich Frauen kennengelernt, die sich den Wünschen der Männer unterwarfen, indem sie versuchten, deren Phantasien zu entsprechen. Eine dieser Frauen hatte einmal einen Traum, in dem sie sich in einem über und über mit Halsketten und Armreifen geschmückten Zimmer befand. Ihr Unbewußtes versuchte ihr ein Bild ihrer Wirklichkeit zu zeigen, in der sie, um sich von ihrem Wert zu überzeugen, ein Schmuckstück nach dem anderen, ein Kleinod nach dem nächsten sammelte. Sie hielt jedes Geschenk eines Mannes für ein Unterpfand seiner ewigen Liebe. Sie ging auf seine Avancen ein und fiel jedesmal damit auf die Nase. Dann machte sie ihren Partnern und anschließend sich selbst eine Zeitlang Vorwürfe, daß sie sich ihnen stets auf Gedeih und Verderb auslieferte, aber bald bedrängten sie ihre innere Leere und Verzweiflung wieder so stark, daß sie sich in ein neues Abenteuer stürzte, um nicht mehr zu leiden.

Oft sucht sich das ewige Mädchen einen männlichen Therapeuten, um endlich den Blick zu finden, der es zu etwas Besonderem macht. Daran läßt sich ablesen, wie sehr ihr der Blick des Vaters gefehlt hat, um sie von der Mutter zu unterscheiden und ihr zu bestätigen, daß sie für ihn etwas wert ist. In diesem Fall besteht die Gefahr, daß sie sich in ihren Therapeuten verliebt. Ich hielt es lange Zeit für dramatisch, wenn eine Frau Liebe und Verständnis erst im Behandlungszimmer eines Therapeuten findet. Mit der Zeit habe ich verstanden, daß für einige Menschen die

Liebe nur dort ihren Ausgangspunkt finden kann – in dieser Sicherheit vor Verurteilungen und in dieser Aussichtslosigkeit. Unter der absoluten Voraussetzung, daß der Therapeut die Grenze zum Mißbrauch nicht überschreitet und es nicht zu sexuellen Handlungen kommt, bereitet diese Beziehung einer Liebe den Boden, die mit einem anderen Mann in der Wirklichkeit gelebt werden kann. Dann hat der Therapeut seine Funktion als väterliche Übergangsfigur erfüllt.

Die Amazonen

Die Amazonen wählen, um die Verletzung durch den Vater zu überstehen, den umgekehrten Weg. Sie denken nicht wie die ewigen Mädchen: «Ich werde ihn bezaubern, und wenn er mich ansieht, werde ich wissen, daß ich etwas wert bin», sondern: «Ich werde ihm beweisen, daß ich auf seinem eigenen Gebiet etwas wert bin.» Eine Frau, die unter der Knute eines tyrannischen Vaters lebte, wird versuchen, sich mit dem gleichen despotischen Auftreten in der Welt durchzusetzen. Sie wird anderen dasselbe antun, was ihr Vater ihr angetan hat, wird versuchen, ihnen aufzuzwingen, was ihr aufgezwungen wurde. So geben die Amazonen die erlittenen Wunden weiter, statt sie zu heilen. Ähnelt das nicht dem, was die Amazonen des griechischen Mythos taten? Sie duldeten keine Männer, amputierten sich eine Brust – schnitten sich, symbolisch betrachtet, von ihrer Weiblichkeit ab und ritten in den Krieg – zur Verteidigung wie zur Eroberung. Die ewigen Mädchen leiden unter Passivität, die Amazonen unter Hyperaktivität. Die einen scheinen unfähig zu sein, in ihrem eigenen Interesse zu handeln, die anderen können nicht empfangen. Die ewigen Mädchen wünschen sich das Leben als lange Folge von glücklichen, ruhigen Tagen und frei von jeglicher Verantwortung, die Amazonen dagegen werden zu pflichtbewußten, prinzipientreuen Frauen, die nach Macht streben. Statt wie die Verführerinnen den Blick des Mannes zu suchen, weisen sie männliche Annäherungsversuche zurück und verachten manchmal die ganze männliche Spezies.

Die Psychoanalytikerin June Singer beschreibt in ihrem Buch *Androgyny* die moderne Amazone so: «Die Amazone ist eine Frau, die Charaktereigenschaften annimmt, die gemeinhin einer männlichen Veranlagung zugeschrieben werden, und sich mit der männlichen Macht identifiziert, statt ihre männlichen Anteile zu integrieren, was sie als Frau stärken könnte. Gleichzeitig verzichtet sie auf ihre Fähigkeit, liebevolle Beziehungen zu anderen Menschen einzugehen, eine Fähigkeit, die traditionsgemäß mit dem Weiblichen in Verbindung gebracht wird. Daher bleibt die Amazone, die die Macht ergreift, indem sie ihre Bindungsfähigkeit verleugnet, eindimensional und wird zum Opfer jener Eigenschaften, die sie sich aneignen wollte.»[19] Unter den Amazonen gibt es nach Linda Schierse-Leonard den «Superstar», die Frau, die in allem Erfolg haben will: als Karrierefrau, perfekte Hausfrau und ideale Gattin in einem. Sie versucht zu brillieren, wo ihr Vater versagte. Allerdings verausgabt sie sich bei diesem Tempo ziemlich schnell. Erschöpft und von der Last der Verantwortung fast erdrückt, verliert der Superstar bald jeden Kontakt zu seinen Gefühlen, und nichts kann ihn mehr erreichen. Nach einer gewissen Zeit reichen auch Leistungen und Erfolge nicht mehr aus, um ihrem Leben Sinn zu geben. Wie nach einer großen Ernüchterung machen sich in diesem Stadium Kälte und Zynismus breit, und schwere Depressionen drohen. Denn hinter Kälte und Zynismus steckt in Wahrheit die tiefe Angst vor der Zurückweisung. Es ist, als würden sich die Superfrauen sagen: «Am besten erwarte ich von niemandem etwas, dann werde ich wenigstens nicht enttäuscht.»

Nach Linda Schierse-Leonard wurde die Superfrau vom Vater oft wie ein Junge behandelt. Der Vater projizierte seinen enttäuschten Ehrgeiz auf die Tochter und zeichnete ihr ungeachtet des Geschlechtsunterschieds männliche Verhaltensweisen und

---

19 Siehe June Singer, *Nur Frau – nur Mann? Wir sind auf beides angelegt*, München: J. Pfeiffer 1981

einen männlichen Lebensweg vor. Das Problem dieser Frauen beruht darin, daß sie sich nur im Machen ausdrücken und verwirklichen und nicht einfach ihr Dasein genießen können. Machen und Produktivsein sind im allgemeinen Dinge, die von Männern verlangt werden, während das Sein um der Freude des Seins willen eher dem Kosmos des Weiblichen angehört. Zweifellos sollte jedes Geschlecht auch seine andere Seite, Animus oder Anima, integrieren, aber dafür muß man gut in seiner eigenen Identität gegründet sein. So muß ein Mann, der völlig in seinen Leistungen aufgeht, seine Fähigkeit zu sein und zu empfangen entwickeln, wenn er zu einem vollständigen Menschen werden will. Ebenso muß eine Frau, deren Fähigkeit zu sein und zu empfangen hoch entwickelt ist, den männlichen Aspekt der Tatkraft ausbilden, um ganz zu werden. Schlägt man allerdings den entgegengesetzten Weg ein, richtet sich also etwa ein noch junger Mann ganz aufs Empfangen ein, statt etwas zu leisten, läuft er Gefahr, in Passivität zu versinken und später unter dieser Fehlentwicklung zu leiden. Das gleiche gilt für eine Frau, die sich in männlicher Aktivität erschöpft und ihre Fähigkeit zu sein verkümmern läßt. Sie entwikkelt sich in die falsche Richtung und wird darunter leiden müssen.

Der zweite Typus der Amazone ist besonders pflichtbewußt und prinzipientreu: die brave Tochter. Pflichtgefühl und Gehorsam wurden ihr von einer starren familiären oder religiösen Ordnung aufgezwungen. Sie hat diese Tyrannei nicht durchschaut, sondern verinnerlicht. Wenn sie ihrem Verantwortungsgefühl nicht gehorcht, fühlt sie sich zutiefst schuldig. Das ist zumindest das Bild, das diese Frauen in der Therapie zeigen. Sie haben den Kontakt zu ihrer Lebendigkeit und Ursprünglichkeit verloren. Die strengen Ordensschwestern unserer Kindheit sind ein gutes Beispiel für diesen Frauentyp: Sie bleiben Gefangene ihres Vaterkomplexes.

Ich habe eine Frau kennengelernt, die ihren autoritären Vater vergötterte. Nach dem Tod der Mutter mußte sie sich sehr früh um ihn kümmern und hatte es sich zur Aufgabe gemacht, ihn aus den Klauen der Melancholie zu befreien. In ihrem tiefsten Inneren war sie mit ihrem Vater verheiratet. Sie behielt lange Zeit das Aussehen eines kleinen Mädchens, weil sie keinen Zugang zu ihrer Autorität fand. Sie war verheiratet mit einem Ideal, das sie erdrückte, und fühlte sich ganz klein.

Eine andere Ausprägung der pflichtbewußten und prinzipientreuen Amazone ist uns allen wohlbekannt: die Märtyrerin, die ihre Ergebenheit und Aufopferung zum Kunstwerk erhebt. Sie entspricht genau dem Bild, das wir uns von unseren Müttern machen. Diese Frau hat sich vollkommen ihrem Mann und ihren Kindern verschrieben (oder ihrem Glauben oder dem Dienst an einer Sache), als hätte sie nicht das Recht, auch an sich selbst zu denken. Aber auf allerlei Umwegen verschaffen sich all ihre verdrängten Bedürfnisse dennoch Ausdruck: in vorwurfsvollem Schweigen, in Klagen und Launen, unter denen nicht nur sie selbst, sondern auch ihre Kinder und ihre nähere Umgebung leiden.

Die Märtyrerin muß Wut empfinden gegen das Opfer, zu dem sie sich selbst gemacht hat, und entdecken, daß die verborgene Seite dieses tugendhaften, strengen Wesens das im Stich gelassene, unangepaßte Mädchen ist, das sich als Ausgestoßene, als Opfer fühlt und bemitleidet werden will.

In ihrer reinsten Form präsentiert sich die Amazone als Amazonenkönigin, die sich kraftvoll und entschlossen der Irrationalität des Vaters entgegenstellt. Sie hält ihn für entartet und erhebt die Waffen gegen ihn. In der Auflehnung der Göttin Ural gegen ihren Vater, der ihre geliebte Schwester Psyche töten will, wird die Haltung der Amazonenkönigin von dem Dichter C. S. Lewis prägnant beschrieben: «Das Beste, was wir tun könnten, um uns gegen sie zu schützen (aber es ist kein wirklicher Schutz), ist, wach zu bleiben und hart zu arbeiten, ohne der Musik zu lauschen, ohne Himmel oder Erde zu betrachten und (zuvörderst und vor allem) ohne zu lieben.»[20]

---

20 C. S. Lewis, *Till We Have Faces*, Grand Rapids (Michigan): Eerdman

Diese schrecklichen Worte lassen auf eine völlige Verhärtung schließen. Sie erinnern mich an das Credo radikaler Frauen, für die mit einem Mann zu schlafen «unbezahlte Arbeit» ist. Diese Härte ist genauso irrational wie das Verhalten des Vaters, das sie hervorgerufen hat. Ob Verantwortungslosigkeit, Wahnsinn oder widernatürliches Verhalten der Grund dafür ist – diese Reaktion kann als Zeichen des gleichen Wahns, der gleichen Entgleisung gelten. Hier wird nach dem Motto «Marschier oder stirb» Kraft ohne Freude kultiviert, alles wird zur Bürde, jeder Akt zur Schlacht, die man gewinnen muß. Es gibt keine Augenblicke mehr, die man einfach genießen könnte, Empfänglichkeit gilt als Passivität, und so wird die innere Frau ausgetrieben.

Weiblichkeit will sich entfalten

Bis heute hat man Frauen zu Verführerinnen erzogen, die, einmal verheiratet, pflichtbewußt und prinzipientreu werden müssen, um Verantwortungsgefühl und Ernst zu verkörpern, wie es sich für eine anständige Frau und eine anständige Familie schickt. Der Schatten dieser Verführerinnen, die auf ihre persönliche Macht verzichtet haben, findet sich in der herrschsüchtigen, kastrierenden Frau wieder, die versucht, Macht über andere zu gewinnen, weil sie ihre eigene Macht nicht in der Hand hat. Diejenigen, die sich für den Weg der Amazone entscheiden, sind sich zwar ihrer Macht bewußt, lehnen aber ihr Bedürfnis nach Abhängigkeit ab. Die kleinste Geste der Hilfsbereitschaft einem Mann gegenüber gilt ihnen als Schwäche. Sie haben recht, wenn sie diese Abhängigkeit, die bis heute soviel Unglück über die Frauen gebracht hat, von sich weisen, andererseits braucht jeder Mensch andere, um zu existieren.

Die Arbeit an sich selbst ermöglicht es, sich von solchen rigiden Haltungen zu lösen. Sie erweckt auf lange Sicht die schöpfe-

---

1956, zit. nach Linda Schierse-Leonard, a. a. O.

rische Frau zum Leben, die einmal Verführerin, ein anderes Mal Amazone sein kann. Diese Frau bleibt in Kontakt mit ihren grundlegenden Bedürfnissen und ihrem Wunsch nach Bestätigung. Ihre Hingabe geht nie so weit, daß sie ihre eigenen Bedürfnisse verleugnen würde. Sie kennt und handhabt ihre Macht und muß sie daher nicht ständig beweisen, sie kann die Initiative ergreifen und ist gleichzeitig bereit, mit ihrem Partner zu verhandeln.

Bevor wir das Buch von Linda Schierse-Leonard zur Seite legen, möchte ich die Männer ermuntern, es zu lesen. Nach dieser Reise in die Tiefen der weiblichen Seele werden sie die Kämpfe ihrer Partnerinnen besser verstehen. Für uns Männer, die, ohne daß es uns bewußt wäre, von allen Vorteilen der partriarchalen Gesellschaft profitieren, ist es schwer zu verstehen, in welchem Ausmaß das weibliche Ich unterdrückt, verhöhnt und entwertet wurde und wie sehr die Frauen, mit denen wir unser Leben teilen, darunter leiden können. Auch in uns, den Söhnen der unterschiedlichen Frauentypen, die eben beschrieben wurden, will sich das Weibliche entfalten. Wenn wir uns das Vorhandensein jeder dieser Frauen in uns vorzustellen versuchen, kristallisiert sich nach und nach das Bild unserer eigenen Weiblichkeit heraus. Manche Männer haben eine Außenseiteranima, andere wieder eine empfindsame, launische Anima. Die pflichtbewußte und prinzipientreue Frau findet sich nicht selten als Anima zahlreicher Muttersöhnchen, die sich bis zur Selbstaufgabe quälen, nur um ihrer Umgebung nicht zu mißfallen.

Mütter und Töchter

Eine Haßliebe

Dieses Buch ist dem Verständnis der Beziehungen zwischen Männern und Frauen gewidmet, daher habe ich meine Überlegungen auf das Vater-Tochter- und das Mutter-Sohn-Verhältnis beschränkt. Allerdings lebt das Kind, wie ich bereits im vorigen Kapitel schrieb, eher in der Dreiecksstruktur Vater-Mutter-Kind als in einer abgegrenzten Zweierbeziehung mit jeweils einem Elternteil. Ich erlaube mir also, hier ein wenig abzuschweifen und ein paar Gedanken zum Mutter-Tochter-Verhältnis hinzuzufügen.[21] Wie schon erwähnt, bestätigt die Aufmerksamkeit des Vaters die Tochter in ihrem sexuellen Anderssein. Seine Gegenwart ermöglicht es ihr, sich von der Mutter zu unterscheiden und zu lösen. Dank des Vaters findet sie zu ihrer weiblichen Individualität. In der Praxis stellt sich jedoch leider häufig heraus, daß die nicht vorhandene Vater-Tochter-Beziehung die Beziehung zwischen Mutter und Tochter über Gebühr belastet, so daß oft Frauen mit einer höchst ambivalenten Beziehung zur Mutter in die Therapie kommen. Man könnte sagen, daß sie ihre Mutter gleichzeitig hassen und lieben. Diese Haßliebe läßt sich folgendermaßen ausdrücken: «Ich liebe meine Mutter, weil sie die einzige ist, die mir Aufmerksamkeit geschenkt hat, aber ich hasse sie, weil sie zuviel von mir verlangt hat. Sie hat meine Noten in der Schule ebenso kontrolliert wie die Länge meiner Röcke und die Farbe meiner Haarspangen. Sie hat sich überall eingemischt und tut es immer noch. Ich habe die Schnauze voll von meiner Mutter!»

Wie sollen wir das verstehen? Zunächst können wir häufig beobachten, daß der gleichgeschlechtliche Elternteil viel von seinem Kind fordert. Das Kind wird wahrgenommen wie ein Spiegel, und die Versuchung ist groß, in ihm das Abbild der eigenen Wünsche und enttäuschten Hoffnungen zu sehen. Das kann schnell zu einer Überforderung des Kindes führen. Kinder müssen erträumt werden, als könnten die Eltern ihnen ihr Schicksal auf den Leib schneidern, aber dieser Traum wird für das Kind oft zu einer Zwangsjacke.

---

21 Lesern und Leserinnen, die sich näher damit beschäftigen wollen, sei empfohlen: Christiane Olivier, *F wie Frau – Psychoanalyse und Sexualität*, Düsseldorf: Econ 1991

Der patriarchalische Rahmen, der die Freiheit der Frauen radikal beschnitten hat, sorgte – und sorgt bis heute – dafür, daß die enttäuschten Träume der Mütter ihre Töchter an der Entfaltung ihrer Individualität hindern. Die Ambivalenz der Töchter kommt teilweise daher, daß die Mütter den unbewußten Wunsch hegen, ihre Tochter möge alles für sie sein.

Als Gegenleistung geben sich die Mütter die größte Mühe, für ihre Tochter alles zu sein, die allerbeste Mutter und ein Modell der fortschrittlichen Frau. So kommt es, daß sie schließlich zuviel Platz für sich beansprucht. Sie fordert viel von sich und verlangt als Gegenleistung zuviel von ihrem Kind. Schließlich hält sie ihrer Tochter vor, sie entziehe sich und vertraue ihr zuwenig an. Sie wäre ihrer Tochter gerne eine gute Freundin und vergißt darüber, daß sie vor allem Mutter ist und daß ein Kind sich seinen Eltern nicht so zeigen kann, wie es wirklich ist.

Das Problem liegt zum Teil in der weiblichen Erziehung zu absoluter Hingabe. Die meisten Frauen haben gelernt, nicht an sich selbst zu denken, sondern sich für andere aufzuopfern. Dieser Altruismus hat allerdings seine Schattenseiten, die der Mutter nicht bewußt werden, handelt sie doch nur zum Wohl ihres Kindes. So kommt es, daß sie, ohne es zu bemerken, zur Despotin wird und unter der vermeintlichen Undankbarkeit ihrer Tochter leidet. Doch diese Entwicklung ist nicht unwiderruflich, sofern die Mutter bereit ist, zur Kenntnis zu nehmen, wie ihre Tochter manche Momente des familiären Zusammenlebens erfährt. Dann wird sie verstehen, daß sie trotz bester Absichten manchmal Grenzen überschritten hat.

Ein entscheidender Moment in der Mutter-Tochter-Beziehung ist der schicksalhafte Tag, an dem die Tochter vierzehn wird. In diesem Moment stellen zahlreiche Mütter mit Schrecken fest, welche Kluft zwischen ihnen und ihrem Kind entstanden ist. Wenn die Töchter beginnen, ihren Eltern zu erklären, daß ihnen Freunde und Freundinnen manchmal wichtiger sind, können die Mütter dem nicht einfach stattgeben. Sie stecken Zurückweisung über Zurückweisung ein, Enttäuschung über Enttäuschung, ohne zu begreifen, daß ihre Mutterpflichten allmählich enden und es Zeit wird, wieder Kontakt zu der vergessenen Frau in sich selbst aufzunehmen. Die Pubertät der Kinder ist die erträumte Gelegenheit, die eigene, lange vernachlässigte Individualität wiederzufinden. Die Prüfung, die die Pubertät einer Tochter darstellt, wird die Mutter nur dann gut bestehen, wenn sie lernt, loszulassen und auf all das zu vertrauen, was sie ihrem Kind bereits gegeben hat.

Wer abwesend ist, wird idealisiert

Wenn es für Mütter ein ungerechtes Schicksal gibt, dann dieses: daß Frauen, die ihren Vater daheim kaum zu sehen bekamen, zu ihm eine positivere innere Beziehung unterhalten als zu ihrer Mutter, die sich die ganze Zeit um sie gekümmert hat. Der abwesende Vater wurde idealisiert und bleibt für die Töchter seelisch ein wesentlicher Bezugspunkt.

Eine meiner Patientinnen sah ihren vielbeschäftigten Vater, solange sie klein war, nur in Abständen von mehreren Monaten. Jahrelang bestand sie darauf, daß ihre Mutter ihr jedesmal, wenn er nach Hause kam, dasselbe geflickte, ausgebesserte und zu klein gewordene Kleid anzog. Weigerte sie sich, bekam die Tochter Anfälle. Dafür gab es einen ganz einfachen Grund: Die Mutter hatte ihr einmal gesagt, daß sie dem Vater in diesem Kleid besonders gefalle, und das hatte sich ihr unauslöschlich eingeprägt. Sie brauchte den anerkennenden Blick ihres Vaters und wollte bei jeder der seltenen Gelegenheiten ihre Chance nutzen. Als Erwachsene hatte sie die übliche ambivalente Beziehung zur Mutter, von der sie sich nur sehr schwer abgrenzen konnte, und idealisierte weiterhin den Vater, der nichts von ihr verlangte.

Viele junge Frauen bekommen heute von ihren Müttern auch die Botschaft mit auf den Weg, sie müßten für ihre Unabhängigkeit selber sorgen und könnten dabei nicht auf die Männer zählen. Sie haben den Eindruck, daß sie ihre Unabhängigkeit nur gegen die Männer durchsetzen können, wenn sie die Kämpfe der Frauen, die ihnen vorangegangen sind, ernst nehmen. Insgeheim sehnen sie sich nach der Liebe eines Mannes und würden gern in seine Arme sinken, sind jedoch gleichzeitig darauf getrimmt, dieses Verhalten falsch zu finden. Sie liegen mit dem mütterlichen Ideal im Zwist und fühlen sich deshalb schuldig, also suchen sie im Verhalten der Mutter nach Brüchen, die eine Lockerung der allzu strengen inneren Verpflichtung rechtfertigen.

Wie schon beschrieben, besteht eine besondere Beziehung zwischen Vater und Tochter, in der Verführung eine große Rolle spielt. Während der Vater zur Bildung des Animus seiner Tochter beiträgt, versucht die Tochter, die Anima ihres Vaters zu verkörpern, um ihm näherzukommen. So entsteht ein besonderes Band zwischen Unbewußtem und Unbewußtem, das respektiert werden muß. Die Tochter pflegt dieses heimliche und geheimnisvolle Einverständnis, das der Welt der Anima angehört und ihr Erholung vom anspruchsvollen Animus ihrer Mutter gewährt. Sie bemüht sich, ihren Vater zu erraten, und wird auf diese Weise manchmal zum einzigen Menschen, der Zugang zu seiner inneren Welt hat. Das führt gelegentlich zu einer Nähe, die eine dramatische Entzweiung zwischen Mutter und Tochter bewirken kann.

Das Verhältnis zwischen Mutter und Tochter kann auch dadurch erschwert werden, daß die Tochter an ihrem Vater gerade das liebt, was die Mutter an ihm stört. Eine zwanzigjährige Frau erzählte mir, ihre Mutter habe ihrem Vater immer seine Schwäche und Empfindsamkeit vorgeworfen, die sie selbst an ihm sehr schätzte. Sie mochte diese Verletzlichkeit, weil sie auch ein Teil ihrer selbst war. Eine andere gestand, sie habe angefangen, sich für Sport zu begeistern, weil ihr sonst so zurückhaltender Vater bei der Übertragung von Hockeyspielen ganz aus dem Häuschen geriet. So konnte sie mit ihm vor dem Fernsehapparat sitzen und an seinem Gefühlsüberschwang teilhaben. Ich kenne auch Töchter, die ein verschüttetes Talent ihres Vaters verwirklichen. Auch das ist eine Art, mit dem Vater verbunden zu bleiben und seine wohltuende Anwesenheit zu honorieren. Wenn Töchter den Eindruck gewinnen, sie könnten die Gefühle des Vaters viel besser verstehen als ihre Mutter, entsteht daraus manchmal eine unbewußte Rivalität. Ich habe diese versteckte Konkurrenz öfter beobachten können. Sie tritt oft im frühen Erwachsenenalter an die Oberfläche, wenn diese Frauen sich Freunde im Alter ihres Vaters suchen, um der Mutter zu beweisen, daß sie genausoviel wert sind und mehr von Männern verstehen als sie. Bei Scheidungskindern ist dies manchmal die Art und Weise, der Mutter vorzuführen, sie hätten es verstanden, ihren Mann zu halten und den Bruch zu vermeiden. Auf diese Weise können sich die unausgesprochenen Vorwürfe der Töchter Ausdruck verschaffen.

Mütter können dadurch unversehens in eine unmögliche Lage geraten, für die ich großes Verständnis habe. Ist die Beziehung zur Tochter positiv und herzlich, entwickelt die Tochter einen positiven Mutterkomplex und ein gesundes Selbstvertrauen, hat aber Schwierigkeiten, sich aus dieser Beziehung zu lösen, die schließlich zu einer Qual für sie wird. Ist diese Beziehung schlecht, fühlt sich die Tochter, sofern sie sich nicht zum Ausgleich auf ihren Vater stützen kann, vernachlässigt und im Stich gelassen. Am Ende wird sie das Gefühl haben, daß sie kein Recht hat zu leben.[22]

Ich bewundere Mütter, die die Quadratur des Kreises geschafft haben und deren Verhältnis zur Tochter nicht durch stumme Zwietracht belastet ist. Daß Frauen in unserer Gesellschaft mittlerweile noch andere Entfaltungsmöglichkeiten haben als die Mutterschaft, trägt sicherlich dazu bei. Dadurch gibt es weniger unerfüllte Träume, die auf die Töchter projiziert werden müssen, und immer mehr Mutter-Tochter-Beziehungen, die auf gegenseitigem Einverständnis und Achtung voreinander beruhen.

Damit will ich diese kurzen Überlegungen vorerst abschließen. Wir werden uns ihnen noch einmal ausführlicher widmen, wenn es um die Beziehungen zwischen Mutter und Sohn geht.

---

22 Marie-Louise von Franz, *Das Weibliche im Märchen*, a. a. O.

Zunächst wollen wir aber versuchen, mit der Hilfe unserer bisherigen Überlegungen die Szene zwischen Ihr und Ihm auf dem Wohnzimmersofa besser zu verstehen.

Sie und Er im Wohnzimmer

Ihr hat die Aufmerksamkeit des Vaters so sehr gefehlt, daß sie den Blick eines Mannes braucht, um ihre Existenz bestätigt zu finden. Die innere Leere und der Mangel an Selbstvertrauen, die die väterliche Vernachlässigung in ihr hinterlassen hat, machen sie zur Sklavin ihres Wunsches, zu gefallen und begehrt zu werden. Dieser Abgrund in ihr macht ihm angst, er kommt ihm vor wie ein Faß ohne Boden, von dem er nicht weiß, wie er es füllen soll. Jemand, der unbewußt eine solche Leere in sich trägt, wird sein ganzes Leben lang von den anderen fordern, seine Existenz zu bestätigen. In der Liebesbeziehung ruft sie besitzergreifendes Verhalten hervor, das sich in Worten folgendermaßen Ausdruck verschaffen würde: «Schau mich an! Schau nur mich an! Sag mir, daß ich existiere und nicht die anderen!»

Sie träumt von einer Situation, in der die Zuneigung ihres Partners ihr die Pforten der Liebe öffnet. Sie gibt sich alle Mühe, seine Gedanken zu lesen, so wie sie früher die Gedanken ihres Vaters las. Sie will ihn glücklich machen, damit er ihr mit seinen Liebesschwüren den Weg zur Freiheit weist. Dabei bekommt er schon einen Schrecken, wenn sie ein paar Schritte auf ihn zugeht. So bleibt sie enttäuscht allein, und prompt triumphiert ihr negativer Animus: «Ich hab's dir ja gesagt! Das ist kein Mann für dich.» Sie weist das entschieden zurück, es klingt zu sehr nach ihrer Mutter. Sie versucht, Zeit zu schinden und ihre Unzufriedenheit zu verbergen, indem sie sich in vage Hoffnungen auf Veränderung flüchtet. So entsteht die Frau, die zu sehr liebt.

Was Männer zur Angst vor der Liebe bringt, werden wir noch sehen. Zuerst wollen wir der Frage nachgehen, wie eine Frau den Schmerz lindern kann, den die Vernachlässigung ihres Vaters erzeugt hat.

4. Die Heilung vom Vater

Das Drama des braven Mädchens

In diesem Kapitel will ich Wege darstellen, die zur Heilung der vom Vater geschlagenen Wunde und zum Ende des ewigen Wartens auf den Märchenprinzen führen. Dabei werden vor allem Aggressivität und Selbstachtung zum Thema. Beginnen wir mit dem Drama des *braven Mädchens*, das immer nett ist.

In ihrem Buch *Das Drama des begabten Kindes*[1] erklärt die Schweizer Psychoanalytikerin Alice Miller sehr gut, wie bei einem Kind, das von seinen Eltern nicht ausreichend geschätzt wird, eine narzißtische Störung entsteht. Ein solches Verhalten der Eltern führt nicht zur Anpassung, sondern zur Überanpassung der Tochter. Sie entwickelt hochempfindliche Antennen, um die Forderungen der Umgebung zu erkennen und zu erfüllen, bevor sie überhaupt ausgesprochen werden. Diese Überempfänglichkeit soll ihr die sonst vermißte Anerkennung der anderen einbringen und für ihre Selbstachtung sorgen. Es ist unmittelbar einsichtig, daß man auf diese Weise leicht zur Dienerin eines Verhaltens wird, das einen schließlich die eigene Macht weitestgehend aufgeben läßt und einen zwingt, alle Eigenheiten der eigenen Persönlichkeit zu unterdrücken, weil sie womöglich anderen mißfallen könnten. Man kann sogar eine falsche Persönlichkeit ausprägen, die in völligem Widerspruch zum wahren Ich steht.

Das ist beim braven Mädchen der Fall. Es ist in einem mäch-

1 Alice Miller, *Das Drama des begabten Kindes und die Suche nach dem wahren Selbst*, Frankfurt/Main: Suhrkamp 1994

tigen Vaterkomplex gefangen, der jeden Ausdruck seiner Kreativität verhindert. *Das brave Mädchen* ist lieb und angenehm, hat aber keine Achtung vor sich selbst.

Ein Dornröschen

Ich erinnere mich an den Fall einer jungen Frau um die Dreißig, die zu mir kam, als ich mich noch in Zürich in der Ausbildung befand. Sie war Universitätsdozentin und hatte beschlossen, ein Sabbatjahr einzulegen. Sie hatte sich zurückgezogen, um Zeit zu haben, über eine neue berufliche Richtung nachzudenken und ihre künstlerische Begabung zu entwickeln. Doch dieser Rückzug hatte immer mehr die Form einer Depression angenommen, so daß sie sich nicht mehr aufraffen konnte, wieder zur Arbeit zu gehen. Also suchte sie einen Therapeuten auf. Sie war groß, von anziehendem Äußeren und einer auffallenden Intelligenz. Aber irgend etwas in ihr konnte keine Worte finden. Manchmal verbrachte sie die ganze Stunde in vollkommenem Schweigen. Häufig lag eine Art Schlaftrunkenheit über dem Raum. Im stillen nannte ich sie «mein Dornröschen.»

Mit der Zeit wurde die Situation immer ungemütlicher. Ich stieß mich immer wieder an der Dornenhecke, die den Schlaf der Schönen schützte. All meine Erklärungen schienen ins Nichts zu führen – und sie ließ keine Gelegenheit aus, mich durch eine ironische Spitze davon in Kenntnis zu setzen.

Sie erzählte mir, sie habe als Kind viel Zeit allein in ihrem Zimmer, ja sogar in ihrem Kleiderschrank verbracht. Ihr Vater hatte auf die hinter all ihren Launen und Streichen versteckte Bitte um Aufmerksamkeit nur eine einzige Antwort parat: «Geh auf dein Zimmer!» Jetzt, nach dem Tod ihres Vaters, nahm sie das gleiche Verhalten wieder auf, indem sie sich in ihrer Wohnung verschanzte, diesmal auf den strengen Befehl ihres negativen Vaterkomplexes. Der Vater, selbst ein Intellektueller, hatte große Schwierigkeiten, Nähe zu seinen beiden Töchtern zuzulassen. Ihre Anwesenheit bedrohte ihn. Er hatte ein sehr zweideutiges Verhältnis zur Sexualität. Einerseits lief er selbst in Unterwäsche durchs Haus, andererseits durften seine Töchter sich nicht im Nachthemd zeigen. Er klopfte sogar mit dem Besenstiel an die Zimmerdecke, wenn er hörte, daß die Eheleute in der Wohnung über ihnen miteinander verkehrten. Zum mindesten kann man behaupten, daß ein solches Verhalten des Vaters keine besonders gute Vorbereitung auf das Erwachen des Eros ist.

Die Geschichte der Liebesbeziehungen meiner Patientin bestätigte diese Interpretation. Sie hatte einige Männer kennengelernt, die alle Alkohol- oder Drogenprobleme hatten. Ihr fehlendes Selbstwertgefühl trieb sie immer wieder in Beziehungen mit Abhängigen. Sie dachte, Männer im allgemeinen seien ohnehin nur auf ihren Hintern scharf, wie man so sagt, also ausschließlich an einer sexuellen Beziehung mit ihr interessiert. Sie aber wartete auf den einen, der ihren wahren Wert erkennen und eine echte Liebesbeziehung mit ihr eingehen würde. Währenddessen lagen ihre kreativen Ideen brach. Ihr Unternehmungsgeist und ihre Entschlossenheit, die es ihr ermöglicht hätten, in die Welt hinauszugehen und sich zu behaupten, kamen nicht zum Einsatz. Obwohl sie intelligent genug war, um zu wissen, daß es nichts zu warten gab und sie handeln mußte, wartete sie. Wie so oft in schwierigen Situationen trug ein Traum zur Erhellung bei:

Dornröschen steht in einem kleinen Dessousgeschäft und kann sich nicht für einen Bikini entscheiden. Die Verkäuferin zeigt ihr einen, der gewagt, sexy, sehr bunt ist und ihr ausgezeichnet steht. Sie ist glücklich und entschließt sich in ihrer Begeisterung zum Kauf. Als sie das Geschäft verläßt und die Stufen hinuntergeht, dreht sie sich noch einmal um und sieht ihren Vater oben auf der Treppe stehen. Ihr wird klar, daß er der Besitzer des Geschäfts ist. Er schiebt eine Karre mit frischem Zement vor sich her, den er über die Stufen kippt. Der Traum endet damit, daß die Träumerin mit den Füßen im Zement feststeckt.

Der Traum zeigt die Wirkung des negativen Vaterkomplexes auf diese Frau sehr klar. In ihr war es zu einem regelrechten Konflikt gekommen. Auf der einen Seite standen ihre Spontaneität und der Wunsch, ihre Begabung zu zeigen, auf der anderen der negative Vaterkomplex, der ihr untersagte, etwas anderes zu sein als eine kühle Intellektuelle.

Die Phantasie und Lebensfreude dieser Frau waren in dem Laden eingesperrt, in dem der Vater als nichts Geringeres als der Besitzer auftrat. Wenn sie auch über die innere Fähigkeit verfügte, zu spüren, was gut für sie war, schaltete sich, sobald sie das vor aller Welt zeigen wollte, sofort der Komplex ein, um sie daran zu hindern. Das lähmte sie so, als ob ihre Füße einzementiert wären und sie weder vor noch zurück könnte.

Ebenso war es mit ihrer Sinnlichkeit. Sie hätte mit ihrem knappen Bikini gern das Begehren der Männer geweckt und gereizt, um endlich in ihrer Identität als Frau bestätigt zu werden, doch ihr innerer Vater verbot ihr, ihre Trümpfe zur Schau zu stellen, so wie ihr wirklicher Vater, als sie noch jünger war, ihr verboten hatte, im Nachthemd durchs Haus zu laufen. Im Grunde genommen folgte sie immer noch seinem ständigen Befehl: «Geh auf dein Zimmer!»

Doch was tat sie ganz allein in ihrer Wohnung, in der sie sich einsperrte wie viele Jahre zuvor in ihrem Kinderzimmer? Um das zu verstehen, müssen wir einbeziehen, was mit dem Animus passiert ist, dem Elan eines aktiven Lebens, der auch in ihrem Vaterkomplex gefangen war. Da er sich nicht äußern konnte, war er, wie die Psychoanalytikerin Marie-Louise von Franz diese Form eines negativen Animus beschreibt, zu einem «träumerischen, lebensfremden Gedankengespinst» geworden, zu einer Hülle aus Wünschen und Vorstellungen über die Welt, *wie sie sein sollte*, der die betroffene Frau von der Wirklichkeit und vom aktiven Leben abschneidet.[2]

---

2 Marie-Louise von Franz, «Der Individuationsprozeß», in: *Archetypische Dimensionen der Seele*, a.a.O. S. 346

Sie blieb also in ihrer Wohnung und träumte! Sie träumte davon, eine große Musikerin zu sein, machte aber keine Musik. Ich konnte noch so sehr versuchen, sie anzuspornen, indem ich ihr gelegentlich etwas vorspielte. Nichts half. Alles glitt an ihr ab. Es fehlte entschieden ein Steinchen in diesem Mosaik, und das war die Aggressivität. Wo war nur ihr Zorn gegen den Vater und ihr Schicksal hingekommen? Sie schien keinen zu empfinden, zumindest nicht bewußt. Wo war der Schatten dieser netten Frau?

Ich erinnerte mich an einiges, was sie mir zum Thema Verführung erzählt hatte. Einmal hatte sie mir gesagt, wie sehr sie das Begehren der Männer als Ausdruck einer tiefen Verachtung empfand. Als ich mit ihr über dieses Thema sprach, begriff ich, daß sie Männern eine generelle Feindseligkeit Frauen gegenüber unterstellte. Deshalb hatte sie Angst, sich ihnen zu nähern – vor allem solchen, die ihr womöglich ebenbürtig waren, denn die hätten mit ihren Urteilen unter Umständen ihr letztes bißchen Selbstwertgefühl zerstören können. Deshalb suchte sie sich Verlierer.

Das erklärte auch, weshalb ihr nicht die geringste Aggressivität anzumerken war: Sie projizierte den Zorn der vom Vater unbeachteten Frau auf die Männer. Ihre Wut war so groß und bedrohlich für das Ich, daß das einzige Mittel, in dieser Lage zu überleben, eine solche Entäußerung war. Die männliche Verachtung ihr gegenüber war in Wahrheit nichts anderes als die Verachtung, die sie für ihren Vater und all jene Männer empfand, die sie begehrten. Das heißt, sie verleugnete ihre Aggressivität. Weil sie mit dem «bösen Mädchen» in ihr nichts zu tun haben wollte, klammerte sie sich an das brave Mädchen.

Sie hatte diese aggressive Energie nötig, um aus der Depression herauszukommen und ihre Kreativität wiederzugewinnen. Aber sie konnte sich diesen Zorn nicht zu eigen machen. Ihre Selbstsicherheit reichte dafür nicht aus. Es ist nicht leicht, einen solchen Schatten anzunehmen und mehrere Monate lang mit einer Besessenen in sich zu leben. Sie war zur Therapie gekommen, weil sie Unterstützung für ihr Vorhaben suchte, denn das bißchen Zuneigung, das sie von ihrem Vater bekommen hatte, verbot ihr, ihn zu verraten, indem sie ihn zum Opfer ihres Zorns machte. So spielte sich vor meinen Augen das Drama einer Frau ab, die in ihrer Sanftheit auf der Grundlage einer depressiven Verbitterung gefangen war. Sie versuchte mit aller Kraft, dem negativen Vaterkomplex zu entkommen und mit der falschen Persönlichkeit zu brechen, die sie sich angeeignet hatte, um zu überleben. Sie hatte den Mut besessen, einen Beruf aufzugeben, der sie im intellektuellen Konformismus ihres Vaters festhielt, um sich auf die Suche nach ihrer Kreativität zu machen. Aber um weiterzukommen, mußte sie nun ihre Aggressivität wiederfinden. Sie mußte die Seifenblase ihrer Träume zum Platzen bringen und ihrem Vaterkomplex die Wirkung nehmen. Wenn sie eines Tages ihre Ausdruckskraft und Unabhängigkeit finden wollte, mußte sie ihrem bedrohlichen Schatten ins Auge sehen.

Das Ende dieser Geschichte habe ich nie erfahren. Als meine Ausbildung beendet war, kündigte ich all meinen Patienten an, daß ich die Schweiz im Laufe des Jahres verlassen würde. Mein Dornröschen entschied sich dafür, lange vor meiner Abreise mit der Therapie aufzuhören. Wahrscheinlich zog sie es vor, mich zu verlassen, bevor sie selbst verlassen würde. Ihre Entscheidung überraschte mich, aber vielleicht, sagte ich mir, war sie ein erster, vorsichtiger Schritt zur Selbstbehauptung. Sie wagte es, einer Vaterfigur zu mißfallen, um ihre eigenen Gefühle zu schützen.

Die gesunde Wut

Sprechen wir noch ein wenig über die weibliche Wut und ihre Verwandlung. Ich bin der Ansicht, es gibt keinen Weg zur Heilung, der nicht zum großen Teil durch diese Wut führt. Wenn eine Frau sich die Heuchelei ihres Lebens bewußtmacht, wird sie erst einmal zornig auf alle, die sie hintergangen und mißbraucht haben. Dann muß sie begreifen, daß sie sich selbst immer noch das antut, was sie den anderen vorwirft – nämlich ihr die gebührende Achtung zu versagen. Vielleicht rührt ihr eigenes Leid sie zu Tränen, aber sie muß auch schreien und um sich schlagen.

Wie ich bei meinen Seminaren über «Das Verhältnis zum Vater» feststellen konnte, haben Frauen, die den Vater vermißten, eines gemeinsam: Es bereitet ihnen große Schwierigkeiten, ihre Aggressionen verbal auszudrücken. Sie schämen sich dieser Aggressivität. Gerade weil der Vater sie vernachlässigt, abgewertet, mißhandelt oder mißbraucht hat, mußten sie sich bereits als kleine Kinder daran gewöhnen, ihre Feindseligkeit ihm gegenüber in den Schatten zu drängen. In der Kindheit waren sie dazu gezwungen, wenn sie ihm gefallen wollten und nicht noch das winzige bißchen Aufmerksamkeit verlieren wollten, das sie bekamen. Und später, als Erwachsene, trauten sie sich nicht mehr, diese Gefühle zu äußern. Und das aus gutem Grund, denn ein Schatten, der so lange mit soviel Groll genährt wurde, ist für die Persönlichkeit bedrohlich geworden. Sie wissen instinktiv, daß das Faß explodieren würde, wenn sie es wagten, den Deckel zu lüften, um hineinzuschauen. Dennoch werden sie genau das eines Tages tun müssen, wenn sie die Kränkung heilen wollen, die der Vater ihnen mit seiner Gleichgültigkeit zugefügt hat.

Es ist ein wichtiger Schritt, seinem Zorn und seiner Wut Ausdruck zu verleihen, ohne dafür verurteilt zu werden – am besten in einem geschützten Raum wie der Therapiegruppe. Es ist nur ein Schritt, aber man kann ihn nicht überspringen. Schlagend, schreiend, tanzend lassen die Frauen diesem wunderbaren energetischen Potential freien Lauf. So befreien sie sich gleichsam von den Schadstoffen und reinigen ihr psychisches System.

Man muß diese Wut in ihrer ganzen Roheit ausleben, nicht um andere Menschen damit zu überwältigen, sondern um die Wut in eine symbolische Form zu bringen. Auch eine Zeichnung oder ein Text sind dazu geeignet. Um mit dem Unbewußten in Verbindung zu treten und alle Informationen aufzunehmen, die es sendet, ist es manchmal nötig, sich den Gefühlen hinzugeben und von Zeit zu Zeit sogar mit ihnen zu verschmelzen. Der symbolische Rahmen, den man sich allein oder in der Gruppe schafft, ermöglicht es einem Teil des Ichs, außerhalb zu bleiben und dieser Erfahrung als Zeuge beizuwohnen. Danach geht es darum, diesem Anstoß auch im Alltag treu zu bleiben. Das heißt nicht, aus der Wut heraus zu handeln – was sich manchmal nicht vermeiden läßt, wenn man so lange mit diesem Teil seines Selbst keinerlei Berührung hatte, sondern aus ihr eine neue Entschlossenheit, einen neuen Kampfgeist zu schöpfen. Indem man durch die Wut hindurchgeht, entmystifiziert man sie auch. Sie ist nur ein Alarmlämpchen am Schaltbrett unserer Persönlichkeit, sie teilt uns mit, daß ein fundamentales Bedürfnis verleugnet worden ist. Im allgemeinen verweist die Wut auf ein Bedürfnis, sich auszudrücken oder mitzuteilen. Die ganze Kreativität, deren Entfaltung aus Angst, von den anderen zurückgewiesen oder verletzt zu werden, versäumt wurde, findet durch diese Öffnung eine Quelle der Hoffnung und des Lichts. Die Wut kann sich bei einer Frau, die zur Flucht in Passivität und Erwartung neigte, in Kampfgeist, Entschlossenheit, Standhaftigkeit verwandeln, die es ihr ermöglichen, ihr Schicksal in die Hand zu nehmen. Bei der Frau, die es gewohnt war, die Männer auf deren Terrain zu bekämpfen, kann sie die Entstehung einer eigenen und persönlichen Selbstbestätigung begünstigen, die es überflüssig macht, diese Kraft an die Männer zu vergeuden.

Die eigentliche Arbeit mit der Wut besteht darin, den Bedürfnissen nachzukommen, die sie uns offenbart. Wenn die Wut sich in ständigen Vorwürfen und Beschuldigungen gegen unsere Peiniger von früher erschöpft, dann heißt das, die Wut ist psychisch noch nicht verarbeitet. Sie wurde nicht verwandelt, sondern ist zu einem Gefängnis geworden. Um dieses innere Dilemma zu lösen, muß man weitergehen. Im zweiten Schritt des Verwandlungsprozesses erkennt man, daß es einem an Achtung für sich selbst fehlt, wenn man sich mißbrauchen läßt und in die Rolle des Opfers flüchtet. Man stellt sich der Tatsache, daß man sich selbst genau das antut, was man dem Vater oder dem Partner vorwirft. Dieser Schritt ist schwierig, weil man damit wirklich seinem Schatten gegenübertritt und einsehen muß, daß man sich selbst ebenso gleichgültig behandelt wie früher die Eltern.

Und wie geht das in der Praxis vor sich? Die Journalistin Paule Lebrun gibt uns in einem Artikel, in dem sie ihre eigene Heilung beschreibt, ein gutes Beispiel für die Integration des Schattens mit Hilfe der Wut. Während einer Gruppensitzung reagiert sie heftig auf die Gegenwart einer anderen Teilnehmerin, einer sehr erregten Frau, die «mit ihrem Sarkasmus, ihrem Gift und Geifer» alles zerstöre. Sie empfindet Mitgefühl für diese Frau, die ihre Verzweiflung so offen zur Schau trägt, am nächsten Tag aber erwacht sie selbst «mit einem Messer zwischen den Zähnen».

Ich war in Kontakt mit meiner eigenen Giftblase, wissen Sie, der, die jede oder fast jede Frau in ihrem tiefsten Inneren mit sich herumträgt. Die Schlange in uns, ksss, ksss, ksss, komm mein Schatzzzzz, daß ich dich küssssss, diese Schlange, die die Verletzung nicht verdaut hat, die den Frauen seit zweitausend Jahren zugefügt wird, dieser gewaltige kollektive Zorn, der abgebügelt wurde zur Wut, zur Mißgunst, dann schließlich unter dem ganzen Gebäude verschwand und auf seine Stunde wartet.

Sie beginnt zu tanzen, in der Hoffnung, daß sich die Schlange in ihr auflöst, aber es hilft nichts: Sie ist von der Energie, der Kraft, der Beweglichkeit dieser «ekelhaft sanften» Schlange ergriffen:

Ich konnte die verborgene Kraft spüren, ihre animalische Gleichgültigkeit, ihre gefährliche Fähigkeit, andere zu ersticken. Wissen Sie, daß Sie alle Morde, alle Gewalttaten in sich tragen wie lauter noch unerweckte Möglichkeiten? An diesem Tag wußte ich, daß alles in mir war. Das Beste, aber auch das Schlechteste. ... Mit meinem Schlangenleib erwürgte ich mehrere Männer, mörderische Bilder strömten auf mich ein. Vor meinen Augen öffnete sich ein energetischer Knoten, verteilte sich langsam wie Asche. Nach einem Moment des Schreckens überließ ich mich wollüstig der Bewegung, und das, was mir vor ein paar Sekunden noch grauenhaft vorgekommen war, wurde zu einem erlesenenen Tanz.[3]

Als sie später versucht, wieder mit dieser neuen Kraft in Kontakt zu treten, merkt sie, daß es die Hexe in ihr war, die bitch, die «ätzend und verbittert mit Worten zerstören kann». Wenn man eine solche Macht in sich entdeckt, weiß man, daß man sich nie wieder in die Rolle des Opfers verkriechen wird. Von dieser Macht bewußt Besitz zu ergreifen ist der dritte Schritt der Verwandlung von Aggressivität in Kampfgeist und innere Stärke. Von nun an wird die Schlange ihr dabei helfen, ihre Innenwelt zu schützen, sich in der Welt zu behaupten und ihr Leben zu erschaffen. Und der Vaterkomplex soll bloß stille sein! Wir müssen einsehen, daß wir auch die schwärzesten Seiten des Menschlichen in uns haben. Diese Einsicht wird paradoxerweise von einer Entspannung des gesamten Nervensystems begleitet, weil wir uns dann nicht mehr gegen dieses oder jenes zu verteidigen brauchen. Wir sind dann einfach, was wir sind, und erkennen uns wieder in der großen Weisheit der Natur, die alles mit dunklen und lichten Seiten ausgestattet hat.

Wie dem auch sei, es bedarf für diesen Verwandlungsprozeß großer Geduld und Ausdauer, um auf dem schwankenden Grund einer eigenen Macht, die vom Vater nicht gestärkt wurde, von einem Schritt zum nächsten die jeweils angemessene Haltung zu finden. Mit der Zeit allerdings wächst dank der bereits erzielten Fortschritte die Kraft, weiterzumachen. Die Befriedigung über ein Leben, das zunehmend widerspiegelt, was man wirklich ist, tritt an die Stelle von Verzweiflung, Mißmut und Groll. Die tiefsitzende, stumme Wut, die sich nur auf Umwegen Ausdruck verschaffen konnte, findet in der Selbstbehauptung und Kreativität immer mehr Möglichkeiten, sich auf gesunde Weise zu äußern.

---

3 Paule Lebrun, «La rage au cœur», in: *Guide Ressources* Nr. 8, Mai 1996, Montréal, S. 35.

Wenn die Wut wirklich anerkannt und integriert ist, wird sie zu einer Kraft, aus der Initiative und Entscheidungsfähigkeit erwachsen. Dann wird das Leben sehr viel angenehmer, intensiver, heller und fröhlicher.

Die Gesundung der Selbstliebe

Das Bedürfnis vieler Frauen, ständig im Mittelpunkt zu stehen, verrät die Kränkung, die ihnen durch einen distanzierten oder gleichgültigen Vater zugefügt wurde. Diese Frauen brauchen immer ein *Gegenüber*. Sie können die Welt nicht *Seite an Seite* mit einem geliebten Menschen genießen. Sie haben ständig das Bedürfnis nach Unterstützung durch den männlichen Blick, und am Ende wird ihr seelisches Gleichgewicht davon abhängen. Sie klagen über die Männer und wünschen sich gleichzeitig einen Partner, ohne sich darüber im klaren zu sein, daß das Gewicht ihrer Erwartungen jeden Mann in die Flucht schlägt. In ihrer fordernden Haltung ist keine Einladung zur Liebe zu erkennen, sondern nur verletzte Selbstliebe, die ihr Partner um des lieben Friedens willen ununterbrochen pflegen müßte.

Solange eine Frau sich ihrer vom Vater verursachten mangelnden Selbstachtung nicht bewußt ist, trägt sie ihre hohe Erwartungshaltung in die Partnerschaft hinein, die unter dieser Belastung stets vom Zusammenbruch bedroht ist. Man kann keinem anderen Menschen die Verantwortung aufladen, dieses Problem für einen zu lösen. Im Hinblick auf die seelische Entwicklung ist es nicht einmal wünschenswert, einen Partner zu finden, der einem ständig schmeichelt. Nur wenn eine Frau dem Schmerz, den das Verhalten des Vaters in ihr hervorgerufen hat, *Beachtung schenkt*, wird sie nach und nach begreifen, welchen Einfluß er auf ihr Liebesleben hat. Erst dann wird sie sich vom Warten auf den Märchenprinzen lösen können. Das heißt nicht, daß die Sicherheit und Wertschätzung, die man in einer Liebesbeziehung erfahren kann, unwillkommen wären. Doch um den Wert der Geschenke des Lebens würdigen zu können, muß man selbständig genug sein, um auch ohne sie ein glückliches Leben führen zu können.

Zum Schluß noch einige allgemeine Bemerkungen zur Gesundung der Selbstliebe, die meine Ausführungen über die Annahme des zornigen Schattens ergänzen.

Das Ende der Frauenfeindlichkeit

Die *Tochter des Schweigens* ist die Erbin des väterlichen Schweigens. Sie wird oft zu einer schweigsamen und unterwürfigen Frau. Es fällt ihr schwer, Vertrauen und Sicherheit in sich selbst zu finden, wenn sie nicht von einem Mann geschätzt wird. Ungeliebt fühlt sie sich bedroht und nimmt eine Abwehrhaltung an. Selbst wenn sie nicht so große Probleme mit der Selbstbehauptung hat und ihre Ambitionen und Wünsche zu äußern wagt, schweigt ein Teil von ihr weiterhin. Es ist jener Teil, der vom Patriarchat jahrhundertelang entwertet wurde, und dies arbeitet den negativen Komplexen in die Hände, deren Wirkung ja gerade darin besteht, das Ich von seiner Mitwelt zu isolieren. Das vom männlichen Blick abhängige Selbstwertgefühl zu verwandeln und all das zu heilen, was in der Beziehung zur Welt des Vaters zerstört wurde, erfordert einige Schritte.

Zunächst muß man aufhören, die Männer für sein Unglück verantwortlich zu machen, und seinen Schatten in sich zurücknehmen. Der verbotene Zorn ist ein Teil dieses Schattens, doch sein am wenigsten bekannter und am schwersten zu bekämpfender Teil ist die Feindlichkeit der Frauen selbst, die sie allem Weiblichen gegenüber hegen. Eine Frau, die Beraterin männlicher Topmanager war, gestand mir, sie habe sich jahrelang darum bemüht, diese Männer vergessen zu lassen, daß sie eine Frau war. In ihren Seminaren trug sie Männerkleidung. Sie versuchte, ihre Geschlechtszugehörigkeit und Sinnlichkeit zu unterdrücken – bis zu dem Tag, an dem sie erkannte, daß sie auf dem besten Weg war, ihre weibliche Seite zu ersticken.

Das geschah während eines ihrer Seminare in Kalifornien. Die Sonne, das Meer und die Freiheit, die sie empfand, weckten ihre ganze mißachtete Sinnlichkeit. Ihr wurde auf einmal bewußt, daß sie, um von den Männern anerkannt zu werden, ihre männliche Seite überbetonte und ihre Weiblichkeit vernachlässigte. Daß sie selbst das Zerstörungswerk fortführte, das von ihrer Familie, der Schule, dem Beruf begonnen worden war. Ihre Vorbilder waren immer Frauen mit ausgeprägt männlicher Macht gewesen. Ihrem Erfolg zuliebe hatte sie nicht nur, wie es die Männer tun, einen Teil ihres Selbst verleugnet, sondern den Kern ihrer weiblichen Identität.

Linda Lagacé, eine Psychoanalytikerin aus Montréal, hat lange über diese Problematik gearbeitet. In ihren Vorlesungen gab sie Fragebögen aus, die Frauen die Erkenntnis erleichtern sollten, in welchem Ausmaß sie selbst den Männern die Macht der Wertung einräumen. Ein interessanter Aspekt, den diese Arbeit zutage förderte, ist die Art und Weise, wie Frauen alles Weibliche in sich herabsetzen und so die Frauenfeindlichkeit der Männer fortführen. Je mehr sich aber eine Frau ihrer eigenen Frauenfeindlichkeit bewußt wird, sagt Linda Lagacé, desto besser kann sie sich gegen die Frauenfeindlichkeit der Männer zur Wehr setzen.[4]

Solange Frauen die Verantwortung für die Entwertung des Weiblichen ausschließlich außerhalb ihrer selbst suchen, verfallen sie immer stärker in die Opferhaltung. Um sich daraus zu befreien, müssen sie sich eingestehen, daß sie in ihrem Innersten dieselben patriarchalen Stereotypen mit sich herumtragen: Was weiblich ist, ist nichts wert. Was männlich ist, ist etwas wert. Sobald sie diese Selbstverachtung erkennen, warten sie nicht mehr darauf, daß die Männer sich ändern, sondern nehmen die Veränderung selbst in Angriff.

---

4 Die folgenden Ausführungen stützen sich auf die Vorlesung «Frauen und zwischenmenschliche Beziehungen» von Linda Lagacé an der Universität Sherbrooke, unveröffentl. Aufzeichnungen, 1994.

Die Veränderung beruht auf der Erkenntnis, daß die patriarchalische Gesellschaft mit der Frau ein doppeltes Spiel spielt. Dieselbe Gesellschaft nämlich, die von der Frau verlangt, sanft, mitfühlend, unterwürfig und gehorsam zu sein, entwertet diese Verhaltensweisen und läßt nur Stärke, Selbstbehauptung und Erfolg gelten. Wenn die Frau ihre männliche Seite verleugnet, ist sie *weiblich*, fühlt sich aber unzulänglich, weil die Umgebung ihren Wert nicht anerkennt. Wenn sie dagegen ihre weibliche Seite verneint, bietet sie zwar ein Bild der Stärke, muß jedoch ihre Weiblichkeit unterdrücken und hat Angst vor anderen Frauen. Und kann sich wegen dieses Verrats an sich selbst auch nicht achten.

Solange eine Frau unbewußt das Weibliche entwertet, bleibt sie empfindlich gegenüber frauenfeindlichen Vorurteilen und erlebt das eigene Anderssein als Manko. Ihre Vorstellung von Gleichberechtigung wird auf die Ähnlichkeit der Geschlechter abzielen. Wäre sie stolz auf ihre Weiblichkeit, dann könnte sie es hinnehmen, daß Männer anders und auch stolz sind auf ihre Männlichkeit. Frauen müssen erst wieder die Schönheit des Weiblichen in sich entdecken, ihre besondere Art, in der Welt zu sein. Statt darauf zu warten, daß die Männer sie aufwerten, müssen sie diesen Wert selbst verkörpern.

Viele Frauen haben ein so schwaches Selbstwertgefühl, daß sie nicht unter sich sein wollen. Sobald sie sich in einer reinen Frauengruppe befinden, haben sie das Gefühl, unter lauter Verliererinnen zu sein, und es besteht die Gefahr, daß Rivalität, Eifersucht, Neid und Rache die Oberhand gewinnen. Im Grunde genommen haben sie die Probleme von Minderheiten und marginalisierten gesellschaftlichen Gruppen: Selbsthaß und Haß auf ihresgleichen. Die Integration des Schattens ermöglicht es, die Beziehungen zu Männern vom Element des Vorwurfs zu befreien. Frauen, denen das gelungen ist, verhalten sich nicht mehr so feindselig, weil sie das Funktionieren der von den Männern gepflegten Vorurteile besser verstehen. Wer damit aufhört, seine wahren Wünsche zu entwerten, kann sie besser äußern und sich seinen Platz in der Beziehung nehmen. Tut man das nicht, bleibt man Opfer und wartet weiterhin darauf, daß der andere sich ändert. Wer sich seinen Platz nimmt, übernimmt Verantwortung und findet die Liebe zu sich selbst, und manchmal, zum größten Erstaunen, auch die Achtung der Männer.

Dem Animus Ausdruck geben

Sich den frauenfeindlichen Schatten bewußtzumachen setzt eine Rückkehr zu sich selbst voraus. Das ist schwer für die *Töchter des Schweigens*, denn sie sind dazu erzogen, sich selbst zu vergessen und sich auf die anderen zu konzentrieren – auf das, was von der Gesellschaft anerkannt wird: die Männer. Die romantische Liebe hat für sie eine ungeheure Bedeutung, denn erst wenn sie von denjenigen, die etwas wert sind, anerkannt werden, sind auch sie etwas wert. Das erklärt, warum erfolgreiche Männer bei Frauen so beliebt sind. Je höher der Wert des Mannes, desto größer die Chance, daß etwas von seinem Glanz auf die Frau an seiner Seite fällt. So greift das Problem eines geringen Selbstwertgefühls auf das Liebesleben über und steigert die Erwartungen derart, daß kein Mann sie jemals erfüllen kann. Die Projektion des Animus legt den Grundstein für die romantische Liebe. Schön, wenn eine Frau eine Beziehung findet, in der sie sich sicher fühlen und entfalten kann. Aber diese Beziehung wird nur dann zu einer Selbsterkenntnis führen, wenn sie sich der Anstrengung unterzieht, sich ihrer eigenen Männlichkeit bewußt zu werden. Solange sie weiterhin die Männer zu Trägern dieser unbewußten Männlichkeit macht und diese Männlichkeit nicht in sich zurücknimmt, wird sie ihren eigenen Wert nicht finden. Wenn es ihr gelingt, ihren positiven Animus zu integrieren, das heißt, das, was ihr an den Männern so gut gefällt, in sich selbst zu erwecken und zu verkörpern, verliert die Liebe etwas von ihrer maßlosen Bedeutung für ihr Leben und läßt ihrer Selbstachtung kaum Raum zum Wachsen. Im Grunde geht es darum, eine symbolische Haltung zu kultivieren, in der die zu anderen geknüpften Bindungen als Facetten des Selbst erscheinen, die zu Bewußtsein kommen wollen. Die Integration des Animus führt zu Zufriedenheit und Vertrauen in die eigene Macht, die der Selbstachtung Flügel verleihen. Nur keine Angst, daß eines Tages, wenn alle Projektionen zurückgenommen sind, das Interesse an der Liebe nachläßt! Und wenn, wäre es auch keine Katastrophe. Im Gegenteil. Die wahre Liebe fängt erst an, wenn man zu verstehen beginnt, was für beide Seiten auf dem Spiel steht. Dann kann man wirklich vom anderen lernen, der einem neue Dimensionen des Selbst eröffnet.

Frauen, denen der Vater fehlte, fühlen sich häufig von älteren Männern angezogen. Wenn der Vater die Familie verlassen hat, als sie noch sehr klein waren, hatten sie das Gefühl, abgeschoben zu werden. Gelingt es ihnen, einen älteren Mann für sich einzunehmen, können sie die Selbstachtung, die durch das Verlassenwerden angeschlagen war, wiederherstellen. Oft sind sie es, die den Mann später verlassen und ihm quasi die Kränkung durch das Verlassenwerden zurückgeben. Natürlich kann sich durch die Erfahrung der Liebe in einer solchen Beziehung der Animus auch verändern. Doch wenn die Beziehung nur dazu führt, daß diese Frauen wieder zu schweigsamen kleinen Mädchen werden, waren alle Gefühle umsonst. Dann sind sie, ohne es zu wollen, wieder in die patriarchalische Falle getappt.

In dem Maße, in dem der Wert von Frauen in der Gesellschaft zunimmt, pflegen sie auch gerne Beziehungen zu jüngeren Männern. Das führt zu einer Wiederbelebung ihrer inneren Männlichkeit, was eher von Männern akzeptiert wird, die nicht konservativ sind und weniger Angst davor haben, sich zärtlich zu zeigen.

Nimmt man die Anstrengung auf sich, sich der Projektion des Animus bewußt zu werden, so hilft dies, aus einer Position herauszukommen, in der die Männerwelt maßgeblich ist. Das ist das Ende der passiven Erwartung und ständig wiederkehrenden Enttäuschung. Männer müssen nicht mehr zu Märchenprinzen werden, weil Frauen ihre Träume von Männlichkeit selbst verwirklichen. Frauen werden selbst kühn, mutig, entschlossen und aufrecht, egal auf welchem Gebiet. Statt darauf zu warten, daß die Männer sich ändern, fangen sie mit der Veränderung bei sich selbst an und legen gleichzeitig alle Verhaltensweisen ab, die nur zu Enttäuschungen geführt haben.

Der Animus muß lernen sich zu äußern und auszudrücken. Er muß sprechen lernen. Deshalb darf er nicht auf der buchstäblichen Ebene der verliebten Projektionen steckenbleiben. Therapie und Selbsthilfegruppen für Frauen oder auch mit Männern sind ausgezeichnete Lernhilfen, denn dort wird man mit dem Schatten konfrontiert, von dem weiter vorn die Rede war. Einen Ort zu finden, wo man genug Respekt und Sicherheit erfährt, um Träume und Probleme offen anzusprechen und sie sich auf diese Weise selbst einzugestehen, ist ein entscheidender Entwicklungsschritt. Ob in der Einzeltherapie oder in der Gruppe, man braucht diesen Ort, wo man mit dem, was man fühlt, Verbindung aufnehmen kann. Je schneller einem seine wahren Wünsche bewußt werden, desto eher kann man sie auch verwirklichen. Ich möchte das Thema hier mit dem Hinweis abschließen, daß der Animus oft über unvermutete Ressourcen verfügt. Er ist zu großen Leistungen fähig, und wenn man ihn entsprechend erzieht und diszipliniert, kann man ihn dazu bringen, seine Kräfte an komplexen Aufgaben auszutoben, statt in unbegründeten Meinungen und rigiden Urteilen. Dank seiner Ausdauer kann er auch hohen Anforderungen gerecht werden. Man sollte ihn durch eine entsprechende Bildung mit der objektiven Wirklichkeit konfrontieren oder eine Aufgabe übernehmen, die genaues Denken erfordert. Nicht umsonst sind es in den Märchen immer die Heldinnen, die die Stecknadel im Heuhaufen finden.

Der Traum von der Schönheit des Weiblichen

Um ein beschädigtes Selbstwertgefühl wiederherzustellen, bietet die Phantasie eine unvermutete Hilfe. Negative Vorstellungen machen Frauen oft das Leben zur Hölle. Kehren Sie sie also um.

Feuer muß man mit Feuer bekämpfen. Stellen Sie sich einfach vor – in der Ruhe und Entspannung nach einem warmen Bad, während Sie Ihre Lieblingsmusik hören, bei Kerzenlicht oder auch in der Hektik des Alltags –, Sie sind eins mit sich selbst, Sie lieben Ihren Körper, Ihre Gefühle, Ihren Geist, Sie verkörpern auf dieser Welt eine Kraft, die aus sich selbst existiert und nicht die Zustimmung der anderen braucht, um sich zu entfalten. Versuchen Sie, diese Bilder so konkret wie möglich werden zu lassen. Tauchen Sie ganz darin ein, um sie mit allen Fasern in sich aufzunehmen. Erkunden Sie die Bilder, Gefühle und Empfindungen Ihrer inneren Weiblichkeit, die in Ihnen hochsteigen. Halten Sie Zwiesprache mit den Gestalten des Weiblichen, die vor Ihrem inneren Auge erscheinen, oder zeichnen Sie sie. Erträumen Sie sich selbst, lassen Sie sich von diesem Traum berühren und führen.

Die Macht der Phantasie ist weithin unbekannt. Sie kann einen Zugang eröffnen zum positiven Archetyp des Weiblichen, der in jeder Frau existiert. Die Frau, deren Keim sie in sich trägt, möchte zur Welt kommen. Die positive Vorstellung ist ein Mittel, sie zu nähren. Danach wird die neue Seele nach Maßgabe der Phantasie eingekleidet. Workshops und Kurse, die eine Begegnung mit indianischen oder antiken Göttinnen vermitteln, fördern diese tiefgreifende Umwertung des Weiblichen in seiner Verbundenheit mit der Natur. Der Göttinnenkult kann ein Weg zur Erweckung dieser inneren Werte sein, sofern er nicht, buchstäblich genommen, zur Götzenverehrung wird. Den neuen Werten einen Weg zu bahnen ist das Ziel. Vertrauen zu fassen in die eigene Fähigkeit, das Weibliche auszudrücken, ohne sich den Regeln einer frauenfeindlichen Gesellschaft zu beugen, gestützt auf die innere Kraft einer Liebe, die sich ihrer selbst sicher ist; die Weiblichkeit hochzuachten und aufzuwerten, das ist die Aufgabe, die den *Töchtern des Schweigens* von der Geschichte zugedacht ist.

5. Mutter und Sohn: Ein unmöglicher Paar

Das Mutter-Sohn-Gespann

Ein Psychodrama

Nachdem wir über das Vater-Tochter-Verhältnis gesprochen haben, werden wir uns nunmehr dem zweiten großen Thema dieses Buches widmen, dem Verhältnis zwischen Mutter und Sohn. Mit der Szene auf dem Sofa im Hinterkopf werden wir versuchen zu verstehen, warum *Er* Angst hat zu lieben. Entgegen unseren Erwartungen werden wir entdecken, daß Söhne, die ein enges Verhältnis zu ihrer Mutter haben, zu Männern heranwachsen, die sich Frauen nicht nahe fühlen, sondern oft Angst vor ihnen haben.

Ich weiß, daß ich als Mann nie ganz verstehen werde, was es bedeutet, ein Kind neun Monate lang in sich zu tragen, es auf die Welt zu bringen und schließlich in die Unabhängigkeit zu entlassen. Ich weiß auch, daß die Aufgabe nicht leicht ist und eine Mutter sich nie ganz sicher sein kann, ob es zuviel ist oder zuwenig, was sie tut.

Es ist außerdem klar, daß derjenige Elternteil, der sich am meisten um die Kinder kümmert, die meisten Möglichkeiten hat, Fehler zu begehen und sich damit die meisten Vorwürfe einhandelt. Darüber hinaus hat die Frau auch in dieser Beziehung mit ihren eigenen Kränkungen, dem Mangel an Aufmerksamkeit vom Vater und ihrem eigenen Bedürfnis nach Bestätigung zu kämpfen. Sie sehnt sich nach einem Leben mit Mann und Kindern, was ihr gutes Recht ist. Ich weiß das alles. Aber ich kenne auch die Leiden der Söhne, denen die Trennung von der Mutter mißlang. Männer, die ihr Leben lang in ihre Schuldgefühle verstrickt bleiben und unfähig sind, ihrer Mutter oder ihrem Mutterkomplex entgegenzutreten, was ihre Liebesbeziehungen nicht gerade erleichtert.

In den folgenden Kapiteln werden wir uns eingehend mit diesem historischen Psychodrama auseinandersetzen. Es geht dabei nicht um Schuldzuweisungen an die Mütter oder an die Söhne, sondern um eine Untersuchung ihrer Verbindungen, die sowohl gute als auch schlechte Seiten haben. Ich meine, wenn man offen darüber spricht, eröffnet das vielleicht neue Wege, und hoffe, daß meine Überlegungen ein Anstoß dazu sind.

Dieses Kapitel beschäftigt sich vor allem mit jenen Söhnen, die eine intensive Beziehung zu ihrer Mutter hatten oder haben. Es wird kaum die Rede sein von Männern, die ohne Mutter auskommen mußten – ein Schicksal, das bei weitem tragischer ist als das «Zuviel», das hier behandelt wird. Auch diejenigen, die, aus welchen Gründen auch immer, wenig Kontakt zu ihrer Mutter hatten, sei es, weil die Familie sehr groß war, sei es aufgrund der Geschwisterkonstellation oder weil sie längere Zeit in einem Heim verbracht haben, werden sich in diesem Kapitel kaum wiederfinden.

Wenn ich sage, daß es um die Nähe zwischen Mutter und Kind gehen wird, denke ich dabei allerdings nicht nur an die gesunde, wohlmeinende, aufmerksame Mutter. Auch alkoholkranke oder überängstliche Mütter können enge Beziehungen zu ihren Kindern unterhalten. Wissenschaftliche Untersuchungen haben ergeben, daß zwischen dreißig und vierzig Prozent der Mütter so besorgt um die Entwicklung ihres Babies sind, daß sie auf sein erstes Lächeln mit dem Gedanken reagieren: «Mein Gott, es weiß gar nicht, was ihm noch alles blüht!»[1] Sie fürchten von Anfang an um dieses kleine Wesen, und ihre Angst wird sich auf die Nähe auswirken, die zwischen ihnen und dem Kind herrscht, das die Angst mit der Muttermilch in sich einsaugen wird.

---

1 Boris Cyrulnik, *Sous le signe du lien. Une histoire naturelle de l'attachement*, Paris: Hachette 1989, S. 64.

Die Beziehungen zwischen Müttern und Kindern befinden sich in einem tiefgreifenden Wandel. Mit dem Zugang der Frauen zum Arbeitsmarkt haben sich auch die Bedingungen der Nähe zwischen Müttern und Kindern stark verändert. Man könnte sagen, daß Kinder heutzutage weniger unter zu großer Nähe zur Mutter leiden als vielmehr, daß ihnen zuviel von dieser Gefühlsnahrung entgeht, die eine Grundvoraussetzung dafür ist, sich in dieser Welt willkommen zu fühlen. Die steigende Zahl alleinerziehender Mütter verweist jedoch paradoxerweise wieder auf frühere Zeiten, als die Frauen zwar nicht de iure, aber de facto alleinerziehende Mütter waren, weil der Vater sich im allgemeinen nur wenig zu Hause aufhielt.[2]

Schließlich hat die Tatsache, daß auch ich ein Mann, also Sohn bin, zweifellos dazu beigetragen, daß der Teil über das Mutter-Sohn-Verhältnis umfangreicher ist als der über das Verhältnis zwischen Vätern und Töchtern. Diese werden jedoch zum Ausgleich feststellen können, daß es zwischen ihrem und dem Schicksal der Söhne zahlreiche Parallelen gibt.

Nach diesen einleitenden Bemerkungen will ich die Fragen formulieren, die die folgenden Überlegungen leiten werden:

Wie kommt es, daß eine enge Beziehung zwischen Mutter und Sohn beider Entwicklung hemmt?

Warum hindert die Nähe zwischen ihnen den Sohn an der Selbstbestimmung und persönlichen Entfaltung und die zur Mutter gewordene Frau an ihrer individuellen Entwicklung?

Wieso muß eine Beziehung, an deren Anfang gewöhnlich gegenseitige Liebe steht, so kläglich enden?

Wie kommt es, daß die großen Erwartungen der Mutter so schrecklich enttäuscht werden und das Kind in seiner unaus-

---

2 Siehe Guy Corneau, *Abwesende Väter, verlorene Söhne*, a. a. O. In Kanada leben mindestens zwanzig Prozent der Kinder in Haushalten mit nur einem Elternteil; achtzig Prozent dieser Haushalte werden von einer Frau geführt, und zehn Prozent dieser Kinder haben ihren Vater nie kennengelernt.

sprechlichen Wut am Ende alles tut, sich seiner Mutter zu entledigen?

Muß die Mutter-Sohn-Beziehung ein Liebesdrama sein, das schlecht ausgeht?

Mutter werden

Wenn der Vater uns in die soziale Welt der von Menschen gemachten Regeln und Gesetze einführt, dann weist uns die Mutter in symbolischem, mythischem, archetypischem Sinn den Weg in die Welt des Lebendigen. Weil sie uns das Leben gibt, verkörpert unsere Mutter die Mutter schlechthin. Das Gesetz, das in der Welt der Mutter herrscht, ist das Gesetz des Empfangens, der Hingabe, der Aufopferung und der Offenheit. Wer erinnert sich nicht an die Fürsorge einer Mutter oder Großmutter, als er einmal krank war? Um mit Victor Hugo zu sprechen, besteht das Wunder der Mutterliebe darin, daß jeder seinen Teil davon hat und alle sie ganz besitzen.

Doch auch auf diesem Gebiet herrscht Krieg. Die hingebungsvollsten Mütter haben regelmäßig irgendeinen Streit am Hals, der mit ihrem Kind zu tun hat. Vor allem dann, wenn sie, weil sie sich einsam fühlten, zugelassen haben, daß ein Sohn in die Rolle des Partners schlüpft. Ein Teil dieses Dramas ist der Organisation unserer Gesellschaft geschuldet. Aus dem ganzen Register der Möglichkeiten, Weiblichkeit zu leben, haben nur die Ehefrau und die Mutter stets Gnade gefunden vor dem Patriarchat. Und natürlich wurde erwartet, daß die Frauen ihre Individualität für andere opferten – im allgemeinen für den Mann und die Kinder. Der Status der Mutter war anerkannt, die Frau als solche dagegen weit weniger.

Das ist schon sehr lange so. Im römischen Reich beispielsweise entledigte man sich der Mädchen, ohne mit der Wimper zu zukken. Im christlichen Mittelalter wurden Tausende von Frauen als Hexen verbrannt, weil sie Unangepaßtheiten aufwiesen. Es ist noch gar nicht lange her, da wurden in China Mädchen bei der Geburt getötet. In Japan berichtete ein Arzt, der an einer Abtreibungsklinik arbeitete, daß die frühzeitige Geschlechtsidentifikation zu einer Flut von Abtreibungen geführt habe, die in ihrer großen Mehrzahl weibliche Foeten betraf. Da der älteste Sohn in Japan als Stütze des Alters gilt, wollten die Mütter ihre gesamte Energie darauf verwenden, einen männlichen Nachfolger aufzuziehen. Auch bei uns war die Geburt eines Jungen lange Zeit ein glücklicheres Ereignis als die eines Mädchens. Eine Mutter erzählte mir, die Krankenschwester, die ihr ihre neugeborene Tochter brachte, habe zu ihr gesagt: «Ich hoffe, Sie sind nicht zu sehr enttäuscht.»

In einer Gesellschaft, in der bis vor wenigen Jahrzehnten der Mann das Sagen hatte, lernten Frauen schnell, welchen Bereich sie sich aneignen konnten, um selbst Macht auszuüben: die Mutterschaft und die Erziehung der Kinder. So wurden sie zur Königin des Hauses – eine einsame Regentschaft. Aber sie wußten genau, daß ihr Königreich einem König untertan war, der in ihnen nicht viel mehr als seine Haushälterin sah.

Dennoch bringt die Mutterschaft in sozialer Hinsicht anfangs eine von der jungen Frau noch nicht erlebte Aufwertung mit sich. Kaum ist eine Frau schwanger, bedenken sie die Menschen auf der Straße und im Supermarkt mit teilnehmenden Blicken oder Worten. Ihre Herkunftsfamilie, die sich nie um sie gekümmert hat, erinnert sich auf einmal daran, daß es sie gibt und erkundigt sich regelmäßig nach ihrem gesundheitlichen Befinden und den Fortschritten der Schwangerschaft. Selbst die üblichen Ängste der Männer verflüchtigen sich angesichts dieses runden Bauchs und machen einer kindlichen Faszination Platz – außer beim frischgebackenen Papa, der immer mehr Gründe findet, sich zu fürchten.

«Wenn du schwanger bist, kann keiner mehr leugnen, daß du existierst. Man sieht, daß es dich gibt, das ist richtig greifbar!» rief eine Mutter in der Beratung einmal aus. In einer Produktionsgesellschaft, wo man den anderen zeigen muß, was man kann, um seine Existenz unter Beweis zu stellen, ist die Mutterschaft ein unwiderlegbarer Beweis für den Wert einer Frau – ganz zu schweigen von dem Wert, den die Gesellschaft einem Kind beimißt.

Angesichts der Ungleichheit der Geschlechter ist es eigentlich nur allzu verständlich, wenn eine Frau ihre Sehnsucht nach Anerkennung und ihre unterdrückten Wünsche in die Mutterschaft einbringt oder manchmal auch die Rache für die Enttäuschungen, die ihr aus der Ablehnung der weiblichen Werte erwuchsen. So kann eine Frau dazu kommen, ein Kind zu gebären, um die Leere zu füllen. So kann sie aus einem Mangel an Leben Mutter werden, statt aus der Überfülle, die der natürliche Hintergrund für die Entstehung eines Kindes wäre. Die Last ihrer Erwartungen wird eine schwere Bürde für das Kind abgeben. Ein meist unbewußtes, im vorhinein festgelegtes Programm begrüßt es schon bei seiner Geburt: Es soll die Löcher im Gefühlsleben einer Frau stopfen, der der Vater fehlte und deren Partner aktuell ebenfalls seiner Berufsarbeit nachgeht – anderswo.

Wenn die Frau sich auch in der ersten Zeit durch ihre Mutterschaft aufgewertet fühlen kann, so entdeckt sie doch nach und nach, daß sie gleichzeitig als Person benachteiligt wird. «Man interessiert sich so sehr für deinen Bauch, die Mutter wird so wichtig, daß man ganz automatisch dazu verleitet wird, die Frau zu vergessen.» Die Mutter beansprucht den ganzen Platz für sich, wo doch die Frau oft noch gar keine Gelegenheit hatte, sich zu zeigen.

Nicht zu wissen, wo einer anfängt und der andere aufhört

Das Kind kommt zur Welt. In den ersten Monaten ist es schwierig zu definieren, wo die eine anfängt und der andere aufhört. Mutter und Sohn sind einander in Liebe verbunden. Dieses glückliche Kuddelmuddel muß jedoch nach und nach aufgelöst werden, damit jeder von ihnen sich weiterentwickeln kann. Sonst hinterläßt es tiefe Spuren im Seelenleben des Kindes.

Die Mutter-Sohn-Beziehung ist in dieser Hinsicht eine besonders heikle Angelegenheit, und zwar deshalb, weil die Söhne, anders als die Töchter, als Erwachsene eine Liebesbeziehung mit jemandem eingehen sollen, der das gleiche Geschlecht hat wie ihre Mutter. Damit die psychologische Unterscheidung ihrer potentiellen Partnerin von der Mutter funktioniert, muß eine Trennung stattgefunden haben. Wenn nicht, kommt es zu einer Überschneidung der beiden Bereiche, und der Partnerin werden Eigenschaften der Mutter zugeschrieben. Die steht dann ratlos einem hilflosen kleinen Jungen gegenüber, ohne zu wissen, was sie mit dieser Allmacht, die ihr da aufgeladen wurde, anfangen soll, oder sie sieht sich wütenden Angriffen ausgesetzt, für die sie offensichtlich gar nichts kann.

Diese besondere Problematik bei Jungen und deren Folgen sind für Mütter häufig schwer zu verstehen. Wenn sie ihre Phantasie spielen ließen und sich vorstellten, daß sie aus dem Bauch ihres Vaters geboren wurden, mehrere Monate lang von seinem Geruch eingehüllt, an seiner Brust ernährt und von ihm gestreichelt wurden, könnten sie eine Ahnung von dem bekommen, was beim Jungen passiert.

In einem Seminar bat ich Frauen, sich das vorzustellen: Wie es wäre, Liebesbeziehungen einzugehen mit Menschen desselben Geschlechts wie jene, die sie auf die Welt gebracht hätten. Mehrere Frauen meinten: «Mir scheint, ich bräuchte unbedingt eine Frau um mich, die mich auf die weibliche Seite zieht, bevor ich mit einem Mann schlafen könnte.»

Das ist genau das, was Jungen fehlt. Viel zu oft haben sie niemanden, der sie auf die männliche Seite zieht. Es bedarf aber einer Trennung, damit das Kuddelmuddel zwischen Mutter und Sohn sich klärt, und seit jeher war die Figur des Vaters der natürliche Auslöser dieser Trennung. Deshalb ist die Präsenz des Vaters so wichtig. Deshalb muß ihm die Mutter so oft wie möglich Platz machen. Deshalb muß auch, wenn der Vater die Familie im Stich gelassen hat oder gestorben ist, etwas Männliches in der Familie sein. Die Trennung zwischen Mutter und Sohn auf psychologischer Ebene ist so wichtig, daß in manchen Völkern die Trennungsphase fünfzehn Jahre dauern kann. In manchen Stämmen etwa darf ein Junge, der zu Beginn der Pubertät aus der Welt der Frauen herausgerissen wurde, seine Mutter erst dann wiedersehen, wenn er sich eine Frau genommen hat. Außerdem gestalten sich die Initiationsriten desto grausamer, je länger und tiefer die Symbiose zwischen Mutter und Sohn ist. Das trifft besonders auf jene Völker zu, bei denen das Kind üblicherweise lange Zeit im Ehebett schläft und erst nach und nach von der Mutter getrennt wird.

Das Kind hat jederzeit Zugang zur Brust der Mutter, manchmal bis zu seinem dritten Lebensjahr. Er lebt in ihren Armen, Haut an Haut, und schläft nackt bei ihr bis zur Entwöhnung. Danach schlafen Jungen und Mädchen getrennt von ihrer Mutter, aber nur dreißig bis sechzig Zentimeter von ihr entfernt. Mit der Zeit werden die Söhne von ihren Eltern aufgefordert, ein wenig weiter von ihrer Mutter weg zu schlafen, aber immer noch nicht im «männlichen Teil» des Hauses. Trotz des immer engeren Kontaktes zum Vater leben die Söhne weiter mit ihrer Mutter und ihren Geschwistern, bis sie sieben oder zehn Jahre alt sind. Die Stämme Neuguineas, die sich der Gefahr einer Verweiblichung des Jungen bewußt sind, führen Initiationsriten durch, die im allgemeinen sehr lang und traumatisch sind, entsprechend der extremen Mutter-Sohn-Bindung, die entknüpft werden muß.[3]

Diese Völker haben verstanden, wie wichtig eine gute Trennung der Söhne von der Mutter ist, um Konflikte zu vermeiden und gesunde Liebesbeziehungen zu fördern. Sie wissen auch, daß der eigentliche Träger dieser Trennung der Vater ist. Entscheidend ist, daß es zur Triangulierung kommt, das Dreieck Vater-Mutter-Kind entsteht. Das erlaubt dem Sohn die Erfahrung von Grenzen und Frustration. Und gleichzeitig gewinnt er eine Beziehung zum Vater.

---

3 Nach: Elisabeth Badinter, *XY – die Identität des Mannes*, München: Piper 1993

Der Haken ist nur, daß der Vater nicht da ist

Der eigentliche Grund des Konflikts, der sich über die Jahre zwischen der Mutter und ihrem Sohn aufbaut und die Liebesbeziehung in einer bitteren Scheidung enden läßt, ist das *dysfunktionale* Vater-Mutter-Kind-Dreieck, um einen Begriff aus der modernen Psychologie zu gebrauchen. Dieses Dreieck ist aus dem Gleichgewicht, weil die Mutter die meiste Zeit über physisch wie psychisch präsent ist, der Vater dagegen nicht. Das unvollkommene Dreieck ist eine Kernfamilie, in der der Vater fehlt, weil er zur Arbeit gehen muß.

Manche Männer haben Schwierigkeiten, ihre Vaterschaft zu übernehmen. Sie können den Platz des Kindes nicht an ihr Kind abtreten. Wenn ihre Frau Mutter wird, fühlen sie sich verlassen. Sie ertragen es so schlecht, mit der Geburt eine Zeitlang nicht mehr die Hauptrolle zu spielen, daß ihr narzißtisches Gleichgewicht gefährdet ist. Mit der Aufmerksamkeit, die die Partnerin von ihnen abzieht, verlieren sie auch die affektive Stütze, die sie im Lot gehalten hat. Warum diese Männer es nicht ertragen können zuzusehen, wie ihre Frauen Mütter werden, können wir uns erklären: weil dadurch das ungelöste Problem mit ihrer eigenen Mutter wieder an die Oberfläche kommt. So vermischen sich ihre Phantasien mit der Wirklichkeit, und die Partnerin erscheint ihnen bald genauso bedrohlich wie die Mutter – ohne den Vater, der ihnen bei der Trennung hätte helfen können. Vielleicht erklärt das die Tatsache, daß sieben Prozent der Frauen während ihrer Schwangerschaft Opfer von Gewalt werden und junge Frauen viermal so oft Angriffen ausgesetzt sind wie andere. Also zu einem Zeitpunkt, zu dem ihre Partner Mutter und Frau noch zuwenig auseinanderhalten können.[4] Erst seit kurzem wird es

4 Nach einer kanadischen Erhebung zur Gewalt gegen Frauen von 1993 «waren Frauen, die zum Erhebungszeitpunkt zwei Jahre oder kürzer in einer Ehe oder Lebensgemeinschaft lebten, innerhalb der letzten zwölf Monate proportional häufiger Opfer von Gewalttaten ihres Partners (8 %). Hingegen zeigte nur ein Prozent der Frauen in Lebensgemeinschaften von über

üblich, daß der Vater die Szene der Geschichte persönlich betritt. Das unvolkommene Dreieck kommt langsam ins Lot. Die Kernfamilie zerbricht nicht, im Gegenteil, sie beginnt unter sehr großen Schwierigkeiten, vor unseren Augen Gestalt anzunehmen. Sie ist erst noch zu schaffen. Man kann sich auch fragen, ob sie überhaupt eine angemessene Überlebensstrategie für die menschliche Art darstellt. Zweifellos werden wir in den nächsten Jahren der Entstehung neuer Familienformen beiwohnen, die vielleicht größere Gruppen umfassen, so daß Kinder, die auf ihren leiblichen Vater oder ihre leibliche Mutter verzichten müssen, dennoch ausreichend bemuttert und bevatert werden können.

Die Ehe zwischen Mutter und Sohn

Was geschieht nun aber in einem unvollkommenen Dreieck? Das starke Band, das die Mutter mit ihrem Sohn verknüpft, wird nicht aufgelöst, im Gegenteil, es wird noch verstärkt durch den natürlichen Reiz, den die Geschlechter aufeinander ausüben. Und da der Vater, der auf psychischer Ebene der Geburtshelfer des Kindes ist, seine angestammte Funktion nicht ausübt, kommt es zur symbolischen Ehe zwischen Mutter und Sohn.

Verschlimmert wird die ganze Angelegenheit dadurch, daß der abwesende Vater auch der Mutter als Partner fehlt. Die Frau ist zur Mutter geworden, und auf der affektiven Ebene wurde sie verlassen, wo sie doch gerade jetzt einen Partner bräuchte, der sie empfinden läßt, daß sie noch immer eine Frau ist. Das Gefühl, trotz der Veränderung ihres Körpers begehrt zu werden, kann zu einem ausschlaggebenden Element für das Überleben der Frau werden, die Gefahr läuft, in der Mutterschaft unterzugehen. Im besten Fall ermöglicht das wechselseitige Begehren der Partner,

---

zwanzig Jahren Gewalttaten an». Aus: Karen Rodgers, «La violence conjugale au Canada», in: *Tendances sociales canadiennes*, Herbst 1994, Nr. 11-008F, Catalogue Statistique Canada, S. 3–9.

daß sie nicht völlig hinter ihrer Vater- oder Mutterrolle verschwinden. Das ist auch wesentlich für die Wahrung des Gleichgewichts bei der Entfaltung der elterlichen Identität.

Was die Beziehung zwischen Mutter und Sohn im Innersten zusammenhält, sind die enttäuschten Gefühle einer Frau, die, da es ihr an Aufmerksamkeit von seiten ihres Partners gebricht, aus ihrem Sohn einen Ersatzpartner macht. Nach und nach wird aus dem *Schätzchen* ihr *kleiner Mann* und aus dem Sohn der Gemahl. Umgekehrt ersetzt die Mutter-Geliebte für den Sohn auch noch den fehlenden Vater und nimmt somit viel zuviel Raum ein, weil ihr Verantwortungsgefühl und ihr Wissen um die Bedürfnisse des Kindes sie dazu veranlassen.

So kommt es zu einer symbolischen Ehe zwischen Mutter und Sohn, zwar nicht auf sexueller Ebene, aber affektiv handelt es sich um einen echten Inzest. Die Folgen, vor allem für das Selbstwertgefühl des Sohnes, sind in gewissen Fällen dem Inzest zwischen Vater und Tochter vergleichbar.

Das läßt sich in Japan, wo ein Mutter-Sohn-Inzest, einschließlich sexueller Kontakte, häufiger vorkommt als bei uns, recht gut beobachten. Eine Gesellschaft, in der Frauen nach der Hochzeit das Haus hüten, die Männer dagegen sechs Tage in der Woche arbeiten und nur zum Schlafen nach Hause kommen, scheint solche Entwicklungen zu begünstigen. Die Söhne machen, längst verheiratet, ihre Entscheidungen immer noch von ihrer Mutter abhängig, selbst solche, die das eheliche Leben betreffen.

Der Sohn wird gefressen

Das Liebesdrama zwischen Mutter und Sohn läßt sich, grob vereinfacht, auf die shakespearische Formel bringen: Fressen oder gefressen werden, das ist hier die Frage! Es ist nicht unbedingt ein Ausdruck wahrer Liebe, wenn jemand sagt: «Ich könnte dich fressen mit Haut und Haar!» Der folgende Traum zeigt die symbolische Wahrheit dieser Äußerung. Es ist der Traum eines vierzigjährigen Mannes, der an einem Seminar über die Mutter-Sohn-Beziehung teilnahm.

Ich bin in meiner Wohnung, die sich in ein riesiges Aquarium verwandelt hat. Zwei Fische schwimmen darin herum, ein großer und ein kleiner. Der große Fisch beißt gerade herzhaft in den kleinen Fisch. Ich sehe schon seine Gräten, aber er schwimmt immer noch weiter und wehrt sich.

Anscheinend kämpfte dieser Mann immer noch mit einem Mutterkomplex, der ihn auffraß, «bis auf die Gräten». Er war in seiner Identität verletzt. Der Vater hatte es nicht nur versäumt, seine Ablösung von der Mutter zu unterstützen, sondern verlangte ganz im Gegenteil von seinen Kindern, daß sie für die Mutter sorgen sollten. Dadurch wurde die symbolische Vereinigung mit der Mutter noch verstärkt. Der Sohn war nicht genug von Gleichem umgeben, um sich von der Mutter unterscheiden zu können. Er mußte sich ganz allein gegen sie wehren, um seine männliche Identität zu behaupten, und die Mutter hatte niemanden, der sie als Frau bestätigte.

Eine solche Situation verhindert die glückliche Auflösung des Ödipuskomplexes, die es dem Sohn erlaubt, seinen Anspruch auf die Mutter an den Vater abzutreten und sich auf die Suche nach einer anderen Frau zu konzentrieren. Wenn der Vater nicht da ist, um dem Sohn den Weg zur Mutter zu versperren, bleiben Mutter und Sohn oft für den Rest ihres Lebens in ihrer Beziehung gefangen. Die erste Pflicht des Lebens, die, wie die brasilianische Dichterin Clarice Lispector so schön sagt, «darin besteht, nicht aufgefressen zu werden», wird von Müttern und Söhnen nur allzuoft vernachlässigt.[5]

---

5 Das trifft natürlich auch auf alleinerziehende Väter zu. Ebenso wie Mütter laufen sie dann Gefahr, mit ihren Kindern eine *Verschmelzung* einzugehen. In diesem Fall ist es die Frau, die von außen kommt und auf diese Weise zum rettenden, trennenden Element wird.

Die Mutter wird gefressen

Der Aquarium-Traum ist nicht nur ein Bild für das Dilemma eines Sohnes, sondern durchaus auch zur Darstellung des Problems der Mutter geeignet. In diesem Fall wäre der kleine Fisch die Individualität der Frau, die von ihrer Mutterrolle aufgefressen wird. Die Mutter wird der großen Mutter geopfert: Der Archetyp der Mutter verschluckt sie. Dieses Drama, das vor dem Hintergrund des unvollkommenen Dreiecks aus Vater, Mutter und Kind spielt, fordert in Wirklichkeit zwei Opfer: die Mutter und den Sohn. Und am Ende kommt noch ein drittes Opfer hinzu. Schließlich wird der Mann, der zum Vater wurde, in dem historischen Kontext, der ihn seiner Sensibilität entfremdet hat, aus seiner Familie vertrieben und seiner Gefühlswirklichkeit beraubt.

Und welche Vorteile bringt dieses Aufgehen im Archetyp der Mutter? Halten wir zunächst einmal fest, daß das Vater- oder Mutterwerden eine gründliche Prüfung der persönlichen Identität darstellt. Es ist eine Initiation, bei der eine Lebensform stirbt und eine andere, neue, entsteht. In einer solchen Situation besteht immer die Gefahr, daß das Ich vollkommen mit der neuen Identität verschmilzt und, zumindest vorübergehend, nicht mehr in der Lage ist, seine Eigenart zu bewahren. Die Macht des Archetypischen ist faszinierend, und es fällt Menschen nicht leicht, sich ihr zu entziehen. Es ist wie eine Offenbarung, die den ganzen Menschen mit neuer Kraft erfüllt.

Die Frau, die Mutter wird, entdeckt neue Fähigkeiten, neue Gefühle und neue Sorgen. Sie erlebt Bewußtseinszustände, mit denen sie nie zuvor in Berührung gekommen ist. Diese innere Lebendigkeit macht sie dazu bereit, ihr Kind willkommen zu heißen. Sie darf nicht unterschätzt werden, sie ist sozusagen eine natürliche Geburtshilfe. Indem sie ihre persönliche Identität opfert, erfährt die Frau plötzlich eine neue Bedeutung. Von einem Tag auf den anderen bekommt ihr Leben einen Sinn, den es zuvor nicht hatte. Sie spürt, daß sie auf verwirrende Fragen des Lebens eine Antwort hat. Sie muß sich nicht mehr mit ihrer geringfügigen Individualität herumschlagen und den Problemen, die sie vor der Schwangerschaft hatte. Indem sie Mutter wird, ist sie endlich erfüllt, die Leere ist besiegt. Sie befindet sich im Zustand der Gnade.

Der Archetypus hat eine so große Schubkraft, daß es nicht nur an Unmöglichkeit grenzt, sondern geradezu schädlich wäre, sich zu widersetzen. Man muß von ihm verschlungen werden und verändert aus diesem Erleben hervorgehen, wie Jonas aus dem Bauch des Walfischs. Doch wenn die Frau zu lange verschwindet, beginnt ihre Individualität darunter zu leiden, denn die Mutterschaft kollektiviert sozusagen ihre Persönlichkeit. Um diese archetypische Erfahrung zu integrieren und sich von ihr nähren zu lassen, muß ein Teil ihrer bewußten Person an der Oberfläche bleiben und sich dieser inneren Macht entziehen. Die Frau muß kämpfen, um sich zu behaupten und nicht ihrer Mutterrolle geopfert zu werden, so heilig diese Aufgabe auch sein mag. Ideal wäre es, in Kontakt mit der inneren Kraft zu bleiben, statt sich von ihr überwältigen zu lassen.

Und woran merkt man, daß der Archetyp Mutter die Individualität der Frau verschluckt hat? Geht es Ihnen gut, wenn es Ihrem Sohn gutgeht, und schlecht, wenn es ihm schlechtgeht, dann sind Sie zumindest teilweise von Ihrer Rolle überwältigt. Die innere Anspannung oder Erleichterung, die Sie je nach seinen Stimmungen befällt, zeigt, daß der Archetyp gänzlich eingerastet ist. Diese Fusion der Frau mit dem Archetyp der Mutter läutet die Verschmelzung zwischen Mutter und Sohn ein.

Eine Mutter etwa erzählte mir, daß ihr Sohn sie jedesmal anrief, wenn er ein Problem in der Schule hatte. So wurde sie schon am Vormittag aus ihrer Arbeit gerissen, nur um sich anzuhören, daß er wieder eine Mathematikarbeit verhauen hatte. Sie machte sich den ganzen Tag Sorgen um ihn und war abends, als sie endlich nach Hause kam, fix und fertig. Ihr Sohn dagegen war aus der Schule gekommen und erwartete sie mit einem entspannten Lächeln. Er war das Problem schon um zehn Uhr morgens losgeworden, als er es ihr aufgebürdet hatte. Dieses Beispiel beleuchtet einen weiteren Aspekt der bedingungslosen Verschmelzung mit dem mütterlichen Archetyp. Sie kann nämlich dazu führen, daß die Mutter in ihrem Sohn einen Gott sieht. Die doppelte Verantwortung, die die Mutter übernimmt, hat nicht selten die göttliche Verantwortungslosigkeit ihres Sohnes zur Folge. Wenn die Mutter sich um alles kümmert, von der Körperpflege über die Kleidung bis zur Ernährung, wird sich der Sohn um gar nichts kümmern. Aber Achtung! Das kleine Idol wird sich an die Annehmlichkeiten so sehr gewöhnen, daß es später von seiner Partnerin fordert, beherbergt, gewaschen, ernährt und bekleidet zu werden. So spinnen die Mütter mit ihrer Fürsorge unbewußt am Schicksalsfaden ihrer Schwiegertöchter.

Keine Ehe ohne Vertrag

Die Übereinkunft, die auf diese Weise zwischen Mutter und Sohn getroffen wird, heißt: *gegenseitige Abhängigkeit*. Das Modell der gegenseitigen Abhängigkeit erklärt die unbewußten Bindungen, die etwa eine Ehefrau oder einen Ehemann an ihren alkoholkranken Partner fesseln. Eine solche Bindung heißt *Co-Abhängigkeit*, weil jeder der beiden Partner die Abhängigkeit des anderen braucht, um sein psychisches Gleichgewicht aufrechtzuerhalten. Natürlich sind diese Bindungen mehr Fesseln als Stütze. Doch beide halten es für viel zu bedrohlich, die gegenseitige Abhängigkeit in Frage zu stellen. Immerhin garantiert sie eine gewisse Stabilität der Identität, auch wenn diese pathologisch ist. All diese unausgesprochenen Übereinkünfte lassen sich etwa folgendermaßen zusammenfassen: «Du darfst trinken, wenn du unsere Verbindung nicht in Frage stellst – ich darf die Retterin und Märtyrerin spielen, wenn ich dich nicht am Trinken hindere.»

In der Mutter-Sohn-Beziehung darf der Sohn verantwortungslos bleiben, solange er der Mutter erlaubt, die Mutter zu spielen. Da jede Ehe ihren Vertrag hat, könnte der Vertrag, der Mutter und Sohn aneinander bindet, etwa so lauten:

Der Sohn wird von seiner Mutter vollkommen abhängig bleiben, dafür wird diese ihn niemals verlassen, ihn immer umsorgen und ihm alles verzeihen. Als Gegenleistung für diese kleinen Gefälligkeiten darf der Sohn zwar wachsen – aber nie erwachsen werden. Er darf ein Mann werden, aber nur unter der ausdrücklichen Bedingung, daß er immer ein kleiner Junge bleibt.

Und ganz unten im Kleingedruckten, fast unleserlich, steht die Klausel, die nie einer liest und die dennoch bindend ist:

Die Parteien versichern, sich niemals zu trennen. Vorliegender Vertrag enthebt Mutter und Sohn jeglicher Verantwortung für alle Probleme, die sich in den Beziehungen des Sohnes zu anderen Frauen ergeben könnten. Bindungsschwierigkeiten garantiert.

Das Trennungsverbot

Ich will nun das bisher Gesagte auf einer theoretischen Ebene noch einmal aufnehmen. Dabei wird uns das klassische psychoanalytische Modell des Ödipuskomplexes helfen.

Ein wichtiger Bestandteil dieses von Freud formulierten Modells ist, daß der Junge unter der – nur selten ausgesprochenen und meist nur in seiner Phantasie bestehenden – Kastrationsdrohung des Vaters seinen Wunsch nach Inzest mit der Mutter aufgibt. Er gehorcht dem väterlichen Gesetz, weil er Angst um seinen Penis hat. Die Kastrationsdrohung wirkt auch bei Abwesenheit des Vaters, sie wird dann durch andere lebende (Onkel, Großvater) oder institutionelle (Kirche, Staat, Schule) Vaterfiguren repräsentiert, die das Begehren des Kindes hemmen. Diese Anerkennung des väterlichen Verbots unter Strafandrohung ist ein Grundstein des kindlichen Seelenlebens, denn sie ist ein erster Schritt zur Bildung des *Überichs*, jener Instanz, die in uns selbst über Erlaubtes und Verbotenes entscheidet.

Diese klassische Formulierung deckt jedoch nicht die gesamte klinische Wirklichkeit ab. Sie verdeckt die Tatsache, daß nicht nur das Kind, sondern auch die Mutter den Wunsch nach Nähe hat, der gehemmt werden muß.[6] Dieser Wunsch wird nicht auf sexueller Ebene verarbeitet, sondern eher auf der Gefühlsebene, und führt zu dem, was ich die symbolische Ehe zwischen Mutter und Sohn nenne. Die Mutter muß also ebenso von ihrem Jungen getrennt werden wie umgekehrt. Oft genug setzt sich in der Familie nicht die vom Vater mittels Kastrationsdrohung erwirkte *Zwangstrennung* von der Mutter durch, sondern im Gegenteil ein mütterliches *Trennungsverbot*. Das führt zu dem unmöglichen Paar von Mutter und Sohn – einer Vereinigung, die niemals vollzogen werden kann, weil sie vom natürlichen Weg abweicht, die aber auf der seelischen Ebene auch nicht gelöst wird. Unter dem Druck der Mutterliebe sieht sich der Sohn dazu gezwungen, selbst die Inzestschranke zu verteidigen, und beginnt das weibliche Begehren zu fürchten, was später in seiner Beziehung zu Frauen eine große Rolle spielen wird. Die traditionelle Bindungsscheu der Männer läßt sich großteils aus dieser Angst vor dem mütterlichen Verlangen erklären. Sie haben Angst, wieder einer Frau in die Hände zu fallen, ohne die Möglichkeit, Grenzen zu setzen. Und das wird so lange so sein, wie der Mann seine ödipale Situation nicht gelöst hat.

Aufgrund der allgemein vorherrschenden – tatsächlichen oder symbolischen – Abwesenheit des Vaters wird sich das Dilemma des Mannes hauptsächlich im Zweikampf mit seiner Mutter abspielen statt in einem Dreiecksverhältnis, in das der Vater miteinbezogen wäre. Die Niedertracht, sich von ihr zu trennen, sowie die damit verbundenen Schuldgefühle bleiben daher dem Sohn allein überlassen, der nicht auf die Hilfe seines Vaters zählen kann. Und da das Patriarchat in Auflösung begriffen ist, haben die gesellschaftlichen Instanzen, die als imaginäre Re-

6 Ich bin nicht der einzige, der diese Ansicht vertritt. Die Psychoanalytikerin Christiane Olivier spricht in allen ihren Büchern davon, auch dem letzten: *Die Söhne des Orest. Im Schatten des Vaters*, München: Econ 1994.

präsentanten des Väterlichen die Trennung von Mutter und Sohn bewirken könnten, so sehr an Glaubwürdigkeit verloren, daß auch von ihnen keine Hilfe mehr zu erwarten ist.

Ist der Vater anwesend, wird er idealerweise nicht nur dem Kind den direkten Zugang zur Mutter verwehren, sondern auch die Verschmelzung seiner Frau mit ihrem Nachwuchs begrenzen, indem er sie daran erinnert, daß er sie begehrt. Deshalb wirkt ein Abend in trauter Zweisamkeit oder ein gemeinsames Wochenende ohne Kinder so wohltuend auf eine Frau, die vom mütterlichen Archetyp besessen ist. Ihre Beziehung zu den Kindern wird auf einmal leichter. So als sagte ihr Geliebter zu ihr: «Erinnere dich daran, daß du zuerst eine Frau bist und dann erst Mutter. Nicht dein Sohn ist der Mann deines Lebens, sondern ich. Und schließlich bist du nicht allein auf der Welt mit dem Kleinen, er muß sein Leben ohne dich leben. Du kannst nicht alles für ihn sein, er muß seine eigenen Erfahrungen machen.»[7] Weil die Gegenwart des Vaters die Ablösung von der Familie ermöglicht, spricht man davon, daß er es ist, der das Kind in den Kosmos der Gesellschaft einführt.

Denn das Kind trägt nicht nur den Inzestwunsch in sich. Der Individuationsprozeß fordert seine Weiterentwicklung und ruft in ihm auch den Wunsch nach einer Trennung hervor. Der Vater soll diesen Trennungsprozeß erleichtern. In den ersten Jahren ist die inzestuöse Bindung wichtig, weil sie das Kind auf natürliche Weise mit seinen Eltern verknüpft. Je größer es aber wird, desto mehr andere Erfordernisse werden ihm von innen oder von außen aufgedrängt.

C. G. Jung hat die These aufgestellt, die Kastrationsangst sei womögich ein natürliches Phänomen, um dem Sohn die Trennung von der Mutter zu erleichtern.[8] Sie habe mehr mit der all-

---

7 Diese Sätze stammen aus einem Gespräch mit der Psychologin Lucie Richer.

8 Siehe dazu ausführlich C. G. Jung, *Symbole der Wandlung*, Grundwerk 7 und 8, Freiburg/Br.: Walter 1985.

mächtigen Mutterfigur zu tun als mit dem Vater oder einer Vaterinstanz. Aus diesem Grunde nehme die Mutter in der Seele des Kindes immer bedrohlichere Züge an. Mit der Hervorbringung widerlicher Hexengestalten reagiere das Unbewußte auf die Gefahr, die eine Verschmelzung mit der Mutter für das Wachstum des Kindes darstelle. Etwas in dem Kind weiß, daß es sein Leben nicht mit der Mutter verbringen wird und daß es sich dieser Verführung verweigern muß, um weiter zu wachsen.

Wenn die Mutter bereit ist, ihr Begehren dem Sohn gegenüber aufzugeben, weil der Vater vorhanden ist, weil sie durch ihren Partner Befriedigung erfährt oder warum auch immer, erleichtert sie ihm das Erwachsenwerden. Damit wird ihm nicht länger die Trennung von einer Mutter, die von ihm abhängig ist, als Niedertracht angelastet. Das erleichtert die Bürde aus Schuld und Schuldgefühlen, die sich bei ihm angesammelt hat. Und seine ersten Beziehungen werden nicht dadurch belastet, daß er das Drama der verbotenen Trennung in der wohlbekannten Form des inneren Zwiespalts noch einmal aufführen muß.

Wird dem Begehren auf beiden Seiten allerdings kein Riegel vorgeschoben, bleibt die seelische Struktur des Sohnes labil. Die Verbotsinstanzen des Überichs sind nicht in Kraft getreten. Er wird Schwierigkeiten haben, Grenzen zu setzen und sich zu behaupten. Er wird weder ja noch nein sagen, sich weder einlassen noch verweigern können. Und vor allen Dingen wird er Angst haben, jemandem Schmerzen zuzufügen, weil er es nie gewagt hat, sich seinem Mutterkomplex zu stellen und seiner Mutter, auf die Gefahr hin, ihr weh zu tun, zu bedeuten, daß er nicht mit ihr verheiratet ist.

Ich frage mich übrigens, ob diese Situation nicht dazu beiträgt, die Trennung zwischen Sexualität und Gefühlen im Mann zu verstärken. Der Sexualakt wird bei diesem Gefühlsinzest nicht vollzogen, es besteht jedoch das Verbot, einer anderen Frau in Liebe anzugehören. Sexualität mit anderen ist gestattet, Zuneigung nicht, zumindest solange, wie die Gefühlswelt des Mannes symbolisch der Mutter gehört. Er muß sogar die Liebe, die ihm von anderen entgegengebracht wird, ersticken, aus Angst, der Mutterdrache könne Feuer speien.

Eine zweite Konsequenz des ungelösten Ödipuskomplexes ist bei vielen Männern das Vorherrschen der Autoerotik. Die Pornographie spiegelt diese psychische Situation und beutet sie gleichzeitig aus. Der Mann masturbiert vor weiblichen Körpern, die er nicht berühren kann, wie ein Kind, das am Fenster auf den Tag wartet, an dem es frei sein wird. Diese mit dem Konsum von pornographischem Material verbundene Autoerotik, die manchmal ein Leben lang dauert, symbolisiert nur zu gut die Kastration.

Die Pubertät oder der offene Krieg

Im allgemeinen geht die Mutter-Sohn-Beziehung, selbst wenn sie inzestuös gefärbt ist, erst einmal gut, weil beide Liebe brauchen, um zu überleben. Nach Freud schläft der Ödipuskomplex, wenn er nicht zwischen dem dritten und fünften Lebensjahr gelöst wurde, scheinbar während der sogenannten *Latenzperiode*, um dann in der Pubertät wieder aufzuwachen. Jetzt kann das Verhältnis zwischen Mutter und Sohn zum Machtkampf eskalieren. Ihre große Liebe wird zu einem Gefängnis, das sowohl die Mutter als auch den Sohn an der Entfaltung ihrer individuellen Persönlichkeit hindert. Die Pubertät löst heftige Turbulenzen in der Beziehung des unmöglichen Paares aus. Die Spannung, die sich schon seit einiger Zeit abzeichnet, wächst. Es ist die Zeit, in der beide, Mutter und Sohn, Pickel kriegen. Ohne männliche Vorbilder, die ihm als Identifikationsmodelle dienen und ihn in seiner Geschlechtsidentität bestärken könnten, versucht er, die mütterlichen Regeln zu umgehen, um zum Mann zu werden. Der Krieg bricht aus. Die Mutter bemüht sich verzweifelt, mit allen Mitteln die Macht über ihren Sohn zu behalten. Der antwortet mit immer groberer Undankbarkeit und legt eine verbissene Anstrengung an den Tag, seine Mutter auf jede nur mögliche und erdenkliche Weise zur Weißglut zu bringen. Nicht umsonst nennt man die Jugend undankbar. Es ist das Alter, in dem den Müttern von ihren Söhnen nichts als Undank entgegengebracht wird. Im Unbewußten des Sohnes weckt die Angst, Gefangener des mütterlichen Universums zu bleiben, den Archetypen des Helden, manchmal auch den des Kriegers. Aus psychologischer Sicht ist das eine sehr gesunde Reaktion. Sie bereitet den Jungen auf die Aufgaben vor, die ihn erwarten, denn seine Mutter wird nicht immer da sein, um sich um ihn zu kümmern. Er wird mit den Türen knallen, seine Stereoanlage auf volle Lautstärke drehen und sich als Macho aufführen, daß es der tolerantesten Mutter die Gänsehaut über den Rücken jagt. «Er war doch immer so lieb!» wird sie denken. «Wie ist er nur von einem Tag auf den andern so roh geworden?» Eine Mutter erzählte mir kürzlich, ihr Sohn habe ein zwei Meter hohes Plakat mit Arnold Schwarzenegger als *Terminator* in seinem Zimmer aufgehängt. Seit diesem schicksalhaften Tag verlasse er sein Zimmer morgens nur noch mit schweren Schritten wie ein Schläger.

Mütter sollten verstehen, daß diese Demonstrationen nicht ihr als Frau gelten, sondern der Mutter als solcher. Da es bei uns keine Initiationsriten gibt, die den Sohn sozusagen offiziell von der Mutter scheiden, drängt es ihn unbewußt dazu, sich so zu verhalten, daß die Mutter zurückweicht. Seine Handlungen und Worte zielen darauf ab, sie auf Abstand zu halten. Eine unbekannte Kraft treibt ihn, seinen Weg ins Erwachsenenalter fortzusetzen. Gemeine Streiche, lästerliche Reden, kleine Straftaten, mangelnde Sauberkeit und Gestank dienen nur einem einzigen Ziel: der Befreiung vom mütterlichen Joch.[9] Sein Verhalten ist das genaue Gegenteil dessen, was die Mutter ihm beizubringen versucht, und das ist auch das Wichtigste daran: Er muß unbedingt mit der mütterlichen Erziehung brechen.

---

9 Zu Initiationsriten siehe auch Victor Turner, «Betwixt and Between: The liminal period in rites of passage», in: Mahdi/Faster/Little (Hg.), *Betwixt and Between*, La Salle (Illinois): Open Court 1987.

Sobald die Mutter begreift, daß es das ist, worum es eigentlich geht, wird sie weniger darunter leiden und kann ihrem Sohn den Übergang ins Erwachsenenalter erleichtern. Häufig habe ich Müttern, die am Rand der Verzweiflung standen, gesagt: «Er will weniger Mutter – geben Sie ihm weniger Mutter! Die Zeit ist gekommen, wo Sie sich daran erinnern sollten, daß in Ihnen eine Frau steckt. Fangen Sie wieder an zu leben. Nehmen Sie Kontakt mit Ihren Wünschen und Neigungen auf. Bauen Sie Ihr Leben um.»

Die Pubertät ist eine zweite Geburt

Wenn ich die drei wichtigsten Momente im Leben des Menschen benennen sollte, wäre neben Geburt und Tod zweifellos auch das Alter um vierzehn dabei. Das Ende der Pubertät hat eine so große Bedeutung für den Menschen, daß man es als «zweite Geburt» bezeichnen könnte. Es ist unsere Geburt als gesellschaftliche Wesen, unsere Geburt in den Kosmos sozialer Beziehungen. Bei den alten Völkern galt man ab diesem Alter als heiratsfähig. Der Beginn der Jugend ist bei Jungen wie bei Mädchen vom Erwachen eines starken Autonomietriebs gekennzeichnet. Dieser Trieb ist das Normalste, was es gibt. Rein physiologisch betrachtet, ist man nun fähig, sein eigenes Leben zu leben. In unserer Gesellschaft ist die Zeit zwischen vierzehn und achtzehn die allerschwierigste, weil die Jugendlichen einerseits schon alles haben, was man für ein auf sich selbst gestelltes Leben braucht, die Gesellschaft ihnen diese Autonomie aber vorenthält, bis sie achtzehn oder noch älter sind.

Am Ende der Pubertät sind nicht mehr die Eltern die wichtigsten Menschen, sondern Gleichaltrige. Die Jugendlichen öffnen sich der Liebe und der Gesellschaft. Was die Eltern ihnen mitgeben wollten, sollten sie ihnen bis vierzehn mitgegeben haben, denn danach befinden sie sich nicht mehr auf derselben «Wellenlänge» mit ihren Kindern. Die Jugendlichen empfangen nun die

Botschaften der Gesellschaft und lehnen sich häufig gegen die der Eltern auf. Der Rahmen, den die Eltern ihnen bisher gesetzt haben, sollte sich langsam lockern, Verhandlungen und Verständnis sollten an die Stelle von Verboten treten, Vertrauen an die Stelle von Bevormundung. Die Eltern müssen begreifen, daß zu große Strenge oder Fürsorge ab diesem Alter die Lebenskraft ihrer Kinder blockieren, deformieren oder zum Erlahmen bringen kann.

Die Bedeutung der Pubertät ist weitgehend unbekannt. Untersuchungen über die Lebenszyklen der Menschen haben ergeben, daß die Adoleszenz heute schon bis zu einem Alter von dreißig Jahren andauern kann.[10] Wahrscheinlich, weil wir uns zu weit von der Natur entfernt haben. Wenn die Trennung zwischen Eltern und Kindern sich nicht in der Pubertät anbahnt, findet sie häufig erst zwanzig oder dreißig Jahre später statt: in der Midlifecrisis. Viele Konflikte zwischen Eltern und Kindern wären vermeidbar, wenn die Eltern sich dieser psychologischen Realität stellen würden.

Der Antiheld oder die unterbrochene Geburt

Das Erwachen des Helden oder Kriegers zeugt von der seelischen Gesundheit eines Jugendlichen. Es ist der Ausdruck eines starken Autonomietriebs und ein Zeichen dafür, daß seine natürliche Spontaneität von der Erziehung nicht erdrückt wurde. Manchmal aber passiert das Gegenteil.

---

10 Gail Sheehy, *Die neuen Lebensphasen ...*, München: List 1996. Die Autorin stellt einen Umbruch in den Lebenserwartungen der Menschen fest, demzufolge sich die Jugend bis in ein provisorisches Erwachsenenalter hinein verlängert, das sie zwischen dem achtzehnten und dem dreißigsten Lebensjahr ansetzt. Das erste Erwachsenenalter dauert von dreißig bis fünfundvierzig, das zweite Erwachsenenalter – eine Neuheit in der Psychologie – von fünfundvierzig bis sechzig.

Eine Mutter konsultierte mich wegen ihres sechzehnjährigen Sohnes, der an zwei Samstagen hintereinander, mit LSD vollgepumpt, von der Polizei nach Hause gebracht worden war. Beide Male hatte er versucht, sich umzubringen, indem er sich mitten auf die Straße gelegt und darauf gewartet hatte, daß ihn ein Auto überfuhr. Die Mutter verstand die Welt nicht mehr. Sie hatte sich zu Hause ganz klein gemacht, um ihrem Sohn soviel Raum wie möglich zu geben. Dennoch war die Spannung zwischen ihr und ihm immer stärker geworden. Sie hatte ihre Empörung geschluckt und war ihm mit immer noch größerem Verständnis entgegengekommen. Das Unbewußte des Sohnes war von diesem Verhalten der Mutter zutiefst geprägt. Seine von der Persönlichkeit der Mutter geformte Anima war sehr höflich und zurückhaltend, was seinen Kampfgeist nicht gerade stärkte. Statt sich gegen die Mutter zu behaupten und sein Recht auf Unabhängigkeit durchzusetzen, wendete er seine Aggression gegen sich. Er gab jeder depressiven Anwandlung nach, und seine Selbstmordneigungen spiegelten sein umgeschlagenes Heldentum. Statt sein Leben zu erschaffen, wollte er es zerstören.

Die Mutter war in Tränen aufgelöst. Sie sehe überhaupt keinen Sinn in seinem Verhalten, sagte sie, sie könne es einfach nicht verstehen. Vielleicht, gab ich zu bedenken, hätten LSD und Selbstmordversuche ja genau diesen Sinn: einen Ort zu schaffen, der ihrem Verständnis nicht zugänglich war. Sie war immer seine Vertraute gewesen, nun suchte er etwas, um sich der Welt der Mutter, die es immer so gut mit ihm meinte, zu entziehen. Außerdem hatte ich den Eindruck, daß sich hinter den Selbstmordversuchen womöglich ein unbewußter Appell an den Vater verbarg. Sie bestätigte mir, daß Vater und Sohn seit der Trennung des Ehepaars vor einigen Jahren fast gar keine Beziehung mehr zueinander hatten. Ich schlug ihr vor, den beiden eine Gelegenheit zur Annäherung zu geben, falls das möglich sei. Ich sah Mutter und Sohn ein Jahr später wieder. Der Sohn lebte jetzt bei seinem Vater, und alles war wieder ins Lot gekommen. Zu seiner Mutter hatte er wieder eine gute, normale Beziehung und konnte ihr Ver-

ständnis genießen, ohne sich in seiner männlichen Identität bedroht zu fühlen.

Ich habe viele problematische Fälle erlebt, bei denen das Auftreten des Vaters zu einer Lösung führte. Ich hörte immer wieder von Müttern, daß ihre Söhne sich ab einem bestimmten Alter weigern, ihnen zu gehorchen, auch in intakten Familien. Hier ist die Präsenz des Vaters gefordert. Wenn die Söhne in dem Alter sind, in dem sie sich messen müssen, sind sie eher bereit, auf ihren Vater zu hören, als der Mutter zu gehorchen. Sie brauchen sowohl Zustimmung als auch Mißbilligung, um sich zu beweisen, daß sie Männer sind.

Wir leben nicht mehr wie die Naturvölker, die verstanden haben, daß die Trennung von der Mutter für den Jungen in der Pubertät ein unumgänglicher Schritt ist. Deshalb machten sie diese Trennung durch ausgefeilte Riten öffentlich, die sich übrigens für die Mutter also genauso wichtig erwiesen wie für ihren Sohn. Der Sohn trat dabei in Kontakt mit Vaterfiguren, die ihm den Zutritt zur Welt der Erwachsenen erleichterten, die Mutter dagegen konnte in den Zeremonien Ausdruck finden für den Schmerz, den diese Trennung ihr bereitete, und das Opfer auf sich nehmen. Denn es ist ein Opfer. Es ist nicht leicht für eine Mutter, die ihren Kindern so viele Jahre gewidmet hat, sich zurückzuziehen, wenn sie in die Pubertät kommen. Entscheidend ist, daß sie einen Gefährten hat oder Interessen und Neigungen, die die Frau in ihr wiedererwecken. Sonst wird das Opfer zu schmerzhaft – und unterbleibt. Dann kann sie nicht loslassen, und die immer undankbarer werdenden Kinder versetzen ihr einen Schlag nach dem anderen. Oft verursacht das bei der Mutter Schuldgefühle, weil sie denkt, nicht genug getan zu haben. Doch ihr Versuch, alles zu verstehen, auch wenn es auf Kosten ihrer Gesundheit geht, führt zu nichts. Sie muß begreifen, daß der innere Drang, der ihr Kind beherrscht, Ausdruck eines Naturtriebs ist, so unentrinnbar wie die Schwangerschaft, die sie zur Mutter machte. Der Jugendliche wird von einer inneren Offenbarung zur Trennung getrieben, auch wenn er nur eine dunkle Ahnung von dem hat, was er da eigentlich tut.

Je stärker die Verschmelzung zwischen ihm und seiner Mutter, desto mörderischer wird der Trennungskrieg. Je symbiotischer eine Beziehung, desto mehr Leidenschaft ist im Spiel, die in Gewalt umschlagen kann. Die familiären Beziehungen machen da keine Ausnahme. Je weniger der Sohn sich auf seinen schwachen Vater stützen kann, der es nicht wagt, sich seiner Frau entgegenzustellen, um so mehr Unfälle und Verletzte wird es geben. Oder die Familie entdeckt eines Tages zu ihrer größten Überraschung, daß der Sohn eine Art Doppelleben führt. Zu Hause spielt er den braven Jungen, wohlerzogen und höflich, und draußen dreht er die krümmsten Dinger oder schwelgt in Alkohol- und Drogenexzessen. Hier wird die Gewalt nach außen getragen. Man sollte aber nicht alles gleich tragisch nehmen. Es ist hilfreich zu wissen, daß 92 Prozent der Jugendlichen mindestens eine Straftat begehen. Sie müssen die Grenzen der Realität austesten. Und wenn man an die eigene Jugend zurückdenkt, wird man die Richtigkeit einer solchen Statistik nur bestätigen können.[11]

Die richtige Grenze

Das beste Mittel, um Kriege zu verhindern, ist eine klare Grenzziehung zwischen den Bereichen von Mutter und Kind, solange es noch klein ist, damit es sie allmählich zu unterscheiden lernt. Das rechte Maß ist allerdings nicht leicht zu finden. Setzt die Mutter zu viele Grenzen, wird das Kind sich dagegen auflehnen, setzt sie zu wenige, wird es nicht lernen, mit Frustrationen umzugehen. Und später sollte sie üben loszulassen, was sie ein Stück weit vor der Undankbarkeit der Söhne schützt, die sich in ihrer

11 Diese Angaben stammen von dem Psychologen Camil Bouchard in dem Fernsehbericht: *Ich will Liebe* von Claire Lamarche, gesendet von TVA am 28. Februar 1994.

Pubertät als Helden oder Krieger in ihrer Männlichkeit bestätigen müssen. Man sollte nicht vergessen, daß Grenzen dem Kind einen sicheren Rahmen geben und Marksteine für sein künftiges Verhalten setzen. Und man sollte die Grenzen selbst nicht übertreten, sonst stiftet man bei seinem Kind die größte Verwirrung.

Eine etwa dreißigjährige Mutter hat einen zwölfjährigen Sohn. Sie hat mehrere Jahre allein mit ihm gelebt, seit kurzem teilt sie sich das Sorgerecht mit dem Vater. Eines Tages erhält sie eine Einladung zu einer Familienfeier. Da sie keinen Freund hat, beschließt sie, ihren Sohn mitzunehmen. Die ganze Woche über ist sie eifrig damit beschäftigt, ihm seine erste Krawatte, seinen ersten Anzug zu kaufen, und nach und nach verwandelt sich der Junge unter den Augen der verblüfften Mutter in einen bezaubernden kleinen Prinzen. Das Familienfest verbringen sie in trauter Zweisamkeit, da die Mutter beschlossen hat, den ganzen Abend mit niemand anderem als ihrem Sohn zu tanzen. Am nächsten Morgen soll der kleine Prinz seine Koffer packen, weil der Vater ihn abholen wird. Die Mutter sagt ihm immer wieder, daß er sich beeilen muß, aber er reagiert nicht. Er sitzt vor dem Fernseher und guckt sich Zeichentrickfilme an. Die Mutter regt sich auf, wird böse und dreht den Fernseher ab. Der Sohn steht auf, nimmt sie am Arm, sieht sie haßerfüllt an und sagt: «Dafür laß ich dich bluten!» Daraufhin bricht die Mutter in Tränen aus und flieht auf ihr Zimmer.

Was ist passiert? Etwas ganz Einfaches: Nachdem er zum Liebhaber aufgestiegen war, wollte der Sohn sich nicht mehr mit der Rolle des Kindes abfinden. Mit seinen zwölf Jahren kann er nicht verstehen, daß sie an einem Abend mit ihm tanzt, als wäre er ein Mann, und ihm am nächsten Tag verbietet fernzusehen. Das war nur ein kleiner Zwischenfall, aber er veranschaulicht sehr gut, wie ernst Grenzfragen sind.

Allzu behüteten Söhnen fällt es schwer, später, wenn die Mutter nicht mehr da ist, die Prüfungen des Lebens anzunehmen.

Ihre Ablehnung von Grenzen drückt sich dann häufig in exzessivem Konsum von Alkohol oder Drogen aus, die zu einer Art Refugium und Ersatzmutter werden. Sie sind oft depressiv und wenig kämpferisch, weil sie nie gelernt haben, mit Enttäuschungen fertig zu werden. Und das Schlimmste ist, daß ihre Mütter sich meist schuldig fühlen und dazu neigen, für die erwachsenen Söhne wieder Verantwortung zu übernehmen – womit sie alles verschlimmern. Sie haben das Gefühl, sie hätten nicht genug getan, dabei haben sie viel zuviel getan.

Solchen Eltern muß man eine Beziehung nahelegen, die bei den Anonymen Alkoholikern *tough love* heißt. Das bedeutet: Schluß mit der übertriebenen Fürsorge gegenüber dem Sohn! Er muß sich den Prüfungen des Lebens stellen, auch auf die Gefahr hin, daß er in seiner Ohnmacht untergeht. Es ist natürlich nicht leicht, den Eltern verständlich zu machen, daß das die beste Art ist, ein Kind zu lieben, besonders wenn es sich zurückgewiesen fühlt und hilflos leidet. Aber wenn sie sich nicht ändern, laufen sie Gefahr, selbst zum Opfer eines Menschen zu werden, der beschlossen hat, sich selbst zu zerstören.

Mütter sind in diesem Punkt besonders verletzlich. Wenn Liebe und Verschmelzung sehr groß waren, schaffen sie es manchmal nicht, genügend Abstand zu ihrem Sohn zu gewinnen, um ihn seinem Schicksal zu überlassen. Sie versuchen einzugreifen und verlieren ihren inneren Frieden. Eine Frau von siebzig Jahren kam zu einem meiner Seminare über die Mutter-Sohn-Beziehung. Sie litt darunter, mitansehen zu müssen, wie ihr fünfzigjähriger Sohn seinen Kummer im Alkohol ertränkte. Trotz ihrer Enttäuschung gelang es ihr nicht, den Schnitt zu machen. Ihr Sohn trank, und sie vergiftete sich systematisch, indem sie sich Tag für Tag mit dieser Geschichte beschäftigte.

Die Tragödie, die diese Frau durchlebte, ist keineswegs außergewöhnlich. Im Gegenteil, sie ist ganz alltäglich. Ich möchte allen Frauen, die dieses Problem haben, zurufen, daß die Zeit ihrer Verantwortung lange vorbei ist. Sie geht zu Ende, wenn der Junge zum Jugendlichen wird. Er muß dann sein Leben selbst in die Hand nehmen, egal, wie seine Kindheit aussah. Die Mütter würden ihrem Sohn dieses Leben gern abnehmen, um ihn vor den Unbilden des Schicksals zu bewahren. Aber man kann Glück und Unglück eines anderen Menschen nicht auf sich nehmen. Er muß selbst entscheiden, was er aus seinem Leben machen will.

Damit es nicht zwei Opfer gibt, sollten Mütter sich an die Verantwortung erinnern, die sie ihrem eigenen Leben gegenüber haben. Sie sollten ihre eigenen Wünsche und Neigungen wieder zum Tragen bringen und sich Tätigkeiten widmen, die die Schreckgespenster aus ihren Gedanken vertreiben. Sie müssen wieder ein Gefühl für die eigene Bestimmung, die eigenen Ziele bekommen und sich bewußt machen, daß sie vor allem für das verantwortlich sind, was sich in ihrem Innern abspielt. Eine solche Prüfung kann sie lehren, ihre Befindlichkeiten und die Gedanken, die ihnen nicht aus dem Kopf gehen, zu beherrschen. All diese Dramen, die viele unserer Mütter vorzeitig altern lassen, haben vielleicht nur diesen Sinn: sie daran zu erinnern, daß ihre erste Aufgabe darin besteht, die Mutter abzulegen und ihr Frauenherz wiederzufinden.

6. Die Kosten des Gefühlsinzests

Die Mitgift und ihr Preis

Die Grundbedürfnisse

Im letzten Kapitel haben wir gesehen, wie die enttäuschten Gefühle einer jungen Frau, die Mutter geworden ist, zu einer symbolischen Ehe mit ihrem Sohn führen können. Auch wenn diese Ehe selten vollzogen wird, kann die liebevolle Verschmelzung auf der Gefühlsebene leicht eine inzestuöse Färbung annehmen. Wenn bestimmte Schranken fallen und das Kind dazu benutzt wird, die emotionalen Bedürfnisse der Mutter zu befriedigen, gefährdet das seine labile seelische Struktur. Besteht die Verschmelzung zwischen Mutter und Kind über die ersten Jahre hinaus, dann hat das schwerwiegende Konsequenzen für das Leben des Kindes, insbesondere für seine Liebesbeziehungen. Doch auch die Mutter muß dafür teuer bezahlen.

Um die Tragweite des Dramas der Mutter-Sohn-Beziehung besser zu erfassen, habe ich eine Weile nach dem entsprechenden theoretischen Rüstzeug gesucht, bis ich es bei dem Psychoanalytiker J. D. Lichtenberg fand. Lichtenberg befaßt sich seit über vierzig Jahren intensiv mit der Beobachtung von Säuglingen und geht in seinen Arbeiten unter anderem auf die angeborenen, sozusagen vorprogrammierten Grundbedürfnisse ein, die sich von Geburt an zeigen.[1]

Wir finden bei Lichtenberg eine Aufstellung der grundlegenden menschlichen Bedürfnisse, die befriedigt werden müssen, damit ein bestimmtes Wohlgefühl sich einstellt. Wenn man sich vor

1 J. D. Lichtenberg, *Psychoanalyse und Säuglingsforschung*, Berlin/Heidelberg: Springer 1991

Augen führt, wie viele dieser Grundbedürfnisse in den Mutter-Sohn-Beziehungen gehemmt oder unterdrückt werden, kann man sich ein recht gutes Bild von dem Preis machen, den Mutter und Sohn für die inzestuöse Verschmelzung zahlen müssen.

Lichtenberg hat diese Bedürfnisse in fünf verschiedene Kategorien eingeteilt:

1. *Die physiologischen Bedürfnisse:* Wenn das Kind hungrig oder durstig ist, wenn ihm zu warm oder zu kalt ist, äußert es das spontan durch Weinen oder Schreien, ohne daß ihm das jemand beibringen müßte.
2. *Emotionale und Zugehörigkeitsbedürfnisse:* Das Kind hat das Bedürfnis, einer Umgebung, einer Gemeinschaft anzugehören, die ihm Zuwendung und Trost gibt. Es muß berührt und gestreichelt werden. Es braucht menschliche Wärme genauso wie ein warmes Bett.
3. *Das Bedürfnis nach Selbstbestimmung und Selbstbehauptung:* Auch diese Bedürfnisse äußert das Kind von allein, ohne Nachhilfe. Es wird schreien, um zu zeigen, daß es etwas möchte, und, sobald es kann, entwischen, um seine Umgebung zu erforschen. Das ist uns angeboren, und wir verspüren es unser ganzes Leben lang.
4. *Das Bedürfnis, nein zu sagen,* das heißt, die Fähigkeit, Mißbilligung oder Mißfallen auszudrücken. So hat Lichtenberg festgestellt, daß Säuglinge spontan den Kopf zur Seite drehen, wenn sie keinen Hunger mehr haben oder aus einem anderen Grund nicht mehr trinken wollen. Die Verweigerung, die wir offenbar schon von Anfang an kennen, gehört zu unseren grundlegenden Ausdrucksbedürfnissen.
5. *Sinnliche und sexuelle Bedürfnisse.* Man muß ein Baby nur ein paar Minuten beobachten, um zu sehen, wie es vor Sinnlichkeit vibriert. Wenn es satt und zufrieden ist, stößt es Freudenschreie aus. Auf die Vorgänge in seinem Inneren, etwa seinem Darm, reagiert es sichtbar vergnügt oder verstimmt. Früh zeigen sich auch seine sexuellen Bedürfnisse. Die Freuden des Körpers faszinieren uns von Beginn an.

Von diesen fünf Grundbedürfnissen sind es vor allem die sinnlichen und sexuellen Bedürfnisse, das Selbstbestimmungs- und das Selbstbehauptungsbedürfnis und das Bedürfnis, nein zu sagen, die uns hier beschäftigen. Ich möchte vor allem verständlich machen, daß am Ende meist die Kinder dafür bezahlen müssen, wenn eine Frau ihre Grundbedürfnisse verleugnet, um ihnen eine gute Mutter zu sein, oft, weil sie keine andere Wahl hat. Die Grenzen der Selbstaufopferung sind vom Unbewußten vorgezeichnet. Denn für alles, was die Frau in der symbolischen Ehe aufgibt oder sich verbietet, muß der Sohn die Schulden bezahlen und selbst die entsprechenden Opfer bringen.

Ich habe alles getan, um ihm eine Freude zu machen – ich habe mich umgebracht, um ihm eine Freude zu machen![2]

Fangen wir mit dem Bedürfnis nach Selbstbestimmung und Selbstbehauptung an. Ein fünfzigjähriger Mann sagt:

Als ich jung war, habe ich alles getan, um meiner Mutter keinen Kummer zu bereiten. Ich wollte der Beste sein, um ihr eine Freude zu machen. Ich erledigte alle Einkäufe für sie. Ich hatte gute Noten in der Schule. Die Krise des Erwachsenwerdens habe ich nicht zu Hause durchgemacht, sondern erst viel später. Zwanzig Jahre lang habe ich getrunken und bin mit Frauen ausgegangen. Ich habe zwei Ehen, zwei Scheidungen und vier Kinder hinter mir. Jetzt, mit fünfzig, wache ich auf. Meine Jugend ist eben erst zu Ende.

Wenn wir die Mutter dieses Mannes kennenlernten, würde sie seinen Bericht wohl kaum bestätigen. Mit ihrer vom Alter brüchigen Stimme würde sie sagen: «Ich begreife nicht, was er Ihnen

---

2 Dieser Satz stammt von einem Seminarteilnehmer, dem Psychosoziologen Jacques Salomé.

da erzählt. Er hatte doch jede Freiheit, ich habe nie etwas für mich beansprucht!» Jeder von beiden will auf seine Weise mitteilen, daß er für den anderen alles getan, ja, sich «umgebracht» hat für ihn, nur um ihm eine Freude zu bereiten. Beide haben ihre Bedürfnisse nach Selbstbestimmung und Selbstbehauptung geopfert, um den anderen nicht zu kränken.

Wie wir gesehen haben, sind die Pole, um die unsere Identität sich bildet, das Bedürfnis nach Zugehörigkeit einerseits und das Bedürfnis nach Abgrenzung andererseits, in anderen Worten: der Wunsch, sich dem geliebten Wesen anzunähern, und der Wunsch, sich von ihm zu entfernen, um sich seiner selbst bewußt zu werden. Aus der Spannung zwischen diesen beiden Polen, die einander entgegengesetzt sind, sich aber auch ergänzen, kristallisiert sich die Identität. Entscheidet man sich für die eine Bewegung und verzichtet dafür auf die andere, dann opfert man entweder seine Individualität der Beziehung, oder man pfeift auf den Rest der Welt und verschließt sich in zwanghaftem Individualismus, was zu den verschiedensten psychologischen Komplikationen führen kann. Wir brauchen andere Menschen, um zu leben, und ohne unseren je individuellen Beitrag kann die Gruppe nicht existieren. Das wird in der Beziehung zwischen Mutter und Sohn besonders deutlich. Das Kind ist auf seine Mutter angewiesen, um sich zu entwickeln, aber es muß seine kindliche Haltung aufgeben, um zum Mann zu werden. Ebenso muß die Frau auf individueller Ebene gewisse Opfer bringen, um Mutter zu werden, muß aber ihre Mutterrolle später ablegen, um wieder zur Frau zu werden und ihre Persönlichkeit weiterzuentwickeln.

Unglücklicherweise ist die Äußerung der Autonomiebedürfnisse in Familie und Gesellschaft schlecht gelitten. Die meisten Menschen hätten sie lieber gar nicht, weil ihre Durchsetzung ein gewisses Maß an Aggressivität erfordert. Das macht angst, den anderen zu verletzen, und führt zu heftigen Schuldgefühlen. Daher ist es die Lieblingsstrategie vieler Mütter und Söhne, dem anderen das Terrain zu überlassen, um Konfrontationen zu vermeiden. Damit jedoch umgeht man die eigentliche Bedeutung der Begegnung zwischen Mutter und Sohn, denn eine echte Begegnung setzt Konflikte und Konfliktlösungen voraus. Konflikte beleben das Leben. Wenn man um des lieben Friedens willen systematisch sämtliche inneren Bedürfnisse verdrängt, die womöglich Reibungen verursachen könnten, führt das früher oder später zu Gleichgültigkeit und Verweigerung. Dann steht ein Elefant im Wohnzimmer, aber keiner will ihn sehen.

Bei einer Frau, die völlig in ihrer Mutterrolle aufgegangen ist, führt die Verdrängung des eigenen Selbstbehauptungsbedürfnisses dazu, daß sie das Autonomiestreben ihrer Kinder als Bedrohung empfindet. Auch wenn sie den Kindern ihr Leben freiwillig und freudig geopfert hat, kann sie nicht zulassen, daß diese sich von ihr trennen, weil das einen zu großen Identitätsverlust mit sich brächte. Da ihr der Sinn für ihre Existenz als Frau abhanden gekommen ist, hätte sie das Gefühl, nichts mehr zu sein, wenn sie nicht mehr Vollzeitmutter wäre. Ich weiß, daß die Mutterrolle von den Frauen verlangt, ihre eigenen Unabhängigkeitswünsche für einige Jahre zurückzustellen, zumindest, bis ihre Kinder das Jugendalter erreicht haben. Zurückstellen bedeutet aber nicht, auf jedes Privatvergnügen und jeden Ausdruck der Autonomie zu *verzichten*. Man muß mit der Person in Kontakt bleiben, die man ist, unabhängig von den Kindern. Man muß den Mut haben, diese Person ernst zu nehmen. Man sollte sich fragen, was man täte, wäre man alleine, ohne Verantwortung für die Kinder, und versuchen, befriedigende Kompromisse zu finden. Das ist nicht einfach, ermöglicht aber, das traurige Schicksal der Mutter zu vermeiden, die sich zu lange selbst vergessen hat. Das ist um so wichtiger, als eine Mutter, die ihrem eigenen Ausdrucksvermögen die Flügel stutzt, Gefahr läuft, dem Ausdrucksvermögen der von ihr Abhängigen das Genick zu brechen.

In der Analyse habe ich festgestellt, daß Patienten immer dann mit Rührung und Zuneigung von ihrer Mutter sprechen, wenn diese die Zeit fand, neben ihren häuslichen Pflichten auch noch zu malen oder zu schreiben. Schädlich ist nur Maßlosigkeit, etwa wenn über der Verfolgung privater Leidenschaften das Wohl der Kinder in Vergessenheit gerät.

Was Söhne ihren Müttern antun

Wenn der Sohn seinen Wunsch nach Unabhängigkeit zurückstellt, weil er seine Mutter nicht verunsichern will, bleibt er in emotionaler Verschmelzung an sie gebunden. Jeder Ansatz zur Autonomie ihrerseits wird für ihn dann ebenso bedrohlich wie umgekehrt. Eine alleinerziehende Mutter, deren drei Kinder noch bei ihr lebten, obwohl sie alle schon in den Zwanzigern waren – einer war nach einer gescheiterten Ehe wieder nach Hause zurückgekehrt –, nahm mich eines Abends beiseite und flüsterte mir ins Ohr: «Wissen Sie, die Kinder, die setzen sich richtig bei mir fest.» Ich kenne viele Mütter, die ähnliche Geschichten zu erzählen haben. Die Kinder klammern sich an sie und versuchen durch unmögliches Benehmen zu verhindern, daß ihre Mutter einen neuen Partner findet, weil sie um den ungestörten Zugang zu ihrem Fläschchen fürchten. Sie tun alles, um Eindringlinge zu verjagen. Aus lauter Angst, ihre Vorrangstellung zu verlieren, wollen sie ihre Mama nicht freigeben. Im Grunde genommen verhalten sie sich wie kleine Gutsherren, denen ein Leibeigener davonlaufen will. Wir Psychologen sprechen oft über die Traumata, die Kinder durch ihre Eltern, vor allem ihre Mütter, erleiden, aber viel zu selten von denjenigen Traumata, die Eltern von ihren Kindern zugefügt werden. Mütter können umgekehrt auch von ihren eifersüchtigen und besitzergreifenden Söhnen «aufgefressen» werden. Kaum sei ein neuer Mann in ihr Leben getreten, erzählte eine Mutter, sei ihr Sohn auf einmal furchtbar schwierig geworden. Er schaute auf die Uhr, wenn sie ausging, und fragte sie beim Frühstück, wann sie abends nach Hause gekommen sei. Er berechnete sogar die Kalorien auf ihrem Teller und behauptete, sie esse zuviel!

Eine andere, die lange Jahre mit ihrem Jungen alleine gelebt und erst seit kurzem wieder verheiratet war, amüsierte sich darüber, wie ihr Sohn sich ständig mit dem neuen Mann maß: Die beiden spielten allabendlich Tischtennis, und jedesmal bestimmte der Sohn den Einsatz, der immer derselbe war: «Wer verliert, verläßt das Haus!» Hier scheint der Ödipuskomplex sich aufzulösen, wenn auch zehn Jahre später als vorgesehen. Das Ergebnis wird eine Befreiung sein, für die Mutter ebenso wie für den Sohn. Denn das macht die Rolle des Vaters aus: Mutter und Sohn aus einem Verhältnis herauszuhelfen, das beider Entwicklungsbedürfnisse leugnet. Darauf beruht die Triangulierung, das heißt, die Entstehung eines familiären Dreiecks, in dem der Vater dem Sohn den automatischen Zugang zur Mutter verstellt und dieser erlaubt, in den Augen ihres Mannes Frau zu bleiben, statt ausschließlich Mutter in den Augen ihres Kindes.

Ich ha ... be dich!

«Ich ha ... be dich, hörst du? Ich ha ... be dich!» Die ganze Ambivalenz des Mutter-Sohn-Verhältnisses, die nie zur Sprache kommt, steckt in diesem wütenden Gestammel eines Sohnes, der unter der Dominanz seiner Mutter leidet. «Ich ha ... be dich!» Ein Schrei aus tiefster Seele, in dem sich Haß und Liebe mischen. In dieser Beziehung scheint keiner das Recht auf Abneigung zu haben. Pflichtgemäß ist die Liebe zum Sohn, die Liebe zur Mutter. Als wären diese Gefühle selbstverständlich. Als wäre es nicht normal, daß man sich einmal verabschieden möchte.

Ende der fünfziger Jahre war in Quebec ein Lied in aller Munde: «Bring deine Mutter nie zum Weinen», hieß es darin. «Du sollst sie ewig, ewig lieben!»[3] Das ist zweifellos gut gemeint,

---

3 Die deutsche Antwort darauf ist wohl Heintje, der liebe Junge, dessen Lied hieß: «Mama, du sollst doch nicht um deinen Jungen weinen!» (A.d.Ü.)

kommt aber für das Kind einem Verbot gleich, der Mutter gegenüber Abneigung oder Mißbilligung zu äußern, einem Verbot, nein zu sagen, und sei es auch nur, damit sie ihm nicht in sein Leben pfuscht. Paradoxerweise nimmt einem das aber auch die Lust, ja zu sagen oder: «Ich liebe dich», denn Liebe und Haß sind wie heißes Wasser, die aus ein und demselben Wasserhahn fließen. Ist der Ausdruck oder die Erforschung eines Pols blokkiert, ist auch der Zugang zum anderen versperrt. Männer schleppen diese Gefühlslähmung, deren Ursprung ihnen vollkommen unbekannt ist, meist lange mit sich herum. Sie können zu keiner Frau sagen: «Ich liebe dich», aber auch nicht klar ausdrücken, was sie an ihr stört.

Die meisten Männer sind sich nur zu sehr bewußt, wieviel die Mutter ihnen geopfert hat, und haben deshalb enorme Schwierigkeiten, ihr zu erklären, warum sie von ihr abrücken wollen. Die Darbringung der eigenen Person macht jede Diskussion von vornherein unmöglich. Schon bei dem Gedanken daran, eine Aussprache herbeizuführen, kommen sich die meisten Männer undankbar vor. «Das gehört sich nicht! Ein Sohn hat nicht das Recht, so etwas zu der Frau zu sagen, die ihm das Leben geschenkt hat.» So oder ähnlich lauten die Begründungen, die jeden Ansatz zu einem Gespräch in Schuldgefühlen ersticken. Aus diesem Grund verspielen viele Männer, die sich als würdige Söhne erweisen wollen, die Chance auf eine echte Beziehung und die seltene Gelegenheit, endlich einmal ihrer Liebe Ausdruck zu verleihen und wirklich zu würdigen, was ihre Mutter für sie getan hat.

In gut funktionierenden modernen Familien ist es heute schon ein wenig anders. Die Frauen identifizieren sich weniger mit ihrer Mutterrolle und machen es den Kindern dadurch leichter, mit ihnen zu diskutieren und Meinungsverschiedenheiten auszutragen. Schon wenn die Kinder noch sehr klein sind, wird mit ihnen über Regeln verhandelt. Dank dieser neuen Verhaltensmuster hat die Schuldenlast der Kinder abgenommen, Ambivalenz und Schuldgefühle haben nicht mehr so großes Gewicht. Aber was ist mit den Müttern, die alles für ihre Söhne tun? Es gibt kein Chanson mit dem Titel: «Bring deinen Sohn nicht zum Weinen!» Aber die Mehrzahl der Mütter in meinen Seminaren gesteht sich kein Recht zu, etwas anderes zu sein als *die gute Mutter*. Ich war überrascht, daß kaum eine von ihnen – aus Angst, man könne mit dem Finger auf sie zeigen – sich traute, auch *der schlechten Mutter* Ausdruck zu verleihen, der es reicht, die sich irrt, die schlägt, die depressiv ist. Alle kennen sie. Aber sie ist böse, eine Hexe, deshalb bleibt sie besser ausgeklammert. Mütter dürfen, obwohl das durchaus legitim wäre, nie die Nase voll haben – denken die Mütter. Sie haben Angst davor, sich von der Familie zurückzuziehen, um eine Verschnaufpause einzulegen. Sie *müssen* gern Mutter sein. Sie sollten immer verfügbar und gut gelaunt sein. Sie wollen alle «Superweiber» sein und verurteilen ihre eigenen Schwächen am schärfsten.

Wie soll sich vor diesem Hintergrund die Aggression Ausdruck verschaffen, die tief im Inneren verborgen gehalten wird, damit keiner etwas merkt? Sie wird böse Früchte tragen: Krankheiten, Unfälle, Verletzungen, nervöse Ticks und depressive Phasen, durch die sich die unterdrückten Unabhängigkeitswünsche rächen. Krankheiten und Unfall haben einen großen, wenn auch zweifelhaften Vorzug: Sie erlauben uns, eine Pause einzulegen, ohne daß wir in der Wertschätzung der anderen sinken, worauf wir durchaus nicht bauen könnten, wenn wir etwa, gesund und munter, einfach auf Urlaub fahren wollten. Es ist immer wieder interessant herauszufinden, in welchem Kontext einem Elternteil oder einem Kind Krankheiten, Mißgeschicke oder Unfälle zustoßen. Solche Ereignisse sind selten bedeutungslos, und wenn man sich die Mühe macht, ein wenig an der Oberfläche zu kratzen, kann man feststellen, daß ihnen meist verdrängte Wünsche oder Stimmungen zugrunde liegen.

Ein Mann erzählte mir während der Analyse, daß seine Mutter sich einmal mit der Geflügelschere furchtbar geschnitten habe. Ich forderte ihn auf, sich in die Haut seiner Mutter zum Zeitpunkt des Unfalls zu versetzen. Diese Phantasieübung machte ihm schnell klar, daß seine Mutter damals erschöpft und gereizt war, weil die familiären Pflichten sie fast erdrückten. Der Unfall war ihre einzige Möglichkeit zu sagen: «Es reicht!»

Die halbwüchsigen Kinder tragen die Konfrontation, für die zu Hause kein Platz ist, eher nach außen. Sie provozieren durch Verstöße oder kleine Delikte Zusammenstöße mit schulischen Instanzen oder der Polizei. Dafür gibt es eine einfache Regel: Je intoleranter die Familie auf Meinungsverschiedenheiten reagiert und je mehr sie sich nach außen abschließt, um so größer ist die Gefahr eines Kontrollverlusts. Das Verdrängte findet in Krankheiten, Unfällen, Verletzungen oder Schlägereien seinen Ausdruck. Das «böse Blut», das sich oft über Jahre angestaut hat, sucht nach einem Ventil. Jede dieser Krisen bietet gleichzeitig eine Chance, sich der Fehlentwicklung bewußt zu werden.

Heilige Mutter, Jungfrau und Märtyrerin

Der dritte Bereich, in dem die Grundbedürfnisse von Mutter und Sohn frustriert werden, ist die Sexualität. Wie wir gesehen haben, brauchen wir den andersgeschlechtlichen Elternteil, damit er uns in unserem Anderssein bestätigt. Oft genug aber leiden Söhne darunter, ein anderes Geschlecht zu haben als ihre Mutter, die sie nicht nur nicht in ihrem Geschlecht bestätigt, sondern die Unterschiede totschweigt oder, was am schlimmsten ist, die Differenz schlicht und einfach leugnet. Statt zu einer Quelle des Stolzes und der Freude wird die Sexualität für diese Jungen zu etwas Schändlichem, Schmutzigem. Wie die Mädchen, die von ihrem Vater so gern hören würden: «Du bist schön, meine Tochter, aber du wirst einem anderen Mann gehören», müssen auch Jungen erfahren, daß sie für das andere Geschlecht begehrenswert sind.

Viele Mütter aber wurden von einer Beziehung enttäuscht und verabscheuen Sex geradezu. Das hat im allgemeinen zur

Folge, daß die Söhne solcher Mütter eine «gesunde» Sexualität für zu Hause haben und eine andere, «verdorbenere», die sie in ihrer Vorliebe für Pornographie, in Peepshows oder Striplokalen ausleben. Da sie nicht im familiären Rahmen geformt wurde, bleibt sie roh. Das riecht nach Kastration und läßt die Probleme erahnen, die sie damit haben, ihre Sexualität in ihrer ganzen Bandbreite anzunehmen. Ein Mann mit fünfunddreißig, der darunter litt, daß er von seiner Mutter immer noch wie ein kleiner Junge behandelt wurde, gestand mir, er sei eines Abends zu ihr in die Küche gestürzt, habe sich die Kleider vom Leib gerissen, bis er splitternackt vor ihr stand, und ihr entgegengeschleudert: «Schau her, Mama, ich bin ein Mann!» Der Psychiater und Ethologe Boris Cyrulnik hat ein Erklärungsmodell für solche Affektausbrüche. Seiner Meinung nach verläuft die gefühlsmäßige Entwicklung bei Jungen und Mädchen sehr verschieden. Bei Mädchen sei sie harmonischer, weil Mädchen sich im Gegensatz zu Jungen als Kleinkind nicht mit sexuellen Wünschen herumschlagen müßten, schließlich habe die Mutter als Hauptbezugsperson das gleiche Geschlecht. Das ist bei Jungen anders. Sie lieben ihre Mutter aus ganzem Herzen, müssen aber ab einem gewissen Alter ihre sexuellen Reaktionen auf sie im Zaum halten. Daraus entsteht eine Furcht vor der Unberechenbarkeit ihres Geschlechtsorgans. Weil sie das Auftauchen bestimmter Gefühle verhindern müßten, seien sie schon sehr früh zu Hemmung und Blockierung gezwungen. Und genau das erklärt nach Cyrulnik die Explosionsgefahr. Je stärker nämlich eine lebendige Kraft unterdrückt wird, desto größer ist die Gefahr, daß sie unerwartet und gewaltsam zum Ausbruch kommt.[4]

Eine persische Psychologin vertrat mir gegenüber die Ansicht, die islamische Revolution im Iran beziehe ihre ganze explosive Kraft aus der Unterdrückung der Sexualität. Das gleiche psycho-

---

4 Boris Cyrulnik, *Das Drehbuch menschlichen Verhaltens* ..., München: dtv 1996. Dieses Modell skizzierte Cyrulnik in der Radiosendung «Das Abenteuer» vom 2., 3. u. 4. Mai 1994, Radio Canada.

logische Gesetz gilt auch für die Familie: Je intoleranter mit der Sexualität umgegangen wird, desto eher eignen sich die Jungen den sexuellen Modus von Hemmung und Explosion an, das heißt, sie sind entweder total blockiert oder vollkommen unbeherrscht, und beides mögen Frauen nicht sehr. Dies alles spricht eine deutliche Sprache, die eine größere Toleranz und mehr Raum für die Formung der Sexualität innerhalb der Familie fordert.

Vom kleinen Jungen zum Mann: die Ankunft des Samens

In meinem Buch *Abwesende Väter, verlorene Söhne* habe ich behauptet, daß es im Leben des Jungen nichts gebe, was der Menarche vergleichbar wäre, der ersten Menstruation, die den Übergang vom Mädchen zur Frau auf natürliche Weise markiert. Ich habe dazugelernt. Es gibt auch beim Jungen ein Zeichen der Natur, das die Mannwerdung bezeichnet: die *Ankunft* des Samens! Daß mir das erst viel später aufgefallen ist, war, wie ich meine, kein Zufall. Denn dieses männliche Gegenstück zur Menstruation wird in unserer Gesellschaft totgeschwiegen. Vielleicht weil es, im Gegensatz zur Menstruation, ein überaus angenehmes Ereignis ist? Das könnte zumindest ein Grund dafür sein, daß so viele negative Urteile darüber kursieren, die es zumindest dem Denken etwas verleiden können, wenn schon nicht dem körperlichen Empfinden.

Als ich jung war, nannte man die unfreiwilligen nächtlichen Samenergüsse *Pollutionen*. Pollutionen! Das klingt nach Luftverschmutzung und Giftmüll! Kein schöner Name für den Beginn des Abenteuers Sexualität. In den Initiationsriten dagegen spielt der männliche Samen eine ungeheuer wichtige Rolle. Oft werden die Jungen aufgefordert, das Sperma eines der Stammesältesten zu trinken, um sich dessen Lebenskraft einzuverleiben. Etwas Ähnliches berichtet Elisabeth Badinter aus dem antiken Griechenland, der Wiege unserer Kultur. Die Epheben sollten sich durch die Fellatio Älterer deren Männlichkeit aneignen. Badinter nennt das «Pädagogische Homosexualität».[5]

Mit der Heraufkunft des Christentums begann der Abstieg des Samens, besonders als Ergebnis der Masturbation, der besonders unsere Priester einst mit Inbrunst huldigten. Die Selbstbefleckung wurde verteufelt, zweifellos, weil sie sofort Erleichterung verschafft, während die religiöse Moral der Transzendenz eine Moral der Anstrengung und Beherrschung war. Der große Heilige Thomas von Aquin, dem diese gnadenlose Verurteilung der einsamen Freuden zu verdanken ist, erklärte, die Verschwendung der kostbaren Flüssigkeit komme einem Mord gleich, weil der Samen als Keimzelle des Menschen schon einen vollständigen Menschen enthalte.[6]

Die einsame Sexualität wird allerdings nicht nur im Christentum verurteilt. Die meisten Religionen betrachten sie als Vergeudung von Lebensenergie. Auch die Psychologie trug das Ihre dazu bei und lehrte, daß Masturbation über die Pubertät hinaus ein Zeichen von Infantilität sei. Aus all diesen Gründen ist die Masturbation noch heute ein Tabuthema, das Eltern ratlos und verlegen macht. Man weiß nicht genau, was man davon halten soll, oder man verurteilt oder verschweigt sie.

In aufgeschlosseneren Familien wird heutzutage immer öfter der Eintritt der Menstruation mit kleinen Ritualen gefeiert. Frauen, die dem Mädchen nahestehen – Patin, Tante oder Freundin – werden eingeladen, Gedichte vorzutragen oder Geschenke und Blumen mitzubringen. Warum wird die Ankunft des Samens beim Jungen nicht genauso gefeiert? Schließlich handelt es sich auch bei ihm um den Übergang von der Kindheit in die Welt der erwachsenen Sexualität.

---

5 Elisabeth Badinter, *XY – die Identität des Mannes*, a. a. O.

6 Thomas von Aquin, *Summa theologica*, Bd. III, Questio 154, Artikel 11. Den Hinweis auf diese Quelle verdanke ich dem Dominikanerpater Benoît Lacroix.

Ein Vater erzählte mir, sein Sohn, neidisch auf den Kuchen, den seine Schwester zur Feier ihrer Menarche bekommen hatte, habe ihn gefragt, wann es eigentlich bei ihm soweit sei, daß ihm sein Lieblingskuchen zustehe. Von dieser Frage überrumpelt, gab der Vater zur Antwort: bei seinem ersten Samenerguß. Freudestrahlend kam der Junge eines Morgens aus seinem Zimmer und sagte ganz stolz zu seinem Vater: «Heute abend gibt es Kuchen!» Und so geschah es auch.

Wie viele Männer hatten das Glück, daß ihre Sexualität so begrüßt wurde, als sie jung waren? Das wäre doch eine hervorragende Gelegenheit, dem Jungen die Verantwortung für seine Sexualität nahezubringen, statt schweigend über die Ankunft des Samens hinwegzugehen. Denn der Beginn der erwachsenen Sexualität kündigt Freuden und Freiheiten an, die auch Verantwortung mit sich bringen. Läßt man dieses Ereignis im Dunkeln, verpaßt man einen überaus wichtigen Wendepunkt im Leben des Jungen, und ein Teil der männlichen Sexualität wächst weiter in Scham, Schuldgefühlen und Verantwortungslosigkeit heran. Wenn man weiß, daß viele männliche Jugendliche sich trotz der Aidsgefahren immer noch weigern, Präservative zu benutzen, kann man sich vorstellen, wieviel noch für die Sexualität getan werden muß. Hätten wir den Mut, offener über sexuelle Themen zu sprechen, würde Jugendlichen schneller klarwerden, was dabei alles auf dem Spiel steht.

Das erste, was wir tun müssen, ist, die Sexualität endlich in ihrer ganzen Tiefe und Schönheit, als die große Freude des Lebens zu feiern. Was viel zu selten geschieht. Wir können gar nicht ermessen, in welchem Maße unser ganzes Wesen vom Geschlechtlichen durchdrungen ist. Jede Zelle unseres Organismus enthält unser Geschlecht und ist ihrerseits aus der Verschmelzung und Teilung zweier Geschlechtszellen hervorgegangen. Die Sexualität ist ein Ausdruck des Lebenstriebs schlechthin – und der spirituellste, denn die Sexualität hat an dem Mysterium teil, in dem das Leben seinen Ursprung und seine Grundlage findet. Eine strenge

Trennung zwischen Spiritualität und Sexualität, wie sie lange Zeit üblich war, offenbart einen äußerst beschränkten Blick auf das Leben und läßt die Tatsache außer acht, daß wir vor allem auf der Welt sind, um Neues, um neues Leben zu schaffen.

Die «verdammten Männer»

Die Befangenheit, mit der die Sexualität des Jungen behandelt wird, bleibt nicht ohne Auswirkungen auf den Mann. In einer Fernseh-Talkshow sah ein Teilnehmer den Grund für sein problematisches Liebesleben darin, daß er sich stets bemüht hatte, keiner von diesen *verdammten Männern* zu werden, wie sein Vater in den Augen seiner Mutter einer war. Er wollte für seine Partnerinnen so gern den lieben Jungen spielen, daß er seine Sexualität in der Partnerschaft unterdrückte und sich zu allen möglichen Abenteuern außerhalb verleiten ließ.

Es ist nicht einfach für einen Jungen, wenn er dauernd mitanhören muß, wie seine Mutter sich lautstark über die Sexualität der Männer beklagt und behauptet, alle Männer seien Schweine. In dem Stück *Les Belles-Sœurs* des Dramatikers Michel Tremblay spricht die Hauptdarstellerin einen Monolog, der ihre Ehe folgendermaßen zusammenfaßt: «Jeden Abend, den der Herrjott macht, jehter vor mich ins Bett unda wateter auf mich. Immer isser da, immer isser hinter mich her, wiene Klette klepter an mich! Verfluchter Arsch! Daß enne Frau en Schwein ihr jansses Leben ertrare muß, nur weils einmal das Unjlück hatte, ja zu sarje!»[7] Besser kann man den Überdruß einer Frau, die von der Kirche, der Gesellschaft und einem Mann, der nur an sein eigenes Vergnügen denkt, geplagt wird, nicht beschreiben. Am Ende haßt sie die Sexualität und alle ihre Äußerungen, weil sie darin das Symbol ihrer häuslichen Versklavung erblickt. Sie schafft sich eine

---

7 Michel Tremblay, *Les Belles-Sœurs*, Montréal: Lemeac 1972, S. 101 f.

Art symbolischer Jungfräulichkeit, indem sie sich über *die Sache* erhebt. Ein sehr verständlicher Reflex, allerdings auch ein weiterer Schritt zur Aufgabe der Frau in ihr. Damit wird sie zur Märtyrerin ohne Freude, ohne Lust und verdammt die Sexualität ihrer Söhne zur Ausweglosigkeit.

Heutzutage haben sich die Sitten in geschlechtlichen Dingen gelockert, aber das Gespräch darüber hat noch nicht stattgefunden. Solange wir die Sexualität nicht als Lebenskraft feiern, die man mit Umsicht behandeln muß, wird sie sich weiter unkontrolliert entladen und keinen Platz auf unserer Werteskala finden. Sie wird die zwanghafte Frage und chaotische Kraft im Leben vieler Menschen bleiben, die sie heute ist. Die Sexualität ist eine archetypische Gottheit, sie hat die Macht, sich unseres Körpers und Geistes vollkommen zu bemächtigen, falls wir ihr nicht die gebührende Verehrung angedeihen lassen. Wenn wir sie in den schmutzigen Winkeln unserer Seele verstecken, statt sie zu zelebrieren, pervertiert sie und wird häßlich.

In dieser Hinsicht haben wir von den alten Griechen noch viel zu lernen. Sie hätten einen Sexbesessenen nicht in den Apollotempel (die Psychotherapie) geschickt, um Selbstbeherrschung zu lernen. Im Gegenteil, sie hätten ihn zum Tempel der Aphrodite geschickt, um zu beten und mit den heiligen Huren des Tempels zu verkehren, weil sie in der Besessenheit die Rache einer vernachlässigten Göttin sahen. Ich stelle mir vor, wie eine dieser Damen dem Patienten zärtlich ins Ohr flüstert: «Nun, was ist los? Ist es nicht angenehm, miteinander zu schlafen? Ist es nicht schön? Nun geh und sündige nicht wieder! Vergiß nicht, unsere heilige Schutzherrin in deine Gebete einzuschließen! Liebe und masturbiere, wenn du der Göttin huldigst, statt ihr Urteil zu fürchten.» Solange man nicht lernt, Aphrodite zu huldigen, und ihr einen angemessenen Platz in seinem Leben einräumt, wird sie einen mit verführerischen Visionen heimsuchen, bis man bereit ist, ihre Schönheit zu feiern. Denn man kann jeden Tag masturbieren und mit Frauen schlafen, ohne die Sexualität zu ehren, aber auch mit dem größten Respekt enthaltsam leben. Vielleicht ist die gegenwärtige Flut von Bildern sexualisierter Körper in der Werbung, eines suggestiver als das andere, nicht bloß Ausdruck der verzweifelten Glückssuche einer verängstigten Welt, sondern auch eine Kompensation der strengen, nüchternen jüdisch-christlichen Moral, die den Körper abwertet. Die Göttin fordert ihr Recht, aber das Problem ist damit nicht gelöst.

Der Triumph des Ernstes

Nicht nur die Sexualität wurde in unseren Familien unterdrückt, jegliche Sinnlichkeit wurde abgewertet. Häufig sind die Mütter die alleinigen Träger des Realitätsprinzips gewesen und bemühten sich, Disziplin und Verantwortungsgefühl durchzusetzen, während sie meist auch das Familienbudget verwalten mußten. So siegte allmählich der Ernst über das Spiel, die körperlichen Genüsse und die Lebensfreude. Der Triumph des Ernstes ist die schwerwiegendste Folge der Unterdrückung der Bedürfnisse, über die wir gesprochen haben.

In einer meiner Gruppen stimmte ein Teilnehmer einmal «Die Klage des Neins» an, ein Spottlied auf seine allzu strenge Mutter, das er als Kind erfunden und gemeinsam mit seinen Schwestern gesungen hatte. Ein ziemlich kreativer Umgang mit der Tyrannei einer Mutter, die allen kindlichen Phantasien ein kategorisches Nein entgegensetzte. Doch trotz seiner mittlerweile fünfzig Jahre war es diesem Mann noch nicht gelungen, dieses Nein zur Freude, das sein ganzes Leben schwer belastete, über Bord zu werfen. So wie ihm ergeht es vielen Menschen. Sie sind in Familien aufgewachsen, in denen selten oder nie gelacht wurde und nie irgend jemand Spaß hatte. Die Mahlzeiten verliefen trist und langweilig. Solche Menschen zeigen auch in ihrem späteren Leben wenig Talent zum Glücklichsein. Niemand hat sie darauf vorbereitet, tiefe Freude zu verspüren, und so müssen sie sich mit einer trübseligen oder tragischen Existenz abfinden.

Das Schuldgefühl

Der Mann mit der Gabel

Samstag morgen, zehn Uhr. Ich leite ein Seminar mit dem Thema «Die Mutterbeziehung», nur für Männer. Die Gruppe sitzt im Kreis. Jeder hat einen Gegenstand mitgebracht, der die Beziehung zu seiner Mutter in seinen Augen am besten symbolisiert. Kaum habe ich die Teilnehmer aufgefordert, diese Gegenstände der Reihe nach vorzustellen, als sich einer von ihnen in der Mitte des Kreises auf die Knie fallen läßt, eine Gabel in den Boden zu rammen versucht und dabei schreit: «Ich mag nicht mehr, Mama! Ich habe keinen Hunger, Mama! Kannst du das nicht verstehen, Mama? Ich mag nicht mehr!»

Benoît ist fünfunddreißig Jahre alt. Er fuchtelt herum, er weint, er treibt die jahrelange Enttäuschung aus. Ein paar Minuten später hat er sich wieder beruhigt und führt uns das Beispiel eines typischen Dialogs zwischen seiner Mutter und ihm vor, wenn er sie besucht:

- *Du wirst doch sicher ein bißchen was essen, mein Großer?*
- *Ich habe gerade gegessen, Mama, ich habe keinen Hunger, danke!*
- *Nun komm schon! Ich hab dir dein Lieblingsessen gekocht. Bist du sicher, daß du nicht ein kleines bißchen essen willst?*
- *Danke, Mama, wirklich, ich habe keinen Hunger!*
- *Ein Häppchen Nachtisch?*
- *Nein, Mama!*
- *Probier doch wenigstens davon! Ich habe den ganzen Vormittag für dich gekocht. Das kannst du mir einfach nicht antun! Komm schon, nur einen kleinen Haps!*

Das Ganze endet damit, daß er, kochend vor Wut und schnaubend, schließlich doch aufißt, was sie ihm hinstellt, um sie nicht zu kränken.

Alle, die nach ihm zu Wort kamen, hatten immer größere Schwierigkeiten, frei zu sprechen. Je länger einer redete, desto idealer wurde das Bild, das er von seiner Mutter zeichnete. Eine dicke Wolke von Schuldgefühlen legte sich nach und nach über die ganze Gruppe. Einer der Teilnehmer, der an diesem Abend zum Essen bei seiner Mutter war, ging sogar früher, aus Angst, ihr könnte etwas passiert sein, während er über sie sprach. Über die Beziehung zu ihrer Mutter zu sprechen kam für diese Männer einem Verrat gleich. Sonst rational und überlegt, dachten sie an diesem Punkt unmittelbar magisch und hatten den Eindruck, sie seien im Begriff, ihre Mutter zu töten, wogegen sie in Wirklichkeit nur den Mutterkomplex angriffen. Dieser enthielt so archaische Aspekte, daß ich dazu überging, ihn den Mutterdrachen zu nennen. Sein Hauptmoment war das Schuldgefühl. Vermittelt durch Schuldgefühle, beherrschte der Mutterkomplex das Ich eines jeden dieser Männer. Im Verlauf der Gruppenarbeit stellte sich heraus, wie wenig ihnen die Trennung von der Mutter geglückt war. Sie hatten kein Recht auf ein eigenes Leben. Psychologisch betrachtet, waren sie noch nicht abgenabelt. Sie standen so tief in der Schuld jener Frau, die ihr Leben geopfert hatte, um ihnen ihres zu schenken, daß sie nun, da sie dreißig, vierzig oder gar fünfzig Jahre später die symbolische Trennung von der Mutter vollziehen und den Mutterkomplex auf seinen Platz verweisen wollten, immer noch innerlich stöhnten: «Verzeih mir, Mama, ich kann nichts dafür!»

Ich wollte es genauer wissen und begann mit ihnen gemeinsam die Dynamik einer Kindheit zu erforschen, die sich hinter diesen Schuldgefühlen verbarg.

Der Schatten der Mutter

Die meisten Mythologien versehen die Mutter mit den Attributen der Aufopferung und Großzügigkeit bis zur Selbstaufgabe, wie man an den verschiedenen Darstellungen der *mater dolorosa* sehen kann. Doch merkwürdigerweise verkörpert die Mutterfigur auch immer das Gegenteil: Sie ist nicht nur Lebensschenkerin, sondern auch Todbringerin. In Indien etwa steht die Geburt im Zeichen der Göttin Kali, die auch im Moment des Todes anwesend ist. Es heißt sogar, sie tanze vor Freude im Blut der Toten. Jede Mutter trägt diese zerstörerische Seite in sich und sollte sie lieber anerkennen, wenn sie verhindern will, daß diese Seite sich gegen ihre Familie kehrt. Es besteht für das Kind die Gefahr, daß die Mutter sich in eine Hexe verwandelt, wenn sie sich nicht ihrer furchtbaren Macht bewußt wird, auch den Tod bringen zu können.

Die wichtigsten Ausdrucksformen, die der verleugnete mütterliche Schatten annehmen kann, heißen Narzißmus, Perfektionismus, Überfürsorglichkeit, Gewalt und Schuldzuweisung. Die Hauptursache dieser Entwicklungen ist in der Frustration der Grundbedürfnisse zu suchen, von denen wir bereits gesprochen haben. Solche Muster ketten Mütter und Söhne in einem Teufelskreis aus Abhängigkeit und Schuldgefühlen aneinander, die sowohl den Mann als auch die Frau an ihrer Entfaltung hindern. Natürlich können Väter ebenso narzißtisch, perfektionistisch, gewalttätig und schuldzuweisend sein und ihren Kindern das gleiche Unrecht zufügen.

Das Kind integriert die seelischen Wunden des Vaters oder der Mutter auf dem Umweg über die Elternkomplexe, die sozusagen die Vertretung der Eltern in seinem Inneren sind, in sein eigenes Seelenleben. Jedesmal, wenn es sich den Wünschen der Eltern widersetzt, belagern diese Komplexe das Ich. So werden alle Kränkungen von einer Generation an die nächste weitergegeben. Die Mütter, denen der Vater fehlte, tragen ihren negativen Vaterkomplex in die Partnerschaft hinein. Ihre Kreativität wird unterdrückt, sie sind enttäuscht von ihrem Partner, der Animus regt sich, sie nehmen die Erziehung ihrer Kinder in Angriff, um sie zu kleinen Göttern zu machen, sie fordern zuviel, ihre Söhne entwickeln einen negativen Vaterkomplex als Reaktion auf den Druck der Mutter, sie haben Angst vor Frauen, vernachlässigen

Frau und Kind, ihre Töchter entwickeln einen negativen Vaterkomplex und heiraten Männer, die Angst vor der Liebe haben, und so weiter und so fort. Und so spinnt sich in dem endlosen Reigen aus Kränkung und Verletzung der Schicksalsfaden fort und fort.

Die narzißtische Kränkung

Die erste Wunde, die durch Tadel und Vorwürfe von den Eltern an die Kinder weitergegeben wird, ist zweifellos ein beschädigtes Selbstwertgefühl. Die Mutter aus unserem Beispiel hört nicht, daß ihr Sohn keinen Hunger hat, sie hört aus seinen Worten nur seine mangelnde Liebe heraus. Wahrscheinlich beruht ihre mit dem mütterlichen Archetyp verschmolzene Identität fast ausschließlich auf der Ausübung ihrer Mutterfunktionen, die angegriffen wird, wenn der Sohn nichts ißt. Deshalb muß sie überhören, was er sagt. Aus ihrem Verhalten läßt sich die Liebeswunde erahnen, die sie in sich trägt. Und so hängt ihr narzißtisches Gleichgewicht, das heißt, der Wert, den sie sich als Person selbst zugesteht, von der Tatsache ab, daß ihr Sohn seinen Nachtisch ißt.

Die Verletzung, die ihr vom Vater zugefügt und im Laufe ihres Lebens in einer patriarchalischen Gesellschaft, die Frauen nur geringen Wert zumißt, ständig vertieft wurde, beeinträchtigt ihr Selbstwertgefühl. So wird das «Gelingen» ihrer Kinder zu einem Unternehmen, das ihr Achtung und Geltung verschaffen soll. Das Kind wird zu ihrem Spiegelbild, ihr Gleichgewicht hängt von seinen Verhaltensweisen und Einstellungen ab.

Aus Liebe zu ihrem Kind und wegen der ihr unbewußten Verletzung stellt sie sehr hohe Ansprüche an sich. Sie möchte unbedingt alles richtig machen und muß doch bald einsehen, daß es ein Ding der Unmöglichkeit ist, in allen Belangen perfekt zu sein. Also wird sie sich einen Bereich suchen, in dem sie völlig aufgeht. Dort schlägt ihr schwacher Narzißmus dann sein Lager auf. Ist sie etwa stolz auf ihre Kochkünste, wird sie nicht dulden können, wenn ihre Kinder über das Essen meckern. Sind ihr schulische Leistungen wichtig, wird sie ein Versagen ihrer Kinder schlecht ertragen. Und ist Sauberkeit ihr ein und alles, dann wehe dem, der Dreck ins Haus bringt. Solange dieser bevorzugte Bereich nicht berührt ist, ist auch das psychische Gleichgewicht der Frau nicht bedroht.

Natürlich ist überhaupt nichts dagegen einzuwenden, daß eine Mutter ihre Liebe durch Fürsorge ausdrückt. Im Gegenteil, wir könnten darauf gar nicht verzichten, weil darauf seit jeher der Fortbestand der Menschheit beruht. Wenn sich allerdings ihre ganze Persönlichkeit darin erschöpft, kann das Ganze ins Gegenteil umschlagen. Das erste Opfer, das diese Haltung fordert, ist sie selbst, aber auch die Kinder müssen einen hohen Preis dafür zahlen. Alles, was sie sich selbst auferlegt, haben am Ende die Kinder zu tragen. Weil der Wert der Mutter dann davon abhängt, daß die Kleinen gut in der Schule mitkommen, schön sprechen, nicht aufmüpfig sind, keine Drogen nehmen und nicht von zu Hause abhauen. Sie wird eher die offensichtlichsten Fehler ihrer Kinder leugnen als zulassen, daß durch ihr Eingeständnis ihr narzißtisches Gleichgewicht ins Wanken gerät.

Die Kränkung pflanzt sich zwangsläufig von den Eltern auf die Kinder fort. Ein Mensch, der nie darin bestätigt wurde, daß er so, wie er ist, gut ist und Freude bringt, der sich seine Anerkennung erst durch alle möglichen Verrenkungen erkaufen mußte, hat ein narzißtisches Problem: Es wird ihm schwerfallen, sich oder andere zu lieben. Er wird eine falsche Persönlichkeit entwickeln, die ungefähr dem entspricht, was die Eltern mögen, und den Rest verleugnen. Man wird ihm vorwerfen, er sei egozentrisch, nur auf sich bezogen, überempfindlich und unfähig, sich in andere einzufühlen. Und zu Recht. Denn er wird diese Eigenschaften in dem Maße entwickeln, in dem seinem wahren Ich eine positive Verstärkung fehlte. Da er den Kontakt zu seiner eigentlichen Identität verloren hat, ist er vom Leben und den Wurzeln der Liebe abgeschnitten.

Lebensmüde mit acht Jahren

Das Beispiel von dem Mann mit der Gabel ist in der Praxis unser täglich Brot. Es kommt in den meisten Familien vor und ist nicht sonderlich beängstigend. Menschen mit unerschütterlichem Selbstwertgefühl sind selten. Manchmal ist die narzißtische Kränkung der Mutter jedoch so stark, daß sie, um sich genug Achtung zu erwerben, von sich und ihren Kindern nicht weniger verlangt als vollkommen zu sein. Die perfektionistische Mutter spornt ihre Kinder zu Höchstleistungen an – als Entschädigung für das Opfer, das sie bringt. Das Bild, das sie von sich selbst hat, ist extrem abhängig von den Erfolgen ihrer Kinder. Sie wird auch jeden Hinweis der Lehrer und anderer Personen darauf ignorieren, daß irgend etwas mit ihren Kindern nicht in Ordnung sein könnte, weil sie das als persönliches Versagen erleben würde, für das sie sich schämen müßte.

Stéphane ist in ein großes Kinderkrankenhaus eingeliefert worden. Er ist acht Jahre alt. Er will nicht mehr leben. Vor einem Monat hatte er vor dem Klassenzimmer einen Zusammenbruch. Mit Tränen in den Augen trat er auf seine Schultasche ein und schrie mit zornbebender Stimme, daß er sich umbringen wolle. Der Direktor holte ihn in sein Büro; er hatte erkannt, daß dieses Kind jede Freude am Leben verloren hatte.

Dabei war Stéphane Klassenbester und ein Vorbild. Er stammte auch aus einer vorbildlichen Familie. Seine Eltern waren der Inbegriff eines glücklichen Paares und schienen ihm jede Aufmerksamkeit zu schenken, die er sich wünschte. Stéphane lernte leicht und war für vieles begabt. Abends machte er Gymnastik, wofür er eine wahre Leidenschaft entwickelt hatte. Samstags morgens ging er zum Musikunterricht, samstags nachmittags zur Sprecherziehung. Wenn er nicht gerade seine Hausaufgaben machte, übte er Geige. Wenn er nicht Geige spielte, trainierte er. Stéphanes Leben war durchorganisiert wie das eines Sportlers, der zur Olympiade antreten soll.

Seit ein paar Monaten allerdings gab es Anzeichen dafür, daß er nachließ. Weihnachten weigerte er sich, vor der Familie Geige zu spielen. Seine Mutter sah darin zunächst nur eine kindliche Flause. Dann ließ er seine Hausaufgaben schludern und seine Gymnastikstunden ausfallen. Schließlich kam die Nacht, in der er schreiend aus einem Alptraum erwachte. Er hatte geträumt, er habe sich bei einem Wettkampf das Bein gebrochen und laut nach seiner Mutter gerufen. Die Mutter aber sei nur gekommen, um ihn für seine mickrige Leistung zu schelten, und habe seinen Schmerz überhaupt nicht gesehen. Seitdem hatte Stéphane Ticks und Angstzustände und konnte sich für nichts mehr begeistern. Seine Mutter wollte das erst nicht wahrhaben, dann versuchte sie es nacheinander mit Erpressungsversuchen, Strafandrohungen und Versprechungen. Aber nichts half. Sie konnte sich einfach nicht eingestehen, daß ihr vom Schicksal so begünstigter Sohn in ernsthaften psychischen Schwierigkeiten steckte.

Ein Kind ist von Natur aus offen, spontan und hilfsbereit. In dem Spiegel, den ihm das Verhalten seiner Umwelt im allgemeinen und der Blick seiner Mutter im besonderen bieten, sieht es seine Existenzberechtigung. Es bemüht sich zu gefallen, weil es von diesem Spiegel abhängig ist; es braucht ihn, um Selbstachtung und ein Gefühl für den eigenen Wert zu entwickeln. Wenn seine Mutter ihm nicht zulächelt, wird es den Grund dafür in sich selbst suchen und sich als böses Kind sehen. Mehr noch, es wird ihm nicht gelingen, sich selbst innerlich zuzulächeln. Wenn es in einer traumatisierten und deprimierten Umgebung lebt, wird es selbst genauso, denn es identifiziert sich mit seiner Umgebung und verinnerlicht deren Atmosphäre. Fällen die Erwachsenen strenge Urteile über das Kind, wird es sehr streng mit sich selbst sein. Hat es perfektionistische Eltern, wird es sein Bestes geben, um sie zufriedenzustellen, und selbst perfektionistisch werden. Und wenn es versagt, wird es krank.

In den Krankenhäusern gibt es immer mehr Kinder mit Depressionen. Sie sind überfordert. Häufig ist ihr Terminkalender so vollgestopft wie der eines Erwachsenen in der Mitte seines Lebens – dabei sind sie erst in einem Alter, in dem sie eigentlich nichts anderes als Spielen im Kopf haben sollten. Wenn die Anforderungen zu hoch sind, bekommt das Kind irgendwann das Gefühl, nicht zu genügen oder seine Aufgaben schlecht zu erfüllen. Dann bricht es zusammen. Es ist noch das Gesündeste, wenn es die ständigen Pressionen mit einer Depression beantwortet, weil es das, was sich in ihm abspielt, nicht benennen kann. Der Ernst hat ein weiteres Opfer gefordert. Wahrscheinlich wird es genauso perfektionistisch werden wie seine Eltern. Das von Natur aus verspielte und erfinderische Kind wird auf dem Altar des Perfektionismus geopfert. All die Kurse und Aktivitäten, die eigentlich seine Kreativität fördern sollen, schlagen ins Gegenteil um: Sie verbrauchen sie. Denn wenn es auch zutrifft, daß ein Kind Bildung braucht und daß es seine Kräfte gern an schwierigen Aufgaben erprobt, sollte doch der Geist des Spiels vorherrschen. Ein Kind, das sich immer hervortun muß, zerbricht.

Depressionen und Selbstmorde bei Kindern sind neue Phänomene in unserer Kultur. Es sind Alarmzeichen, die uns zeigen, wie weit sich unsere Gesellschaft vom Leben entfernt. Der Philosoph und Genetiker Albert Jacquard spricht von einer ganzen Generation, die auf dem Altar der Vortrefflichkeit geopfert wurde. Die Eltern dieser Kinder, die, in der Zeit des Babybooms geboren, sich des ganzen Potentials einer explodierenden Welt bewußt wurden, hatten ein starkes Bedürfnis nach dem Spiegel der Vollkommenheit, den der Nachwuchs ihnen bieten konnte. Sie stellten ihre Kinder in den Dienst ihres Narzißmus, weil sie in ihnen einen Widerschein ihres eigenen Allmachtsgefühls zu finden hofften, das von ihren Eltern und deren strengen Urteilen in den Staub getreten worden war. Sie haben das autoritäre Denken ihrer Eltern in ein Leistungsdenken umgemünzt, das an Rigidität seinem Vorgänger nicht nachsteht. So haben letztlich mehrere Generationen völlig vergessen, was Lebenskunst und Lebensfreude bedeuten.

Überbehütende Mutter und abhängiger Sohn

Ein amerikanischer Sportler erzählt in einem Seminar von seiner Kindheit. Er hatte als Kind einige Jahre auf der Farm seiner Großeltern verbracht. Eines Tages, als er vom Feld kam, mußte er niesen. Seine Mutter führte das auf Heu und Pferdehaare zurück. Daraufhin entwickelte er eine regelrechte Allergie gegen das Landleben und konnte deshalb nicht mehr zu seinen Großeltern. So schnitt er sich von deren wohltuendem Einfluß ab, um ganz bei seiner Mutter zu bleiben.

Um seine Beziehung zu ihr zu symbolisieren, hat er ein Weckglas mit Heu, Stroh und Pferdehaaren mitgebracht. Eigentlich ist dieser anziehende Mann mit seiner lebhaften Phantasie genauso: entwurzelte Natur unter einem Glassturz. Wenn man mit ihm an der frischen Luft ist, spürt man seine große Kraft und seine immense Lust. Doch diese Kraft ist schüchtern geblieben. Mit Herzklopfen öffnet er in der Runde sein Weckglas. Die Düfte, die darin eingesperrt waren, erfüllen sofort den Raum. Mehrere Male atmet er tief ein. Dann sagt er: «Siehst du, Mama, ich niese nicht mehr.»

Die Mutter dieses Sportlers war eine besorgte und überbehütende Frau. Hätte dieser Mann nicht vor einigen Jahren den Mut gefunden, seinen Mutterkomplex in Frage zu stellen, wäre er wahrscheinlich ein allergiengeplagtes, schüchternes Nichts geblieben. Bei Überbehütung ist die Klippe, die es zu umschiffen gilt, der verständliche Wunsch einer Mutter, ihrem Kind die Schwierigkeiten aus dem Weg zu räumen, ihm alle Probleme zu ersparen, die das Leben mit sich bringen könnte – was selbstverständlich illusorisch ist. Diese im Grunde gute Absicht kann in zu große Fürsorglichkeit umschlagen und hindert dann das Kind daran, Enttäuschungen aus eigener Kraft zu meistern.

Normalerweise findet das Kind im Spiel die Antwort auf eine Streßsituation. Wenn es zum Beispiel für eine Weile von den Eltern ausgesperrt wird, ist es mit dem Zorn, der Angst und der Depression konfrontiert, die das Alleingelassenwerden in ihm hervorruft. Er wird sich einen «Übergangsbereich» schaffen, wie der englische Kinderanalytiker D. W. Winnicott es nannte, der ihm als Puffer gegen die Außenwelt dient und das Ich gegen das Gefühl der Verlassenheit schützt, das es zu überfluten droht. In diesem Übergangsraum spielt das Kind. Es schafft sich Übergangsobjekte, es spricht mit seinem Teddy, als wäre er sein Papa, oder mit seiner Puppe, als wäre sie seine Mama, und stellt mit Hilfe der Phantasie eine Verbindung zu den abwesenden Eltern her, die es dem Gefühl der Zurückweisung und der kalten Welt der Verlassenheit entgegensetzen kann. Vor allem aber antwortet es *von sich aus* auf den Mangel. Im Spiel lernt das Kind, schwierige innere Situationen zu bewältigen. Hier liegt der Keim seiner künftigen Unabhängigkeit. Dieser Mechanismus funktioniert allerdings nur, solange die Enttäuschungen nicht zu groß oder gar zerstörerisch werden. Sonst kann das Kind sie nicht mehr verarbeiten, und seine Kreativität wird gehemmt statt angeregt.

In unserem Beispiel geht das Kind von der konkreten Bedürfnisbefriedigung, die durch die tatsächliche Anwesenheit der Eltern zustande käme, zu einer symbolischen Bedürfnisbefriedigung über: Es spricht mit seinen Eltern, *als ob* sie da wären. Das ist entscheidend, denn auf solchen Wirklichkeiten baut das Seelenleben auf. Die Psyche macht keinen Unterschied zwischen einer wirklichen Empfindung und einer vorgestellten Empfindung. Deshalb kann man sich mit echten Sorgen genauso krank machen wie mit eingebildeten. Aus dem gleichen Grund wirken kreative Visualisierungen der eigenen Gesundheit tatsächlich auf die Zellprozesse und beschleunigen die Genesung. Ein Kind, das nicht gelernt hat, konkrete Befriedigung durch symbolische zu ersetzen, bleibt seinen unmittelbaren Impulsen und Nöten ausgeliefert. Es kann die Befriedigung nicht aufschieben und wird dazu neigen, dem Drängen des Triebwunsches durch den Mißbrauch verschiedener Substanzen abzuhelfen. Womöglich versucht es sogar, in der Gewalt ein Mittel der Befriedigung zu finden.

Eine Mutter, die den Wünschen ihres Kindes zuvorkommt, um ihm Leid zu ersparen, verbaut ihm den Weg zur symbolischen Bedürfnisbefriedigung. Ohne es zu merken, hält sie es in einer Abhängigkeit, die es möglicherweise später daran hindert, für sich selbst zu sorgen. Es wird zu Passivität neigen und erst sehr spät lernen, die Initiative zu ergreifen. Abhängigkeit, Passivität und Furchtsamkeit sind das Los des überbehüteten Kindes. Eine angemessene Fürsorge, die sich nicht dazu versteigt, das Kind vor allen Schicksalsschlägen und Prüfungen zu bewahren, fördert dagegen seine Neugier, seine Selbstbehauptungsfähigkeit und seinen Kampfgeist.

Einer Therapeutin an einer Tagesstätte für Kinder mit psychomotorischen Störungen verdanke ich die folgende Geschichte:

Eines Tages sucht eine Mutter sie wegen ihres Sohnes auf, der mit vier Jahren seine Jacke noch nicht zuknöpfen und seine Schnürsenkel noch nicht binden kann. Er wird zur Beobachtung in die Tagesstätte aufgenommen. Zu ihrem Erstaunen muß die Therapeutin feststellen, daß er bald in der Lage ist, diese Aufgaben zu bewältigen, ja, er hilft sogar anderen Kindern dabei.

Die Therapeutin bestellt die Mutter des Jungen zu sich. Sie möchte herausfinden, was in der familiären Umgebung vielleicht problematisch ist, daß die natürliche Geschicklichkeit des Jungen nicht zum Zuge kommt. So wartet sie mit ihm zusammen, bis die Mutter ihn abends aus der Tagesstätte abholt. Als er die Mutter kommen sieht, rennt er freudestrahlend auf sie zu. Im Laufen schlingt er sich ein Tuch um den Hals und knöpft seine Jacke zu. Seine Mutter ruft ihm entgegen: «Warte, warte, mein Schatz, Mama macht das schon!» Kurz und gut: Die Mutter fürchtete das Entstehen einer motorischen Störung, die sie durch ihr überfürsorgliches Verhalten erst bewirkte.

Eine überängstliche Mutter, die ihren Kindern sämtliche Schwierigkeiten des Lebens vom Leib halten möchte, schadet ihnen. Am Ende werden sie mit den einfachsten Aufgaben nicht fertig. In unserem Beispiel versucht der Sohn, seiner in Besorgnis gefangenen Mutter zu Gefallen zu sein, indem er seine Geschicklichkeit hemmt. An ihrer Seite wird er zum leblosen Gegenstand. Die Überfürsorge der Mutter hindert das Kind daran, sich die Welt anzueignen. Es wird abhängig, passiv und furchtsam, weil seine Neugier und seine Entdeckungsfreude sich nicht entfalten dürfen. Sein Autonomietrieb wird in Ketten gelegt. Seine Fähigkeiten, auf die Welt zu reagieren und sich notfalls zu verteidigen, kann er nicht entwickeln. Weil die Mutter ihm immer zuvorkommt, wird das Kind auch nicht lernen, zu sagen, was ihm fehlt, oder es sich zu verschaffen. Erst die Enttäuschung bringt es dazu, sich seine Wünsche auf schöpferische, erfinderische Art zu erfüllen.

Die wirklich überfürsorgliche Mutter gehört zur Familie der leistungsstarken Mütter, die sich beweisen müssen, daß sie gute Mütter sind, weil sie sich ihr Ressentiment, das sich allerdings mehr gegen das Muttersein richtet als gegen das Kind selbst, nicht eingestehen können. Viele Frauen haben von sich aus gar keine mütterliche Ader, werden jedoch von der Gesellschaft in eine bejahende Haltung gedrängt, weil Frauen bei uns verpflichtet sind, in der Mutterschaft etwas Wunderbares zu sehen. In einer Gruppe von 35 Müttern, die ich einmal in den USA leitete, brach eine junge Frau in Tränen aus, weil es ihr einfach nicht gelang, ihr Kind zu lieben. Sie hatte sich nie gestattet, offen über dieses Gefühl zu sprechen, weil sie sich wie ein Ungeheuer vorkam, und daß sie es nun tun durfte, befreite sie von einer enormen Last. Sie hatte stets das Verhalten einer absolut untadeligen Mutter an den Tag gelegt, hinter dem sich ihre wahren Gefühle verbargen. In der Herrschaft über das Kind *zu seinem eigenen Besten* verrät sich die verdrängte, unbewußte Wut der Mutter. Mit diesem Vorwand wird das Kind gezwungen, immer sauber und brav zu sein. Wenn es keine Gelegenheit findet, sich dagegen aufzulehnen, droht es in Abhängigkeit und Depression unterzugehen. Es wird zu einem unterwürfigen Sohn, der sein Leben lang um die Erlaubnis bettelt, er selbst sein zu dürfen, und sich ständig für seine Gefühle entschuldigt, weil er fürchtet, sie könnten für andere schädlich oder lästig sein.

Ein solcher Sohn trägt als Erwachsener einen Teil in sich, der gestorben ist. Auf seinen Schultern trägt er ein Kind, dessen Hoffnungen sich nie erfüllt haben und dessen Träume schlafende Kräfte geblieben sind. Er wird dazu neigen, an seinen tatsächlichen Fähigkeiten zu zweifeln. Sein Leben ist oft durch die Abhängigkeit von Männern oder Frauen beeinträchtigt, denen er sich wie ein Kind unterwirft. Er sucht dominante Partner, die das tägliche Leben für ihn in die Hand nehmen, wie früher seine Mutter. Er kann statt von einem Partner auch von Alkohol, Drogen oder Sex abhängig werden. Jedenfalls wird er immer dem Profil eines leistungsfähigen Menschen entsprechen, der nichts unternimmt, um seine Ambitionen zu verwirklichen.

Hinter der Überfürsorglichkeit einer Mutter kann auch deren tiefe Abhängigkeit von ihrem Sohn stecken. Dann bleibt er das verhätschelte Baby einer Frau, die damit ihre Ängste und ihre Einsamkeit bekämpft, die ihr Baby mit Haut und Haaren auffrißt, um die emotionale Leere zu füllen und sich vor sich selbst zu schützen. Dann bedeutet er dieser Frau *alles*, weil sie nicht genug eigenes Leben hat.

In dieser Konstellation geschieht es recht oft, daß die Überfürsorglichkeit der Mutter irgendwann in ihr Gegenteil umschlägt, das heißt, das Kind wird nach und nach in die Elternrolle gedrängt, *parentifiziert*, wie der Fachbegriff lautet. Es wird zum Vertrauten seiner Mutter, die ihm all ihre mütterlichen und existentiellen Nöte offenbart. Diese Last ist zuviel für ein Kind. Es wird darunter zusammenbrechen und die Lust am Leben verlieren. Die tiefste Verzweiflung habe ich fast immer bei Patienten erlebt, die als Kind von ihrem Vater oder ihrer Mutter *parentifiziert* wurden.

In einigen Fällen bildete die *Parentifizierung* auch die Grundlage zur Gewalttätigkeit eines Mannes gegen seine Partnerin oder zu einer Bindungsunfähigkeit. Mir fiel an diesen Männern ein tiefsitzender Haß gegen die Frauen auf, der wohl daraus resultierte, daß die Welt der Mutter in die kindliche Welt eingebrochen ist und deren Integrität verletzte. Psychologisch betrachtet, dient diese misogyn getönte Abwehr als Schutzwall gegen eine die eigene Autonomie bedrohende weibliche Welt. Sie verrät eine große Labilität und das Bedürfnis, sich in einer positiven männlichen Realität zu verankern.

Die gewalttätige Mutter

Wenn wir die verdrängten Wünsche und gesammelten Enttäuschungen aus dem Pantheon unserer Seele ausschließen, können wir ihren Einfluß nicht mehr kontrollieren, und sie gewinnen Macht über uns. Das kann so weit gehen, daß ein Affekt das Ich so vollkommen beherrscht, bis es blind um sich schlägt. Man nennt das *Ausagieren.* Körperliche Gewalt gegen Kinder ist eine Form des Ausagierens.

Eine amerikanische Schriftstellerin berichtet von folgendem Erlebnis: Kurz bevor sie in die Ferien fahren, wird ihr Mann von seiner Arbeit eingeholt und muß in der Stadt bleiben. Sie hatte sich so darauf gefreut, ein wenig Ruhe und Abgeschiedenheit zum Schreiben zu finden, statt dessen sitzt sie nun allein mit ihren drei Kindern im Feriendomizil. Ihre Stimmung wird von Tag zu Tag schlechter. Sie merkt, daß sie auf Forderungen ihrer Kinder immer ungeduldiger und aggressiver reagiert. Eines Abends kann sie einfach nicht mehr. In ihrer Verzweiflung entschließt sie sich dazu, die Gewalt, die sie in sich spürt, in Form einer Visualisierung zuzulassen. Die Phantasiebilder, die daraufhin in ihr aufsteigen, machen sie starr vor Entsetzen: Sie sieht sich als dämonische Hexe, wie sie den Kopf ihres ältesten Sohnes gegen eine Wand schlägt und sich an dem fließenden Blut ergötzt. Zu ihrer großen Überraschung besänftigt sie diese Vision ungemein. Die Spannung läßt nach. An den darauffolgenden Tagen gelingt es ihr besser, Grenzen zu setzen, um Zeit zum Schreiben zu finden. Die Beziehung zu den Kindern wird wieder schöpferisch und entspannt.[8]

Diese Mutter hat in der Visualisierung eine kreative Lösung für ihre Nöte gefunden. Wenn sie nicht den Mut gehabt hätte, ihrem Drang nach Gewalt nachzugeben, hätte sie am Ende wahrscheinlich ihren Kindern Gewalt angetan – wie die Zerstörerin Kali in ihrem strahlenden Glanz. In unserer Gesellschaft wird die Macht der todbringenden Kali verschwiegen. Die Mütter haben davon meist nur eine vage Ahnung und trauen einen solchen Schatten nur einer Furie zu. Wenn sich die angestaute Aggression Bahn bricht, befinden sie sich in einem Rauschzustand, besessen von der Macht der Zerstörung. Sie agieren nur halb bewußt, wie im Nebel. Solange sie sich nicht entladen kann, hat diese unsagbare Wut sie in ihrer Gewalt.

Sie schlagen ihre Kinder und können sich nachher an nichts mehr erinnern. Dieser Gedächtnisverlust gleicht dem *Blackout* eines Alkoholikers, dessen Bewußtsein ein paar Minuten oder mehrere Stunden lang aussetzt, ohne daß ihn das daran hinderte, Dinge zu sagen oder zu tun, von denen er am nächsten Tag nichts mehr weiß. Das ist ziemlich praktisch, weil der Schatten auf diese Weise unbewußt bleiben kann, aber es ist auch zerstörerisch und vernichtend.

In unseren Familien wird verbale, psychische und auch physische Gewalt nicht nur von Männern gegen Frauen und Kinder ausgeübt, sondern auch von Müttern, die ratlos sind und im Schweigen gefangen. Im Grunde ihres Herzens fürchten Kinder diese Hexe, die wutschnaubende Megäre, den verleugneten Schatten. Die Mutter kann ihre Wut nicht eingestehen, weil sie nicht als *böse Mutter* gelten will, auf die man mit dem Finger

---

8 Siehe Adrienne Rich, *Von Frauen geboren*, München: Frauenoffensive 1979

zeigt. Doch durch diese Verleugnung ihres Schattens macht sie alles schlimmer, weil der Aggressionstrieb sich in den Tiefen ihrer Seele in Gewalt verwandelt.

Die Macht der Schlange

Nicht selten kommen Menschen in die Therapie, die als Kinder psychischer oder gar physischer Gewalt seitens ihrer Mutter ausgesetzt waren. Ich rede hier nicht von einem Klaps ab und zu, sondern ich spreche von körperlicher Züchtigung und regelmäßigen schweren Mißhandlungen. Die Unbefangenheit solcher Kinder ist zerstört, ihre Beziehungen sind von Ambivalenz geprägt. Ihr Vertrauen zu anderen Menschen ist erschüttert. Sie verkriechen sich in sich selbst und leben ein einsames Leben. Sie können die nettesten Menschen der Welt sein, aber ihr Herz bleibt verschlossen. Obwohl sie sich nichts sehnlicher wünschen, als daß ihnen jemand nahekommt und sie durch Offenheit und Herzlichkeit heilt, können sie Nähe nicht zulassen, denn das würde bedeuten, innerlich aufzutauen und den ganzen Schmerz der Schläge noch einmal zu spüren. Gegen ihren Willen bauen sie alle möglichen Widerstände auf, um sich gegen Zärtlichkeit und Verständnis zu wappnen. Sie hassen alle Menschen, die sich ihnen nähern, um ihnen ihre Liebe zu schenken, während sie sich insgeheim mit aller Kraft wünschen, sie möchten doch so lange durchhalten, bis der Panzer der Fühllosigkeit, der sie umgibt, unter dem Ansturm zerbricht.

Als Kind wurden sie von den Schlägen innerlich zerrissen. Sie empfanden wilden, tödlichen Haß gegen den Elternteil, der sie schlug, äußerten ihn aber nicht, weil sie dessen Aufmerksamkeit und Liebe nicht verlieren durften. So spalteten sie den Haß ab und verkapselten ihn tief im Inneren. Doch irgendwann bricht dieses Gift aus ihnen heraus und äußert sich in aggressiven Phantasien, selbstzerstörerischem Verhalten, Gewalttätigkeit oder psychosomatischen Krankheiten.

Einer meiner Patienten erzählte mir, er habe seine Kindheit damit zugebracht, den perfekten Mord auszuklügeln. Schließlich sei er zu dem Ergebnis gelangt, die Tat müsse vollkommen grundlos und ohne Motiv geschehen. Also habe er sich ausgemalt, wie er aus einem Versteck in seinem Elternhaus wahllos und blindlings auf zufällig vorbeifahrende Autos schösse, deren Fahrer dann von den aufs Geratewohl abgefeuerten Kugeln getroffen würden. Indem dieser Mann in seiner Phantasie kriminelle Handlung und Leidenschaft entkoppelte, konnte er die Aggressionen entschärfen, die sich aufgrund der von der Mutter erlittenen körperlichen Züchtigungen in ihm aufgestaut hatten. Da er ihre Liebe brauchte und es sich nicht erlauben konnte, seinen Haß offen zu zeigen, weil er sonst noch mehr Schläge bekommen hätte, kondensierte seine ganze Enttäuschung in Phantasien, die sich gegen die Außenwelt richteten. Dieser Patient hatte als Kind auch eine Gummikobra, die aus ihrem Nest hervorschnellte, wenn man eine Luftpumpe betätigte. Mit ihr spielte er heimlich in seinem Zimmer, betätigte mit der linken Hand die Pumpe und zog die rechte blitzschnell zurück, damit die Schlange ihn nicht beißen konnte. So setzte er in einem Spiel, das er selbst inszenierte, die gewalttätigen Ausbrüche seiner Mutter, die seinem Einfluß entzogen waren, ebenso in Szene wie seine rachsüchtigen Anfälle, die er verdrängen mußte. Was im wirklichen Leben mit heftigen Schmerzen einherging, wurde im Spiel zur Lust. Die Straßenkinder in Brasilien, die ständig in Lebensgefahr schweben, fordern den Tod heraus, indem sie jeden Tag neue Spiele erfinden, die sie das Leben kosten könnten. So können sie die Gefahr meistern, der sie in Wirklichkeit ausgeliefert sind.

Doch zurück zu meinem Patienten. Sein kindliches Spiel mit der Schlange wird symbolisch noch bedeutsamer, wenn man weiß, daß er unter einer Schlangenphobie litt. Er traute sich nicht einmal, Fotos von Schlangen in Enzyklopädien zu berühren, weil er fürchtete, sie könnten lebendig werden. In seinen Alpträumen wurde er auf ein Lager aus Seilen geworfen, die sich in Schlangen verwandelten. Jahrelang wagte er sich nie ganz in seinem Bett auszustrecken, weil er davon überzeugt war, daß sich zu seinen

Füßen eine Schlange unter der Decke versteckte. Dorthin hatte er die tödliche Aggression verbannt, die er nicht äußern durfte.

Er wurde zu einem harmlosen Jungen, der es nicht wagte, auch nur die Stimme zu erheben. Er litt unter depressiven und suizidalen Verstimmungen, und diese maskierte Gewalttätigkeit lähmte seinen Kampfgeist.

Als er Anfang dreißig schwer erkrankte, riet ihm sein Arzt, sich in Therapie zu begeben. Nach und nach begriff er, daß er, um seine Vitalität und Kreativität wiederzufinden, mit dieser unterdrückten Gewalt in Kontakt treten mußte, die ohne sein Wissen sein Dasein vergiftete. In Wahrheit litt er an der Krankheit aller braven Jungen: einer Überanpassung, die hinter einem liebenswürdigen Gebaren die ungeheure Angst vor Zurückweisung verbarg. Er war ein Meister der Duldsamkeit geworden und hatte seine spontanen Reaktionen so weit verdrängt, daß er die unerträglichsten Situationen durchstehen konnte, an denen jeder andere gescheitert wäre.

Dieser vollkommene Verlust der Unmittelbarkeit, die Unfähigkeit zu spontanen seelischen und körperlichen Reaktionen ist ein Hauptproblem von Menschen, die in der Kindheit körperlichen Mißhandlungen ausgesetzt waren. Sie resignieren und werden unantastbar. Ein Teil ihrer Persönlichkeit ist perfekt der Umwelt angepaßt, ein anderer fristet ein einsames, hoffnungsloses Dasein und erwartet von niemandem mehr etwas. Nach außen hin wirken solche Persönlichkeiten beherrscht und vernünftig, aber tief im Innern brodelt die Leidenschaft. Sie können keinen Dampf ablassen, weil ihnen sonst womöglich der Topf um die Ohren fliegt, wie es ein Seminarteilnehmer einmal anschaulich darstellte. Das ist eine gute Basis für den Ausbruch einer körperlichen Krankheit.

Die Schlangenphobie, die mein Patient als Kind entwickelt hatte, wird erst in ihrer ganzen Bedeutung klar, wenn man weiß, daß die Großen Mütter der Mythologien, die Ägypterin Isis oder die Inderin Kali zum Beispiel, fast immer mit Schlangen um den

Hals oder am Arm dargestellt wurden. Die Tiere wenden sich jedoch nie gegen sie, wie es den Helden passierte, die gegen die Drachen kämpfen mußten. Sie symbolisieren eher Machtaspekte der Mutter und überhaupt der Frau. Das Einverständnis, das in der Genesis zwischen Eva und der Schlange herrscht, spiegelt ein ähnliches Denken. Einige Mythenforscher vertreten sogar die Ansicht, die Schlange sei das zentrale Symbol der Weiblichkeit über alle Zeitalter hinweg. Das enthüllt deren tiefere, doppeldeutige Natur: Die Schlange kann den Tod bringen, verfügt aber aufgrund ihrer Fähigkeit, die Haut zu wechseln, auch über das Geheimnis der Verwandlung; das Gift verleiht ihr die Macht, zu heilen oder zu töten.[9]

Was angst macht, ist eine Dimension des Selbst

Das Kind einer Mutter, die ohne ihr Wissen von der Macht der Schlange besessen ist, wird von Angst zerfressen, einer Todesangst, die es mit jedem Atemzug in sich aufnimmt, bis es sich vor lauter Verkrampfung kaum mehr rühren kann. Die Angst, wieder in den Würgegriff der Schlange zu geraten, verhindert jegliche Bindung. Die Angst und der Haß – denn was kann ein Junge wohl empfinden, der von seiner Mutter gerade geschlagen wurde? Er haßt. Er haßt die Frauen mit der ganzen Kraft seines Kinderherzens. Er wird schnell unabhängig, aber seine Autonomie ist oft unecht und verbirgt bloß ein ungeheures Bedürfnis nach Liebe und Zärtlichkeit, das wohl nie gestillt wird, weil er viel zuviel Angst davor hat, daß seine Spontaneität wieder mit Schlägen belohnt wird. Er fürchtet den Todesbiß der Schlange, wenn er es wagt, er selbst zu sein. Er fürchtet, die endgültige Zurückweisung herauszufordern, die er, wie er glaubt, nicht überleben würde. Er wird ein Opfer des Mutterkomplexes und der

---

9 Siehe Joëlle de Gravelaine, *La Déesse sauvage. Les divinités féminines: mères et prostituées, magiciennes et initiatrices*, Frankreich: Dangles 1993.

Frauen bleiben, solange er die Macht des Schattens nicht zu benutzen lernt und seine Fähigkeit zur Selbstbehauptung entdeckt.

Es besteht die Gefahr, daß diese in der Kindheit verbotene und verdrängte Wut hervorbricht, wenn der Sohn erwachsen ist, und sich an den Frauen seiner Umgebung entlädt. Dann wird er seine Frau schlagen, statt sich mit seinem Mutterkomplex auseinanderzusetzen, der der Grund für seine Wut ist.

Für Mütter und Söhne, Frauen und Männer gilt: Wir müssen die Projektion der eigenen Abgründe auf den anderen zurück- und das, was wir am meisten hassen, annehmen als einen Teil unseres Selbst. Nur so werden wir die Energie solcher Komplexe zurückgewinnen, auf deren gewaltsames Ausagieren verzichten und aufhören können, uns Partner zu suchen, die unsere schlimmsten Dämonen verkörpern, die wir nicht austreiben wollen.

Die Bürde der Tränen

Wie ich eingangs sagte, enthalten die Kraftfelder, die um Perfektionismus, Überfürsorglichkeit und Gewalttätigkeit entstehen, alle eine gemeinsame Komponente:

Schuldzuweisungen und entsprechende Schuldgefühle beim Kind. Fühlt der Sohn sich schuldig, ist dies das beste Zeichen dafür, daß der negative Mutterkomplex sich gut eingenistet hat und das Ich unterdrückt. Das Schuldgefühl schafft eine besondere Bindung, die auf dem Gefühl des Sohnes beruht, er müsse für das Wohlbefinden seiner Mutter sorgen. Wenn er die Person, die sich für ihn aufopfert, mit seinem Verhalten unglücklich macht, hat er selbst kein Recht auf Glück.

Die Bürde der Tränen hindert den Sohn an der Trennung von seiner Mutter. Sie durchtränkt ihn mit der Überzeugung, daß seine Mutter nicht ohne ihn leben kann und daß seine Ausbrüche und Ausbruchsversuche sie umbringen würden. Sein Autonomietrieb ist zerstört. Das Schuldgefühl erstickt jeden Wunsch nach Unabhängigkeit, noch bevor er ausgesprochen ist. Er spürt, daß er nicht das Recht hat, das heilige Band zu durchtrennen, das ihn an seine Mutter fesselt. Das dauert oft ein ganzes Leben lang.

Angesichts dieser psychologischen Realität wird deutlich, daß der Grund für die Schwierigkeiten vieler Männer mit jeder Form von emotionaler Trennung, ja, jeder Form von emotionaler Beziehung in ihren Schuldgefühlen zu suchen ist. Als Kinder fühlten sie sich für das Glück ihrer Mutter verantwortlich, später für das ihrer Partnerin. Weil sie Angst haben, sie zu verletzen, können sie sich nie trennen und halten lieber unerträgliche Zustände aus. Sie wollen «Mamas lieber Junge» bleiben und die nagenden Schuldgefühle vermeiden, die sich unweigerlich einstellen. Sie können es nicht ertragen, andere ihretwegen leiden zu sehen.

Da sie sich vor lauter Schuldgefühlen nicht das Recht zugestehen, so zu sein, wie sie sind, schämen sie sich für ihre wahren Bedürfnisse. Sie sind in dem gleichen Teufelskreis gefangen wie die Mutter, die ihre Bedürfnisse nicht zu äußern wagt und schließlich ihre Familie manipuliert, um dennoch zu bekommen, was sie sich wünscht. Frauen sind dieser Männer bald überdrüssig und verlassen sie von sich aus, sobald sie merken, was los ist.

Weil der Umgang mit Liebe und emotionalen Problemen ihnen so schwer fällt, verzichten viele Männer schließlich ganz darauf, sich zu binden. Ich kenne Männer, die von ihrer Feigheit, die Bürde der Tränen abzuwerfen, buchstäblich zu einem Leben in vollkommener Einsamkeit verurteilt wurden. Andere werden durch und durch unecht. Sie haben die Anstrengung des persönlichen Wachstums endgültig aufgegeben und leben nur noch dafür, ihr Image zu pflegen. Manchmal werden sie zu Berühmtheiten, die ihre Suche nach Liebe auf die Bühne der Politik oder der Kunst verlagern. Wenigstens im Bereich der Phantasie wollen sie weiterhin der kleine Abgott ihrer Mutter sein. Häufig führen sie ein Doppelleben und finden auf diese Art eine Möglichkeit, in Kontakt mit ihren Instinkten zu treten, ohne ihrem Komplex zuwiderzuhandeln. Bis zu dem Tag, an dem sie erwischt werden. Dann haben sie die Wahl, entweder als unwürdiger Sohn zu bereuen oder ihre Menschlichkeit mit all ihren Wirrungen anzunehmen.

Einige Männer fliehen vor dem kastrierenden, zerstörerischen Komplex auf die einsamen Gipfel des Traumes, des Denkens oder der Spiritualität. Sie scheinen über der gemeinen Wirklichkeit zu schweben, damit sie den schlafenden Drachen nicht wekken.

Damit ist das Drama des «lieben Jungen», der keiner Fliege etwas zuleide tut, aber die Liebe fürchtet, in Umrissen skizziert. Seine Anima ist in einem negativen Mutterkomplex gefangen wie der Animus des Mädchens in einem negativen Vaterkomplex. Um sie zu befreien und wieder Verbindung zu seinem Herzen, zu seiner Inspiration und seiner Kreativität aufzunehmen, muß er seinem Schatten gegenübertreten und sich dem mütterlichen Drachen stellen.

7. Das Drama des lieben Jungen

> Will ich ein lieber Junge sein,
> laß ich die Pfoten von Tabak und Wein ...
> RICHARD DESJARDINS

Santa Sangre – Heiliges Blut

Ein sehr anschauliches Beispiel dafür, was es für einen Mann bedeutet, Gefangener seines Mutterkomplexes und seiner Schuldgefühle zu sein, lieferte der Filmemacher Alexandro Jodorowski vor einigen Jahren mit seinem Film *Santa Sangre*.[1]

Er erzählt die Geschichte eines Zirkuskindes. Der Vater des Jungen, der Zirkusbesitzer und Direktor des kleinen Ensembles, ist ein richtiger Patriarch. Er erliegt dem Charme der Schlangenfrau mit den üppigen Formen. Eines Tages überrascht ihn seine Frau in flagranti mit ihr und kastriert ihn. Um sich zu rächen, hackt der tobende Patriarch ihr beide Arme ab und bringt sich anschließend selber um. Der Junge, der zum Zeugen dieses Dramas wurde, zieht sich völlig in sich selbst zurück. Er wird in eine psychiatrische Klinik eingewiesen, aus der ihn seine Mutter ein paar Jahre später herausholt, als er zum Jugendlichen herangereift ist. Er wird gleichsam zum Leibeigenen seiner verwitweten, verkrüppelten Mutter. Seine Arme und Hände stehen in ihrem Dienst. Er steckt in ihren Kleidungsstücken, führt ihr das Essen zum Mund, strickt und spielt für sie Klavier.

Eines Tages jedoch entwischt er seiner Mutter und läßt sich von einer anderen Frau verführen. Sie will eine neue Zirkusnummer mit ihm kreieren, denn er ist Messerwerfer wie sein Vater. Es folgt eine sehr erotische Szene, in der er sein Opfer hypnotisiert,

---

1 Alexandro Jodorowski, Film *Santa Sangre*, Italien 1989.

damit es keine Angst vor seinen Würfen hat. Die Messer treffen präzise die Umrisse. Das letzte Messer soll sich zwischen die geöffneten Beine der Schönen bohren, ein Symbol sexueller Penetration. In diesem Augenblick tritt die Mutter auf. Der Held büßt seine Kräfte ein, seine Hand beginnt zu zittern, und als die Mutter verzweifelt schreit: «Töte sie, töte sie!», trifft er seine Liebste schließlich mit dem Messer in den Bauch. Die Autorität der Mutter hat dem Sohn alle Macht geraubt.

Wir treffen ihn auf dem Friedhof wieder, wo er sein Opfer begräbt. Andere Frauen steigen als Gespenster, als flüchtige Gestalten aus den Gräbern ringsum und umzingeln ihn. Wir begreifen, daß er alle Frauen, die sich ihm genähert haben, der Reihe nach getötet hat. Damit haben wir Anspruch auf eine sehr ergreifende Szene, in der er, vor dem Leichnam der einen, die er eben getötet hat, weinend alle seine Geliebten um Verzeihung bittet.

Am Ende bringt der Held seine Mutter um, weil er die Liebe zu einer Frau, die er seit seiner Kindheit kennt (es ist die Tochter der Schlangenfrau) und mit der er sein Leben verbringen möchte, vor ihr schützen will. Der Film endet damit, daß die Polizei ihn wegen des Mordes an seiner Mutter verhaftet; die anderen Verbrechen bleiben ungesühnt.

Wenn wir die Episode, in der der Held als Messerwerfer auftritt, symbolisch interpretieren, tritt hier der Mutterkomplex eines Mannes auf, dessen Autonomie gegenüber einer besitzergreifenden Mutter nicht genügend entwickelt ist. Im entscheidenden Moment greift der Mutterdrache ein und raubt ihm jegliches Vermögen. In Beziehungen neigt ein solcher Mann dazu, seine Partnerinnen zu töten, das heißt, sie zu zerbrechen, zu verraten und zu betrügen, wenn sie ihm völlig vertrauen. Statt eine Gemeinschaft anzustreben, züchtet er, ohne es zu merken, unter dem Kommando eines eifersüchtigen Mutterkomplexes Mißverständnisse und Machtkämpfe.

Die Szene auf dem Friedhof stellt auf psychologischer Ebene den Moment dar, in dem der Held beschließt, sich von seinem Komplex zu befreien. Die Verwandlung wird möglich, weil er sich in seinem tiefsten Inneren von dem Leid, das er um sich verbreitet hat, und dem Unglück, das ihn selbst gefangenhält, berühren läßt. Die Bewußtmachung des Dramas erweckt seine Liebesfähigkeit. Das Leiden hat die Tore zu seinem Herzen aufgestoßen. Das Thema der neuen Liebe, das die Gestalt eines aus Kindertagen bekannten Mädchens annimmt, steht für die Befreiung der Anima, der Beziehungsfähigkeit des Mannes.

Auch die Verhaftung, mit der der Film endet, ist psychologisch höchst interessant. Der Sieg über den Mutterkomplex bedeutet nämlich, daß ein Mann sich seiner Verantwortung bewußt wird, statt ihr auszuweichen, indem er sich auf andere oder eine schwierige Kindheit beruft, um sein Verhalten zu rechtfertigen. Mit der Freiheit tritt er in die volle Verantwortung für sein Handeln ein. Er kann nicht mehr der stets artige, nette und höfliche Junge sein, er muß seinen Schatten annehmen, seine Fähigkeit, leiden zu machen, und die Schuldgefühle, die damit verbunden sind. Er kann nicht mehr den Unschuldigen spielen. Indem er symbolisch seine Mutter tötet, bringt er seine Kindheit um. Das ist das Opfer, das er bringen muß, um zum Mann zu werden. Jodorowskis Film greift das Hauptmotiv des Märchens vom *Mädchen ohne Hände* auf, indem sein Held eine Frau ohne Hände zur Mutter hat. Der Film spinnt gleichsam das Märchen fort und zeigt, was mit einer Frau ohne Hände geschieht, wenn sie Mutter wird: Sie benutzt ihre Kinder als Verlängerung ihres Selbst. Sie fordert von ihnen, daß sie sich in den Dienst ihrer verletzten Kreativität stellen. Die Kinder werden zu ihren Armen und Händen. Das Recht auf Selbstbestimmung ist ihnen verwehrt. Darunter leidet besonders der Sohn, denn die mütterliche Machtausübung bewirkt über die Bildung eines negativen Mutterkomplexes, daß keine Frau ihrem Sohn nahekommen kann. Falls er seine Liebe wirklich einer anderen schenken sollte, könnte sie daran sterben.

So wiederholt sich der Reigen des menschlichen Elends ohne Ende, und das heilige Blut des Lebens wird immer von neuem vergossen. Männer hacken Frauen die Arme ab, die ihrerseits die

Söhne kastrieren, die, um sich zu rächen, ihren Partnerinnen die Arme abhacken. Bis wahre Liebe einen Mann endlich dazu bringt, sich von seinem Komplex zu befreien.

Das staubige Herz des lieben Jungen

Der Film *Santa Sangre* schildert beispielhaft das Drama des im negativen Mutterkomplex gefangenen «lieben Jungen». Er hat Angst vor weiblichem Zugriff und Angst zu lieben. Hinter seiner scheinbaren Offenheit verbirgt sich ein verschlossenes Herz, und er hat die größten Schwierigkeiten, sich auf eine Beziehung einzulassen. Er müßte sich wie ein Filmheld dem Mutterdrachen stellen und seinem Schatten gegenübertreten, um seine Kreativität und seine Liebesfähigkeit zu erlösen und sich aus der Gefangenschaft zu befreien.

Der Junge leidet an der gleichen Krankheit wie «das brave Mädchen», nämlich einer Überangepaßtheit an die Erwartungen seiner Umgebung. Das Herz eines Mannes, dessen Mutter aufgrund ihrer narzißtischen Kränkung zu hohe Anforderungen stellte und Schuldgefühle in ihm hervorrief, ist versperrt und verriegelt. Er kann der charmanteste Mann der Welt sein, innerlich ist er einsam. Diese Einsamkeit wird von einem strengen Mutterkomplex beherrscht, der ihm verbietet, spontane Reaktionen zu äußern. Sein Verhalten hat immer etwas Gezwungenes, weil es nicht seiner wahren Persönlichkeit entspricht. Er nimmt keinen Kontakt zu seinem Inneren auf, um sich nicht dem Schmerz des schlecht geliebten Kindes auszusetzen.

Mit destabilisierenden Veränderungen ist in der Tat zu rechnen, wenn er das Problem anpacken und seine wahren Neigungen durchsetzen will. Nicht nur, daß er riskiert, die Wertschätzung einer Umwelt zu verlieren, von der er abhängig ist. Ein solches Verhalten wäre ein Verrat an der symbolischen Vereinigung mit der Mutter und könnte den vollständigen Bruch nach sich ziehen.

Um sich zu ändern, muß der «liebe Junge» sich dem Schuldgefühl aussetzen und sich von seiner Mutter lösen, auch wenn er befürchtet, ihr weh zu tun, ja sie womöglich dadurch umzubringen. Vor allem aber muß er mit seinem inneren Feuer in Kontakt treten, um seine Lebenskraft wiederzufinden.

Ich möchte das Gesagte mit der Geschichte von Henri illustrieren. Nach mehreren Monaten therapeutischer Arbeit erzählte er mir einen Traum, auf den er mit heftiger Panik reagiert hatte:

Ich bin dabei, mein Tagebuch im Spülbecken zu waschen. Plötzlich wird mir bewußt, was ich da eigentlich mache. Schnell ziehe ich es heraus, bevor es ganz unbrauchbar ist, und trockne es vorsichtig ab. Danach lasse ich es auf der Heizung im Wohnzimmer trocknen, wo eine riesige Buddhastatue thront. Aber irgend etwas stimmt nicht in dem Zimmer. Es ist mit einer dicken Staubschicht bedeckt, wie ein verlassener Speicher. Als ich genauer hinsehe, bemerke ich, daß Diebe bei mir eingebrochen und den Wohnzimmerteppich mitgenommen haben, bevor sie alle Möbel wieder an ihren Platz stellten. Kaum habe ich das begriffen, stoße ich einen Schrei des Entsetzens aus, und eine Staubwolke entweicht in Höhe des Herzens aus meiner Lunge, als hätte man auf einen vollen Staubsaugerbeutel gedrückt.

Dieser Traum spiegelt die Anstrengung wieder, die Henri mit dem Abstauben seines Innenlebens hatte. Daß er sich dabei ertappt, wie er sein Tagebuch wäscht, um es dann zu retten, zeigt seine starke Ambivalenz in bezug auf den therapeutischen Prozeß. Er ersäuft seine Aufzeichnungen, um die ganzen Schwierigkeiten der Arbeit an sich selbst zu vergessen. Im wirklichen Leben hatte er Zuflucht in einer asketischen Spiritualität gefunden. Auf diese Weise konnte er sein inneres Kind, das lebhaft auf Ereignisse reagierte, von sich fernhalten und dessen Stimmungsumschwünge, die ihm sehr unpassend vorkamen, mit aller Kraft unterdrücken. Wahrscheinlich war das der Grund dafür, daß er im Traum sein Tagebuch zu Füßen Buddhas trocknen wollte: Er hoffte, sich auf diese Weise die Konfrontation mit seinen Gefühlen zu ersparen.

Die Askese half ihm aber nur beschränkt. Eine Aufgabe war noch nicht erledigt: Zimmer und Herz zu putzen, die unter einer dicken Staubschicht erstickten. Vor dieser Idee wich er entsetzt zurück, aber es war schon zu spät. Man hatte ihm den Teppich unter den Füßen weggezogen. Die kindischen Diebe, die sich die Mühe machen, nach ihrer Untat alles wieder an Ort und Stelle zu plazieren, finden ihr Symbol in Hermes, dem schalkhaften Gott des antiken Griechenland, dem Schutzherrn der Händler und der Diebe. Doch Hermes/Merkur ist auch der Gott der Verwandlung, sein Metall ist das Quecksilber, das ständig seine Form ändert.

Zu dem Bild der Staubwolke, die aus seiner Lunge kam, assoziierte Henri Minenarbeiter, die an Asbestvergiftung leiden. Ihre Lunge ist verstopft durch die Erzverschmutzung. Als ihm bewußt wurde, daß diese Wolke direkt aus seinem Herzen kam, begann er heftig zu weinen, weil er erkennen mußte, daß das Ergebnis seiner Kindheit ein erstícktes Herz war. Er hatte nicht das Recht zu lieben. Es stand ihm nicht zu, eine befriedigende Liebesbeziehung aufzunehmen. Er suchte sich immer Frauen, die das gleiche Problem hatten wie er, und die, die es nicht hatten, schlugen ihn in die Flucht. Sein inneres Kind erhoffte sich jedesmal alles von der Liebe. Unbewußt wünschte er sich, eine Frau möge ihn von dem bösen Fluch befreien, den seine Mutter über ihn gelegt hatte. Er wartete sehnsüchtig darauf, daß endlich eine Frau käme, die ihn annehmen und verstehen könnte und ihm erlaubte, ein vollständiges Leben zu führen, mit all seinen Leidenschaften und Gefühlen. Doch er wurde stets enttäuscht.

Die Vorstellung, diese Arbeit selbst zu tun und die Verantwortung für seine Bedürfnisse zu übernehmen, stieß ihn ab. Er hegte eine tiefe Abneigung gegen dieses innere Kind. Er fürchtete dessen wilden Zorn, der dem seiner Mutter ähnelte. Alles, was in ihm seiner Mutter ähnelte, lehnte er ab. Ihm graute davor, feststellen zu müssen, in welchem Ausmaß er von seiner eigenen Macht abgeschnitten, wie sehr er kastriert war. Wenn dieser Bereich seiner Seele berührt wurde, fühlte er sich zerrissen, zerstükkelt und äußerst verletzlich. Er verglich die Therapie mit dem schwierigen Abstieg in ein Schlangennest, zu dem ich ihn seiner Ansicht nach zwang. Er sprach auch immer wieder davon, die Therapie abzubrechen und ließ mich seinen Haß manchmal deutlich spüren. Nach den Sitzungen bekam er unvermeidlich Alpträume und Kopfschmerzen, die er auf seine schlechte Verdauung zurückführte, obwohl ihm natürlich klar war, daß sie nichts mit dem zu tun hatten, was er gegessen hatte.

Henri kannte keine Freiheit. Er war ein Mensch der Pflichten und Prinzipien, wie seine Mutter. Er hatte sein Leben Zielen geweiht, von denen eines hehrer war als das andere – er war ein regelrechter Missionar. Er zwang sich dazu, als einsamer Heiliger zu leben, hatte aber nicht die Kraft, seinen sexuellen Zwangsvorstellungen zu widerstehen, was seine Schuldgefühle noch verstärkte. So fürchtete er sich geradezu vor körperlichem Wohlbefinden und erzählte mir, das Wohnzimmer, in dem sein Traum gespielt habe, habe lange Zeit leer gestanden, wie ein Haus ohne Wärme, ein Haus ohne Herz.

Die Pforten zur Hölle

Eine Heilung des «lieben Jungen» ist möglich, aber er muß bereit sein, dafür durch Gefühlsstürme zu gehen. Nicht umsonst fährt der Christ vor der Auferstehung zur Hölle. Symbolisch bedeutet das, ein Mensch kann nicht auferstehen, ohne daß große Lebenskräfte in ihm erwachen und auch der Teufel sein Schärflein dazu beiträgt. Niemand, der seine verletzte Kreativität wiederherstellen will, kann diese Prüfung vermeiden. Sie läßt sich weder durch rationales Begreifen übergehen noch durch ein neues Glaubensbekenntnis unterlaufen. Genausowenig nützt es, wenn man das Vorhandensein des Schmerzes einfach leugnet. Wir müssen durch ihn hindurchgehen, bewußt und mutig – gequält, besessen, getrieben –, während die verdrängten Kräfte sich unserer bemächtigen. Wir müssen uns die Grausamkeiten, die uns zugefügt wurden oder die wir uns selbst zugefügt haben, wieder ins Gedächtnis rufen.

Die Spannung in Henri wurde immer größer, bis er bereit war, sich seinem Mutterkomplex zu stellen, der ihm verbot, seine Vitalität auszuleben. Das war meiner Meinung nach auch die einzige Chance, die Beziehung zu seiner wirklichen Mutter wieder aufzubauen, einer alternden Frau, die auf die Zuneigung der Ihren angewiesen war.

Trotz all seiner Widerstände ging die Arbeit voran. Seine Träume waren gespickt mit gefrorenen Rehen, feuerroten, wechselhaften Gestalten auf weißem Schnee und U-Bahn-Fahrkarten zu so exotischen Zielen wie den *Pforten zur Hölle*. Von Sitzung zu Sitzung ermutigte ich ihn, die intensiven Gefühle, die sich in ihm abzeichneten, aufsteigen zu lassen. Und Schritt für Schritt wagte er es, sich zu öffnen.

Hinter den Pforten zur Hölle lag die helle Wut wie eine offene Wunde. Er fand den Zorn eines Verletzten, einen Zorn, der durch nichts zu erschöpfen schien. Ich unterstützte diesen Prozeß und redete ihm zu, sich den inneren Qualen zu stellen, auch wenn er dann nicht schlafen könnte, seine Hefte vollschreiben, sich für verrückt halten und zu Hause einschließen mußte. Eine Zeitlang gab er sogar seine beruhigenden Meditationen zu Füßen seines Buddhas auf, er brauchte das lebendige Feuer tief in seinem Innern, das das erste und wichtigste Element jeder Veränderung ist.

Henri, der sich bisher damit begnügt hatte, sanft und verständnisvoll zu sein, ein mitfühlendes, alles verzeihendes Opfer, wurde von einem Tag auf den anderen zu einem Löwen im Käfig. Er bemühte sich, in Kontakt mit dem Feuer zu bleiben, ohne es zu unterdrücken. Er zügelte es, nährte sich daran, und die Veränderung war offensichtlich. Sobald er es wagte, dieses wilde Tier zu sein, war sein ganzer Körper im Raum deutlicher gegenwärtig, obwohl er sich kaum bewegte. Seine Kraft war befreit. Er sagte mir, er habe das Gefühl, ganz zu sein, wie nur selten in seinem Leben. Er genoß dieses Gefühl. Für ein paar Wochen verließ ihn seine Unbestimmtheit, und an ihre Stelle traten ein Mut und eine Entschiedenheit, die ich noch nie an ihm wahrgenommen hatte.

Er war zur Veränderung entschlossen, selbst wenn es ihn das Leben kosten sollte, behauptete er. Seine Vergangenheit verbrannte im Feuer seiner inneren Leidenschaft. Er war immer nur die Schlacke gewesen, und jetzt besaß er auf einmal die Kraft des Schmieds, der das glühende Eisen biegt. Er war auf dem besten Weg, mit dem lieben Jungen Schluß zu machen und damit auch mit dem Mutterdrachen. So schlecht geliebt er sich auch fühlte, mußte er sich doch eingestehen, daß seine wirkliche Mutter nichts mit seiner inneren Verfassung zu tun hatte. Nun war es an ihm, diese zu verbessern und seine Wut in Kreativität zu verwandeln.

An diesem Punkt der Therapie saß Henri auf einem feuerspeienden Vulkan. Wenn die primären Kräfte entfesselt sind, kommen die ursprünglichen Konflikte wieder an die Oberfläche, und die Dinosaurier der Kindheit kehren zurück. Der Boden für ein Zusammentreffen mit seinem Schatten war bereitet.

Die Sünde wider sich selbst

Im Leben eines jeden kommt einmal die Zeit, wo die Lebenskräfte nicht mehr an der Sünde wider sich selbst teilhaben wollen. Da kann man sich entspannen, gut essen, Sport treiben, sich ablenken, die Situation wird sich nicht ändern, bis man sich dem Konflikt stellt. Das Beispiel Kains, der seinen Bruder Abel erschlägt und dann vom Auge Gottes verfolgt wird, das ihn an seine Tat gemahnt, ist eine gute Metapher für diese Sünde wider sich selbst. Mit dem Mord an Abel hat Kain das Beste in sich selbst getötet: Empfindsamkeit und Spontaneität.

Auf psychischer Ebene verurteilt dieser Mord einen Menschen dazu, ohne jede Begeisterung und wie ein Schatten seiner selbst durch die Welt zu gehen. Niemand kann seine Kreativität verleugnen, ohne dafür zu bezahlen. Und es ist an jedem einzelnen von uns, die wir alle mehr oder weniger in den Verrat an uns selbst, in diesen Mord an Abel, dieses Opfer unseres inneren Kindes verstrickt sind, alles Mitgefühl, dessen wir fähig sind, gegen unsere Feigheiten walten zu lassen. Der verächtliche Blick wäre hier fehl am Platz. «Wer sich niemals wider sich selbst versündigt hat, der werfe den ersten Stein», könnten wir in Anlehnung an Jesus Christus sagen.

Henri fand den schönen Abel, den er geopfert hatte, in einem Traum, den er später durch katathymes Bilderleben bearbeitete. Er sah ihn als schüchternen, zurückhaltenden kleinen Jungen, der in einem heruntergekommenen Zimmer lebte und bunte Papiervögel bastelte. Die Annäherung war nicht leicht. Anfangs wirkte der Dialog wie ein gefährlicher Slalom. Manchmal verwandelte sich der Junge in eine giftige Schlange, manchmal trat er als Anführer auf, der die ganze bewußte Welt in Schutt und Asche legen wollte, oder als streit- und rachsüchtiger Straßenkater. Eines Tages geschah das Unvermeidliche: Der innere Konflikt explodierte mit voller Wucht. Der ganze Haß, der ganze Groll Abels brach über Kain herein. Es kam zu einem mörderischen Konflikt zwischen den feindlichen Brüdern. Der schöne Abel aus den Tiefen drohte, Henri zu töten, wenn sie kein neues Gleichgewicht fänden und er nicht lernte, seine Kreativität zu achten. Dann wäre kein anderes Leben mehr möglich als die hoffnungslose Erstarrung derer, die wissen, daß sie ihr Leben vertan haben.

Ich glaube, ich habe noch nie eine so gewalttätige Szene in der Therapie erlebt wie in dieser phantasierten Auseinandersetzung zweier feindlicher Brüder. Henri krümmte sich in tranceähnlichem Zustand auf der Couch, aufgewühlt von diesem Streit voller Tränen und Schreie, Zynismus und gegenseitiger Vorwürfe. Die innere Spaltung und der Selbsthaß eines Menschen, der, um zu überleben und seinen Eltern zu gefallen, einen wesentlichen Teil seines Selbst opfern mußte, waren deutlich zu sehen. Was sich da vor meinen Augen abspielte, rührte mich zu Tränen, so wirklich kam mir dieses Drama vor, das jeden von uns betrifft.

Nach diesen großen Ausbrüchen geschah, was ich am meisten befürchtet hatte: Der Konflikt war zu heftig, die Klarheit blendete zu stark. Wenn ein Mensch in der Therapie so ins Innerste seiner selbst vordringt und die Konflikte erkennt, die ihn ein Leben lang gequält haben, erlebt man oft, daß der Betreffende einen Rückzieher macht.

Henri brachte Abel mit dem verbannten, todkranken Teil seiner selbst in Beziehung, der wie ein zerbrochenes Spielzeug in seinem Innersten ruhte. Aber, sagte er, ihm fehle die Kraft, die er bräuchte, um dieses Spielzeug zu reparieren. Er verschanzte sich wieder hinter Pflichtbewußtsein und Verantwortungsgefühl, um sich zu betäuben und seinem inneren Feuer nicht zu begegnen. In seiner freien Zeit masturbierte er exzessiv und machte sich danach bittere Vorwürfe. Zu Unrecht, meine ich, denn in diesen Momenten der Revolte manifestierte sich in seiner Sexualität seine nicht zu unterdrückende Spontaneität. Die Eisträume kehrten zurück. In Konflikten aus der Urzeit unseres persönlichen Kosmos prallen die Extreme schonungslos aufeinander. Tropische Perioden und Eiszeiten wechseln sich von Woche zu Woche ab. Aber sein Kern war getroffen. Es war nur noch eine Frage der Zeit. Ich vertraute darauf, daß Henri sich verändern würde, um sein Leben neu zu gestalten und das Unrecht wiedergutzumachen, das er sich durch den Verrat und die Verleugnung seines Wesens selbst zugefügt hatte.

Die Integrationsarbeit verlief von da an im Rhythmus einer gemächlichen Kreuzfahrt. Mit der Zeit konnte Henri sogar lachen, wenn er merkte, daß er wieder in die Gefangenschaft des lieben Jungen geriet. Er gab dem Ausdruck seiner Gefühle und Neigungen immer mehr Raum. Seine Sexualität und seine Spiritualität, wenn man so sagen kann, verloren allmählich ihren zwanghaften und defensiven Charakter und fügten sich harmonischer in die generelle Tendenz seines Wesens. Und seit er den

Angriffen seines inneren Drachens nicht mehr so hilflos ausgesetzt war, hatte sich auch das Verhältnis zu seiner Mutter gebessert.

Liebesbeziehungen waren immer noch ein Problem, aber immerhin wurde ihm jetzt schneller klar, daß seine Gefährtinnen unter seiner Ambivalenz litten. Und er machte sich auch nicht mehr für sein Schicksal verantwortlich. Allmählich keimte in ihm der aufrichtige Wunsch, sich einzulassen, nicht weil er sich dazu verpflichtet fühlte, sondern aus dem echten Bedürfnis, sein Leben mit jemandem zu teilen. Je mehr sich seine Kreativität befreite, desto größer wurde sein Wunsch zu lieben. Er hatte nun den Zugang zu seiner Intuition und seinen Empfindungen und wachsendes Vertrauen in seine Gefühle, seine Anima.

Die Psychodynamik des lieben Jungen

Warum sind die lieben Jungen weiterhin lieb, wenn sie merken, daß sie für das Problem mit ihrer Selbstbehauptung mit Alkoholmißbrauch, psychosomatischen Krankheiten, chronischer Müdigkeit oder inneren Qualen teuer bezahlen müssen? Was bringt sie dazu, ja zu sagen, obwohl sie nein meinen? Was hindert sie daran, auszusprechen, was sie denken, auch wenn es ihrer Umgebung mißfallen könnte? Warum verraten sie lieber ihre tiefsten Überzeugungen? Es gibt nur eine mögliche Antwort auf diese Fragen: In jedem lieben Jungen sitzt ein gefräßiges Monster, das ihn mit Wonne in die Folterkammer der Gewissensbisse, Zweifel und Schuldgefühle wirft, sobald er es wagt, auszusprechen, was er denkt, und seinen Gefühlen entsprechend zu handeln. Es ist tausendmal sicherer, sanft und gefällig zu sein, auch wenn er damit seine Gesundheit riskiert, als sich gegen dieses Monster aufzulehnen, das über die Macht verfügt, ihn in Stücke zu reißen und das bißchen Selbstwertgefühl, das ihm geblieben ist, zu zerfetzen, sofern er es wagt, die verbotene Grenze zu überschreiten.

Und woher kommt dieses innere Monster? Woher kommen diese stillschweigend anerkannten Regeln? Das innere Monster geht aus ersten Erfahrungen hervor, aus frühen, intensiv erlebten Traumatisierungen, die das noch sehr junge und in der Entwicklung befindliche Ich bedrohten. Je zerstörerischer das Trauma, desto größer war die Gefahr eines inneren Auseinanderbrechens, und um so strenger werden die Regeln sein, die dem Ich vorschreiben, wie es sich verhalten soll, um in einer als unsicher empfundenen Umgebung zu überleben. Die Gewalttätigkeit eines Elternteils, die Gefühlskälte einer Mutter, zu frühe und unvorbereitete Verlassenheitserlebnisse oder Krankheiten sind Erfahrungen, die zur Identität eines lieben Jungen beitragen. Das ist leicht zu verstehen: Das Kind verfügt über keine anderen Mittel als Sanftheit, Gehorsam, Gefälligkeit und sein geheimes Einverständnis mit einem Elternteil, auch wenn es von ihm mißbraucht wird, um ihn zu besänftigen und sich seine Liebe zu erhalten. Diese Liebe ist lebensnotwendig für das Kind, denn auf ihr beruht das Gefühl für seinen eigenen Wert.

«Ich tu's nie wieder, Mama! Nie mehr!» Der hoffnungslose Schrei des Kindes, das wegen einer Kleinigkeit geschlagen wird – erinnert Sie das an etwas? Mit diesen Schlägen wird die Individualität des Kindes gebrochen. Diese Schläge sagen dem Kind, daß es verboten ist, seinen Körper und die Welt zu erforschen, daß Neugier unerwünscht ist und Empfindsamkeit nicht geduldet wird. Vor allem aber teilen sie ihm mit, daß seine Ideen ebenso unerwünscht sind wie der spontane Ausdruck seiner Gefühle. Was dabei herauskommt, ist ein leistungsfähiges Kind, auf das die Eltern stolz sind, und später ein Erwachsener, der nie das tut, was er möchte, weil er Angst hat, Mißfallen zu erregen, Angst, sich dem Monster stellen zu müssen, das er innerlich mit sich herumschleppt.

Die charmantesten Männer, die ich in meinem Beruf kennengelernt habe, die gewalttätigsten, die gequältesten und die am weitesten von sich selbst entfernt lebenden Männer sind meistens Söhne von Müttern, die den Schmerz oder die Verzweiflung ihrer

Kinder nicht ertragen konnten. Manche erzählen sogar, sie seien geschlagen worden, damit sie zu weinen aufhörten, so verstört war ihre Mutter, so unfähig, auf ihre Not zu reagieren. Später in ihrem Leben fügten sie sich selbst zu, was sie einst von ihren Müttern erleiden mußten. Genausowenig wie diese sind sie in der Lage, das Kind in sich anzunehmen. Sie tun ihrer fröhlichen oder animalischen Natur weiterhin Gewalt an und schieben die emotionalen Bedürfnisse dieses Kindes, das nie das ihm zustehende Maß an Zärtlichkeit bekommen hat, beiseite. Ihre Antwort auf ihre inneren Bedürfnisse ist mehr Arbeit, mehr Sex oder mehr Alkohol.

Du bist nicht getrennt! Du bist nicht frei!

Die Annahme der eigenen Sensibilität ist für einen Mann eine um so schwierigere Aufgabe, als die Gesellschaft ihn nicht dazu ermutigt. Ohne die Annahme dieser Sensibilität, die aus dem tiefsten Inneren kommt, gibt es jedoch keine wahre Männlichkeit. Solange das nicht geschieht, bleiben die Gefühle der Männer Kopien aus der Welt des Weiblichen. Es fehlt die wunderbar feste, irdische Wärme, das Kennzeichen einer integrierten Männlichkeit, in der Entschlossenheit und Sanftheit vereint sind. Eine solche Integration ist allerdings erst dann möglich, wenn ein Mann die Nabelschnur zu seiner Mutter endgültig durchtrennt hat. Der berühmte Held aus *Alexis Sorbas* von Nikos Kanzantzakis erklärt dem Gast, daß er seine Spontaneität und Lebensfreude nicht finden wird, solange die Trennung nicht vollzogen und er nicht frei ist.

«Nein, Chef, du bist nicht frei. Die Leine, an die du gebunden bist, ist etwas länger als die der anderen. Das ist die ganze Geschichte, ... du gehst, du kommst, du glaubst frei zu sein, aber du schneidest die Leine nicht ab. Und wenn du die Leine nicht abschneidest ... Aber kannst du mir sagen, wonach schließlich das Leben schmeckt, wenn du die Leine nicht abschneidest? Nach

Kamillentee, nicht etwa nach Rum, der dich die Welt von der Kehrseite sehen läßt!»[2]

Als Therapeut macht man immer wieder die erstaunliche Feststellung, wie viele unbewußte Anteile lebendig bleiben. Es wäre naiv zu glauben, man könne seinen Affekten entgehen, indem man sie in Arbeit erstickt. Im Gegenteil, man gibt ihnen auf diese Weise nur noch mehr Macht, negative Macht allerdings. Denn wenn wir sie daran hindern, uns das Leben zu geben, indem sie eine Verbindung mit dem Bewußtsein eingehen, dann sind sie immerhin noch in der Lage, uns den Tod zu geben, indem sie uns dazu bringen, uns selbst zu zerstören.

Der liebe Junge hat eine Leere in sich, die kein noch so großer Erfolg ausfüllen kann. Im Gegenteil, solange er Liebe und Bestätigung in solchen Äußerlichkeiten sucht, werden seine Verzweiflung und Depression eher zunehmen. Am Ende wird er keinen Urlaub mehr nehmen und seine gesamte Freizeit verplanen, weil er unbewußt fürchtet, daß sein inneres Kind und die Anima, die nach Aufmerksamkeit gieren, ihn überrennen könnten. Es gibt keine andere Lösung, als selbst die Verantwortung für seine Sensibilität und Kreativität zu übernehmen. Der liebe Junge wird das Schattenkind, das er in sich trägt, annehmen und ihm Ausdrucksmöglichkeiten zur Verfügung stellen müssen.

Beim lieben Jungen sind weibliche Eigenschaften oft überaktiviert. Deshalb hat er Angst, sich in seiner Männlichkeit und Sexualität zu behaupten. Seine Anima sieht nicht nach einer sanften Frau aus, ganz im Gegenteil. Er bleibt ein sanfter Mann aus Angst vor der Kastration, hegt aber insgeheim eine Menge negativer Gefühle gegen Frauen. Durch Sanftmut und Freundlichkeit erkauft er sich seinen Frieden mit der weiblichen Welt, doch seine Anima trägt noch die Züge einer gefräßigen Mutter oder einer Hexe. Solange er sich nicht traut, seinem Mutterdrachen in die Augen zu sehen, wird er zu Beziehungen mit «kontrollierenden»

---

2 Nikos Kazantzakis, *Alexis Sorbas*, Roman, Reinbek: Rowohlt 1955 (S. 337ff.)

Frauen neigen oder sich autoritäre Frauen suchen, stets in der heimlichen Hoffnung, daß sie die Konfrontation mit seiner Mutter wagen und ihn ihren Fängen entreißen.

Die Anima eines Mannes ist stark von der Persönlichkeit seiner Mutter geprägt und hat keine Möglichkeit, sich zu entwikkeln, solange die Trennung von der Mutter nicht vollzogen ist. Ein Mann, der Angst hat, von der Frau zurückgewiesen zu werden, die ihm das Leben schenkte, wenn er es wagt, sich von ihr zu trennen, kann nicht ganz er selbst sein und nicht wirklich lieben. Anders ausgedrückt, ein Mann, der wirklich unabhängig werden will, muß bereit sein, die symbolische Ehe mit seiner Mutter aufzukündigen und sich den damit verbundenen Schuldgefühlen und Gewissensbissen auszusetzen. Früher oder später muß er sich dem Mutterdrachen stellen, auch auf die Gefahr hin, daß er seiner Mama Kummer macht.

Der Zorn des lieben Jungen

Was steckt eigentlich hinter der Überangepaßtheit des lieben Jungen, hinter seinen Schuldgefühlen und seiner Bindungsangst? Dort versteckt sich sein Zorn gegen die Frauen, ein Zorn, der auf die erste Frau seines Lebens zurückgeht: die Mutter. Mit seinem gefälligen Getue täuscht der liebe Junge über seine unbewußte Wut hinweg, die auf die mütterlichen Grenzverletzungen zurückzuführen ist. Ständig wurde in seinen privaten Raum eingebrochen, ob durch Streicheleinheiten oder durch Schläge, und das rief heftigen Widerstand gegen den emotionalen Inzest in ihm wach. Nicht umsonst ist er so ein Geheimniskrämer geworden. Das ist nur der verzweifelte Versuch, seinen privaten Raum gegen den Mutterdrachen abzugrenzen und gegen die Frau, auf die er diesen Drachen projiziert.

Als Reaktion auf die ständigen mütterlichen Grenzüberschreitungen, die er als Verrat an seiner Liebe empfand, hat er sein Herz endgültig verschlossen und sich geschworen, daß er sich nie mehr auf diese Weise mißbrauchen lassen würde. Und jetzt fürchtet er sich, genau wie das brave Mädchen, in sich zu gehen und Kontakt mit dieser Wut aufzunehmen. Sie ist es jedoch, die ihn daran hindert, zu lieben und sich vertrauensvoll einer Frau zu öffnen. Seine Wut muß an den Tag kommen. Und das Schicksal hat da auch noch ein Wörtchen mitzureden.

Tritt eine Frau ins Leben des lieben Jungen mit der großen inneren Leere, dann beginnt die Wut in ihm wieder zu brodeln. Denn die Frau mit ihrem ungeheuren Durst nach Aufmerksamkeit, den er nicht stillen kann, wird enttäuscht sein, und das birgt tatsächlich die Gefahr, daß seine Grenzen und sein privater Raum wieder einmal nicht respektiert werden. Seine Briefe werden gelesen, sein Anrufbeantworter wird abgehört, und zu allem Überfluß beschuldigt man ihn auch noch der Bindungsangst. Und irgendwann wird der Kessel explodieren.

Doch diese gleichsam zwangsweise Wiederholung der Geschichte kann für den lieben Jungen oder das brave Mädchen auch zu einer unverhofften Chance werden. Sie kann dem lieben Jungen seine Grundbedürfnisse bewußtmachen, zu denen auch das Bedürfnis nach einem privaten Raum zählt. Sie kann ihn dazu zwingen, seine Grenzen besser abzustecken und sein gefälliges Getue abzulegen, um sich zu behaupten. Selbstbehauptung ist allerdings etwas anderes als eine Entladung von Wut gegen die Partnerin. Sie beruht vielmehr auf der Verwandlung dieser Wut in eine positive Kraft, selbst wenn diese auf den ersten Blick teuflisch erscheint. Ohne die Kraft des Feuers kann es keine Verwandlung geben, ob man nun Suppe, Sterne oder Menschen machen will.

Durch die Erfahrung mit Henri habe ich übrigens gelernt, die höllischen Gottheiten, die in den Schöpfungsmythen aller Religionen zu finden sind, zu schätzen. Schließlich sind die Teufel Hüter des Lebensfeuers. Ohne ihre hilfreiche Hitze gelingt nichts, und die lieben Jungen bleiben Engel mit gebrochenen Flügeln. Denn wenn dieses innere Feuer im Keller, tief unter der Erde, noch namenloser Zorn ist, ist es im Erdgeschoß schon Lebenswut und in den obereren Etagen die reine Freude am Geschenk des Lebens.

Die vollständige Annahme der Wut bedeutet eine Rehabilitierung der Welt der Gefühle, vor allem der sogenannten negativen Gefühle, die in der allgemeinen Harmonie des menschlichen Wesens eine klare Rolle und Funktion haben. Sie sind stets ein Signal dafür, daß ein Grundbedürfnis nicht respektiert wurde. Ihre Anerkennung erlaubt dem Menschen, das Gefühl seiner Ganzheit wiederzufinden. Die Spaltung zwischen Vernunft und Leidenschaft wird geheilt. Und erst, wenn diese Kluft geschlossen ist, wenn die Liebes- und Empfindungsfähigkeit nicht mehr als Schwäche gilt, findet ein Mensch Zugang zu seinen Gefühlen und Intuitionen, die ihn in seinem Leben leiten können. Erst dann ist die Anima wirklich frei, erst dann kann sie ihre eigentliche Rolle übernehmen.

Das größere Übel wählen

Die Psychologie des lieben Jungen beruht also, kurz gesagt, auf seiner mangelnden Selbstachtung. Ein Gefühl für sich selbst bekommt er nur, indem er in seiner beruflichen und privaten Umgebung nach der Anerkennung sucht, die er braucht, um sich über Wasser zu halten. Deshalb ist er so nett, hat immer Zeit, ist niemals launisch und ein richtiges Arbeitstier. Fehlt ihm einmal diese Anerkennung, sind die Selbstvorwürfe nicht fern. Sie kommen von zwei Instanzen: Erstens von der inneren Mutter, die zu einer tyrannischen Persönlichkeit geworden ist und ständig mehr Freundlichkeit und Vollkommenheit fordert. Und zweitens nutzt der Schattenbruder jeden Moment der Leere, um dem Ich ein Bein zu stellen und es in Mißmut und Depressionen zu stürzen, wobei er mit der Anima im Bunde ist, die ihre Fähigkeiten auf dem Gebiet der Liebe nicht ausüben kann. Die innere Mutter ist eine Verfechterin des Status quo und der althergebrachten Werte. Der feindliche Bruder will die herrschende Ordnung mit aller

Macht stürzen und ein neues Leben erzwingen. Der Konflikt zwischen diesen beiden Instanzen stürzt den lieben Jungen in einen tiefen Zwiespalt, der mit der Zeit seine Widerstandskraft unterminiert und seine Gesundheit angreift.

Wenn er auf den schönen Abel hört, bricht eine Art Schrekkensherrschaft über ihn herein, weil dann auf der anderen Seite der Mutterkomplex seine Stimme erhebt und vollends die Gestalt eines Drachen annimmt. Er droht dem Ich Ehrverlust und Schande an, falls es jemals wagen sollte, seine Kreativität zu behaupten. Gehorcht das Ich jedoch dem Mutterdrachen, ist Verzweiflung sein Los.

Nebenbei sei bemerkt, daß bei Menschen, die in ihrer Kindheit aufgrund des Charakters der Eltern oder wegen familiärer Ereignisse großen Mangel litten, die verinnerlichten Elterngestalten oft ihre archaische oder mythische Form beibehalten, wie sie zum Beispiel im Märchen zu finden ist. Gewöhnlich nehmen diese Gestalten immer menschlichere Züge an, je älter man wird. Doch unter dem Einfluß eines Schocks oder schweren Mangels kommt es bei vielen Menschen zu Verzögerungen in dieser Entwicklung. Deshalb tragen sie diese archaischen Kräfte in sich, die sie zu einem Leben auf Knien zwingen.

Der Konflikt, den wir hier beschrieben haben, ist quälend. Wenn das Ich sich für die völlige Anpassung an die mütterlichen Normen entscheidet und vor der inneren Mutter auf die Knie geht, dann bleibt der Mutterdrache friedlich und sprüht keine Flammen. Doch dieser Friede ist auf Dauer unbefriedigend, denn er wurde auf dem Grab eines toten Kindes errichtet, das eines Tages zurückkehrt und einen nachts heimsucht. Die Ruhe, die man so erkauft, ist eine Friedhofsruhe. Um das zu vergessen, umgibt man sich mit allem Komfort und frönt fleischlichen Genüssen aller Art. Man schickt sich ins Unvermeidliche, wie man so sagt. Im Grunde seines Herzens weiß das Ich, daß das alles ein großer Schwindel ist. Aber jede Veränderung wird auf später verschoben, man ist zwar nicht glücklich, aber tiefunglücklich ist man eben auch nicht.

Wen ein solches Wohlleben abstößt wie Henri, der findet in

der Spiritualität einen Ausweg, über den er gleichzeitig der Mutter und der verletzten Kreativität zu entkommen hofft. Damit umgeht er jedoch das Leben und bleibt in einer Angst gefangen, die den Schattenbruder in einen Höllendämon verwandelt, der alle Laster und alle Sinnlichkeit besitzt. Man sollte Spiritualität nicht mit Lebensangst verwechseln. Wirkliche Spiritualität ist das Leben in seiner schönsten Blüte. Sie kennt keine Angst vor dem Dreck, nicht vor den Abgründen der Erde noch vor der Hitze der Sonne. Sie nährt sich davon. Sie muß sich in Liebe hingeben, und man erreicht sie nicht gegen die Geschlechtlichkeit, gegen den eigentlichen Lebenstrieb. Wenn die Spiritualität die Sexualität nicht in einer großen lebendigen Bewegung annimmt, vertrocknet sie. Dann kann sie zur Dienerin des negativen Mutterkomplexes werden, der das Leben untersagt.

Nur die Kreativität hat die Macht, die Zwänge, den Mangel, die Verletzungen und Feigheiten durch ihr Feuer zu verwandeln. Unter der Bedingung, daß man den Mut findet, sich ihr zu nähern. Tut man das nicht, verliert alles Leiden seine Daseinsberechtigung und ist zu nichts nütze. Dann vergeudet man sein Leben in bitteren Vorwürfen gegen die Eltern. Wer es nicht wagt, sich selbst zu begegnen, wird nie der verborgenen Gnade teilhaftig, die in einer schwierigen Kindheit liegt. Er wird nie erleben, daß diese Schwierigkeiten ihm tiefe Einsichten in sein Innerstes bescheren und ihm so dazu verhelfen können, über sich selbst hinauszuwachsen bis hin zu allerhöchster Lebenslust. Der liebe Junge kann den inneren Konflikt, der ihn außer Gefecht setzt, nur lösen, wenn er von den zwei Übeln (Mutterdrachen und Fegefeuer) das größere wählt: Er muß durch die Hölle gehen. Chaos, Wut, Angst und Schuldgefühle sind die unvermeidlichen, allerdings nur vorübergehenden Konsequenzen dieser Wahl. Das Feuer wird ihn versengen, vielleicht sogar töten. Diese Marter ist nur zu ertragen, wenn man sich immer wieder für ein Leben entscheidet, das nicht auf dem Verrat des Selbst beruht.

Das überschäumende, blühende Leben, froh und offen, ist unsere kostbarste Substanz. Was nützt es dem lieben Jungen, daß alle ihn mögen, wenn er für sich doch jeden Wert verloren hat? Die Achtung für das Lebendige – in uns wie um uns – ist unsere vornehmste Aufgabe. Und selbst wenn wir uns ungeschickt anstellen beim Leben ist das besser als eine vollkommen reglementierte Existenz, die in einem Zwangsregime über das eigene Leben sowie das von anderen besteht, weil man selbst sozusagen psychisch schon tot ist. Wirkliche Schönheit lebt aus der Achtung und Beachtung der Kreativität und ist niemals langweilig. Der psychische Tod kommt als große innere Dürre, die ebenso zuverlässig zerstört wie Hungersnot oder Krieg.

Wenn der Aufruhr der Lebenskräfte keinen Aufschub mehr duldet und alles mit sich zu reißen droht, kann man nichts anderes tun, als sich von den Frühlingsströmen davontragen zu lassen. Endlich bricht das Eis. Früher oder später wird man den Mut aufbringen müssen, seine Sünde wider das Leben zu «beichten» und sich mit seinen Lebensquellen zu verbinden.

8. Überlegungen zur Mutterrolle

Die Scheidung zwischen Mutter und Sohn

Warum ist die Trennung von Mutter und Sohn so wichtig?

Das folgende Kapitel weicht ein wenig von der Hauptrichtung dieses Buches ab. Doch da auf den vorhergehenden Seiten die Mutter-Sohn-Beziehungen im Mittelpunkt standen, will ich hier einige Gedanken zur Mutterrolle anschließen. Und ich hoffe, daß Sie die Sorgen, die ich womöglich hervorgerufen habe, wieder beiseite legen können.

Ein Mann um die fünfzig Jahre berichtete in einem Workshop über Mutter-Sohn-Beziehungen von dem enormen Druck seitens seiner Familie, den Eltern eine Wohnung in seinem Haus einzurichten, die direkt über seiner eigenen lag. Er konnte sich einfach nicht dazu durchringen und versuchte, die Gründe für sein Zögern herauszufinden. Schließlich sagte er: «Eigentlich fürchte ich nicht so sehr, daß meine Eltern in der oberen Wohnung wohnen, ich habe nur Angst davor, daß mein Vater stirbt und ich mit meiner Mutter allein bleibe. Die Vorstellung von meiner Mutter, die genau über mir wohnt, verfolgt mich. Ich bin unfähig, ihnen zuzusagen, und genausowenig kann ich ihnen absagen!»

Dieser Mann wollte eine Wiederholung der Konstellation aus seiner Kindheit vermeiden, als die starke Dominanz seiner Mutter ihn bedrückte und es ihm erschwerte, zum Mann zu werden. Daraus läßt sich leicht ablesen, daß er trotz seiner fünfzig Jahre noch immer nicht ganz von der Mutter getrennt ist und weiterhin unter dem Einfluß des Komplexes steht. Was ist zu tun, um ein solches Drama zu verhindern?

Die Scheidung von Mutter und Sohn: ein Opfer

Wenn Kinder sich als Jugendliche oder zu Beginn des Erwachsenenalters von ihrer Mutter trennen, wird das im allgemeinen stillschweigend übergangen. Diese Trennung ist weder Gegenstand eines Rituals noch einer Diskussion oder erhielte sonst eine Art von Beachtung. Es werden keine Liebesworte ausgetauscht und schon gar kein Bedauern. Alles bleibt unter dem Deckmantel des Schweigens und soll sich wie durch Zauberei auflösen. Tut es aber nicht. Der Sohn lebt in der Mutter fort und die Mutter im Sohn. Das geschieht in Form von günstigen oder schädlichen Mechanismen, die so lange greifen, bis sie bewußt werden. Die Trennung verursacht auch tiefes Leid auf beiden Seiten, denn eine Bindung wird geopfert. Doch die Gesellschaft, die dieses Opfer einfach übersieht, verdammt die Frau wie den Mann, die doch weiterleben und sich ein jeweils eigenes Leben schaffen sollen, dazu, ihre alten Rollen zu wiederholen und auf ewig Mutter und Sohn zu bleiben.

Wenn zwischen zwei Menschen einmal eine so enge Beziehung bestanden hat, sind sie für ihr ganzes Leben miteinander verbunden und müssen bewußt daran arbeiten, schädliche Entwicklungen zu verhindern. Selbst wenn sie seit vielen Jahren nicht mehr zusammenleben, selbst wenn sie nie miteinander sprechen oder nur, um sich über Belanglosigkeiten zu unterhalten, besteht das Band zwischen Mutter und Sohn im Unbewußten weiter fort. Auch die Kindheit übt von dort ihren Einfluß aus und macht sich in jedem Moment unseres Lebens durch Ideen, Gefühle und Verhaltensweisen geltend, die wir, ohne uns darüber Rechenschaft abzulegen, blindlings übernehmen.

Noch einmal: Mütter sollten sich bewußt machen, wie schwierig der Übergang vom Sohn zum Mann ist – vor allem, wenn der Vater wie fast überall die meiste Zeit zu Hause fehlt. Sie müssen akzeptieren, daß ihr Sohn nicht ihr Partner sein kann, weder Freund noch Geliebter. Trauerarbeit ist nötig. Sie müssen lernen, ihren Sprößling gehen zu lassen und sich ihrem eigenen

Leben zu stellen. Sie sollten nicht versuchen, ihre Einsamkeit dadurch auszugleichen, daß sie sich beim Sohn unentbehrlich zu machen versuchen.

Die Trauer scheint Müttern schwerer zu fallen, als es auf den ersten Blick den Anschein haben mag. In meinen Seminaren, die speziell für Mütter von Söhnen gedacht waren, konnte ich feststellen, welche großen Probleme sie haben, die Frau von der Mutter in sich zu trennen. Ihre Wünsche und Neigungen als Frau wiederzufinden war eine leichte Übung, aber sie hätten ihre Söhne gerne als nahe Vertraute und Komplizen dieser Entwicklung dabeigehabt. Mein Eindruck war, sie wollten von ihren Söhnen in einer Weise wahrgenommen und anerkannt werden, wie sie unter Verliebten üblich ist.

Eine dieser Mütter, eine sehr attraktive Frau, wollte ihrem dreißigjährigen Sohn den Briefwechsel zukommen lassen, den sie mit ihrem Mann und ihren Liebhabern geführt hatte. Es war ihr Wunsch, noch vor ihrem Tod von ihrem Sohn «anerkannt» zu werden. Sie beklagte sich über dessen Widerstand gegen eine solche Annäherung, der sich in der unveränderlichen Antwort: «Du wirst immer meine Mutter sein» ausdrückte. Offensichtlich verteidigte er damit die Schranke zum emotionalen Inzest. Aber man kann sich auch vorstellen, wie schwer es fällt, den Mann, den man am meisten geliebt und dem man am meisten gegeben hat, in ein unabhängiges Leben zu entlassen. Dieser Aspekt des mütterlichen Dramas wird sicher zuwenig berücksichtigt, was allerdings daran liegt, daß man nicht darüber spricht.

Ebenso tabu ist in unserer Gesellschaft das körperliche Begehren, das Mütter ihren Söhnen gegenüber empfinden. In der Gruppe konnte ich bei vielen Müttern solche Wünsche oder Phantasien feststellen. Das verdrängte Begehren kommt übrigens oft in dem Moment an die Oberfläche, in dem der Sohn seine erste Freundin hat und seine ersten sexuellen Erfahrungen macht. Mehrere Mütter haben mir gestanden, es wäre ihnen lieber gewesen, die Freundin ihres Sohnes nicht kennenzulernen. Die von seiten der Mutter nicht gelöste inzestuöse Bindung ist sicher eine

Hauptursache für die nicht selten auftretenden Probleme zwischen Müttern und Schwiegertöchtern. Weil über das alles nicht gesprochen wird, gelingt es den Söhnen in den seltensten Fällen, ihre Mutter auf anständige Art zu verlassen, besonders dann, wenn sie ihr den Ehemann ersetzen mußten. Der Bruch vollzieht sich entweder unter großem Getöse oder in höflichem Schweigen. Die Anzahl der Kilometer, die zwischen Sohn und Mutter liegen, spricht meist Bände über den Umfang des ungelösten Problems und das Ausmaß der unausgesprochenen Aggression.

Um zu verhindern, daß die notwendige Scheidung eine solche Form annimmt, muß eine Mutter bereit sein, ihren Sohn seinen eigenständigen Weg gehen zu lassen, sobald er das vierzehnte Lebensjahr erreicht hat. Damit er seinen Mutterkomplex besiegen und sich seinen Platz in der Welt schaffen, zu persönlicher Entfaltung und Selbstausdruck gelangen kann, darf sie ihn nicht in seiner natürlichen Neigung zu dem Glauben bestärken, das Leben sei immer leicht und unproblematisch. Er muß seine Angst überwinden und Schwierigkeiten mit beiden Händen anpacken lernen. Dazu bedarf es einer Charakterstärke, die man nur in der Auseinandersetzung mit widrigen Umständen erwirbt. Deshalb sollte sich die Mutter ab einem gewissen Zeitpunkt soviel Zurückhaltung wie möglich auferlegen, damit ihr Sohn seine Kräfte auch an der Kehrseite des Schicksals erproben kann. Es ist nämlich nicht, wie gemeinhin angenommen, Stärke, die Männer antreibt, sondern viel häufiger Angst – vor Schlägen, vor der Niederlage oder Angst, sich mit Stärkeren messen zu müssen. Doch Mut erwirbt man nicht, indem man sich unter Mutters Rockzipfeln verkriecht.

Tatsache ist, daß die Initiation zum Mann, die immer mit dem Verlust der Unschuld einhergeht, nicht durch die Mutter erfolgen kann. In dem Märchen *Eisenhans*[1] liegt der Schlüssel zur Männlichkeit unter dem Kopfkissen der Mutter. Der Sohn kann sie

---

1 Siehe zu diesem Märchen auch das Buch des amerikanischen Dichters Robert Bly, *Eisenhans. Ein Buch über Männer*, München: Kindler 1991, und meine Deutung in: *Abwesende Väter, verlorene Söhne*, a. a. O.

nicht darum bitten, er muß ihn ihr stehlen. Das ist sicher ein Grund, weshalb Söhne so viele Geheimnisse vor ihrer Mutter haben: Sie wissen, daß sie sie sonst um den Schlaf bringen würden. Also versuchen sie sich einen privaten Raum zu schaffen, in dem ihre Männlichkeit gedeihen kann. Ideal wäre natürlich, wenn der Vater dabei anwesend sein könnte. Ist er es aber nicht, sollte die Mutter die Geheimniskrämerei ihres Sohnes respektieren, sofern sie nicht ausufert.

Kinder müssen ihr Leben leben und ihren eigenen Weg gehen, den die Mutter, so schwierig das auch sein mag, ihnen so früh wie möglich und so häufig wie möglich freigeben sollte. Das wird ihr um so schwerer fallen, als sie der Überzeugung ist, daß sie ihrem Kind diesen Weg gebahnt hat, indem sie ihm das Beste gab, was sie hatte: ihre Liebe, um es zu leiten, zu heilen und zu bemuttern.

Die Konflikte lassen sich auch dadurch entschärfen, daß die Mutter davon absieht, zwischen Vater und Kindern zu vermitteln, und den Aufbau einer Kommunikation ihnen überläßt. Sie sollte keine Angst davor haben, den Sohn zu seinem Vater zu schicken, wenn es um Dinge geht, die dieser ihm besser erklären kann. Das Ergebnis wird sie verblüffen.

Fassen wir also zusammen: Es wäre gut, wenn Mütter damit aufhören könnten, sich ständig Sorgen zu machen und immer das Schlimmste vorherzusehen, wenn sie lernten, sich zu lösen und loszulassen. Sie sollten sich die Großmutter zum Vorbild nehmen, deren Enkel seinen Schlitten unbedingt alleine einen vereisten Hang hinaufziehen wollte. Obwohl er immer wieder stürzte, weigerte er sich, ihre Hilfe anzunehmen. Schließlich gab sie nach und ließ ihn gewähren. «Ich hab's geschafft, Oma, ich hab's geschafft!» rief er, als er endlich oben war, und schenkte ihr als Dank ein triumphierendes Lächeln. Wenn sie seine Mutter gewesen wäre, gestand sie mir später, hätte sie nicht genug Abstand gehabt, ihn so gewähren zu lassen. Und hätte auf sein Siegerlächeln verzichten müssen. Manchmal ist es gar nicht schlecht, vor der Zeit Großmutter zu spielen.

Wenn Kinder sich zu Hause einnisten

Die notwendige Trennung zwischen Eltern und Kindern ist heute, in Zeiten wirtschaftlicher Rezession, fehlender Arbeitsplätze und hoher Studienkosten nicht leichter geworden. All diese Faktoren veranlassen viele Söhne und Töchter dazu, möglichst bei den Eltern zu wohnen oder sogar nach ihrem Auszug wieder zurückzukommen. In manchen Fällen kommt es der Mutter gerade recht, wenn das unvermeidliche Opfer und die unangenehme Konfrontation mit dem leeren Nest auf später verschoben werden. Andere Frauen, die sich schon von der Hausarbeit befreit sahen und sich freuten, endlich ihre Schürze ablegen zu können, werden dazu gezwungen, ihre Rolle über Gebühr zu verlängern. Psychologisch ist es jedenfalls kein Gewinn, zu lange Mutter oder Kind zu bleiben. Es schadet der Autonomie beider Seiten. Besonders Söhne neigen dazu, sich von den Annehmlichkeiten bestechen zu lassen, die ein Zuhause mit Dienstbotin bietet: Man kommt in eine aufgeräumte Wohnung, wo saubere Wäsche und ein warmes Essen auf einen warten. Das scheint ihnen selbstverständlich. Sie bedenken nicht, daß jemand seine Bedürfnisse opfern muß, um sie mit solchen Aufmerksamkeiten zu verwöhnen. Genau wie Generationen von Männern vor ihnen halten sie Dienen für die natürliche Aufgabe von Frauen. In solchen Fällen müssen Frauen den Mut haben, sich ihrer Familie zu widersetzen und die Hausarbeit aufzuteilen. Wenn schon keine räumliche Distanz möglich ist, muß man sie wenigstens auf der psychischen Ebene schaffen, indem man neue Verhaltensweisen im familiären Rahmen einführt.

Wenn die Kinder sich nicht an der Umstrukturierung der Hausarbeit beteiligen und das Ihre dazu beitragen wollen, bleibt immer noch die Möglichkeit – in den Augen der Mutter sicher die brutalste –, sie vor die Tür zu setzen. Diese Maßnahme ist eigentlich tabu und wird die Mutter in tiefste Schuldgefühle stürzen. Schuldgefühle aber sind der Tribut, den man entrichten muß, um sich vom Joch der Geschichte zu befreien.

Wenn das Verhältnis der Kinder zur Mutter sich so weit abkühlt, daß sie nur noch mit ihr reden, wenn sie Geld brauchen, und sie total ausnützen, dann ist es höchste Zeit für die Mutter, sich ihren Ansinnen zu verweigern und ihr eigenes Leben wieder in die Hand zu nehmen. Je mehr sie sich aber in so einer Situation an die Kinder klammert, desto größer die Verletzungen. Die Kinder werden von selbst wieder auf sie zukommen, sobald sie autonom genug sind. Und sobald die Mutter ihrerseits sich selbständig gemacht hat und wieder mehr Eigenleben führt. Sie muß sich nur darüber im klaren sein, daß das einige Jahre dauern kann. Oft müssen die Söhne erst dreißig werden, um sich an ihre Eltern zu erinnern und daran, daß Eltern auch Menschen sind.

Eine Mutter muß immer wieder kämpfen: Sie muß darum kämpfen, mit der Frau in sich in Kontakt zu bleiben. Sie muß gegen den Archetyp Mutter kämpfen, sie muß gegen das Patriarchat, gegen die Vorurteile der Gesellschaft, manchmal sogar gegen den eigenen Mann kämpfen und am Ende noch gegen die Kinder, die sich nur zu gern zu Hause einnisten wollen. Und oft suchen sie obendrein nach Gründen, ihrer Mutter Unzulänglichkeiten vorzuwerfen oder sie zu hassen, weil sie sich anders nicht von ihr lösen können. Warum ihnen nicht gleich handfeste Gründe liefern? Das funktioniert genauso wie das Ende einer Partnerschaft: Auch wenn beide fest entschlossen sind, freundschaftlich auseinanderzugehen, wird es wahrscheinlich Streit geben müssen, damit sie die Trennung schaffen. Die Aggression erscheint hier als natürliche Distanzierungshilfe. Deshalb sollten Mütter die Vorwürfe, mit denen die Kinder sie zur Zeit der Trennung überhäufen, nicht allzu persönlich nehmen.

In jedem Fall sollte man bedenken, daß eine gelungene Trennung der persönlichen Bereiche von Mutter und Sohn die beste Voraussetzung für ihre späteren Beziehungen darstellt. Im vergangenen Jahr besuchte ich ein befreundetes Ehepaar im brasilianischen São Paulo, das auf demselben Grundstück wohnt, auf dem auch die Eltern des Mannes ihr Haus haben. Beide Häuser sind nur durch einen schmalen Gang getrennt. Daß es in dieser

Metropole kaum Bauplätze gibt und wenn, dann nur zu horrenden Preisen, erklärt eine solche Nähe zur Genüge. Mir war jedoch unwohl dabei, und als Psychoanalytiker, der ich nun einmal bin, konnte ich nicht umhin, diese Nähe als Zeichen einer schlecht durchtrennten Nabelschnur zu deuten. Als ich mich endlich dazu entschloß, meinen Freund darauf anzusprechen, brach er in schallendes Gelächter aus. «Die Nordamerikaner spinnen alle», sagte er schließlich. «Sie glauben, die Symbiose geht weiter, wenn man nah bei seiner Mutter wohnen bleibt, aber wenn man weit weg zieht, ist alles in Ordnung. Zwischen meinen Eltern und mir sind die Grenzen genau definiert. Sie würden, obwohl die Häuser nebeneinanderstehen, nie einen Kommentar dazu abgeben, wie ich meine Ehe führe, und sie würden es sich nicht erlauben, an meine Tür zu klopfen, ohne vorher anzurufen.»

Wenn die Kinder fort sind

Je ausschließlicher eine Frau ihre Identität auf die Mutterschaft gegründet hat, desto bitterer ist es für sie, wenn die Jungen ausgeflogen sind und sie mit dem leeren Nest zurückbleibt. Jetzt, wo ihre Kräfte nachlassen und sie die Unterstützung derer, die sie so sehr geliebt und für die sie gearbeitet hat, am meisten bräuchte, wird sie aufs Abstellgleis geschoben. Als Gefangene ihrer Mutterrolle macht sie daher das Leben ihrer Kinder zu ihrem eigenen, verfolgt deren Irrungen und Wirrungen und versucht darin immer wieder eine Rolle zu spielen. Diese Mutter hat ihre Individualität verloren; ihr Eigenleben wurde vom Archetyp verzehrt.

Ich meine, wir sollten unsere Mütter in ihrem Schicksal voller Mitgefühl annehmen. Es ist ein Schicksal, das ihnen die Geschichte vorgezeichnet hat und über das wir uns Gedanken machen sollten. Man kann sich den Archetyp «Mutter», der das größte Selbstopfer verlangt, als ein Land vorstellen, in dem sich eine Frau zeitweise aufhält. Auch wenn es sie mit all seinen Gaben nährte, wird sie sich eines Tages bereit finden müssen, es zu verlassen und ihre eigene Entwicklung fortzusetzen. Sie muß durch die Trauer, Verzweiflung und Niedergeschlagenheit einer Mutter gehen, deren Karriere vorbei ist, um einen Schlußstrich zu ziehen und als Frau wiedergeboren zu werden.

Spätestens wenn die Kinder aus dem Haus sind, ist der Zeitpunkt gekommen, an dem eine Mutter Bilanz zieht. Statt sich in Selbstkritik und Schuldgefühlen zu ergehen, sollte sie lieber würdigen, was sie für ihre Kinder getan hat. Ob es nun zuviel war oder zuwenig – sie sollte achten und schätzen, was sie erreicht hat. Wenn sie in Gedanken noch einmal all die Opfer durchgeht, die sie als Mutter bringen mußte, sollte sie sich selbst gegenüber eine positive und nachsichtige Haltung einnehmen. Die beste Einstellung besteht auch hier darin, frühere und aktuelle Probleme als Prüfungen anzusehen, die der Selbsterkenntnis dienen. Um die Frau in sich wiederzufinden, hilft es oft, den Weg der kleinen Freuden zu nehmen. Jede Frau hat auch eine Kinderseele in sich, die sich ausleben und spielen will. Und über den Weg der kleinen Alltagsfreuden, die nichts kosten, aber das Herz erwärmen, findet die Frau nach und nach wieder zu sich selbst. Die Zeit der Opfer ist vorbei. Die Zeit ist gekommen, in der sie an sich selbst denken darf, auch wenn eine ganze Kultur ihr das viele Jahre lang verboten hat.

Das Glück einer Frau, die wieder zu sich selbst gefunden hat, ist die sicherste Voraussetzung dafür, daß die Wiederanknüpfung der Beziehungen zu den erwachsenen Kindern gelingt. Es ist der beste Weg zur Versöhnung.

Alleinerziehende Mutter – die Quadratur des Kreises

Abwesender Vater, verlorener Sohn ...?

In Frankreich ist mir mehrfach vorgeworfen worden, schon der Titel meines ersten Buches, *Abwesende Väter, verlorene Söhne*, provoziere Schuldgefühle und sei eine Beleidigung für alle Frauen, die ihre Söhne alleine großziehen. So hatte ich, obwohl ich nur die Väter zu etwas mehr Verantwortung aufrufen wollte, Unsicherheit unter den Müttern verbreitet. Ihre Fragen und die echte Besorgnis, die ich bei ihnen spürte, veranlaßten mich, die folgenden Überlegungen zu formulieren. Kurzgefaßt wollten die Mütter von mir wissen: Stimmt es, daß eine alleinerziehende Mutter nichts für die Männlichkeit ihres Sohnes tun kann? Oder, positiver ausgedrückt: *Was kann eine alleinerziehende Mutter tun, um ihre Söhne bei der Entwicklung einer männlichen Identität zu unterstützen?*

Eine Mutter, die ihre Kinder alleine großzieht, hat zunächst einmal zahlreiche Probleme zu lösen. Wenn sie außer Haus arbeitet, fürchtet sie, daß sie sich zuwenig um ihre Kinder kümmern kann. Bleibt sie zu Hause, denkt sie, es sei besser, arbeiten zu gehen, damit sie mit ihren Kindern nicht in Knappheit leben muß und sie nicht hinter anderen zurückstehen müssen. Wenn sie sich überfordert und vergißt, neue Kräfte zu tanken, besteht die Gefahr zu großer Nachsicht oder zu großer Strenge, so daß die Söhne entweder tun und lassen können, was sie wollen, oder gegen zu viele, zu enge Grenzen stoßen. Wenn sie als Frauen oft in ihren Wünschen und Ambitionen enttäuscht wurden, neigen sie als Mütter dazu, sich von ihren Söhnen abhängig zu machen, um ihre eigenen emotionalen Bedürfnisse zu befriedigen – mit allen Konsequenzen, von denen schon die Rede war. Wenn man das alles bedenkt, ist es nicht verwunderlich, daß viele Mütter sehr unsicher sind, was die Erziehung ihrer Söhne anbelangt. Sie widmen sich dieser Aufgabe mit viel Liebe und Großzügigkeit, sind aber sehr empfindlich angesichts der kleinen und großen Probleme, die immer wieder auftauchen. Ich glaube, die folgenden Verhaltensweisen könnten hilfreich sein.

Von Zeit zu Zeit Urlaub nehmen

Ich habe schon erwähnt, daß der Sohn, um sich entfalten zu können und seinen Platz in der Welt zu erobern, Charakterstärke braucht, die man nur in der Auseinandersetzung mit den Widrigkeiten des Lebens erwirbt. Die Abwesenheit der Mutter, auch wenn sie nur kurz ist, stellt die erste Prüfung dar, mit der sich der Sohn konfrontiert sieht. Das ist seine erste Niederlage, die erste Grenze, die seinem Allmachtsgefühl gesetzt wird. In der besten aller möglichen Welten wird der Vater, der an der entscheidenden Triangulierung Vater–Mutter–Kind mitwirkt, seinem Sohn die Lehre der Enttäuschung erteilen. Aber auch eine Frau, die mit ihren Kindern alleine lebt, ist in der Lage, ähnliche Bedingungen herzustellen, zumindest was die Frustration angeht, und zwar indem sie, wie die Psychoanalytikerin Françoise Dolto es nennt, einen «symbolischen Dritten» erschafft.

Dabei geht es im wesentlichen darum, eine Aktivität zu wählen, die die Mutter dazu zwingt, sich regelmäßig für mehr oder weniger lange Zeitspannen von ihrem Kind zu trennen. Das kann eine Arbeit sein, ein Zeitvertreib, eine Liebesbeziehung oder ein Freundeskreis. Wichtig ist nur, daß die Befriedigung, die sie daraus zieht, ihr dabei hilft, das Schuldgefühl zu ertragen, das aus dieser Trennung resultiert. Man darf es natürlich nicht übertreiben und sollte versuchen, das Gleichgewicht zu wahren. Das Prinzip ist immer das gleiche: Soweit es in vernünftigem Maße erfolgt und die schädlichen Folgen der Mutter-Sohn-Fusion mindert, ist alles, was für die Frau gut ist, auch gut für das Kind.

An diesem Punkt sollten wir uns ins Gedächtnis rufen, daß das Schlimmste, was einem Kind passieren kann – außer gar keinen Eltern –, ein Zuviel an elterlicher Zuwendung und Bevormundung ist. Ebenso wie der Sohn nicht alles Erdenkliche tun sollte, nur um seiner Mutter zu gefallen, darf eine Mutter sich nicht ständig darum bemühen, alles «richtig zu machen». «Ich muß schon zugeben, ich bin ganz froh, wenn er zu seinem Vater geht», hat mir eine Mutter nach einem Gespräch über die Beziehung zu ihrem Jungen einmal anvertraut. In diesem Geständnis fing ihr Frauenherz wieder an zu schlagen ... und ihrem Sohn ging es darum nicht schlechter, im Gegenteil!

Zulassen, daß der Sohn dem Vater gleicht

Wir wissen, daß Kinder bemuttert und bevatert werden müssen. Männlichkeit braucht Männlichkeit, und Weiblichkeit braucht Weiblichkeit. Also müssen wir dafür Sorge tragen, daß Kinder ausreichend Umgang mit für sie wichtigen Menschen beiderlei Geschlechts haben. Es kommt vor, daß eine Mutter unter dem Schock der Trennung ihren Sohn lieber von seinem Vater fernhält oder ihn überhaupt vor männlichem Einfluß abschottet, den er jedoch dringend braucht, um zu seiner Identität als Mann zu finden. Das ist ungünstig für den Sohn und sollte der Mutter die Notwendigkeit vor Augen führen, ihre Probleme mit dem Ex-Partner zu regeln – soweit es ihr möglich ist, natürlich – und auch das Verhältnis zu ihrem Vater noch einmal zu überdenken. Denn solange sie ihre Schwierigkeiten mit den Männern, die sie einst liebte und nun nicht mehr liebt, nicht in den Griff bekommt, wird sie bei ihrem Sohn zur Ablehnung von Verhaltensweisen und Neigungen tendieren, die sie an diese Männer erinnern. Mit anderen Worten: Sie wird nicht zulassen können, daß ihr Sohn seinem Vater oder Großvater ähnelt, was jedoch unvermeidlich ist.

Ein solches Verhalten kann für das Kind schwerwiegende Folgen haben. Denn wenn die Mutter den Vater offen schlechtmacht (und umgekehrt), gerät das Kind in einen ernsthaften Loyalitätskonflikt. Es verhält sich dann dem einen Elternteil gegenüber so und dem anderen gegenüber anders – ein Verhalten, das seine tiefe innere Spaltung verrät und ein schlechtes Omen für die Zukunft ist. Wenn es jedoch feststellt, daß seine Eltern trotz der Trennung kooperieren können, daß eine Art von Liebe und Freundschaft die Trennung überdauert, dann ist es beruhigt. Deshalb sollten Eheleute unterstützt und ermutigt werden, ihre Differenzen beizulegen und ihre Konflikte gütlich zu regeln. Wenn das nicht gelingt, sollten sie wenigstens bedenken, wie gefährlich es ist, die Zuneigung eines Kindes für den abwesenden Elternteil zu mißachten. Ganz gleich, wie sehr der Vater die Mutter verletzt haben mag, wie sehr er vielleicht gegen richtige Normen verstößt, sein Sohn liebt ihn, und wenn keine moralische oder physische Gefährdung von ihm ausgeht, sollte man versuchen, den Kontakt zwischen den beiden zu ermöglichen.

Darauf achten, wie man vom Vater spricht

Wie wichtig es ist, auf welche Weise vom abwesenden Vater gesprochen wird, welche Qualitäten ihm zugeschrieben und welche Namen ihm beigelegt werden, geht klar aus Untersuchungen an Söhnen von Witwen hervor.[2] Obwohl sie ihre Väter kaum gekannt haben, schnitten sie besser ab als Scheidungswaisen. Das ist nicht schwer zu erklären: Witwen neigen dazu, ihren verstorbenen Mann zu idealisieren und nur die guten Dinge im Gedächtnis zu behalten. Ihre Sätze beginnen oft mit den Worten: «Als dein Vater noch lebte ...», und lassen auf diese Weise nach und nach ein positives Bild des Vaters entstehen, das von ihrem Sohn übernommen wird. An die Stelle des Vaters tritt somit eine innere Leitfigur, die das Kind unterstützt und begleitet und ihm seine Legitimation verleiht.

Ein Mann, der ohne Vater in einem kleinen Dorf aufgewach-

2 Siehe Henry B. Biller, «Fatherhood: Implications for child and adult development», in: Benjamin B. Wolman (Hg.), *Handbook of Developmental Psychology,* Englewood Cliffs (New Jersey): Prentice-Hall 1982.

sen war, erzählte mir, er sei immer sehr stolz darauf gewesen, daß er von seinem Vater nur Gutes gehört habe. Dieser Mann hatte, obwohl er heute geschieden ist, nie Probleme mit dem Vatersein, und seine zwei Töchter standen für ihn immer an erster Stelle.

Die Achtung der beiden Ex-Partner voreinander spielt eine entscheidende Rolle bei der Entstehung positiver Bilder von Männlichkeit und Weiblichkeit, auf denen das Kind seine Identität errichten kann. Denn für das Kind bleiben die Eltern trotz ihrer Trennung ein Paar und damit das Vorbild für Einheit, Kooperation und Komplementarität, das es sein ganzes Leben lang begleiten wird. Nicht die Scheidung ist für das Kind die Katastrophe, sondern das, was manche Eltern aus ihrer Trennung machen. Gegenseitiger Respekt bleibt eine der besten Richtschnüre für ihr Verhalten.

Zuerst an das Wohl des Kindes denken

Wenn die Eltern es schaffen zu kooperieren, dann scheint nach allen Modellen, die das Kindeswohl in den Vordergrund stellen, ein gemeinsames Sorgerecht wünschenswert. Sonst ist es besser, einem der beiden Elternteile das alleinige Sorgerecht zu übertragen, damit das Kind nicht zur Geisel eines Nach-Ehekrieges wird. Die große Kinderpsychoanalytikerin Françoise Dolto empfiehlt auch in solchen Fällen, die Söhne dem Vater und die Töchter der Mutter zuzusprechen, damit die Geschlechtsidentität, die auf der Beziehung zum gleichgeschlechtlichen Elternteil beruht, nicht in ihrer Entwicklung beeinträchtigt wird. Die Dinge werden für das Kind sehr viel leichter, wenn das Sorgerecht flexibel gehandhabt wird und die Eltern nicht allzuweit entfernt voneinander wohnen.

Kinder können auch unter sehr schwierigen Verhältnissen gut gedeihen, sofern sie sich der Liebe beider Eltern sicher sind. Ich lernte einmal ein zehnjähriges Mädchen kennen, das mit drei vom Vater getrennt worden war und bei seiner Mutter lebte, die fünf Jahre lang einen anderen Partner hatte und dann mit ihrer Tochter allein blieb. Dieses Mädchen ist meiner Meinung nach zu einem Muster an Empfindsamkeit und Kreativität geworden. Es war sehr eigenständig und hatte keinerlei Schwierigkeiten, Beziehungen zu anderen Menschen herzustellen, ohne sich zu verbiegen. Die Turbulenzen seines Lebens, die Umzüge von einer Wohnung zur anderen, den Wechsel von einem Vater zum anderen, waren anscheinend spurlos an ihm vorübergegangen. Und was war das Geheimnis? Die Liebe seines Vaters und seines Stiefvaters. Diese beiden rissen sich förmlich um das Kind, das sich geliebt und erwünscht fühlte, wohin es auch kam. Es war stets willkommen und fühlte sich überall wohl. Die Kooperation zwischen ihrer Mutter und deren Ex-Partnern war beispielhaft. Alle hatten sich offenbar der Situation gut angepaßt und das Wohl des Kindes zu ihrem Hauptanliegen gemacht. Das Kind mußte sich nie zurückgewiesen oder für die Trennungen seiner Mutter verantwortlich fühlen, im Gegenteil, es konnte sicher sein, daß es geliebt wurde. Daher sein großes Vertrauen.

Die Dinge auf eigene Art regeln

Die geistige Unabhängigkeit der alleinerziehenden Mutter – vor allem von ihrem Herkunftsmilieu – ist, auch das haben Untersuchungen ergeben, ein weiterer wichtiger Faktor für eine erfolgreiche Kindererziehung.[3] Je weniger sie sich verpflichtet sieht, alles genauso zu machen wie ihre Mutter, desto besser für die Kinder. Dann kann sie frei entscheiden, welche Art der Erziehung und Kooperation ihrer Situation am besten gerecht wird, auch wenn das nichts mit dem zu tun hat, was in ihren Kreisen früher üblich war.

---

3 Siehe C. G. Jung, *Von den Wurzeln des Bewußtseins. Studien über den Archetypus*, (Psychologische Abhandlungen 9), a. a. O.

Die Mutter sollte in Kontakt mit sich selbst bleiben und die Dinge auf ihre Art regeln. Sie sollte sich von niemandem ein bestimmtes Verhalten gegenüber ihren Kindern oder ihrem Ex-Mann einreden lassen. Kurz gesagt: Das Wohlergehen ihrer Kinder sollte ihr wichtiger sein als der Stolz oder das Ansehen ihrer Familie.

Den Kindern vertrauen

Man sollte nicht versuchen, alle Löcher zu stopfen, kaum daß sie aufgetaucht sind, sondern lieber offen mit den Kindern über Probleme sprechen und sie ihre eigenen Lösungen finden lassen. Sie können besser mit einer bewußten Enttäuschung als mit Unausgesprochenem leben, denn Enttäuschung ist die Quelle der Kreativität. Das folgende Beispiel, die Aussage einer Siebzigjährigen, die ihre drei Söhne nach dem Tod ihres Mannes allein großziehen mußte, faßt das bisher Gesagte zusammen.

Als mein Mann starb, war der älteste meiner drei Söhne dreizehn Jahre alt, der jüngste sechs. Es war ein furchtbarer Schock. Von einem Tag auf den anderen mußte ich eine Arbeit annehmen, damit wir etwas zu essen hatten. Mir war bewußt, was die Kinder brauchen, wenn ihnen der Vater fehlt, also habe ich folgende Maßnahmen ergriffen: Zuerst machte ich eine Liste der Männer meiner Familie und der meines Mannes, die eine Ersatzrolle bei meinen Söhnen übernehmen könnten. Ich verlangte keine dauernde Anwesenheit, aber eine Beständigkeit auf lange Sicht. So bekam jeder meiner Jungs eine Art Vormund, der von Zeit zu Zeit etwas Nettes mit ihm unternahm.

Ich sagte zu meinen Jungs: «Euer Vater ist tot, und ihr braucht einen Vater, also werdet ihr euch Männer suchen, die diese Rolle übernehmen können!» Statt Angst vor Pädophilen zu haben, habe ich meine Söhne ermutigt, sich an Lehrer, Trainer oder andere ältere Männer zu binden. So gut ich konnte, habe ich versucht, ihre Männerfreundschaften und ihre Teilnahme an organisierten Gruppen wie den Pfadfindern oder dem Baseballclub zu unterstützen. Das hat im großen und ganzen, finde ich, recht gut funktioniert. Heute sind meine Söhne verheiratet und haben ein gutes Auskommen.

Das Großartige an dieser Frau ist, daß sie nicht einfach die ganze Verantwortung auf ihre Schultern nahm und ihre Kinder wie leblose Gegenstände behandelte. Sie machte sich bewußt, welch fundamentalem Mangel ihre Söhne ohne den Vater ausgesetzt waren, aber sie vertraute auf deren Fähigkeit, diese Leere auch selbst aufzufüllen. Sie überwand sogar die verständliche Angst, daß ihnen Schlimmes widerfahren könnte, was ein weiterer Beweis ihres Vertrauens in ihre Kinder ist. Anders ausgedrückt: Sie wollte nicht, daß die weitere familiäre und befreundete Umgebung sich aufgrund ihrer persönlichen Ängste auf sich selbst zurückzog.

Eine Mutter sollte sich – ganz gleich, in welcher sozialen Position sie sich befindet – darum bemühen, in allen Belangen eine angemessene Einstellung zu finden. Sie sollte empfänglich sein für den Schmerz des Kindes und ihm dennoch die Zeit lassen, eine Enttäuschung und dann das Glück zu erleben, daß es auf schöpferische Weise seine Bedürfnisse selbst befriedigen konnte. Sie sollte sich an die Frau in sich selbst erinnern und ihr die Chance geben, ihren Wünschen nachzukommen und zu überleben – trotz der hohen Anforderungen, die die mütterlichen Pflichten an sie stellen. Kinder folgen den Ratschlägen ihrer Eltern nicht immer, aber das lebendige Beispiel einer mutigen Mutter mit junggebliebenem Herzen vergessen sie nie.

Die Versöhnung

Die Zeit der Versöhnung zwischen Mutter und Sohn steht anfangs oft unter dem Banner der Vorwürfe. Vorwürfe, die die Mutter kaum ertragen kann. Da sie schon zu lange mit ihrer Mutterrolle identifiziert ist, muß sie ihr Image der guten Mutter aufrechterhalten, weil es alles ist, was sie noch hat. Daß die Vorwürfe keine Abrechnung sind, sondern der Ansatz zu einer Wiederannäherung, sieht sie nicht. Denn das böse Blut muß fließen, ein für allemal, damit Zuneigung und wahre Liebe wieder zu Ehren kommen.

Ich habe einmal einen vierzigjährigen Mann therapeutisch begleitet, dessen wesentliche Kindheitserinnerung darin bestand, von seiner Mutter geschlagen worden zu sein. Eines Tages konfrontierte er sie mit dieser Realität. Sie behauptete, sie könne sich nicht daran erinnern, jemals die Hand gegen ihn erhoben zu haben. Er beharrte darauf und schilderte konkrete Situationen. Da begann die Mutter zu weinen und ihn als verrückt und bösartig hinzustellen. Alles, was sie getan habe, sagte sie, habe sie nur zu seinem Besten getan. Dann verschanzte sie sich schluchzend in einem Schmerz, den niemand durchdringen konnte.

Mein Patient verstand, daß hinter seiner Mutter keine Frau mehr war. Sie war so weit in der Mutterrolle aufgegangen, daß sie die Person, die sie selbst war, aus den Augen verloren hatte. Ihre persönliche Identität war vollkommen mit ihrer familiären Funktion verschmolzen. Sie konnte sich an das, was geschehen war, nicht mehr erinnern, weil es ihr seelisches Gleichgewicht bedroht hätte. Seine Vorhaltungen wirkten, als nähmen sie ihr mit einem Schlag ihre Identität. Sie konnte das nicht verstehen, daß sie womöglich ein paar Fehler gemacht hatte als Mutter, sondern hörte aus den Worten ihres Sohnes heraus, sie sei als Mutter ein schlechter Mensch gewesen.

In den folgenden Monaten hatte die arme Mutter das Gefühl, verrückt zu werden. Das Urteil über sie war gefällt. In ihrem In-

neren tagte ein Tribunal, das zwanghaft immer wieder zu demselben Ergebnis kam: Sie war eine schlechte Mutter. Sie brach alle Brücken zu ihrem Sohn ab und baute eine Mauer des Schweigens zwischen sich und ihm auf. Das ging so lange, bis der Sohn ihr versicherte, er habe sie nicht quälen wollen, sondern im Gegenteil eine wahrhaftigere Beziehung zu ihr anknüpfen. Damit konnte er sie ein wenig beruhigen und die abgerissene Verbindung wiederherstellen.

Im nächsten Jahr erkrankte die Mutter schwer und mußte ins Krankenhaus eingeliefert werden. Ihr Sohn saß an ihrem Bett und hielt ihre durchscheinende kleine Hand in seiner. Er war voller Liebe und intensiver Gefühle zu ihr. Seine Mutter sollte nicht sterben. Und daß er soviel Zuneigung für diese Person verspüren konnte, die ihm das Leben geschenkt hatte, erfüllte ihn mit Freude. In diesem Augenblick erkannte er, daß die harte Zeit, die er seiner Familie bereitet hatte, nicht umsonst gewesen war. Zum ersten Mal seit vielen Jahren empfand er bewußt Liebe für seine Mutter. Endlich konnte er sie wieder gern haben. Seine Zuneigung war von dem Groll befreit, den er jahrelang gehegt hatte.

Ich wollte wissen, ob er nicht auch dann ans Krankenbett seiner Mutter geeilt wäre, wenn es keine Aussprache zwischen ihnen gegeben hätte. Doch, antwortete er, aber nur aus Pflichtgefühl, als Mamas lieber Junge. So hingegen habe er es aus Liebe getan, in dem aufrichtigen Wunsch, seiner Mutter, die soviel für ihn getan habe, ein wenig von ihrer Zuneigung zurückzugeben.

Durch dieses beredte Zeugnis will ich Mütter und Kinder ermuntern, den Schleier der Vergangenheit zu lüften, um das, was von ihrem Leben übrig ist, intensiver zu erleben. Es geht nicht darum, sich ständig Vorwürfe zu machen, sondern einen Ort zu schaffen, an dem jeder seine Geschichte erzählen kann in der Gewißheit, daß der andere ihm zuhört und ihn respektiert. Sie müssen sich nicht auf eine gemeinsame Geschichte einigen. Es reicht aus, wenn Sie einander zu verstehen versuchen, ohne zu urteilen. Viele erwachsene Kinder haben Angst, ihre Eltern zu verletzen und ihnen damit den wohlverdienten Ruhestand zu verderben. Sie müßten, wie ich immer wieder predige, nur einmal in die Haut ihrer Eltern schlüpfen, die nicht begreifen können, warum ihre Kinder sich so von ihnen entfernt und am Ende alle Brücken abgebrochen haben. Wäre es da nicht besser, wenn jeder seine Wahrheit zum Ausdruck brächte, damit die Beziehungen, statt sich nach und nach in Gleichgültigkeit und Höflichkeitsfloskeln aufzulösen, aus ihrer Asche auferstehen? Einer meiner Kollegen sagte zu einem Patienten, der fürchtete, seine Eltern damit buchstäblich ins Grab zu bringen: «Du wirst sie nicht umbringen, du wirst ihnen zehn Jahre ihres Lebens schenken, du wirst sie von der Last der Vergangenheit befreien.»

Wie können wir hoffen, die Probleme dieser Welt zu lösen, wenn wir nicht einmal den Mut haben, mit den Menschen, die uns das Leben geschenkt haben, Klartext zu reden? Wie können wir glauben, wir könnten das soziale und familiäre Netz flicken, wenn wir nicht einmal das anzusprechen wagen, was ungesagt blieb, was ungesagt bleiben mußte in unserer Kindheit? Nachdem ich die Erfahrung eines offenen Gesprächs mit meinen Eltern gemacht habe, kann ich sagen, daß es mich sehr befreit hat. Ich habe nun keine Angst mehr vor älteren Menschen, sondern genieße ihre Gesellschaft. Tiefere Kraftquellen haben sich mir erschlossen, weil ich mich nicht mehr abgeschnitten fühle von all denen, die vor mir waren. Ich weiß, daß ich im Rahmen meiner Möglichkeiten nur den Weg weiterverfolge, der vor 30 000 Jahren mit dem Auftreten der ersten Menschen auf der Erde begann. So habe ich nicht nur meine Eltern wiedergefunden, sondern auch den Sinn meiner eigenen Geschichte.

9. Liebesleid

> Küsse, Bisse,
> Das reimt sich, und wer recht von Herzen liebt,
> Kann schon das eine für das andre greifen.
>
> HEINRICH VON KLEIST, Penthesilea

Sie und Er in der Falle

Der Wiederholungszwang

Nun sind wir bei den Beziehungen zwischen Mann und Frau angelangt, dem Ziel dieses Buches. Wie ich schon zu Beginn gesagt habe, lassen sich die ausweglosen Situationen der Gegenwart zum Gutteil aus den Fehlern der Vergangenheit erklären. Sie sind nur einfach im Hier und Jetzt der emotionalen Beziehungen neu inszeniert.

Ich glaube, daß wir dieselben Beziehungsmuster zwanghaft wiederholen müssen, bis wir die Symbolfigur losgeworden sind, die sich hinter all diesen Wiederholungen verbirgt und uns gefangenhält. Die Lektion ist immer die gleiche: Wir können das Recht, wir selbst zu sein, nur durch das Wagnis erwerben, den väterlichen oder mütterlichen «Ungeheuern» gegenüberzutreten.

Den meisten Menschen fällt es schwer, ihre wahren Bedürfnisse zu spüren, anzuerkennen und auszudrücken, weil sie Angst haben, deshalb verurteilt oder lächerlich gemacht zu werden. Zahlreiche innere Barrieren hindern sie, sich dem zu nähern, was gut für sie ist. Das gilt vor allem für die Partnerwahl, die wir als Außenstehende allerdings nicht beurteilen sollten. Wer kann schon sagen, welchen Partner jemand braucht, um sich selbst besser kennenzulernen und sich dem auszusetzen, was auf dem Grund seines Unbewußten ruht? Wir werden uns also im folgenden mit dem Auftreten der Wiederholungen im Bereich der Paarbeziehung beschäftigen, wobei wir nicht aus den Augen verlieren wollen, daß diese Wiederholungen auch Gelegenheiten sind, sich der unbewußten Dynamik, die im Spiel ist, bewußt zu werden.

Es gibt keine Verpflichtung zur Beziehung

Eine kleine Warnung scheint mir hier angebracht. Das Ideal der Partnerschaft kann zu einem Diktat werden. Davon müssen wir uns befreien, wenn wir offen darüber sprechen wollen. Ich glaube, es ist unmöglich, über die Liebe zu reden, wenn man nicht vorher einen Schritt zurücktritt, um das Thema unter einem größeren Blickwinkel zu betrachten. Wenn der Partnerschaft in unserer Gesellschaft auch eine grundlegende Bedeutung beigemessen wird, sollten wir sie doch nicht verabsolutieren. Es gibt Menschen, die allein leben und nur gelegentlich heterosexuelle oder homosexuelle Beziehungen eingehen oder auch gar keine, und die dennoch ein glückliches und erfülltes Leben führen.

Wenn wir davon ausgingen, daß es in einer Gesellschaft nur heterosexuelle Paare geben darf, die einander für das ganze Leben in Treue verbunden sind, bräuchten wir uns gar nicht mehr den Kopf über Probleme in Partnerschaften zu zerbrechen, denn die Prüfungen des Lebens zu zweit haben nur Sinn, wenn sie uns dazu bringen, uns in Frage zu stellen, Sexualität und Lebensweise eingeschlossen. Wir sollten aus der Partnerschaft keine zwingende Existenzvoraussetzung machen, denn das erlegt der Persönlichkeit zu enge Grenzen auf und verführt dazu, alle Menschen als «abnormal» einzustufen, die sich nicht in dieses Schema fügen. Und das sind gar nicht so wenige.

In Wirklichkeit paßt der Schuh der Partnerschaft nicht jedem, aber jeder bemüht sich mehr oder weniger erfolgreich darum, ihn sich anzuziehen. Angesichts dieses Umstands sollten wir vielleicht lieber in der Partnerschaft ebenso eine Berufung sehen wie etwa im Zölibat, in der Homosexualität ebenso wie im «Donjuanismus», das heißt, in all den verschiedenen Lebensformen können wir die Rufe von Seelen erkennen, die sich darin jeweils ihren angemessensten Ausdruck zu verschaffen suchen. Das könnte uns davor bewahren, zu dem, was wir daran partout nicht verstehen, ein Urteil, eine Verdammung oder eine Erklärung abzugeben.

Damit wollen wir *Ihr* und *Ihm* erneut einen kleinen Besuch abstatten. Wir finden sie, nach einem nicht gerade berauschenden Abend, im Schlafzimmer.

Sie

Gut! Man kann ja nicht behaupten, daß der Abend besonders war. Nach diesem Streit heute nachmittag wart ihr beide angespannt. Du bist traurig. Du denkst, irgendwas müßte trotzdem getan werden, weil sonst, so wie es jetzt läuft ... ach, lieber gar nicht daran denken. Er ist noch im Badezimmer, als du ins Schlafzimmer kommst. Du erinnerst dich dunkel daran, wie einmal eine Freundin zu dir sagte, in ausweglosen Situationen bleibt immer noch schwarze Unterwäsche und Wodka. Wodka heute abend, das wär dir zuviel, aber schwarze Unterwäsche – warum nicht? Du könntest es ja mal probieren. Der Spitzen-BH und die Strapse, das haut ihn um.

Er

Du kommst ins Schlafzimmer. Sieht aus, als ob sie schon schläft. Um so besser, du hast jetzt wirklich keinen Kopf mehr für irgendwas, schon gar nicht für diese ewigen Diskussionen vor dem Einschlafen, für die sie so schwärmt. Sie nennt das Nähe. Na, schönen Dank, das nächste Mal vielleicht! Du löschst das Licht, und da, unter der Decke ... deine Hände können nicht glauben, was sie da entdecken. Hat das kleine Luder doch tatsächlich Strapse und Spitzen-BH an. Auch wenn du jetzt so tust, als würde dich das total kalt lassen, dein Herz schlägt schon viel schneller als vorher. Gleich hast du einen Ständer. Du schiebst dich näher an sie heran und drückst ihren warmen Körper an dich. Deine Sorgen haben sich in Luft aufgelöst. Sie ziert sich ein bißchen, gewährt dir schließlich einen Kuß und bittet dich, eine Kerze anzuzünden. Sie spielt gern die unberührte Jungfrau, und du mußt zugeben, das wirkt immer. Du magst das, daß sie nie ganz erobert ist, als wäre es immer das erste Mal.

Sie

Du spürst seine Hände auf deinem Körper. Das beruhigt dich. Dein kleiner Trick funktioniert. Nach und nach entspannst du dich. Im Grunde war es gar nicht schwer, ein Paar Netzstrümpfe, und fertig ist die Idylle. Seine Hände wandern über deinen Körper, und du hast Lust, dich an ihn zu pressen. Du spürst im Rükken schon sein Zittern, seine Erregung. Du reibst dich an ihm und gibst dich voll Sehnsucht seinen Händen hin. Das Problem ist nur, daß sie sich bereits auf dein Geschlecht und deinen Busen konzentrieren. Jetzt kneift er dich in die Brustwarzen, aber du bist noch nicht soweit. Versuchst trotzdem mitzuspielen und hoffst, daß es von alleine kommt, aber es kommt überhaupt nicht. Je mehr er sich erregt, um so weniger passiert bei dir. Nach einer Zeit fängt das Ganze sogar an, dich ziemlich zu nerven. Du fühlst dich mehr und mehr als Objekt, wie ein Spielzeug, das nur zu seinem Vergnügen da ist.

Er

Es lief doch so gut. Es war so aufregend. Aber sie mußte wieder die Schwierige spielen: «Streichel mich, streichel mich überall! Meinen Rücken, meine Hüften, meine Beine, meine Schultern, ich brauche ein wenig Zärtlichkeit. Ich brauche ein bißchen Romantik.»

Romantik! Da ist es wieder, dieses Wort! Sie findet immer, du bist nicht romantisch genug und gehst zu direkt auf dein Ziel los. Das war ein harter Schlag für dein männliches Selbstgefühl. Wenn du ehrlich bist, weißt du mit ihrer Romantik überhaupt nichts anzufangen. Wenn du sie glühend begehrst, ist das «Geilheit», und wenn du sie nicht begehrst, ist das ein «Beziehungsproblem». Als ihr neulich nach diesem leicht alkoholisierten Abend bei euren Freunden zum Auto gegangen seid, wolltest du sie im Mondschein küssen. Etwas Romantischeres gibt es doch gar nicht! Und was sagt sie? Du kannst doch immer nur an das eine denken. Am nächsten Tag hat sie sich dafür entschuldigt und gesagt, daß sie den Kopf mit ihrer Arbeit voll hatte. Aber dich macht das immer verwirrter. Heißt romantisch sein, du darfst keinen Ständer haben, wenn du sie küßt? Aber so bist du einfach nicht gebaut, das muß sie einfach mal begreifen! Also kehrst du ihr den Rücken und bläst fluchend die Kerze aus.

Sie

Schon wieder in der Falle! Also wirklich! Du wolltest die Dinge wieder gradebiegen, aber es ist nur noch schlimmer geworden. Du fühlst dich lächerlich mit deinem BH und deinen Strapsen und reißt sie dir brüsk vom Leib. Das kann er ruhig mitkriegen! Ist es denn so schwer zu verstehen, daß du Zärtlichkeit willst? Ist es denn nicht zu begreifen, daß du begehrt, erfühlt, genüßlich erobert werden willst? Nicht, daß du nicht gerne mit ihm schlafen würdest, es ist die Art. Das Wie ist entscheidend. Auf reinen Sex hast du einfach keine Lust. Aber Sex mit Zärtlichkeit und sanften Worten – wow! Das wär's!

Ach nein, da kommt er ja schon wieder an! Männer haben doch nicht den geringsten Stolz! Einmal aufgegeilt, können sie nicht mehr aufhören. Und streichelt schon wieder deine Brüste! Er wird es einfach nie begreifen! Du kannst deinen Freund doch nicht wegen sexueller Belästigung verklagen. Also läßt du ihn gewähren, bist aber überhaupt nicht bei der Sache. Dieser Körper, der sich an dir reibt, dieses hechelnde *mein Liebes, mein Liebes*, das er dir mechanisch ins Ohr flüstert, das ist doch total grotesk. Wenn du ihn nicht sofort stoppst, hast du in fünf Minuten das Gefühl, du wirst vergewaltigt.

Abrupt richtest du dich auf, drehst das Licht an und erklärst in einem Tonfall, der keine Widerrede duldet: «Nenn mich nie wieder dein Liebes!»

Er

He! Das ist ja wohl die Höhe! Das gibst du ihr aber im gleichen Ton zurück, kein «mein Liebes» mehr, und überhaupt: Es hat sich ausgeliebelt. Du hast es satt, daß ständig über dich verfügt wird. Nie fängt sie an mit den Zärtlichkeiten. Nie macht sie den ersten Schritt. Immer mußt du es tun. Jetzt reicht's! Von jetzt an soll sie gefälligst ankommen, wenn sie was von dir will, soll sie dich doch «erfühlen». Wenn sie glaubt, daß es einfach ist, dauernd zurückgewiesen zu werden und immer wieder von vorn anfangen zu müssen, bitte! Das kann sie haben. Du nimmst jetzt erst mal Urlaub, Urlaub von der Erotik, von der Romantik, von allem. Jetzt darf sie sich mal drum kümmern, wohin die Reise geht!

Und wie du so vor dich hinsinnierst, hast du plötzlich die Stimme deines Vaters im Ohr. Du möchtest am liebsten schreien, weil es bei euch genauso ist wie bei einem alten Ehepaar. Die gleiche Spannung, das gleiche Schweigen, das gleiche Problem. Die gleiche Müdigkeit bei deiner wie bei seiner Frau, deiner Mutter, die gleichen unbefriedigten Wünsche bei ihm wie bei dir. Kann denn das überhaupt so sein? Eine sexuelle Revolution später, und immer noch die gleiche Geschichte? Schweigend löschst du das Licht. Im Dunkeln tastest du nach ihrer Hand. Sie zieht ihre Hand weg und macht sich ganz steif. Du hast sie verletzt mit deinen Worten. Und so bleibst du liegen, starrst in die Dunkelheit, unfähig, irgend etwas zu sagen, und wartest, daß es vorbeigeht.

Sie

Du weißt, daß er neben dir liegt und in die Dunkelheit starrt. Du weißt, daß er dich sucht, um Trost zu finden. Aber du kannst es nicht ändern. Du fühlst dich so entsetzlich unverstanden. Du hast das Gefühl, soviel von dir zu geben. Du tust alles für ihn, nur, um ihm das Leben angenehm zu machen. Du liest ihm jeden Wunsch von den Augen ab. Ist es da zuviel verlangt, daß er sich dir ein bißchen zärtlicher nähert?

Du hörst deine Mutter seufzen: «Männer sind Schweine!» So weit würdest du nicht gehen, noch nicht. Aber wer weiß, wie lange es noch dauert. Wird es bei dir auch so sein wie bei deiner Mutter? Ein langes Warten und am Ende die Resignation? Das wär doch zu blöd! So schlimm ist es doch gar nicht, versuchst du dir einzureden, aber deine Seele ist zu Tode betrübt. Es steht soviel zwischen euch. Es ist, als könntet ihr einfach nicht zueinander finden.

Entzieh dich, dann folg ich dir!
Folg mir, dann entzieh ich mich![1]

Ich weiß, ich weiß ... Sie dachten, das gibt es nur bei Ihnen. Leider muß ich Sie enttäuschen. Das kommt in den besten Familien vor. Das passiert auch in schwulen und lesbischen Beziehungen. Immer ist da der Sex und dort die Romantik. Und immer erinnert es so fatal an die eigenen Eltern.

---

1 Dieser Ausdruck stammt von der Beziehungspsychologin Line Corneau.

Ich weiß, ich weiß ... es kann auch anders aussehen. Er ist ganz lieb, ganz sanft, er drückt sich an dich wie ein kleiner Junge an seine Mama. Er gibt sich deinen Zärtlichkeiten hin, aber mit der Erektion wird es nichts. Nie. Du denkst vielleicht, es liege daran, daß das Alter Spuren auf deinem Körper hinterlassen hat, aber du könntest auch ein Topmodell sein, und es sähe alles ganz genauso aus. Die Wahrheit ist: Du machst ihm angst, und er weiß nicht recht, warum.

Ich weiß, ich weiß ... es geht auch anders. In sexueller Hinsicht läuft alles wunderbar. Das ist nur leider das Einzige, was läuft. Du mußt nicht immer anfangen, sie macht auch gern den ersten Schritt. Du erfindest wunderbare kleine Schweinereien, sie erfindet wunderbare kleine Schweinereien. Sie zieht sich gern für dich an, und sie zieht sich gern für dich aus. Das ist es nicht. Aber immer, wenn du ein Problem hast, das du lösen willst, führt das Gespräch in eine Sackgasse. Und sie ist sofort beleidigt, wenn du den Fehler begehst, darüber eine Bemerkung zu verlieren. Dann fühlt sie sich schuldig und verschließt sich. Oder sie gibt dir die Schuld und überhäuft dich mit Vorwürfen. Plötzlich hast du keine Frau mehr vor dir, sondern ein kleines Mädchen. Du kannst ihr lange erklären, wie Kommunikation zwischen zwei verantwortlichen Menschen funktioniert, daß man dafür nämlich ein kleines bißchen Vernunft und Logik benötigt und sich nicht andauernd selber widersprechen sollte. Das ändert überhaupt nichts. Und dann fängst du in deiner großen Weisheit, mit deinem ganzen psychologischen Scharfsinn und all deinen Diplomen an, sie für alle Übel dieser Welt verantwortlich zu machen. Und sie belehrt dich, daß das ja wohl kaum die Art ist, in der zwei verantwortliche Menschen miteinander kommunizieren.

Sie geht auf *Ihn* zu, er reagiert gereizt. Sie kehrt ihm den Rükken, er sucht Streit. Er hält sie auf Distanz, doch zurück, wenn sie gehen will. Entzieh dich, dann folg ich dir, folg mir, dann entzieh ich mich! Der Abstand zwischen ihnen bleibt immer der gleiche. Sie treffen sich nie. Sie tun ihr Bestes, um diese Distanz aufrechtzuerhalten, weil sie in ihrem Unbewußten zu sehr miteinander verwoben sind. Das Netz aus Projektionen und Erwartungen, in das sie sich, ohne es zu merken, immer mehr verstricken, verhindert eine echte Kommunikation. Ihre Territorien sind nicht klar voneinander abgegrenzt. Das ist die Grundlage des Krieges, der zwischen ihnen herrscht. Sie kämpfen nicht nur um die Entscheidung, wer der Herr und wer der Knecht ist, sie kämpfen um die Frage: Wer ist wer? Nicht ohne Grund, sollten wir meinen, denn um mit dem historischen Erbe zu brechen und eine Partnerschaft zu erreichen, in der beide ihre Individualität entfalten können, muß jeder sich differenzieren und seiner selbst bewußt werden. Die Reibungen, die eine Beziehung mit sich bringt, bieten einzigartige Chancen für diese Bewußtwerdung.

Deutet man diesen Beziehungskrieg also positiv, als Auseinandersetzung um eine Differenzierung, die eine tiefere Verbindung erst ermöglicht, kann dieser Krieg als Kampf um die Liebe interpretiert werden. Es geht um Gleichheit und Ergänzung zwischen *Ihr* und *Ihm*. Dennoch kann dieser Kampf das Paar auch endgültig entzweien, sofern es nicht gelingt, die bestehenden Spannungen im Griff zu behalten.

In erster Linie verweisen diese Reibungen jeden auf das, was der andere in ihm hervorruft. Das ist der Ausgangspunkt der Selbsterkenntnis. Denn unsere Reaktionen gehören nicht dem anderen, sie sind uns eigen. Die positiven oder negativen Gefühle, Gedanken, Empfindungen, die der oder die andere in uns hervorruft, zeigen, was wir sind und nicht wissen. Durch diese Selbsterkenntnis wird der Boden für eine bewußte Kommunikation in der Liebe bereitet, wo beide die Waffen strecken und auf ihre Macht verzichten, um die Einheit zu erproben und zu erfahren.

Begeben wir uns also in diese Welt der Wiederholungen, die, richtig verstanden, Selbst- und Welterkenntnis fördern kann.

Die Angst, sich einzulassen

Bring sie niemals zum Weinen!

Das Ungleichgewicht des Vater-Mutter-Sohn-Dreiecks, das Mutter und Sohn in eine symbolische Ehe drängt, gefährdet die späteren Beziehungen des Sohnes. Seine ersten Verbindungen dienen meist nur dazu, die Mutterfigur zu entmystifizieren. Nach allem bisher Geschilderten versteht man, daß ein Großteil dieser Komplikationen vermieden werden könnte, wenn die Väter ihren Platz an der Seite ihrer Frau einnähmen und ihrem Sohn die Aufmerksamkeit schenkten, die er braucht. Doch da dies meist nicht der Fall ist, bleibt der Sohn allzuoft in seinem verschlingenden Mutterkomplex befangen und projiziert ihn auf seine Partnerin. Das führt ganz automatisch zu einer Wiederholung der Vergangenheit, weil er sich seiner Partnerin gegenüber dann so verhält, als wäre sie seine Mutter.

Tatsächlich sind Männer, die den Mutterdrachen besiegt haben, ziemlich selten. Daß der negative Mutterkomplex sie fest im Griff hat, zeigt sich in ihrer verbreiteten Klage: «Meine Partnerin nimmt mir die Luft zum Atmen!» Wenn man ihnen so zuhört, könnte man meinen, sie hätten alle einen Strick um den Hals. Dieses «Strick-um-den-Hals-Syndrom», besser bekannt unter dem Namen Bindungsangst, resultiert aus dem Verzicht auf Selbstbehauptungs- und Selbstbestimmungsbedürfnisse, dem Verbot, negative Gefühle zu äußern, und der Unterdrückung der Sexualität, die in der Kindheit erfolgen. All diese Elemente des stillschweigenden Übereinkommens zwischen Mutter und Sohn werden meist auf die Beziehungen zu Frauen übertragen.

Das Kindheitsgebot: «Bring deine Mutter nie zum Weinen» wird zu: «Bring *Sie* nie zum Weinen.» Diese Angst, die Partnerin zu verletzen, diese Angst vor dem Nein zeitigt jedoch paradoxe Konsequenzen. Denn wer unfähig ist, seinen Widerstand zu formulieren, ist auch nicht fähig, sich zu öffnen und ja zu sagen. Wenn ein Mann wie *Er* Schwierigkeiten hat, seinen Platz in der

Beziehung zu behaupten, und sich ständig zurücknimmt, um *Ihr*, wie er meint, Freude zu bereiten und niemals Ärger zu machen, fühlt *Sie* sich am Ende einsam.

Aus lauter Angst, ihr zu mißfallen, wird er überangepaßt. Er will ihr ebensoviel Freude bereiten wie seiner Mutter, damit sie glücklich ist und ihm ein Lächeln schenkt. Und erreicht damit höchstens, daß sie zur Therapie geht und sich dort über ihn beklagt: «Ach, er ist ganz lieb, er bringt den Müll runter und macht das Essen. Er weint auch manchmal. Aber ich fühle mich alleingelassen!» Und wenn sie sich das traute, würde sie hinzufügen: «Irgendwie ist er ein richtiger Schlappschwanz!»

Die Strategie, die er anwendet, um einen Konflikt mit ihr zu umgehen, macht sie offensichtlich nicht glücklich. Er überläßt ihr den ganzen häuslichen und emotionalen Bereich. Das führt zu einem spürbaren Verlust an Lebendigkeit in der Beziehung.

Einer dieser «lieben Jungen», der seit Jahren eine Geliebte hatte, dachte in der Therapie einmal laut darüber nach, wieso es ihm so schwerfiel, sich von seiner Frau zu trennen. «Ich glaube, ich könnte es erst dann, wenn ich sicher wäre, daß sie mir verzeiht», meinte er. Am liebsten wäre es ihm gewesen, wenn seine Frau ihm von vornherein Generalabsolution erteilt hätte für den Schlag, den sie durch die Scheidung erleiden würde. Da er sie nicht verletzen wollte, zog er die zweideutige Situation vor, in der er sich befand. Unter dem Vorwand, seine Frau schonen zu wollen, schützte er jedoch im Grunde nur sich selbst vor einem Imageverlust. Er wollte nicht der Böse sein, der Unheil über sie brachte. Auf diese Weise hatte er jahrelang für ein unbefriedigendes Eheleben gesorgt, nur um sich dem Mutterdrachen nicht stellen zu müssen.

Die Frustration seines Wunsches nach Selbstbehauptung und Autonomie bleibt auch für *Ihn* nicht folgenlos. Der «liebe Junge» wird oft zum Opfer von Wutanfällen. Sein gehemmtes Ausdrucksvermögen zeigt sich dann in einer negativen, zerstörerischen Form. Das kann jederzeit passieren, er muß nur ein Glas zuviel getrunken haben, und irgendwer läßt eine unpassende Bemerkung fallen. Auf diese Weise kann er Dampf ablassen und seinen inneren Druck loswerden. Im schlimmsten Fall jedoch führt das dazu, daß er seine Familie für ihr Leben unglücklich macht.

Auch wenn er sich schuldig fühlt wegen seiner Wutanfälle, kennt er doch nicht deren tieferen Grund. Er begreift nicht, daß sein Unbewußtes auf diese Art versucht, den vom Ich künstlich aufrechterhaltenen Status quo zu durchbrechen. Er versteht die psychologische Bedeutung seiner schlechten Laune nicht. Er hört nicht auf die Stimme seiner schöpferischen Anima, die ihn aus seinem Mißmut herausholen will, um ihm zu einer lebendigen Wirklichkeit zu verhelfen. Er kann nichts anderes tun, als sich für seine Ausfälle zu entschuldigen, um beim geringsten Anlaß wieder in Wut auszubrechen. Das wird sich so lange wiederholen, bis er in Kontakt mit sich selbst tritt und das, was in ihm vorgeht, nicht mehr von sich abhält und verurteilt. Er muß begreifen, daß es nicht mehr darum geht, der Mama Freude zu bereiten, sondern seiner Seele, die einen angemessenen Ausdruck finden möchte, den Platz dazu zu verschaffen. Manchmal bekommt er seine Angst zu mißfallen und seine Aggressivität in den Griff, indem er sich hinter eine Wand des Schweigens zurückzieht. Wenn man ihn fragen würde, warum es ihm eigentlich so schwerfällt, sich selbst in seiner engsten Beziehung zu äußern, würde er wohl darauf antworten, daß er sich für seine Empfindungen schämt. Er schämt sich seiner inneren Aggressivität und aller negativen Gefühle. Es gelingt ihm nicht, seinen Platz in der Partnerschaft zu finden, weil er in sich selbst keinen Platz hat. Denn die Kehrseite der Schuldgefühle ist die Scham – Scham über die inneren Vorgänge und die eigenen Wünsche.[2]

---

2 Das Schuldgefühl setzt eine andere Person voraus, der gegenüber man sich schuldig fühlt. Scham dagegen bezieht sich auf mehr oder weniger bewußte Vorstellungen, die dem Ich als Richtwerte dienen. Diese Vorstellungen entsprechen dem, was in der Psychoanalyse als «Überich» bzw. «Ichideal» bezeichnet wird. Zum Verhältnis zwischen Scham und Schuldgefühlen siehe Mario Jacoby, *Scham – Angst und Selbstwertgefühl: ihre Bedeutung in der Psychotherapie*, a. a. O.

Das läßt sich auch dadurch erklären, daß Männer dazu erzogen werden, außerhalb von sich selbst zu stehen. «Zutritt zur Innenwelt verboten.» Von Gefühlen zu sprechen bedeutet, wie eine Frau zu handeln. Außerdem fürchtet er, wenn er offen von sich spricht, seiner Partnerin eine Waffe gegen sich in die Hand zu geben. Er fürchtet, unterdrückt und womöglich um das bißchen Raum gebracht zu werden, über das er verfügt. Durch sein Schweigen verteidigt er seine Identität.

Wenn man wissen will, warum die Tränen einer Frau ihm solche Angst einjagen, wird er davon erzählen, wie sein Kinderherz, als er noch klein war und seine Mutter riesengroß, ihre Tränen immer als Sintflut empfand. Ihr Schmerz war sein Schmerz. Und die gleiche Katastrophe bricht heute über ihn herein, wenn er seine Partnerin unglücklich macht.

Die Erziehung zum Helden, der für das Glück seiner Mutter verantwortlich ist, hat die Überzeugung in ihm wachsen lassen, daß er auch an den Stimmungen seiner Partnerin Schuld trägt. Allerdings wird er sich in seiner Beziehung nicht frei entfalten können, bevor er akzeptiert hat, daß der Ausdruck seiner Bedürfnisse denen seiner Partnerin zuwiderlaufen und daß er ihr dadurch Leid zufügen kann, was aber nicht bedeutet, daß er für ihren Schmerz verantwortlich ist. Symbolisch gesehen, beginnt ein Mann den Mutterdrachen zurückzudrängen, sobald er nicht mehr von sich verlangt, *Ihr* nur Freude zu bereiten, und das Risiko eingeht, den Menschen, die ihm nahestehen, gelegentlich Kummer oder Unannehmlichkeiten zu machen. Um seinen Komplex aufzulösen, muß er das unantastbare Image des «lieben Jungen» ablegen.

Die Dynamik der Partnerschaft wird durch seine Entscheidung, sich den Platz zu nehmen, den er braucht, vielleicht sogar gefährdet. Aber wenn *Sie* und *Er* diese Prüfung bestehen, geht ihre Beziehung lebendiger daraus hervor. Sie wird dann nicht mehr auf Konventionen beruhen, sondern zwei Menschen mit Schwächen und Stärken, Fehlern und Fähigkeiten, miteinander verbinden. Und nur zu diesem Preis ist Nähe zu haben.

Die Verachtung der Frauen

Nicht alle Männer verbergen ihre Schwäche wie *Er* unter dem Deckmantel honigsüßer Überanpassung. Manche können sich so wenig behaupten und fürchten sich so sehr davor, unter den Einfluß einer Frau zu geraten, daß sie beschließen, alles zu kontrollieren, was in ihrem Haus geschieht. Aus Angst, ihre Partnerin könnte zuviel Macht gewinnen, machen sie sie klein und kritteln an ihr herum. Auch dieses übertriebene Machtbedürfnis zeigt den Einfluß des unbewußten Mutterkomplexes. Durch die Unterdrückung und Unterjochung der Frau, mit der sie leben, versuchen sie den Fluch aufzuheben, der sie in seinen Bann geschlagen hat. Sie wollen sich für eine Kindheit unter der Herrschaft einer allzu mächtigen Frau rächen, indem sie Frauen zu Gegenständen herabwürdigen. Auf symbolischer Ebene läßt sich dieses Verhalten als Folge einer Kindheit deuten, in der sie sich selbst wie ein Gegenstand den mütterlichen Wünschen auf Gedeih und Verderb ausgeliefert fühlten.

Mir scheint, daß männliche Bosheit gegenüber Frauen, verächtliche Witze und der Wille, sie zu unterwerfen, nur ein einziges uneingestandenes Ziel haben: den negativen Mutterkomplex, der weiterhin aus den Tiefen des Unbewußten das Ich unterdrückt. Solche Männer leben ihre ganze Verbitterung und Ohnmacht gegen ihre Frau aus. Doch was nach außen hin als überlegene Verachtung weiblicher Werte erscheint, ist von innen betrachtet das einzige Verteidigungsmittel eines hilflosen kleinen Jungen, der seine Fähigkeit zur Selbstbehauptung nicht annehmen kann.

Die gezwungene Sexualität

Die Sexualität ist eine der wichtigsten Ausdrucksweisen des Menschen. Sind wir nicht selbst das Ergebnis zweier miteinander verschmolzener Geschlechtszellen? Jede Faser unseres Wesens atmet Sexualität. Man macht sich Illusionen, wenn man glaubt, man könnte sie unterdrücken, ohne damit rechnen zu müssen, daß sie auf alle möglichen Aus-, Um- und Irrwege verfällt.

In der traditionellen Familie hatte nicht nur die Sexualität zwischen Mutter und Sohn keinen Platz, sondern das Begehren und der Eros überhaupt. Von solchen Dingen wurde ganz einfach nicht gesprochen, und diese Atmosphäre des Übergehens hatte natürlich Auswirkungen auf das Intimleben des Paares.

Da wäre zunächst die unter Männern weit verbreitete Überzeugung, Frauen hätten keine sexuellen Wünsche. Sie beruht darauf, daß viele Mütter keine Sexualität mehr mit ihren Männern wollten, nachdem sie ihre Kinder geboren hatten, und die Väter diese unsagbare Angelegenheit des Geschlechtlichen allein zu tragen hatten.

Doch Vorurteile gegenüber der männlichen Sexualität sind eine schlechte Vorbereitung auf das Eheleben. Auf sexuellem Gebiet müssen Männer mehr als auf jedem anderen den Helden spielen und die Initiative ergreifen. Fast immer sind sie es, die das Wagnis einer Zurückweisung eingehen. Und da sie gelernt haben, die daraus folgenden Verletzungen ihres Selbstwertgefühls zu verschweigen, hat ihre Frau davon meist gar keine Ahnung.

Männer haben das Gefühl, sie müßten im Schlafzimmer wie anderswo ihre Leistungsfähigkeit unter Beweis stellen. So entstehen Zwänge, die sie daran hindern, wirklich für den Augenblick offen, für sich und ihre Partnerin präsent zu sein. Da sie nicht gelernt haben, sich zu entspannen und ihre Lust zu teilen, fällt es ihnen oft schwer, sich fallen zu lassen. Und am Ende empfinden sie es als ihre Pflicht, jede Zärtlichkeit mit einer Zärtlichkeit zu beantworten wie in einer strengen Choreographie. Im Grunde bleiben sie so der liebe kleine Junge, der sich wieder einmal darum bemüht, seiner Mama Freude zu bereiten.

«Verzeih, daß es mich erregt, wenn ich dich streichle!»

Die Schuldgefühle wegen ihrer Sexualität und ihres Begehrens treiben Männer gelegentlich dazu, äußerst merkwürdige Verhaltensweisen zu entwickeln. Als ich in einem Seminar einmal mit Männern über ihre Intimbeziehungen diskutierte, gestand einer der Teilnehmer, sein Hauptproblem bestehe darin, daß er während des Vorspiels mit seiner Freundin immer eine Erektion hätte. Darin äußerte sich seiner Meinung nach eine gewisse Frauenverachtung. Er dagegen fand, er sollte seine eigene Lust vergessen und sich voll und ganz in den Dienst an seiner Partnerin stellen.

Mir wurde klar, daß er sich, wie einige andere Männer in der Gruppe auch, seiner inneren Welt voll sexueller Phantasien schämte. Es bereitete ihm Schwierigkeiten, Lust zu empfinden, wenn er Lust schenkte. Er streichelte die Brüste und das Geschlecht seiner Partnerin und vergaß dabei die eigene Freude daran, Brüste und Geschlecht seiner Partnerin zu streicheln. Sexualität wurde in seiner Familie in einem Ausmaß verleugnet, daß er in seinen Trieben sehr gehemmt war. Er konnte nicht glauben, daß seine eigene Erregung womöglich auch die Partnerin erregte und reizte.

Die gezahnte Vagina

Die Beliebtheit des Telefonsex, bei dem Frauen die Initiative ergreifen und Männer ihre intimsten Träume beichten können, charakterisiert eine bestimmte Art sexueller Umwege meines Erachtens sehr gut. Man muß bei einer Prostituierten, ob in direktem oder Telefonkontakt, nicht den Helden spielen. Man bezahlt und schuldet niemandem etwas. Der Ausweg zu einer Frau, die ein bloßes Objekt ist, über das man verfügen kann, ohne sich binden und die Erstickung riskieren zu müssen, verrät genauso wie die Benutzung einer Puppe, die man aufbläst und nach Gebrauch wieder wegräumt, die Kastrationsangst, unter der viele Männer leiden.

Eine mangelnde Entmystifizierung und Vermenschlichung der Mutterfigur läßt im Jungen diese Angst entstehen, die bis ins Erwachsenenalter fortwirkt. Sie findet ihren Ausdruck in der Urphantasie von der gezahnten Vagina der Hexe, die dem Mann seinen Penis abbeißt. Ich hatte Männer in Therapie, die eine Fellatio ablehnten, weil sie um ihr bestes Teil fürchteten.

Auch sadomasochistische Phantasien und Praktiken sind ein Ausdruck dieses nicht gelösten Verhältnisses zur Mutter. Eine Frau festzubinden, ihre Brüste zu malträtieren, sie zu quälen und zu demütigen verrät den symbolischen Versuch, die weibliche Macht, das heißt, den mütterlichen Zugriff, zu besiegen. Umgekehrt ist es genauso: Der gefesselte und erniedrigte Mann spielt auf sexueller Ebene die psychologische Atmosphäre seiner Kindheit nach.

Interessant daran ist, daß die Kunden von Prostituierten der Sorte «Domina» oft Männer sind, die Führungspositionen in Industrie und Gesellschaft einnehmen. Die masochistische Inszenierung dient dem Zweck, zu Füßen des Mutterdrachens die Vermessenheit zu sühnen, die darin besteht, diesem seine Autorität geraubt zu haben. Doch nicht nur der mütterliche Zugriff spielt hier eine Rolle. Wir sehen auch, wie durch die Abwesenheit des Vaters oder dessen mangelnde Beteiligung an der Kindererziehung die geschlechtliche Identität des Sohnes schwach bleibt. Er ist sich seiner Männlichkeit nicht sicher und hat Angst, in die Frau einzudringen – buchstäblich oder symbolisch. Buchstäblich verstanden, führt diese Angst zu vorzeitigem Samenerguß oder Impotenz, symbolisch betrachtet zur Distanziertheit gegenüber der Frau. So läßt sich auch im Donjuanismus, also dem Wunsch, alle Frauen zu penetrieren, der Versuch sehen, die Angst vor der Kastration durch die Mutter zu überwinden. Manisch versucht Casanova sich zu beweisen, daß er vor Frauen keine Angst hat.

So gehen viele Männer mit einem Frauenbild in ihre erste Beziehung, das sie auf die Partnerin projizieren. Sie wird zur Teufelin, die nur auf eine Gelegenheit lauert, sie zu kastrieren. Und diese Kastrationsangst findet ihren Gegenpart im Zorn vieler Frauen auf ihren Vater, der ihnen zuwenig oder keine Beachtung schenkte. Den daraus resultierenden Vergeltungswunsch übertragen Frauen dann unbewußt auf ihren Partner, den sie in der Beziehung auf symbolischer Ebene kastrieren.

Der Notknopf

Auch der Voyeur, der sich mit einem Pornovideo, in einer Peep-Show oder auf dem Umweg über seinen Computer in virtuellen Sexwelten vergnügt, tut auf diese Weise seine Kastrationsangst kund. Durch den Abbruch der ständigen Verbindung zum anderen kann er Schulden und Verpflichtungen entgehen, allerdings nur als Kastrat. Er genießt seine autoerotische Position, in der das Gegenüber, die andere Person, nicht vorkommt oder besser, nur als Objekt existiert, das ihm gehorcht und seiner Befriedigung dient. Sogenannte Liebesmüh und alle damit einhergehenden Gefahren lassen sich auf diese Weise vermeiden. Übertriebener Pornokonsum kann zu einer Sucht werden, die den wirklichen Mangel, das heißt, das Liebesbedürfnis, verdeckt. Das muß auf die Dauer unbefriedigend sein für die Seele, die nach intimer Vereinigung strebt.

Jeder weiß, daß es nichts Schöneres gibt, als mit einem Menschen Sex zu haben, in den man verliebt ist, weil die Sexualität dann alle Dimensionen unseres Wesens erfaßt. In diesen Momenten heben sich die Gegensätze in der Verschmelzung mit dem anderen auf. Aber wie viele Schwierigkeiten und Zurückweisungen muß man ertragen, um in den Genuß dieser manchmal doch recht flüchtigen Momente zu gelangen! Da mag eine Befriedigung ohne die andere Person oder durch Manipulationen ihres Bildes durchaus als annehmbarer Ersatz für die seltenen und nicht leicht zu erreichenden Momente der Ekstase erscheinen.

Allerdings birgt der Konsum von Pornographie die Gefahr,

daß die Schuldgefühle wachsen und die Macht des Mutterdrachens zunimmt. Da diese Art Sexualität meist heimlich genossen wird, wirft sie den Mann wieder auf die Rolle des kleinen Jungen zurück, der seine Libido vor der Familie verheimlichen muß. Unter dem Bett, in vergessenen Schubladen oder im Computer verstecken sich die heiligen Bilder des Mannes, der sich nicht traut, seine Wünsche der Partnerin gegenüber zuzugeben.

Ein Freund gestand mir, er besitze eine Diskette, die Paare beim Geschlechtsverkehr zeige. Das Programm verfüge über einen «Notknopf», den er drücke, wenn jemand plötzlich sein Büro betrete. Dann erscheine auf dem Bildschirm ein Platzhalter. Nicht besonders einfallsreich, könnte man meinen, aber in diesem Fall handelte es sich um die Werke von Mutter Theresa. Ich mußte laut lachen, als er mir das erzählte. Es bestätigte mir nur, in welchem Ausmaß die männliche Sexualität im Schatten der heiligen Mutter, Jungfrau und Märtyrerin steht.

Sexualität ist eine sehr wesentliche Dimension im Leben des Mannes, sie ist viel wichtiger, als man zugeben möchte. Die immer stärkere Verbreitung der Pornographie und des Sextourismus sprechen Bände darüber. Versuchen wir einmal, den symbolischen Aspekt sexuellen Verhaltens zu verstehen. Dann wird uns möglich zu begreifen, was sich darüber vermittelt, und wir bekommen vielleicht eine Ahnung von der männlichen Gefühlsarmut, die mit der Sexualität selbst meist wenig zu tun hat.

Ich hatte einmal einen Patienten in Therapie, der viel auf Reisen war. Von Hotelzimmer zu Hotelzimmer hatte er ein ganzes Arsenal an Methoden entwickelt, um die Vorgänge im Nebenzimmer zu verfolgen. Seine besten und heftigsten Masturbationen hatte er, wenn er ausländische Paare beim Geschlechtsverkehr belauschen konnte. In seiner Kindheit fehlte ihm die Aufmerksamkeit seiner Eltern sehr. Er rächte sich dafür, daß er aus der Familie ausgeschlossen war, indem er Fremde ihrer Intimität beraubte. Dabei genoß er das Gefühl, gegen seine Eltern, besonders gegen seinen Vater, «anzustinken». Durch eine urteilsfreie Annahme seines Verhaltens war es uns gelungen, bis zu dessen

Ursprüngen vorzudringen. Seine Besessenheit vertuschte und zeigte gleichzeitig die Wut und Enttäuschung des zurückgewiesenen Kindes.

Männer kommen durch die Sexualität zu einer romantischen Liebesbeziehung, Frauen dagegen durch eine romantische Liebesbeziehung zur Sexualität. In dieser Hinsicht unterscheidet sich die männliche gravierend von der weiblichen Kultur. Mein Eindruck ist, daß Männer sich in der Partnerschaft nur dann entfalten können, wenn ihre Sexualität ernst genommen wird, auch in ihren abstoßenden Anteilen. Ihre Phantasien müssen als tiefer Ausdruck ihres Seins verstanden werden. Wirklich einlassen auf eine enge Beziehung können sich Männer nur, wenn ihr Sexualleben angenommen und nicht beurteilt wird, denn es ist das Hauptfeld, auf dem das ungelöste Verhältnis zu Mutter- und Vaterkomplexen symbolisiert wird. Dabei geht es nicht unbedingt darum, diese Phantasien umzusetzen, sondern sie auszudrücken, um ihr unbewußtes Ziel zu verstehen.

Der Voyeur mit den geschlossenen Augen

Wie wir gesehen haben, bleibt die männliche Geschlechtskraft oft gefangen in Schweigen und Scham. Viele Männer trauen sich nicht, ihrer Partnerin zu sagen, was ihnen Spaß macht, ja nicht einmal, wie gern sie sie ansehen oder berühren. Das führt zu einer paradoxen Situation, denn die Frauen warten ungeduldig darauf, eben das von den Männern zu hören, um sich endlich geschätzt zu wissen. Frauen widmen ihrem Körper sehr viel Aufmerksamkeit, damit er schön aussieht und ihre Haut sich zart und glatt anfühlt. Im Gegenzug haben sie ein großes Bedürfnis danach, durch die Worte und Blicke des Mannes aufgewertet zu werden. Als Beispiel hierzu mag eine Anekdote dienen, die mir ein fünfunddreißigjähriger Mann erzählte:

Er war gerade ein halbes Jahr verheiratet, als er mit seiner Frau in eine neue Wohnung zog. Eines Abends entdeckte dieser Mann, der, wie er gestand, seit frühester Kindheit eine Neigung zum Voyeurismus hatte, zu seiner größten Überraschung, daß er vom Wohnzimmerfenster aus einer Frau dabei zusehen konnte, wie sie sich in ihrem hellerleuchteten Schlafzimmer entkleidete. Bald hatte er die Gewohnheit angenommen, im Wohnzimmer zu bleiben, bis seine Frau nach den Spätnachrichten allein zu Bett gegangen war, um in aller Ruhe die Nachbarin zu beobachten und dabei zu masturbieren.

Nach einigen Monaten hatte er so große Schuldgefühle wegen seiner Heimlichkeiten, daß er beschloß, sie seiner Frau zu beichten. Ihre Reaktion war außergewöhnlich. Sie sagte sehr sanft zu ihm: «Wie seltsam, wenn wir miteinander schlafen, schließt du immer die Augen. Du, der so aufs Schauen aus ist, schaust mich nie an, wenn ich mich für dich schön gemacht habe oder einen Orgasmus erlebe. Aber ich brauche es, daß du mir sagst, du findest mich schön. Ich würde so gern von dir hören, daß meine Brüste schön sind und mein Geschlecht sich gut anfühlt. Ich wollte, wir könnten den konventionellen Sex, auf den wir beschränkt sind, überwinden. Ich würde gerne Spiele und neue Inszenierungen mit dir erfinden. Ich möchte nicht mehr mit geschlossenen Augen Liebe machen.»

Dieser Mann schließt die Augen, damit seine Partnerin seine wahre Sexualität nicht sieht. Seine Schuldgefühle hindern ihn daran zu sehen, wie sehr seine Frau seinen Blick und seine Zustimmung braucht. Viele Männer glauben nicht, daß ihr Begehren und ihre Lust Eingang ins eheliche Schlafzimmer finden könnten. So haben sie weiter heimliche Orgasmen wie in ihrer Kindheit. Der Körper ihrer Partnerin bleibt verboten, ganz so, wie es der Körper der Mutter war.

Der Triumph des Ernstes (Fortsetzung)

Ob Mann oder Frau, unser Körper und unsere Psyche gehören für lange Zeit der Mutter, dem Vater und dem Milieu, dem wir entstammen. Die Verwirrung zwischen dem individuellen Ich und dem psychischen Hintergrund, der es ans familiäre Unbewußte bindet, ist der Normalzustand. Was ich über die Psychologie der Männer gesagt habe, gilt nicht als pathologisch, selbst wenn wir sehen, wie ein erwachsener Mann sich immer noch mit seiner Mutter herumschlägt. Pathologisch wird es erst, wenn man nur gefesselt zum Orgasmus kommt oder das Glied ausschließlich beim Masturbieren steif bleibt und nie beim Geschlechtsverkehr. Normalerweise kommt man um eine beständige Arbeit an sich selbst nicht herum, wenn man sich von der Vergangenheit befreien will, um endlich Herr im eigenen Haus zu sein. Diese Bewußtwerdung ist nicht einfach und zieht oft schmerzhafte Entscheidungen nach sich. Aber sie führt auch zu größerer Lebendigkeit und Kreativität. Dadurch werden die Beziehungen zu anderen, zu sich selbst und zum Leben ungemein verbessert.

Das Betrüblichste daran ist, daß die sexuelle Misere den Ernst triumphieren läßt. Wenn die Sexualität des Jungen in der Familie schlecht aufgenommen wurde, kann der Mann keine Freude und keinen Stolz darüber empfinden, ein Mann zu sein. Nur wenigen gelingt es, ihre Leichtigkeit auch im Bett zu wahren. Der Geschlechtsverkehr ist eine schwere, ernste Angelegenheit, da kann die Partnerin noch so phantasievoll sein. Schweigen, Warten, Unbehagen und auch Scham umgeben unsere erotischen Handlungen. Unzählige Gespenster bevölkern das Schlafzimmer: Papa, Mama, der Herr Pfarrer, unsere verflossenen oder gegenwärtigen Geliebten und Liebhaber. Eine wirkliche Revolution wäre es, einen einzigartigen Raum zu schaffen, eine echte Zweierbeziehung.

Auf der gleichen Linie liegt es, wenn der spielerische, einfallsreiche Geist eines Mannes versiegt, sobald er seine Partnerin erblickt. Immer wenn die Mutter aus dem Haus war, erzählte mir ein Klient, habe sein Vater vor Leben gesprüht. In Sekundenschnelle verwandelte sich das Haus in ein einziges großes Spielzimmer, in dem der Vater Zauberkunststücke zum besten gab oder mit seinem Sohn auf Schatzsuche ging. Kaum war die Mutter zurück, wurde er wieder ernst. Was hindert Männer eigentlich daran, ihre Begeisterung und Freude mit ihrer Partnerin zu teilen? Liegt es an der nicht vollzogenen Trennung von ihrer Mutter? An der Angst vor dem Urteil der anderen, wenn sie sich spontan und verletzlich zeigen? Warum können sie Freude noch schlechter ausleben als ihre erotischen Wünsche?

Das eigentliche Opfer der Kastration in unseren Familien ist nämlich nicht die Sexualität, sondern die Freude, die Lust am Leben. Begeisterungsfähigkeit und Lebendigkeit sind es vor allem, auf die wir im Namen des Puritanismus und der Ernsthaftigkeit in der patriarchalischen Gesellschaft verzichten müssen. Doch diese Gaben des Lebens kann man nur zurückerlangen, indem man seine Sexualität befreit.

Freude ist das Kennzeichen einer geglückten Beziehung und eines lebendigen Eros, der Männer und Frauen verbindet. Solange wir ihn nicht genießen können, müssen wir uns notgedrungen mit dem tristen Eros der Konventionen begnügen, dessen Flügel gestutzt und dessen Pfeile vergiftet sind.

Wie Männer versuchen, ihrer Angst vor der Frau Herr zu werden

Männer entwickeln auch innerhalb einer Beziehung die unterschiedlichsten Strategien, um ihre tiefsitzende Angst vor der Frau in den Griff zu bekommen. Eine wurde bereits erwähnt: die *völlige Abhängigkeit* von der Partnerin. Dabei wird sie von Anfang an in die Rolle der Ersatzmutter gedrängt. Sie rettet ihn, wäscht ihn, kleidet ihn, «vögelt» ihn. Sie erlaubt ihm, in der süßen Sorglosigkeit der Kindheit weiterzuleben, auch wenn die existentiellen Bedürfnisse nach Selbstbehauptung, Selbstbestimmung und Unabhängigkeit daran Schaden nehmen.

Für den Mann mit den großen Erstickungsängsten, der es nicht ertragen kann, wenn eine Frau sich um ihn kümmert, gibt es die Strategie, ihr ein Kind zu machen. Diesem kann sie dann ihre ganze Aufmerksamkeit widmen, während der Mann mit einem Schlag seiner emotionalen Pflichten entledigt ist. Die höchste Fertigkeit in dieser Vermeidungskunst ist dann erreicht, wenn der Mann es fertigbringt, dem Kind einen Platz im Ehebett zu schaffen – zwischen sich und seiner Frau. Auf diese Weise ist außerdem dafür gesorgt, daß die Spezies der unter der mütterlichen Herrschaft leidenden Männer, die Angst vor der Nähe zu ihrer Partnerin haben, nicht ausstirbt.

Die dritte Strategie nenne ich die Strategie der *Gegenabhängigkeit*. Dabei handelt es sich um eine Art Schutzzölibat, das sich mit den Worten umreißen ließe: «Ich bin unabhängig und nehme alles selber in die Hand. Ich brauche keine Frau zum Leben!» Anders ausgedrückt, heißt das: Der Gegenabhängige sucht sich seine Kleider allein aus, ißt allein, vögelt allein. Sein Los sind ein leeres Bett, Einsamkeit und gelegentliche Höchstleistungen. Seine Bedürfnisse nach Zusammengehörigkeit und Abhängigkeit sind verdrängt. Und während er sich in Selbstdisziplin und Askese übt, weint es innerlich in ihm.

Seit der sexuellen Revolution scheint eine vierte Strategie populär zu werden. Sie befriedigt offenbar diejenigen, die weder mit der Abhängigkeit noch mit der Unabhängigkeit zu Rande kommen. Die Adepten dieser Kunst haben es sozusagen nur mit *Teilen von Frauen* zu tun. Das heißt, sie treffen sich mit einer, die gut im Bett ist, gehen mit anderen aus, die ihre Theaterleidenschaft teilen, und ihre esoterischen Interessen leben sie mit einer dritten aus. Auf diese Weise kommen diese Männer ihren Wünschen nach Vereinigung und Trennung gleichermaßen nach.

Im Grunde genommen ist diese Taktik nichts anderes als eine postmoderne Weiterentwicklung der althergebrachten Spaltung zwischen Jungfrau und Hure. Auf dem klassischen Modell dieser Spaltung beruht die fünfte Strategie: Dazu braucht man *eine anständige, ehrbare Frau*, an der die Familie nichts auszusetzen hat. Diese wird geheiratet und ins frischgebaute Zuhause gesetzt, während man nebenbei eine Geliebte unterhält, mit der man aus diesem Rahmen ausbricht. Man führt so etwas wie ein Doppelleben, um den gesellschaftlichen Normen und dem gewählten sozialen Status zu genügen, damit die Kinder ohne Störungen des Familienlebens aufwachsen können oder weil man eine Trennung fürchtet. In einigen antiken Gesellschaften, darunter China und Japan, war das offizieller Brauch. Die Geliebte mußte sogar der Ehefrau vorgestellt und von ihr genehmigt werden. Man sollte aber nicht vergessen, daß in diesen Gesellschaften der höchste Status, den eine Frau erreichen kann, der einer Mutter ist und daß die Männer dort enorme Mutterkomplexe haben.

Wenn man das Spektrum dieser Strategien einer näheren Betrachtung unterzieht, kann man erkennen, daß es nicht so sehr die Angst vor *den* Frauen ist, die Männer veranlaßt, sich ihrer zu bedienen, sondern vielmehr die Angst vor *der* Frau. Männer fürchten sich davor, ganz allein der Nähe zu *einer* Frau ausgesetzt zu sein. Das Gespenst der mächtigen Mutter spukt eben immer noch durch ihren Kopf.

Das Bedürfnis nach Romantik

Warum Frauen soviel Wert auf eine Beziehung legen

Männer werden zu Helden erzogen, Frauen für die Familie. Setzt sich der männliche Mutterkomplex vor allem auf dem Gebiet der Sexualität in Szene, so wird der weibliche Vaterkomplex vor allem im Bereich von Romantik und Liebe wirksam. Wie die Männer unter der «Strick-um-den-Hals-Phobie», so leiden die meisten Frauen unter «Lassomanie»: Sie wollen unbedingt einen Mann einfangen.

Wie wir gesehen haben, besteht die schwerwiegendste Folge der Abwesenheit des Vaters für die Frau in der Verletzung ihrer Eigenliebe, die letztlich ihre Beziehungsfähigkeit beeinträchtigt. Sie fühlt sich in ihrer Identität durch die Gegenwart der Mutter bestätigt, aber ihre Differenz zum anderen Geschlecht ist vom Vater nicht bekräftigt worden, und so sieht sie sich in ihrem Wert als Geschlechtswesen nicht anerkannt. Sie kann nicht lieben, solange kein Mann sie liebt. Daher der besessene Wunsch nach Zweisamkeit. Sie braucht den Blick und die zärtlichen Worte des Mannes um jeden Preis zur Bestätigung ihres Wertes. Hier spricht nicht die Liebe, sondern die verletzte Eigenliebe. Das psychologische Erbe veranlaßt manche Frauen dazu, beides miteinander zu verwechseln. Sie sind davon überzeugt, vollkommen altruistisch zu handeln, während ihr Sinnen und Trachten doch nur darauf gerichtet ist, selbst im Zentrum zu stehen, um ihre Existenz zu beweisen.

Den Status der Frau an und für sich gibt es nicht für sie. Ohne Partner, meinen sie, könnten sie nicht leben, geschweige denn glücklich sein. Die Liebe wird alles regeln, die Leere füllen und ein Gefühl der Vollständigkeit hervorrufen, das ist ihre größte Hoffnung. Das Glück besteht für sie darin, für Mann und Kind dazusein.

Manchmal glauben Frauen, die ohne väterliche Aufmerksamkeit auskommen mußten, auch, sie könnten den Blick eines Mannes zwingen, sich auf sie zu richten. Um dieses Ziel zu erreichen, greifen sie zu allen möglichen Tricks. Jedes Mittel ist ihnen recht, um den Mann an ihrer Seite, ohne daß er es merkt, so zu manipulieren, daß er ihnen seine Aufmerksamkeit schenkt. Verführung, Unterwerfung, Schmollen, Seufzen und Tränenausbrüche sollen ihn davon überzeugen, daß er sich um sie kümmern muß.

Auf längere Sicht ruft solches Verhalten das Gegenteil der beabsichtigten Wirkung hervor. Der aus Unsicherheit motivierte Zugriffsversuch der Frau schlägt den Mann in die Flucht oder bindet ihn aus anderen Gründen als aus Liebe an sie. Er kann sich beispielsweise schuldig fühlen, eine Frau in Not zu verlassen. Dieses Schuldgefühl wird um so stärker sein, je weniger sein negativer Mutterkomplex gelöst ist.

Sprich mir von Liebe

Die Yaqui-Indianer im mexikanischen Nordwesten glauben, daß die Kraft der Männer aus dem Kopf kommt, die der Frauen dagegen aus der Vagina. Der Ferne Osten lehrt, daß die Männer dem Yang-Prinzip zugehören, dem aktiven Prinzip, das das Universum erschafft, während die Frauen sich mit seinem Gegenteil identifizieren, dem empfänglichen Yin-Prinzip. Der Psychoanalytiker C. G. Jung vertrat die Ansicht, daß das männliche Prinzip auf dem Logos, das heißt in einem umfassenden Sinn, auf dem Geist gründet und das weibliche Prinzip auf dem Eros im Sinn von Beziehung. Kurz: *Er* gehorcht dem Gesetz der Vernunft. *Sie* gehorcht dem Gesetz der Liebe.

Im großen und ganzen trifft das auch zu. Frauen widmen der Liebe gemeinhin einen wahren Kult. Ich gebrauche hier absichtlich das Wort Kult, denn in gewisser Hinsicht handelt es sich um eine Religion, deren Göttin Venus ist. Frauen opfern der Liebe, bringen ihr Gaben dar und halten sich bereit für die Erscheinung des Herrn. Von einer Liebesbeziehung zur nächsten halten sie eine Ruhezeit ein. Wenn die Liebe da ist, geben sie ihr Raum. Diese Welt der Liebe hat ihre Liebestränke und Zaubersprüche, ihre Mysterien und betäubenden Düfte. Die Natur mit ihren Stürmen und Gezeiten, ihren Gewittern, ihren Dürren und Überschwemmungen gibt davon ein viel besseres Bild als die schönste psychologische Beschreibung.

Deshalb sind Frauen so empfänglich für die Poesie. Sie durchbricht die geradlinige Rationalität der Sprache und bringt sie durch stilistische Mittel, Metaphern und Klangfarben zum Blühen. Nichts kann die weibliche Seele mit größerer Genugtuung erfüllen, als daß sie jemanden zu einem Liebesgedicht inspirierte.

Ich habe die Worte eines alten Liedes im Ohr, das diese Gestimmtheit sehr gut ausdrückt:

Sprich mir von der Liebe, sprich nur zärtlich du
Deinen schönen Liedern hört mein Herz gern zu
Sing nur immer wieder mein Lieblingslied für mich:
Ich liebe dich!

In diesem Lied ist das Wesen weiblichen Begehrens erfaßt. Es gibt keinen besseren Ausdruck für die weibliche Seele als den Geist, der Poesie wird, als den Logos, der sich mit der blühenden Sprache vermählt.

«Du läsest meine Briefe mit den Lippen»

Edmond Rostands Theaterstück *Cyrano de Bergerac*[3] ist eine meisterhafte Illustration des eben Beschriebenen. Der gute Cyrano, der durch seine riesige Nase entstellt ist, kann nicht auf die Gunst seiner Kusine Roxane hoffen, die er liebt. Roxane wiederum hat sich in einen jungen Mann verliebt, der gut aussieht und gut gebaut ist, aber ziemlich blöde daherkommt. Cyrano stellt dem ungehobelten Verehrer seine poetische Begabung zur Verfügung, damit dieser mit Hilfe von Cyranos Briefen Roxanes Herz erobern kann. Der erste Liebesbrief, der das Herz der schönen Roxane erbeben läßt, lautet: «Doch gäb' es Küsse, die man nur geschrieben, Du läsest meine Briefe mit den Lippen!» Roxane vermeint durch ihn die Seele des Liebsten zu berühren.

Als sie ihrem Verehrer ein Stelldichein gewährt, erwartet sie entsprechend wortreiche Huldigungen. Doch der tumbe Tor stammelt nur immer wieder: «Ich liebe euch! Ich liebe euch!» und versucht sie zu küssen. Roxane ist so enttäuscht, daß sie ihn

---

3 Edmond Rostand, *Cyrano von Bergerac*, Stuttgart: Cotta'sche Buchhandlung 1898

abweist. Das führt uns zu der berühmten Balkonszene, wo Cyrano, der im Dunkeln steht und an Stelle des Verehrers spricht, durch die Anmut seiner Worte das Herz Roxanes zurückerobert.

Für Roxane, für *Sie*, für viele Frauen ist der Geist der Liebe, den sie dem Verehrer einflößen, weitaus wichtiger als seine physiologischen Reaktionen. Sie wollen auch die Umarmung, aber das Atmosphärische dabei zählt für sie ebensoviel wie die Sache selbst. Wenn das erotische Flair fehlt, wenn das Paar nicht durch den Eros verbunden ist, wenn es dem Akt an Seele mangelt, fühlt sich die Frau auf die Stufe eines Objekts erniedrigt. Sex an und für sich interessiert sie nicht. Das ist sicher auch ein Grund, warum Pornographie so wenige Frauen anspricht. Sie suchen in der Liebe den Ausdruck einer seelischen Ergänzung.

Doch wie der junge Verehrer von Roxane kann auch *Er* nicht von der Liebe sprechen. Er ist ein Gefangener des Schweigens, wie es schon sein Vater war. Vor diesem Hintergrund wird *Sie* alles tun, um *Ihn* zum Reden zu bringen. Was nach Launen und Kniffen aussieht, sind ihre Versuche, ihn gegen seinen Willen in die Rolle ihres Ritters zu drängen. Man könnte meinen, das seien bloß Auswüchse weiblicher Egozentrik oder die Wiedergutmachungsforderungen einer Frau, die in ihrer Liebe gekränkt wurde und nun den ihr zustehenden Anteil an Aufmerksamkeit verlangt. Aber es steckt mehr dahinter. Im Grunde ihres Herzens, im Halbdunkel dieses Wissens ohne Wissen ahnt *Sie*, daß sie ihre Erfüllung finden kann, indem sie sich ohne Vorbehalt aus reiner Liebe schenkt. Sie sucht in der Liebe eine Möglichkeit, ihre Kraft zu entfesseln. Also will sie ihren Gefährten dazu bringen, etwas zu geben, denn sie wird dieses Bißchen vervielfachen und ihn dafür zum glücklichsten Menschen der Welt machen. Deshalb bittet Roxane ihren Verehrer, den romantischen Helden zu spielen, bevor sie sich ihm hingibt.

Der Sinn der Romantik

Die Romantik erfüllt eine außerordentlich wichtige psychologische Funktion, wenn auch das Bedürfnis danach durch die Abwesenheit des Vaters verstärkt worden sein mag. In ihrem Wesen spiegelt die Romantik den Sinn der Frau für Begegnung und Beziehung. Die Frau weiß, daß ein grundlegender Aspekt menschlichen Seins sich nur in der Liebe verwirklicht. In ihrer romantischen Erwartung versucht sie, den Mann durch eine wahrhafte Begegnung, die sich durch Herz und Körper vollzieht, zu seiner eigenen Verwirklichung zu führen.

Wenn diese weibliche Erwartung ständig enttäuscht wird, wenn die Aufmerksamkeiten des Mannes ausbleiben, dann kippt diese Erwartung um und wird zu Verbitterung, Depression und tiefer Verachtung des Mannes. Dann erwartet eine Frau nichts mehr von den Männern.

Auch das Herz des Mannes bleibt einsam bei den nicht vollzogenen Begegnungen, aber anscheinend haben Männer immer viel zuviel zu tun, um es zu bemerken. Eines Tages jedoch steht jeder Mann allein sich selbst gegenüber. Was hilft es ihm dann, Ruhm und Geld erworben zu haben, wenn er niemals geliebt hat, wenn er nicht einmal vor Liebe erbebte? Ohne Liebe ist das Leben leer. Heimlich, in seinem tiefsten Innern, gewinnt jeder Mann einmal diese Erkenntnis.

Der Mann, der Angst hat zu lieben, weiß nicht, daß eine Frau in ihrer Großmut das Quentchen Liebe, das er zu geben hat, vervielfachen kann – unter einer ausdrücklichen Bedingung allerdings: daß er sich darauf einläßt. Oder besser gesagt, unter der Bedingung, daß er bereit ist, sie zu brauchen, ja, daß er einverstanden ist, von ihr abhängig zu werden. Denn Frauen sind fähig, aus Liebe alles zu geben. Darauf beruht größtenteils das Mysterium des Weiblichen. Die Frau kann den Mann in dieses Mysterium einführen. Sie kann ihm, wenn sie sich wirklich geliebt, erwählt und geschätzt fühlt, Zugang gewähren zu selbstlosem Dienst und Hingabe.

Das Wesen des Weiblichen enthüllt sich erst ganz in der persönlichen Begegnung zweier Individuen, denn es setzt den anderen von Anfang an voraus. Den Männern macht die schöne Schlichtheit dieses Mysteriums oft angst. Allerdings darf man dabei nicht vergessen, daß sie, wie wir hier sehen konnten, stark mit der Problematik des negativen Mutterkomplexes zu kämpfen haben. Es ist für die meisten Männer ein ungeheurer Weg und eine Kehrtwende – weg vom Mutterdrachen und hin zu rückhaltloser Liebe – zu vollziehen.

Die weibliche Romantik birgt eine Triebfeder der Geschichte. Sie ist das noch unerschlossene Erbe der Menschheit. Noch ist dieses Erbe der Klotz am Bein der Frau, weil weder Männer noch Frauen bislang die tiefe Schönheit des Weiblichen erkannt haben. Aber allzulange werden weder Männer noch Frauen das Bedürfnis nach einer echten, intensiven und harmonischen Begegnung im Schoß der Liebe umgehen können. Das Verhältnis zwischen Männern und Frauen wird sich weiter verschlechtern, solange das Herz nicht Vorrang erhält, denn die Hoffnung beider Geschlechter auf eine Vereinigung in Liebe wird ununterbrochen enttäuscht.

Der systematische Irrtum

Die Welt der romantischen Träumerei hat auch ihre negative Seite. Denn da sie einen Ausweg aus Alltagsödnis und Kummer bietet, kann die Frau sich leicht darin verlieren. Dann errichtet sie einen Schild aus Phantasien zwischen sich und der Wirklichkeit, der so undurchdringlich sein mag, daß sie in einem Mann, den sie kaum kennt, ihren Märchenprinzen erblickt, der er natürlich nicht ist. In ihrer Phantasie wird er zum strahlenden Ritter im Minnedienst, bis der Wirklichkeitsschock sie wieder zu sich bringt. Nun stellt sich heraus: Der Mann, mit dem sie ihr Leben verbringt, ist gar nicht der, den sie sich vorgestellt hat.

Manche Frauen lassen sich von ihrer romantischen Neigung

auch zu einem systematischen Irrtum in ihrer Partnerwahl verführen. So verwechselt die eine Machismo mit Stärke. Sie glaubt, Sicherheit bei einem Partner zu finden, weil er so stark wirkt. Und ist am Ende überrascht, wenn sich seine Aggressivität gegen sie richtet. Eine andere nimmt Schweigen für Weisheit – um dann später festzustellen, daß der Mann ganz einfach nichts zu sagen hatte. Wieder eine andere erliegt den Künsten eines Verführers und hält seine Artigkeiten für echtes Interesse. Erst nachdem sie sich ihm mit Leib und Seele hingegeben hat, merkt sie, daß sie in eine Falle getappt ist.

Auch eine Frau, die als Mädchen die Anima des verzweifelten Vaters verkörpern wollte, die seine Gefühle beantwortete, um einen Platz zwischen der Mutter und ihm zu finden, ist anfällig für den systematischen Irrtum. Als Vertraute eines alkoholkranken oder depressiven Vaters hat sie ihre Opferrolle gelernt. In der Folge wird sie auf ihrer Suche nach dem Retter immer wieder auf abhängige Männer stoßen, die einer Droge oder dem Alkohol verfallen sind oder Mühe haben, für ihren Lebensunterhalt aufzukommen. Schließlich ist sie dann diejenige, die die Retterin spielt und sie aus dieser Lage zu befreien versucht.

Eine Frau, die einen Mann in Not heiratet, verbindet damit die unbewußte Erwartung, daß es ihr gelingen wird, den Märchenprinzen zu erwecken, der in ihm schlummert. Dann wird er ihr sein Herz öffnen und sie in ihrem Wert bestätigen. Bei sich denkt sie: «Eines Tages wird mein Prinz kommen!» Aber wenn der Frosch sich ausnahmsweise tatsächlich in einen Prinzen verwandelt, wird er wahrscheinlich die Frau verlassen, die ihm in seinem Kampf beistand.

Die Betroffene sollte sich über ihr geringes Selbstwertgefühl klarwerden, das aus ihrer Kindheit stammt und sie dazu bringt, sich Männer zu suchen, die sie nicht achten. Dann wird sie eines Tages darauf kommen, daß ihre Fähigkeit zu Selbstverleugnung und Verzicht in der Liebe darauf beruht, daß sie sich selbst nicht genug liebt. Indem sie dem anderen Menschen hilft, seine Abhängigkeit in den Griff zu nehmen, vertuscht sie ihre eigene.

Das Ratespiel

Die Romantik bietet noch andere Fallen. So entpuppt sich der Mann, mit dem die Frau schließlich lebt und den sie liebt, nicht nur nicht als Märchenprinz, sondern er enttäuscht auch ständig ihre anderen Erwartungen durch seine Unfähigkeit, die weibliche Welt zu erraten. Sie hätte lieber einen Mann, der ihren Wünschen zuvorkommt, ohne daß sie sie ausspricht, aber so ein Mann ist er nicht – und ihre Verbitterung wächst.

Wir stehen hier vor einem Paradox. Obwohl Frauen sich häufig mit ihren Fähigkeiten auf emotionalem Gebiet brüsten, gelingt es ihnen oft nicht, dem Lebensgefährten ihre wahren Wünsche zu offenbaren. Sie sind fälschlicherweise davon überzeugt, er müßte sie erspüren können, und werfen ihm innerlich vor, er wolle bloß nicht darauf eingehen. Wenn man diese Wünsche erst aussprechen muß, ist das Ganze doch schon banal und reizlos. Die Erfüllung eines vorher explizit geäußerten Wunsches erscheint ihnen minderwertig. Bedürfnisse zu benennen nimmt der Beziehung sicherlich etwas von der Aura des Geheimnisvollen. Aber wie soll es zu einer erfolgreichen Kommunikation zwischen zwei Menschen kommen, wenn sie nicht bereit sind, ihre wahren Wünsche unmißverständlich mitzuteilen?

Frauen denken, daß Männer so sind wie sie und Ratespiele ebensogut beherrschen. Dabei sind bei ihnen Intuition und Einfühlungsvermögen meist verkümmert, weil sie durch die Erziehung zuwenig dazu ermutigt wurden. Männer fühlen sich in klaren Positionen wohler. Wenn meine Lebensgefährtin zu mir sagt: «Ich möchte gern mit dir essen gehen, nur wir zwei», höre ich das lieber, als wenn sie klagt: «Du willst ja nie mit mir allein sein.»

Frauen können aber auch von ihrer Intuition in die Irre geführt werden. Dann halten sie für Wahrheit, was nur ihre Vorstellungen von der Welt des Mannes sind. Sie legen ihm Gedanken in den Kopf, Gefühle ins Herz und Worte in den Mund, die nicht seine sind. Und zweifeln dann an ihm, wenn sich sein inneres Universum als anders denn vorausgesetzt oder angedichtet entpuppt. Unter diesen Umständen ist das Schweigen der Männer nicht verwunderlich. Sie müssen das Gefühl haben, daß sie zu Hause weder Gehör finden noch in ihrer Wahrheit respektiert werden. Sie sehen sich von Anfang an einer Einflußnahme ausgesetzt und hören am Ende auf zu reden, weil ihre Partnerin ohnehin besser weiß, was in ihrem Inneren vor sich geht.

Das Problem, klar zu kommunizieren

Um wirklich zu kommunizieren, muß man sich der Realität des anderen öffnen und gleichzeitig ein wenig Abstand zu sich selbst einnehmen. Wenn eine Frau, kaum daß ihr Partner den Mund aufmacht, um von seinen Gefühlen zu sprechen, sich enttäuscht zeigt oder in Tränen ausbricht, wird er bald gar nichts mehr sagen. Er wird Auflehnung und Ohnmacht empfinden und das Gefühl haben, zu ersticken. Er befindet sich dann in einer sogenannten Double-bind-Situation: Sie verlangt von ihm, daß er über sich reden soll, aber wenn er es tut, schneidet sie ihm das Wort ab, um ihm zu widersprechen oder um von sich zu sprechen. Mit dieser Art der Kommunikation treibt die Frau sich und ihren Geliebten ins Unglück.

Manchmal gewinnt man den Eindruck, daß die Frau in solchen Fällen vor allem deshalb mit ihrem Partner spricht, um aus seinem Mund zu hören, was er über sie denkt. Rückt eine Frau sich dergestalt ins Zentrum des Lebens und der Kommunikation eines Mannes, dann drückt dieses Verhalten eine narzißtische Kränkung aus, die ein Leben zu zweit in gegenseitigem Respekt unmöglich machen kann. Es ist legitim, hören zu wollen, was der andere über einen denkt, aber warum ihn nicht direkt fragen: «Ich möchte gern deine wahren Gefühle für mich kennen», oder auch: «Ich brauche es, daß du mir sagst, was du von mir hältst.» Wenn die Frage einmal gestellt ist, muß man allerdings auch bereit sein, die Antwort (oder Nichtantwort) anzunehmen, wie sie ist, und entsprechend zu handeln.

Obwohl sie sich in der Welt der Gefühle bewegen können wie Fische im Wasser, haben Frauen oft das Problem, klar zu kommunizieren. Untereinander fällt es ihnen leicht, über Enttäuschungen zu sprechen, doch mit einem Mann ist das etwas anderes. Solange diese Einstellung nicht hinterfragt wird, stehen die Chancen gut, daß die unausgesprochenen Erwartungen zu einem so großen Druck in der Beziehung führen, daß der Mann lieber die Flucht ergreift. Es kann keine fruchtbare Kommunikation zwischen zwei Menschen geben, wenn sich nicht beide darum bemühen, die Bedürfnisse zu verstehen, die sich hinter Empfindungen und Enttäuschungen verbergen, sie beim Namen zu nennen oder in Form realistischer Wünsche zu äußern.

Frauen – und natürlich auch Männer – müssen begreifen, daß Traummänner und Traumfrauen, die ihre Bedürfnisse verstehen und erfüllen, bevor sie ausgesprochen sind, nicht vom Himmel fallen. Es gibt keinen Märchenprinzen. Der Märchenprinz ist eine mythische Figur, die von einem inneren Wohlgefühl spricht, aber wenig gemein hat mit den haarigen Kreaturen, denen die Frau begegnet – den wirklichen Männern.

Das gleiche gilt auf geschlechtlicher Ebene. Die meisten Frauen hassen es, daß ihr Partner in ihnen eine sexuelle Annehmlichkeit sieht, und beklagen sich bitter darüber. Doch wenn sein Begehren ausbleibt, stellen sie die Beziehung in Frage, weil sie sich nicht mehr begehrt fühlen.

Noch so ein Double-bind, das das Leben zu zweit erschwert. Auch in diesem Fall ist es besser, Wünsche offen zu äußern, statt durch ewiges Klagen den Mann zum Versager zu stempeln. Dadurch wird er nur entmutigt, und die Beziehung leidet darunter. Was nichts daran ändert, daß Männer tatsächlich mehr Schwierigkeiten haben, ihren Gefühlen Ausdruck zu verleihen.

Solange die Frau der grundlegend andersartigen Welt der Männer keine Geltungsberechtigung einräumt, verhindert sie die Gleichberechtigung, die sie in ihrer Partnerschaft anstrebt. Warum den Mann nicht in seiner Verschiedenheit akzeptieren? Wenn es stimmt, daß die Männer im allgemeinen eher kopfgesteuert sind und die Frauen sich mehr von ihren Instinkten leiten lassen, warum nicht diese Differenz zur Grundlage des Austauschs machen? Die männliche Vernunft kann die Heftigkeit der weiblichen Gefühle etwas relativieren, was manchmal gar nicht schlecht ist. Und warum nicht darüber lachen, statt sich zu ärgern?

Der Kampf der Geschlechter

Die Infantilisierung des Mannes

Patriarchat verpflichtet – so wurden unsere Mütter zu prinzipientreuen, pflichtbewußten Frauen, die für den nötigen Ernst in der Familie sorgten. An Kochtopf und Kindererziehung gebunden, verloren sie schnell den Sinn für Spaß und Spiel. Ihre eigenen Wünsche wurden in der Bitterkeit ertränkt, von ihrem Mann verlassen zu sein. Angesichts dieser Sicht auf das Leben nimmt es nicht wunder, daß viele dieser Frauen eine schlechte Meinung von den Männern haben, mit denen sie ihr Leben teilten. In Quebec haben Mütter ihren Töchtern über Generationen bei der Heirat die Weisheit mit auf den Weg gegeben, sie würden in dem ersten Kind, das sie großzögen, ihren eigentlichen Gefährten finden.

So lernen junge Frauen nach dem Vorbild der Mutter, den Mann an ihrer Seite zu gängeln. Sie setzen Worte, Sex, Vorwürfe, Seufzer und Demütigungen als Erziehungsmittel ein und halten ihre Monologe über das Leben zu zweit häufig für echte Kommunikation.

In Wahrheit merken viele Frauen gar nicht, wie «kontrollierend» sie sein können, denn dieser subtile Zwang wurde in den Ehen früherer Generationen «Liebe» genannt. So wurde die Autoritätsanmaßung der Frauen häufig nicht bewußt wahrgenommen. Wenn es um Liebesdinge oder die Erziehung der Kinder geht, sind die meisten Frauen aufrichtig davon überzeugt, daß sie genau wissen, was das Beste für alle Beteiligten ist. Doch indem die Frau in der Beziehung als einzige Spezialistin für Gefühle auftritt, erreicht sie nur, daß sie sich am Ende unwillentlich in trauter Zweisamkeit mit ihrem Vater wiederfindet, das heißt, mit einem schweigsamen und verschlossenen Mann. Das Ideal der Partnerschaft, das sie wie eine Standarte vor sich herträgt, damit alle Männer sich ihm unterwerfen, wird zur Tyrannei und erdrückt, statt zu verbinden.

Viele Frauen sind der Ansicht, dieser Zwang sei die richtige Waffe angesichts der Verantwortungslosigkeit der Männer und der Unterdrückung, der sie selbst unterliegen. Vielleicht. Aber dieses Verhalten der Frauen verewigt auch den Machtkampf zwischen Mann und Frau im Privatleben. Es verdeckt eine jahrhundertelang genährte Verachtung und Wut auf die Männer, und es führt keinen Schritt weiter zur Gleichberechtigung, sondern unterminiert höchstens unbemerkt die Partnerschaft. Es spielt mit der Kastrationsangst der Männer und führt schließlich dazu, daß sie sich entweder gegen diese Herrschaft auflehnen oder sie hinnehmen und in die Rolle des Kindes schlüpfen. Das macht die Dinge nicht besser, denn wenn der Mann sich fügt, verliert er die Achtung seiner Partnerin, und wenn er sich auflehnt, mündet das in endlose Streitereien.

Die Frau, die ihren Mann zum Kind macht, findet sich am Ende in den Armen eines Mannes wieder, der ihrem Vater ähnelt, dem sie schon in jungen Jahren keinen Respekt entgegenbringen mochte, denn er war schwächlich und ohne Rückgrat. Das ist nicht der Mann, an dessen Seite sie sich verwirklichen kann, und so wird sie das Verhältnis bald als Ausbeutung erleben.

Die Ermordung des Patriarchen

Männer und Frauen lassen sich nicht in monolithische Blöcke von Unterdrückern auf der einen und Unterdrückten auf der anderen Seite auseinanderdividieren. Die männliche Macht auf gesellschaftlicher und ideologischer Ebene findet nicht selten ihr Gegenstück auf emotionalem und privatem Gebiet, wo manche Frauen eine Art Diktatur ausüben. Gewohnt, sich selbst stets als «Opfer» zu betrachten, bemerken sie die Unterdrückung, die sie selbst ausüben, nicht.

C. G. Jung hat mehrfach darauf hingewiesen, daß das Gegenteil von Liebe nicht Haß ist, sondern Macht. Wenn wir nicht mehr lieben oder uns nicht mehr geliebt fühlen, kommt es zum Machtkampf. Das gilt ganz besonders für die Partnerschaft. In dem Maße, wie die Liebe sich verflüchtigt, wird sie von einer Art Abnutzungskrieg ersetzt.

Genauso verhält es sich bei der Frau, die von ihrem Partner enttäuscht ist. Ein stummer Protest erhebt sich in ihr, der sie gegen Mann und Kinder aufbringt. Ich habe weiter vorn von der Stimme des Animus gesprochen, der zum Gefangenen des negativen Vaterkomplexes wird. C. G. Jung dagegen sah an der Entstehung dieses Dominanzverhaltens auch einen negativen Mutterkomplex beteiligt. Frauen, die zu solchem Verhalten neigen, meinte Jung, hatten eine schlechte Beziehung zu ihrer Mutter und können sich infolgedessen nicht mit den traditionellen weiblichen Verhaltensweisen und Einstellungen identifizieren. Sie wollen in einer lichten Welt leben, aus der das Dunkle der mütterlichen Welt ausgeklammert bleibt. Wenn sie einen Partner finden, der die Kraft und Originalität ihres Geistes annehmen kann, entfaltet sich ihr Animus. Wenn nicht, vegetieren sie mißmutig dahin, besessen von einem Animus, der alles daransetzt, den Mann an ihrer Seite zu zerstören.[4] Das Stück *Der Vater* des schwedischen Schriftstellers August Strindberg[5] illustriert das sehr anschaulich, indem es die unbewußte Dynamik erhellt, die in einer patriarchalischen Ehe am Werk ist. Interessant ist der ge-

---

4 C. G. Jung, *Von den Wurzeln des Bewußtseins. Studien über den Archetypus* (Psychologische Studien 9), a. a. O.

5 August Strindberg, *Der Vater*, Drei Stücke in der Übertragung von Peter Weiss, Frankfurt/M.: Suhrkamp 1978

sellschaftliche Hintergrund des Stücks: Es entstand gegen Ende des 19. Jahrhunderts, als die Frauenbewegung in ganz Europa für Beunruhigung sorgte. Die Frauen damals lebten in einer Welt, in der alles vom Gesetz des Vaters geregelt war. In einem solchen Universum beschränkte sich das Existenzrecht der bürgerlichen Frau auf die Küche oder das Schlafzimmer. Sie hatte stets heiter und lächelnd zu Diensten zu sein und hatte kaum Gelegenheit zu eigener Machtentfaltung. So brach sich das Bedürfnis, etwas zu entscheiden und zu bestimmen, auf Abwegen seine Bahn.

Die Hauptpersonen des Stückes sind Adolf, ein naturwissenschaftlich interessierter Rittmeister, und seine Frau Laura, die ihn in den Wahnsinn und schließlich in den Tod treibt. Laura ist verbittert und zu allem bereit, um sich und ihre Tochter dem Zugriff ihres Mannes zu entziehen. Und da er ein äußerst rationaler Mensch ist, verfällt sie auf das Mittel, seine Vernunft ins Wanken zu bringen. Das Argument, dessen sie sich bedient, um ihr Ziel zu erreichen, ist in einer streng patriarchalischen Gesellschaft schrecklich: Um die Tochter, die nach Adolfs Wunsch in der Stadt Lehrerin werden soll, bei sich zu behalten, sät sie Zweifel daran, daß er ihr Vater sei. Dieser Gedanke macht ihn rasend und bringt ihn schließlich um den Verstand.

In einer Schlüsselszene wirft der Rittmeister Laura vor, sie habe den Zweifel nur geschürt, weil sie selbst die Macht haben wolle. «Die Macht, ja», bestätigt Laura. «Worum ist es in diesem ganzen Kampf auf Leben und Tod sonst gegangen als um die Macht?» Sie ist davon völlig besessen und stellt ihre ganze Klugheit in den Dienst dieses Herrschaftsanspruchs, der zu lange unterdrückt war. Von außen betrachtet, ist ihre Absicht begreiflich, innerlich fürchtet man ihre Bösartigkeit – besonders als männlicher Zuschauer –, denn dahinter steckt die Wut einer verratenen, verletzten Göttin. «Wer lenkt denn das Leben?» fragt Adolf einmal. «Gott allein lenkt ...» antwortet Laura. «Dann der Gott des Kampfs!» stellt Adolf fest. «Oder die Göttin nunmehr.»[6]

---

6 August Strindberg, *Der Vater*, a.a.O., S. 60 und 81

Diese Passage ist irritierend, führt sie doch vor Augen, wie gewalttätig eine Frau werden kann, die unterjocht ist. Sie greift nicht zum Gewehr, sondern gibt sich alle Mühe, ihren Mann psychisch umzubringen. Stindberg selbst hat zur Beschreibung dessen, was seine eigene Frau ihm angetan habe, einmal den Begriff «Seelenmord» gebraucht.

Die Stärke der Frauen, die Schwäche der Männer

Es gibt einen anderen schrecklichen Augenblick der Wahrheit in diesem Stück. Als Adolf einmal weich wird und in Tränen ausbricht, streicht die sonst so harte und unerbittliche Laura ihm sanft über die Stirn. Sie sei vor allem seine Mutter gewesen, sagt sie, und als solche habe sie ihn auch geliebt. Da alle Männer aus dem Bauch einer Frau kommen, sind alle Frauen Mütter. Männer haben ihr Lebtag lang Kinder zu bleiben, um die Liebe der Frauen zu erlangen. Es ist Wahnsinn, die Frau in ihnen zu suchen, weil die Frau dem Mann unendlich überlegen ist, stärker und klüger. Deshalb mußte der Krieg zwischen ihnen ausbrechen, als Adolf die Rolle des ewigen Jünglings ablegen wollte.

Rittmeister: ... Ich, der ich in der Kaserne, vor der Truppe der Befehlende war, ich wurde – ich war bei dir der Gehorchende, und ich wuchs an dir, sah auf zu dir wie zu einem höher begabten Wesen, hörte auf dich, als wäre ich dein unverständiges Kind.

Laura: Ja, so war es damals, und deshalb liebte ich dich wie mein Kind. Aber weißt du, du sahst es wohl, jedesmal, wenn deine Gefühle umschlugen und du vor mir standst als mein Liebhaber, da schämte ich mich, und deine Umarmung brachte mir ein Glück, auf das Gewissensbisse folgten, als hätte ich Blutschande begangen. Die Mutter wurde Geliebte! Sie schüttelt sich.

Rittmeister: Ich sah es, aber verstand es nicht. Und wenn ich glaubte, deine Verachtung meiner Unmännlichkeit zu bemerken, wollte ich dich als Frau gewinnen dadurch, daß ich Mann war.

Laura: Ja, aber darin lag der Irrtum. Die Mutter war dein Freund, siehst du, aber die Frau war dein Feind, und die Liebe zwischen den Geschlechtern ist Kampf; und glaub nicht, daß ich mich ergab; ich gab nicht, sondern ich nahm – was ich haben wollte.[7]

Dieser Dialog ist sehr bezeichnend für eine versteckte Dimension vieler Mann-Frau-Beziehungen. Der Patriarch hat die Frau mehrere Jahrhunderte lang in einem Zustand der Unterlegenheit gehalten, doch das ist nur die Oberfläche der Dinge. Im Zwielicht des Unbewußten, könnten wir behaupten, ist es genau umgekehrt. Die Frau kompensiert das Gefühl der Unterlegenheit mit dem Glauben an ihre Überlegenheit. Das ist ganz allgemein so: Menschen, die man erniedrigt, träumen immer davon, eines Tages ihre Überlegenheit glanzvoll unter Beweis zu stellen. So stützt sich die Fähigkeit der Frauen, sich zu behaupten, häufig auf diesen tiefverwurzelten Glauben an ihre Überlegenheit. Eine Zeitlang kann es auch geschehen, daß sie sich damit identifizieren und Gefahr laufen, einer Verblendung zu unterliegen wie Laura.

Bei den Männern ist es genau umgekehrt. Viele glauben an ihre Überlegenheit – ein Glaube, der von der patriarchalen Kultur von Kindesbeinen an bei ihnen gefördert wird. Doch diese nach außen zur Schau gestellte Überlegenheit verbirgt eine große Verletzlichkeit. So büßt der Rittmeister Adolf, der bei seinen Soldaten in hohem Ansehen stand, in Rekordzeit seine ganze Autorität ein. Dadurch, daß er nicht mehr sicher sein kann, der Vater seiner Tochter zu sein, ist er nichts mehr. Der Minderwertigkeitskomplex, der im Unbewußten verborgen war, steigt an die Oberfläche und überwältigt die bewußte Persönlichkeit.

Dieses versteckte Minderwertigkeitsgefühl erklärt übrigens, warum Männer auf Liebeskummer so oft mit Konsum von Drogen, Alkohol oder Sex reagieren – Verhaltensweisen, die innere

7 August Strindberg, *Der Vater*, a. a. O., S. 63

Schwäche verraten. Die Statistiken bestätigen übrigens eine solche Interpretation: Dreimal mehr Männer als Frauen haben Suchtprobleme.[8] Man könnte meinen, daß die sogenannte Virilität häufig nur eine Fassade ist, die eine starke Abhängigkeit kaschiert.

Diese Abhängigkeit hängt mit der Abwesenheit des Vaters zusammen, die eine hohe psychische Verletzlichkeit des Jungen nach sich zieht. Das Fehlen eines männlichen Vorbildes verletzt die Identität des Jungen. Er wird versuchen, sich einen starren Panzer aufzubauen, um die Schwäche, die er in sich spürt, zu kompensieren. Die Konsequenz daraus ist oft machistisches Verhalten, ein Versuch vieler Männer, Frauen gegenüber ihre Überlegenheit zu demonstrieren. Wir können darin sogar die neurotischen Wurzeln des Patriarchats sehen: Man erbaut aus Angst vor der eigenen Schwäche ein ideologisches und gesellschaftliches Gerüst, um sich von der eigenen Stärke zu überzeugen und die tiefe Wunde, die man in sich trägt, zu verbergen.

Wir müssen nur die für Männer gemachte Pornographie betrachten, um uns von dieser Interpretation zu überzeugen: Da versichern Frauen in eindeutigen Posen, wie dringend sie ein männliches Sexualorgan brauchen, um ihren drängenden Trieb zu befriedigen. Wir wissen recht gut, daß das in der Wirklichkeit nicht unbedingt so ist. Paare, bei denen umgekehrt die Frau der Erwartungen des Mannes überdrüssig ist, sind doch recht häufig. So dient die Pornographie dazu, ein schwaches Selbstwertgefühl zu stärken und Balsam auf das instabile männliche Ego zu träufeln.

Männer brauchen offenbar eine ständige Bestätigung ihrer Männlichkeit, um nicht ihr narzißtisches Gleichgewicht zu verlieren. In mancherlei Hinsicht scheint unsere ganze Kultur auf dieser fortwährenden Bestärkung zu beruhen. Deshalb mußte die jüngste frauenbewegte Infragestellung des Patriarchats dazu füh-

---

8 Huguette O'Neill, «Santé mentale: les hommes, ces grands oubliés ...», in: *L'Actualité médicale* vom 11. Mai 1988, S. 27.

ren, daß die ganze Verletzlichkeit, Schwäche und Ohnmacht unter dem Panzer der Männer zum Vorschein kam.

Wenn Frauen manchmal von der inneren Gewißheit, Recht zu haben, besessen sind, kann von Männern eine Hoffnungslosigkeit Besitz ergreifen, auf die sie mit Taten reagieren, die ihre verlorene Überlegenheit – wenn auch auf illusionäre Weise – wiederherstellen sollen. Jede Woche hören wir beispielsweise in den Nachrichten von Männern, die sich in ihrem Haus verbarrikadiert und Frau und Kinder als Geiseln genommen haben. Solches Handeln setzt auf krasse Weise die innere Isolation in Szene, unter der viele Männer leiden. Sie sind gänzlich die Produkte einer Gesellschaft, die ihnen Schweigen auferlegt hat. Deshalb teilen sie uns auf diese Art mit, wie sehr sie in sich selbst verbarrikadiert sind. Es ist erbärmlich, daß diese Männer ihre Liebsten umbringen, weil sie keine Worte für ihre Gefühle haben und die Entdeckung ihrer Verletzlichkeit nicht ertragen können.

Viele moderne Paare leben eine Beziehung, in der sich die traditionelle Dynamik der Machtverhältnisse umkehrt. Während sie sich leidenschaftlich behauptet, stolz auf die neue Kraft, die ihr erwächst, fühlt er sich mit einem Mal grundlos vernichtet. Das erschwert ihre Kommunikation. Der Leidenschaft und dem Zorn der Göttin antwortet ein kleiner Junge, der Angst hat, seine Vorrechte zu verlieren. Man könnte meinen, daß die Oberfläche der Vater-Tochter-Beziehung in ihren Tiefen eine Mutter-Sohn-Beziehung verbirgt. Ich glaube allerdings nicht, daß es irgend etwas verbessern würde, wenn man die Verhältnisse umkehrt, also eine Mutter-Sohn-Beziehung führt, die unterschwellig eine Vater-Tochter-Beziehung enthält. In jeder Partnerschaft müssen Mann und Frau darum kämpfen, daß sie nicht in die archaischen Formen der Mutter-Sohn- und Vater-Tochter-Verhältnisse zurückfallen. Was nicht heißen soll, daß man diese Positionen nicht regelmäßig streift. Die Fixierung auf eine vorgegebene Dynamik jedoch behindert die Entwicklung. Nur eine verstärkte Wachsamkeit kann eine psychische Gleichberechtigung der Partner gewährleisten.

Der Aufstieg der Amazonen

Der Feminismus hat vielen Frauen ermöglicht, ihre Amazonenseite hervorzukehren, ihr Selbstwertgefühl zu steigern und damit aufzuhören, auf eine Bestätigung der Männer zu warten. Das hat auf kollektiver Ebene zur Schaffung einer wahren Amazonengeneration geführt und uns auf der Ebene der Liebesbeziehungen unerwartete Umkehrungen beschert. Ein Theaterstück des deutschen Dichters Heinrich von Kleist beschreibt das auf bemerkenswerte Weise. Vor fast zweihundert Jahren deutete er damit bereits heutzutage verbreitete Liebesbeziehungen an.

Penthesilea war die Königin der Amazonen, der sagenhaften Kriegerinnen, die sich eine Brust abschnitten, um bei der Handhabung ihrer Waffen nicht behindert zu werden. Die Amazonen duldeten keine Männer, töteten sie bei der Geburt oder machten sie zu «Liebessklaven», um ihre Fortpflanzung zu gewährleisten – wie in einer Umkehrung des Patriarchats.

In Kleists Drama ziehen die Amazonen ins Feld und treffen unterwegs auf das griechische Heer vor Troja, das von Achilles angeführt wird. Die Amazonen greifen an, und im Eifer des Gefechts verlieben sich Achilles und Penthesilea ineinander. Achilles, der sich, koste es, was es wolle, seiner Rivalin zu nähern versucht, um ihr seine Liebe zu gestehen, fordert sie schließlich mitten auf dem Schlachtfeld zum Zweikampf heraus. Penthesilea geht trotz der Warnungen ihrer Kriegerinnen darauf ein. Den Amazonen war keineswegs entgangen, daß das Blut ihrer Königin nicht bloß vor Kampfeslust kochte, sondern, was viel gefährlicher sein konnte, vor Liebe. Sie mahnen sie zur Vorsicht. Doch Penthesilea ist taub für ihre Bitten. Sie erkennt ihre Liebe zu Achilles nicht und schwört, daß er von ihrem Schwert fallen wird.

Im Kampf gewinnt Achill die Oberhand über Penthesilea, kann es aber nicht über sich bringen, sie zu töten. Er beschließt, sich seiner Geliebten zu schenken, und bietet ihr seine nackte Brust dar, um ihr Sklave zu werden und auf ewig bei ihr zu bleiben. Doch Penthesilea weigert sich, der Schwäche der Liebe nachzugeben, versteht daher die Geste Achills nicht und tötet ihn. Siegestrunken läßt sich die Königin von ihren Kriegerinnen vom Feld tragen und will zunächst nicht glauben, daß sie ihren Geliebten getötet hat. Die Oberpriesterin läßt den zerfetzten Leichnam des Helden zu ihr bringen.

DIE OBERPRIESTERIN – Er liebte dich, Unseligste! Gefangen
Wollt er sich dir ergeben, darum naht' er!
Darum zum Kampfe fordert' er dich auf!
Die Brust voll süßen Friedens kam er her,
Um dir zum Tempel Artemis' zu folgen.
Doch du –
PENTHESILEA – So, so ... Ich zerriß ihn ... Oder war es anders? ... Küßt ich ihn tot? Nicht? Küßt ich nicht?
Zerrissen wirklich? sprecht? ... So war es ein Versehen.
Küsse, Bisse,
Das reimt sich, und wer recht von Herzen liebt,
Kann schon das eine für das andre greifen ...
Laßt, laßt!
Sie ... läßt sich auf Knien vor der Leiche nieder.
Du Ärmster aller Menschen, du vergibst mir!
Ich habe mich, bei Diana, bloß versprochen,
Weil ich der raschen Lippe Herr nicht bin;
Doch jetzt sag ich dir deutlich, wie ichs meinte:
Dies, du Geliebter, wars, und weiter nichts.
(Sie küßt ihn.)
DIE OBERPRIESTERIN
– Schafft sie hinweg!
PENTHESILEA – Wie manche, die am Hals des Freundes hängt,
Sagt wohl das Wort: sie liebt ihn, o so sehr,
Daß sie vor Liebe gleich ihn essen könnte;
Und hinterher, das Wort beprüft, die Närrin!
Gesättigt sein zum Ekel ist sie schon.
Nun, du Geliebter, so verfuhr ich nicht.

Sieh her: als ich *an deinem Halse hing,*
Hab ichs wahrhaftig Wort für Wort getan;
Ich war nicht so verrückt, als es wohl schien.[9]

Als Penthesilea schließlich erkennen muß, daß sie den einzigen Mann getötet hat, den sie jemals liebte, nimmt sie sich das Leben.

Der romantische Autor, der zweifellos mit dem Schreiben dieses Stücks nicht zuletzt auch persönliche Mißgeschicke regeln wollte, war sicher weit davon entfernt, sich vorzustellen, daß er mit seiner Anrufung der Amazonen des Mythos ein Bild künftiger Liebesbeziehungen schuf. Denn heute findet immer häufiger eine Umkehrung der traditionellen Rollen in unseren Beziehungen statt, besonders in der jüngeren Generation. Immer mehr junge Männer beschuldigen ihre gleichaltrigen Partnerinnen, hart und unnachgiebig zu sein. Sie haben den Männern die Führung genommen. Sie bestimmen, wann eine Beziehung beginnt, wie sie ablaufen soll und wann Schluß ist. Die Männer, Söhne der ersten Feministinnen und oft den Forderungen der Frauen gegenüber aufgeschlossen, bieten sozusagen der Geliebten die ungeschützte Brust – wie Achilles. Doch die jungen Frauen haben von den gleichen Müttern gelernt, nicht ganz auf ihre Liebesgefühle zu bauen. Also bringen sie die Beziehung um und müssen später den unbewußten Aspekt des Dramas begreifen.

Die Maßlosigkeit der Göttinnen

Es ist bemerkenswert, daß Laura in dem Stück *Der Vater* sich ebenso wie Penthesilea auf die Göttin beruft. Wie sie überlassen sich viele Frauen, die heute die antiken Göttinnen wiederentdek-

---

9 Heinrich von Kleist, *Penthesilea*, 24. Auftritt, in: Dramen Bd. 2, München: Hanser 1961

ken, dem Glauben, Göttinnen hätten keinen *Schatten*.[10] Als wären die Göttinnen nur großzügig, fruchtbar, gut und mild, als gäbe es unter ihrer Herrschaft nichts als Frieden. Diese Frauen streben mit aller Kraft einen möglichst schnellen Übergang zum Matriarchat an, weil sie davon überzeugt sind, daß es dann auf der Welt lieb und freundlich zuginge. Wir sollten aber nicht vergessen, daß die Göttinnen in den antiken Mythen genauso gewalttätig sein konnten wie ihre männlichen Kollegen. Bei den Römern standen den drei Grazien die drei Furien gegenüber – rachsüchtige Weiber, die die irrationale Seite der weiblichen Wut verkörperten. Und die schöne, ungestüme Göttin Artemis der griechischen Mythologie hetzte ihre Hunde auf einen Jüngling, der sie beim Bad überraschte, und sah gleichgültig zu, wie er von ihnen zerrissen wurde. Eigentlich ist die Geschichte voll von den Taten gewalttätiger Göttinnen. Einige unter ihnen zeigen einen auffallenden Hang zur Maßlosigkeit, der sich sowohl in glühender Inbrunst und Hingabe äußern kann wie in Bosheit und rasender Rachsucht. Auch die moderne Amazone, die sich auf Göttinnen beruft, kann wie Penthesilea Opfer solcher Maßlosigkeit werden. Sie erschlägt womöglich ihren Gefährten und zerstört die Partnerschaft, um schließlich, wenn es zu spät ist, einsehen zu müssen, daß sie zu unnachgiebig war und ihn doch aufrichtig liebte.

Wegen der Grausamkeit der von Männern verübten Gewalttaten ist Frauengewalt in unserer Gesellschaft ein Tabu. Das veranlaßte die jungianische Psychoanalytikerin Jan Bauer zu ihrer Beobachtung, die Frauen von heute seien unberührbar geworden, und sie schrieben alle Schuld dem Patriarchat zu. Da sie es satt hätten, den kollektiven Schatten zu tragen und Männern als Sündenböcke zu dienen, wiesen sie diesen Aspekt zu Recht zurück. Dabei vergäßen sie aber die Dimension des individuellen Schattens, des Anteils am Bösen, den jeder Mensch, ob er will oder nicht, in sich trägt. So entstünden neue Tabus und neue Heucheleien:

---

10 Wie im zweiten Kapitel erläutert, ist der «Schatten» bei C. G. Jung eine archetypische psychische Struktur.

Als könnten Frauen nicht unrecht haben, als seien sie nur schlecht, weil Männer sie dazu trieben oder weil sie, ausnahmsweise, Teufelinnen wären! Sie sind anscheinend immer gut, immer nur Opfer. Diese Sichtweise ist nicht nur abwegig, sondern beraubt uns letztlich all unserer Würde. Wer zur Vollendung strebt, hat Selbstkritik nötig. ... Die große Herausforderung an die Frauen besteht gerade darin, sich in ihrer ganzen Menschlichkeit anzunehmen, mit ihren dunklen und ihren hellen Seiten.[11]

«Every heart to love will come»

Wenn wir die Dynamik der Macht untersuchen, die bei fehlender Liebe an die Stelle von Einvernehmen und Begeisterung tritt, müssen wir feststellen, daß seit langer Zeit ein stummer Krieg zwischen den Geschlechtern herrscht. Dieser Krieg hat lange vor dem Feminismus begonnen. Ich habe aber den Eindruck, daß die Männer ihn erst ernst nehmen, seit auch auf ihrer Seite Opfer zu beklagen sind.

Aber immer sind es beide, *Sie* und *Er* und unzählige andere Paare, die das ausbaden müssen. Wie wird dieser Krieg enden? Aus Mangel an Kriegern? Wegen Erschöpfung? Manchmal frage ich mich, ob am Ende nicht doch die Liebe der einzige Ausweg ist und Leonard Cohen recht behalten wird mit seiner Behauptung: «Every heart, every heart to love will come but like a refugee.»[12] Vielleicht wird der Krieg so lange wüten, bis der Kriegsschauplatz völlig verwüstet und alles zerstört ist. Vielleicht werden Mann und Frau dann, wenn sie zu Flüchtlingen geworden sind und im Exil leben müssen, bereit sein, ihr Bedürfnis nach Liebe

11 Paule Lebrun, «Face à l'ombre», Beitrag zu einem Treffen bei der jungianischen Psychoanalytikerin Jan Bauer; in: *Guide Ressources*, Bd. 11, Nr. 8, Mai 1996, Montréal, S. 41.

12 Leonard Cohen, «Anthem», aus dem Album *The Future*, Columbia Records, 1992.

anzuerkennen. Dann wird dieser Krieg als Vorbereitung gedient haben. Er wird sie trainiert, geprüft, gequält und mürbe gemacht haben. Er wird ihre Illusionen von Sieg oder Niederlage zerschlagen haben. Sie werden Stunden tiefster Nacht in den Kerkern ihres Herzens durchlebt haben. Bis nichts mehr für sie zählt als eine in der Dunkelheit ausgestreckte Hand.

Stimmt es denn nicht, daß viele von uns so zur Liebe kommen? Geschlagen, gedemütigt, auf der Suche nach einer Zuflucht ... Und dann tritt sie strahlend in unser Leben, und wir werden wach, atmen auf und fühlen uns befreit von der ungeheuren Anmaßung, Macht über den anderen ausüben zu wollen. Die einzige Macht, die uns noch interessiert, ist die Liebe selbst, kraftvoll und einfach, ohne Hochmut und ohne Scham.

Es kann gut sein, daß die Dynamik der Macht sich umkehrt und die Zukunft den Frauen gehört wie die Vergangenheit den Männern. Die Waage neigt sich heute vielleicht zum anderen Extrem. Diese Bewegung gehört zum Leben. Ich für mein Teil würde wünschen, daß Männer und Frauen beim Übergang vom alten Patriarchat zu einem möglichen Matriarchat der Zukunft ein paar Generationen lang Zeit haben, um sich einträchtig Seite an Seite durchs Leben zu bewegen. Es wird ihnen gefallen, und sie werden es dabei belassen.

Das Leben ist vollkommen

Ob wir in einer traditionellen Machtdynamik stecken oder die Rollenumkehr proben, ob eine Frau, die zu sehr liebt, mit einem Mann zusammenlebt, der Angst hat, sich einzulassen, oder ob eine starke, vernünftige Frau einen sehr weiblichen Mann liebt – wir müssen doch zugeben, daß das Leben vollkommen ist. Nicht in dem Sinne, daß es immer lieb und gut zu uns ist und wir alles bekommen, was wir wollen, sondern weil es uns immer das gibt, was wir brauchen, um uns weiterzuentwickeln. Es weckt alle unsere Komplexe und zwingt uns, hindurchzugehen, statt uns damit zu verschonen. Es läßt uns nicht in Ruhe, es drängt uns immer weiter voran, es zwingt uns, die dunklen und hellen Seiten unseres Wesens zu entdecken, und läßt allmählich die Erkenntnis in uns reifen, daß jeder seines Glückes Schmied ist.

10. Liebesfreuden

> Laßt uns auf die Freiheit und auf die Liebe trinken!
> Das eine schließt das andre ja nicht aus.
>
> JULOS BEAUCARNE

Die Arbeit der Liebe

Verliebtsein ist keine Beziehung

Wie wir gesehen haben, führt die Unkenntnis der eigenen inneren Verletzungen zu Wiederholungen von Kindheitsmustern, die aber Gelegenheit zu Erkenntnis und Entwicklung bieten. Damit jedoch eine Partnerschaft möglich wird, müssen wir noch einige Klischees ausräumen. Erst dann können wir die Tragweite der Herausforderung ermessen, die sich uns stellt, und Einstellungen entwickeln, die hilfreich sind, diese Herausforderung fruchtbar zu machen.

Bevor man zum Paar wird, ist man erst einmal verliebt. Die Leidenschaft schwingt sich empor in einen leeren Raum, und die Wünsche entflammen den Wald der Phantasien. In einer einzigen Nacht sehen wir alle Möglichkeiten vor uns, endlich zu verwirklichen, wonach wir aufgrund unseres Mangels bisher nur heimlich gestrebt haben. Wir sind verwandelt, soviel offener, eins mit dem Leben. Der andere erscheint uns als die *conditio sine qua non* dieser Verwandlung. Wir dürfen ihn nie mehr verlieren. Er darf uns nicht verlassen, sein Kommen und Gehen wird kontrolliert. So schwindet die Freude, kaum daß wir eine Ahnung von ihr bekommen haben.

Die Liebe kann uns nicht vor uns selbst retten. Der andere kann nicht für uns sorgen und uns die Verantwortung abnehmen. Er kann uns nicht vor unserer inneren Misere bewahren.

Diese Illusion kann nur im Feuer der Leidenschaft Form annehmen. Doch die Leidenschaften erwachsen aus den Unzulänglichkeiten jedes einzelnen und können schnell zu Gefängnissen werden, wenn wir vom anderen fordern, daß er uns aus unserer Not erlöst und seine eigenen Schwächen vor uns verbirgt. Menschen, die von Leidenschaft geradezu verzehrt und so zu ihrem Opfer werden, leiden unwissentlich unter einer großen inneren Leere. Man kann sie mit Schröpfköpfen vergleichen: Sobald man sie erhitzt, saugen sie alles auf, was sich in ihrem Einzugsbereich befindet. Unausgegorene und hoffnungslose Menschen haben die gleiche Wirkung. Sie sind anziehend und faszinierend, weil ihr inneres Vakuum wie ein Magnet wirkt. Wenn zwei Schröpfköpfe aufeinandertreffen, saugen sie sich untrennbar aneinander fest.

Die Liebe ist ein Schock, ja, ein Trauma. Wir sollten nicht vergessen, daß Aphrodite, die Göttin der Liebe, aus den Hoden des Gottes Uranos geboren wurde, die dessen Sohn Chronos ihm auf die drängende Bitte seiner Mutter Gaia, die der andauernden Zeugung und Geburten überdrüssig war, abgeschnitten und ins Meer geworfen hatte.[1]

Man sollte Verliebtsein nicht mit Liebe verwechseln. Der Unterschied zwischen einer Leidenschaft und dem Aufbau einer Beziehung ist eine bewußte, explizite Entscheidung, die auf dem Austausch von Werten und der Aushandlung gemeinsamer Ziele beruht. Meistens aber fallen wir übereinander her und stolpern dabei in eine Beziehung, und das ist schon ein Teil des Problems.

---

1 Nach einem Vortrag des jungianischen Psychoanalytikers Michel Cautaerts: «I love you. Let's separate!», beim 13. Kongreß der Association internationale de psychologie analytique (AIPA) in Zürich, August 1995.

Die narzißtische Phase der Liebe

Der Übergang von leidenschaftlicher Verliebtheit zu einer wirklichen Beziehung ist der Übergang vom narzißtischen Paar zu einer Partnerschaft, die auf Kooperation und gegenseitiger Unterstützung beruht. In der narzißtischen Phase der Liebe sind die Augen des Gegenübers für uns eine Art idealisierender Spiegel, der uns ständig ein positives Bild zurückwirft. In diesen Augen finden wir uns schön, großzügig und verführerisch.

Je weniger wir anerkannt wurden, desto instabiler unsere Identität und desto größer die Bedeutung, die der Liebe in unserem Leben zukommt. Zumindest den ersten Wallungen einer Liebe, die den anderen noch nicht wahrnimmt, sondern als Spiegel betrachtet. Diese Phase hat immerhin den großen Vorteil, daß wir unsere Persönlichkeit im besten Licht sehen. Und wir lernen einen Zustand der Verschmelzung voller Harmonie kennen. Diese erste Zeit der Liebeseuphorie unterstützt uns auf dem Weg, der noch bis zu einer echten Partnerschaft zurückzulegen ist.

Die heutigen Partnerschaften sind oft nicht von Dauer, weil sie über die narzißtische Phase nicht hinauskommen. Sie funktionieren nur, solange die beiden Verliebten sich in dem positiven Spiegelbild wiederfinden können, das sie einander im ersten Aufruhr der Gefühle bieten. Ein halbes Jahr später ist der Spiegel angelaufen, blind geworden, und beide entdecken allmählich die andere Person unter den Wunschvorstellungen, die sie auf sie projiziert haben. Die Wirklichkeit zweier verwundeter Seelen beginnt, durch die Projektion hindurchzuschimmern, und gibt ein weniger schmeichelhaftes Bild zurück.

«Du bist ja nur Haut und Knochen, ich kann dich nicht mehr umarmen!» sagte ein junger Mann zu seiner älteren Geliebten, die in den ersten, stürmischen Monaten ihres Abenteuers seine geduldige Lehrmeisterin war. Wir können seine Worte so übersetzen: «Ich kann dich nicht mehr umarmen, weil ich mich in dem Bild, das du mir spiegelst, nicht wiedererkennen mag.»

Wenn der Eindruck der Vollkommenheit im Blick der Geliebten verblaßt, beginnt die Prüfung.

Warum ist es so schwer, den Traum vom idealen Paar, vom idealen Partner aufzugeben? Weil man dadurch auf psychologischer Ebene die Unschuld verliert. Aber ohne diesen Verzicht ist eine echte, lebendige Partnerschaft nicht möglich. Jeder wehrt sich dagegen, Männer wie Frauen. Es ist eine Zumutung, daß wir mit einem anderen Fühlung aufnehmen sollen, der nicht so ist, wie wir ihn gern hätten, sondern so, wie er eben ist. Jemanden zu lieben, auch wenn er dem Bild unserer Anima, unseres Animus nicht ganz entspricht. Wenn beide diesen Verlust der Unschuld akzeptiert haben, können sie beginnen, eine Beziehung aufzubauen.

Wenn es ihnen gelingt, die Beziehung auf weniger phantastische Grundlagen zu stellen, kann eine echte Kommunikation entstehen. Dann werden sie lernen, ihre Träume und Ideale als wertvolle Hinweise auszutauschen, anstatt sie als Grund zwanghaften Handelns oder übers Knie gebrochener Entscheidungen zu mißbrauchen, und die Beziehung kann sich in gegenseitigem Respekt entfalten.

Liebe als Kampf

Wenn die konkreten Individuen unter den Projektionen sichtbar werden – mit ihrem Stolz, ihrer Scham und allen damit verbundenen Differenzen –, dann erst beginnt die eigentliche Arbeit der Liebe.

Voraussetzung ist jedoch, daß jener erste, spontane Moment des Aufknospens der Gefühle mit einem in leidenschaftlicher Erregung ausgesprochenen, rückhaltlosen «Ich liebe dich» nie als Ursprung und ultimatives Ziel aus dem Blick gerät. Idealerweise führt der Weg der Liebe vom: «Ich liebe dich und kann ohne dich nicht leben, weil ich mich in Wirklichkeit selbst nicht liebe und dich brauche, damit du mir meinen Wert bestätigst», zu: «Ich liebe es, daß du da bist, mein Geliebter, ich liebe es, daß es dich gibt, meine Geliebte, und ich habe es nicht mehr nötig, daß du mir ständig bestätigst, daß ich existiere.»

Der Weg zu einer echten Liebesbeziehung führt über die Liebe und Achtung für sich selbst. Erst wenn beide lernen, sich selbst zu schätzen, können sie sich aus ihrer Abhängigkeit befreien und auf ihre Macht über den anderen verzichten. Aber der Übergang von dem Wunsch nach absoluter Herrschaft über den anderen aus Angst, dessen Liebe zu verlieren, zu einer gelasseneren Sichtweise, die dem anderen die freie Entfaltung erlaubt, führt durch echte innere Kämpfe hindurch. Liebe erschüttert unsere Egozentrik in unerträglicher Weise. Unsere Egozentrik kleidet sich in Engstirnigkeit, Überempfindlichkeit, Eifersucht und Intoleranz. Alle diese ihre Äußerungsformen sprechen von den Widerständen gegen die wahre Liebe. Der Stolz fürchtet die Liebe wie der Teufel das Weihwasser. Unser kleines Ich möchte zwar am großen Strom der Leidenschaft, an der Öffnung und der Erleuchtung teilhaben, aber dennoch keinen Millimeter zurückweichen und sich womöglich verändern. Es wird so lange gegen die Liebe kämpfen, bis die Beziehung in Trümmern liegt, und sich dann bitterlich über sein Unglück beklagen, ohne zu begreifen, daß es dieses Unglück selbst herbeigeführt hat.

Auf dem Schlachtfeld der Partnerschaft wird auch ein Kampf gegen den eigenen Stolz ausgetragen. Durch das Opfer unserer egozentrischen Forderungen kommen wir einander näher. Doch dieser Prozeß ist für die widerstrebende Egozentrik schmerzlich. An manchen Tagen erscheint das Opfer zu schwer, und die Engstirnigkeit trägt erneut den Sieg davon. Nach und nach jedoch erhellt sich das Bewußtsein, und Amor gewinnt Terrain, bis er schließlich das Herz insgesamt erobert hat.

Aus Liebe zusammenzukommen und aus Liebe zusammenzubleiben erfordert nicht zuletzt, daß wir bestimmte überlieferte Vorstellungen über Bord werfen. Die erste lautet: Vollständig sein bedeutet zu zweit zu sein. Tatsächlich läuft jeder, der sich bindet, um seine «bessere Hälfte» zu finden, geradewegs in sein Unglück. Weil es in einer Beziehung so viele Reibereien gibt, daß die Addition, ein Halbes und ein Halbes ergeben ein Ganzes, zu einem falschen Ergebnis führt. In Wahrheit muß man ein Halbes und ein Halbes miteinander multiplizieren, und das ergibt kein Ganzes, sondern ein Viertel. Und das ist das Problem. Zwei, die zusammenleben, schrumpfen ganz leicht auf jeweils ein Viertel ihrer selbst. Trifft man einen von ihnen alleine, sprüht er vor Kreativität. Kaum tritt er mit seinem Partner zusammen auf, wirkt er muffig und konventionell.

Es wurde schon gesagt: Um in einer Partnerschaft leben zu können, muß man wissen, daß man auch ohne Partnerschaft leben kann. Ein Leben als Single muß als ernsthafte Möglichkeit ins Auge gefaßt werden. Das muß keine Einschränkung oder egozentrische Entscheidung sein. Man kann es als zeitweiligen Rückzug betrachten oder als Erholungspause, die sich durchaus auf das ganze Leben ausdehnen kann, etwa weil man beschließt, seine Kraft und Begeisterung in anderes zu investieren als Partnerschaft oder Familie. Zum Glück ist der Zustand der Verliebtheit nicht von einem Leben zu zweit abhängig. Gerade in Zeiten extremer Einsamkeit empfinden wir ihn manchmal am intensivsten.

Das gemeinsame Leben bleibt trotzdem etwas ganz Großartiges, und wir halten die Liebe zu Recht für etwas, das sich zu kultivieren lohnt. Aber die umgekehrte Perspektive ist manchmal sehr hilfreich. In Wirklichkeit sind nicht wir es, die das Feld Amors beackern und durchpflügen, sondern es ist Amor, der uns beackert und durchpflügt, bis wir die schönsten Früchte tragen. Je größere Fortschritte die Arbeit macht, desto ungeschützter sind wir Hindernissen und Schwierigkeiten ausgesetzt, die immer heftiger auf uns einwirken, damit wir uns Amors Bemühungen öffnen. Je mehr Widerstand wir leisten, desto größer unser Leiden. So dient die Partnerschaft hauptsächlich als Entwicklungsfeld in bezug auf echte, wahre Liebe. In der intensiven Reibung des Alltags sprießen alle Pickel, die in unserer Jugend nicht aufgingen. Zwischen zwei Seelen, die zusammenkommen, besteht eine so hohe Spannung, daß alle alten Ängste wieder wachwerden. Sie müssen sich zeigen, damit wir sie verstehen und überwinden. Es ist völlig normal, daß Männer und Frauen die Liebe herbeisehnen und sich gleichzeitig vor ihr fürchten, denn die Liebe ist zuerst und vor allem eine Prüfung der Öffnung und Entfaltung des Ichs. Ständig schwebt über den Liebenden die Gefahr, sich im anderen zu verlieren oder aber sich abzuschotten und in eine tödliche Einsamkeit zu zweit abzugleiten, ein Fegefeuer der Nähe. Wir brauchen uns also nicht zu schämen für diese Angst vor der Nähe, denn auf der Ebene der Identität steht ziemlich viel auf dem Spiel.

Der Atem des Paares

Die Verliebtheit entspringt einem Bedürfnis nach Gemeinschaft, die wir in der Vereinigung mit einem anderen suchen. Wir sehnen uns nach einer Auflösung aller Unterschiede und Konflikte, weil wir das bedrückende Gefühl der Einsamkeit und des Getrenntseins endlich loswerden wollen. Dahinter steht der unbewußte Wunsch, die narzißtische Verletzung zu heilen, die aus der Tatsache resultiert, daß wir nur ein Mann oder eine Frau sind. Wir versuchen also, diese grundsätzliche Unvollständigkeit zu beheben, indem wir miteinander verschmelzen.

Doch über den Versuch der narzißtischen Heilung hinaus scheint es noch einen Trieb in uns zu geben, der das Leben im Duo fordert. Als könne das Zusammensein mit einem anderen Menschen eine entscheidende Brücke zwischen Individualität und Universalität schlagen und damit das zentrale Paradoxon unserer Identität beantworten, die zwischen beidem hin- und herschwankt. Wenn es mir gelingt, in Gegenwart eines anderen ich selbst zu bleiben, ohne völlig mit ihm zu verschmelzen, wenn es mir gelingt, mich ganz in ihm wiederzuerkennen, ohne das Gefühl dafür zu verlieren, was ich bin, dann ist das Paradox gelöst. Dann weiß ich endlich, wie man es macht, eins zu werden und zwei zu bleiben, statt immer nur das eine oder das andere zu erreichen.

Glück entsteht, wenn wir das Bedürfnis nach Vereinigung und das Bedürfnis nach Trennung als zwei gegensätzliche, aber komplementäre Pole betrachten. Die Belebung und Erneuerung einer Partnerschaft hängen von der Ausgeglichenheit zwischen diesen beiden Polen ab, dem Atem des Paares. Beim Einatmen sind wir in Harmonie zu zweit, das Ausatmen charakterisiert jene Momente, in denen wir alleine sind oder wieder mit unserer Individualität Kontakt aufnehmen.

Selbstverständlich stellen die Autonomiebedürfnisse das Zusammengehörigkeitsgefühl in einer Ehe oder Partnerschaft auf eine harte Probe. Lieber vergessen wir, daß wir auch noch eine Existenz als Individuen haben. Doch das Klettmodell eines Paares, das vierundzwanzig Stunden täglich aufeinanderhockt, hält selten lange und kann zur Ursache mancher Leiden werden.

Die engsten Beziehungen sind im allgemeinen auch die gewalttätigsten. Die heftigen Ausbrüche negativer Affekte sind Zeichen des unterdrückten Bedürfnisses nach Abgrenzung. Es wäre einfacher, wenn Wut und Ärger als Manifestationen des enttäuschten Wunsches nach individueller Entfaltung anerkannt würden. Dann könnten beide Beteiligten realistisch über ihre jeweiligen Autonomiebedürfnisse sprechen und sie in der Beziehung verwirklichen. Werden diese Bedürfnisse nicht ernst genommen, folgen daraus Handgreiflichkeiten oder ein versteckter Krieg, der eine echte Nähe zwischen den Partnern verhindert.

Die Frage der Eigenständigkeit und Unabhängigkeit macht die ganze Schwierigkeit des Lebens zu zweit deutlich. Mehr als jede andere Frage schürt sie die Angst, den anderen zu verletzen oder von ihm verlassen zu werden. Urängste kommen hoch, wenn man es wagt, sich Zeit für sich selbst zu nehmen. Deshalb muß die Frage der individuellen Autonomie und ihrer Grenzen offen zu zweit besprochen werden. Es geht darum, einen Maßstab dafür zu finden, was für beide erträglich ist und was nicht. Natürlich gibt es dabei häufig grundlegende Verschiedenheiten. Für manche Menschen gehört schon die Tatsache, daß diese Frage überhaupt angesprochen wird, in den Bereich des Unerträglichen. Dann sollte man über die innere Bedrohung sprechen, die eine solche Offenheit so schmerzhaft macht.

Es ist wichtig, daß jeder Partner täglich einige Minuten oder wöchentlich einige Stunden für sich alleine reserviert, damit er neue Energien tanken und die Partnerschaft sich regenerieren kann, sonst stellt sich bald Langeweile ein. Dann erstarrt das Paar in einer Routine, in der nichts Neues mehr geschieht, und trocknet allmählich aus. Um lebendig zu bleiben, muß die Beziehung auf einer Vereinigung zweier Menschen beruhen, die sich begegnen und immer wieder neu entdecken.

Wenn in einem Zusammenleben die individuellen Bedürfnisse nach zeitweiligem Alleinsein nicht respektiert werden, zwingen die daraus entstehenden negativen Gefühle dazu, sich in sich selbst zurückzuziehen und auf diese Weise die Selbstbezüglichkeit zu finden, die man sich bewußt verweigert hat. So zieht sich schließlich jeder in sein Schneckenhaus zurück, kommuniziert nicht mehr mit dem anderen, und die Partnerschaft stirbt.

Sich den Raum zu nehmen, den man zum Wachsen braucht, entpuppt sich somit als Grundvoraussetzung einer Beziehung. Denn es versteht sich von selbst, daß der Mensch, den man am meisten liebt, auch der ist, den man am meisten hassen kann, weil er die größte Bedrohung für die eigene Identität darstellt. Trotz aller Schwierigkeiten sollten wir uns daran erinnern, daß die Freiheit zweifellos das schönste Geschenk ist, das man seinem Partner machen kann. Denn in ihrer Essenz ist Liebe absolute Freiheit. Liebe gibt ohne Bedingungen und ohne Ketten. Die

Partnerschaft ist eine Schule dieser bedingungslosen Liebe nach dem Vorbild der Natur, die sich uns schenkt, ohne daß wir darum bitten müßten.

Ist Leben ohne Macht über irgend jemanden erträglich?

Aber können wir das Leben überhaupt aushalten, wenn wir keine Macht über unseren Partner haben? Und wenn wir es uns genau überlegen – ist ein Leben ohne Macht über irgend jemanden erträglich? Wollen wir wirklich, wie der belgische Dichter Julos Beaucarne vorschlägt, auf die Freiheit und die Liebe trinken, weil sie einander ja nicht ausschließen?

Sobald wir eine Beziehung eingehen, neigen wir offenbar dazu, die unumgängliche Wahrheit zu leugnen, daß jeder Mensch ein einzigartiges Wesen ist. Es ist, als würden wir mit aller Kraft gegen die Erkenntnis ankämpfen, daß der andere wirklich existiert, daß er ein Individuum ist und eine andere Geschichte, andere Wünsche, andere Gefühle und Bedürfnisse hat als wir. Wir verweigern uns dieser Einsicht, weil wir die Beziehung im Grunde genommen nur zu dem Zweck eingehen, den Riß in unserem Narzißmus zu heilen. Und mit den Augen unseres Narzißmus betrachtet, sind wir der einzige Gott, die einzige Göttin des Universums, der Herr im Haus. Deshalb legen sich alle Verliebten von vornherein Verhaltensweisen zu, die nur zu einem dienen: zur Vermeidung der Wahrnehmung des Eigenlebens der anderen Person.

Eine Möglichkeit besteht darin, daß wir *das Ein und Alles für den anderen* werden. Indem man sich unersetzlich macht, hebt man schließlich die Realität der Differenz auf, die der Partner verkörpert. Oder das Gegenüber wird *unser Ein und Alles*. Dann liebt man den anderen mehr als sich selbst, wie man so sagt, und bringt freiwillig die eigene Einzigartigkeit zum Opfer, damit die Seifenblase der Liebe nicht zerplatzt. Je mehr wir uns in diesen Grundpositionen festsetzen, desto mehr wird unsere Partnerschaft von Macht, Besitzdenken und Eifersucht gesteuert.

Doch all diese Bedingungen, die der Liebe gestellt werden, schaffen eine Spannung, die wieder zu Leiden führt. Viel von diesem Leid in unserem Leben als Paar kommt einfach daher, daß wir versuchen, das Leben des anderen zu beherrschen. Wir überwachen die Art, wie er ißt, die Geräusche, die er im Schlaf von sich gibt, die Gedanken, die Phantasien, die in seinem Kopf herumspuken, und vor allem die Anziehung, die er außerhalb unserer Beziehung verspüren könnte.

Warum zum Beispiel überwachen wir die Sexualität unserer Partner immer mit Argusaugen? Heißt das, daß wir wirkliche Nähe nur in der Sexualität erleben können? Wie kommt es, daß sich ganze Schicksale um dieses bißchen Haut drehen? Warum glauben wir, daß es zu Exzessen führen würde, wenn wir der Freiheit in diesem Bereich die Tür auch nur einen Spaltbreit öffneten? Verrät diese Befürchtung nicht die sexuelle Enttäuschung, mit der wir leben? Liegt es daran, daß unser Leben eigentlich ziemlich freudlos ist und Sex der einzige Bereich, von dem wir uns Lust und Freude erhoffen? Wären wir sonst ebenso darauf aus, die Sexualität unseres Partners zu beherrschen?

Untreue

Die Sexualität ist in fast allen Partnerschaften ein heikler Punkt, denn was wir Untreue und Betrug nennen, gehört häufig zu den Unerträglichkeiten, an denen Beziehungen zerbrechen. Es steht uns frei, unser Urteil über ein solches Verhalten zu fällen und es ohne Prozeß zu verdammen. Wenn wir dagegen bereit sind, daraus zu lernen, sind wir zu ernsthafter Arbeit an uns gezwungen, denn das wühlt Ängste und tiefsitzende Unsicherheiten auf, unabhängig davon, ob man selbst untreu ist oder betrogen wird. Dabei geht es darum, in engem Kontakt mit der inneren Erfahrung zu bleiben, ohne sich in Schuldgefühlen zu ergehen oder den untreuen Partner lautstark anzuklagen. Betrachtet man die Dinge aus diesem Blickwinkel, wird man vielleicht entdecken, daß man sich selbst nicht achtet, weil man mit einem Partner zusammenbleibt, der einen betrügt, oder man wird in der Untreue ein Symptom dafür entdecken, daß in der Beziehung etwas nicht in Ordnung ist, und daraufhin sich und den anderen in Frage stellen. Auf diese Weise kann man dazu gelangen, seine eigenen engstirnigen Vorstellungen über die Sexualität zu erweitern oder aber den, den man liebt, zu verlassen, weil man sich von ihm nicht geliebt und geachtet fühlt. In beiden Fällen wird man an der Prüfung wachsen.

Welche Probleme in der Partnerschaft will ich vermeiden, indem ich mich anderen zuwende? Welches Ungesagte, welche Enttäuschung steckt hinter diesem Verhalten? Welches schöpferische innere Abenteuer wehre ich damit ab? Welche tiefe Unzufriedenheit verleugne ich auf diese Art? Eine solche Bewußtseinsprüfung bringt mehr, als sich einfach den Forderungen der traditionellen Moral oder des Partners zu unterwerfen. Es geht nicht darum, ein «lieber Junge» oder ein «braves Mädchen» zu sein, es geht darum, die Gelegenheit zur Selbsterkenntnis zu nutzen.

Bei einem Workshop zum Thema Liebesbeziehungen machte ein Mann, der beruflich viel auf Reisen war und seiner Frau ständig untreu geworden war, das folgende Geständnis:

Mir ist aufgefallen, daß meine Abenteuer meistens eine tiefe Unzufriedenheit mit meinem Eheleben vertuschten, die ich nicht anzusprechen wagte, aus Angst, alles kaputtzumachen. Dank meiner Seitensprünge konnte ich letztendlich einen Status quo hinnehmen, den ich anders nicht ertragen hätte. Diese Taktik bewahrte mich davor, den «Bösen» zu spielen, der den Streit vom Zaun bricht, und vor allem ersparte sie mir den schmerzhaften Prozeß der Trennung.

Ich erkannte auch, daß meine Untreue mich unempfindlich gegen das Verlassenwerden machen sollte. Ich war selbst mehrfach betrogen worden. Der intensive Schmerz, den ich dabei empfunden hatte, nahm mir meine Illusionen über die Liebe. Es war, als hätte ich mir geschworen, nie mehr einer Frau treu zu sein.

Das führte auch dazu, daß ich mich in Beziehungen wohler fühlte, auf die ich mich nur halbherzig einließ. So war ich weniger involviert und konnte locker die Eifersucht in Frage stellen.

Der – in jedem Sinn des Wortes – schreiende Schmerz meiner Gefährtinnen ließ mich am Ende jedoch begreifen, wie sehr ich nicht nur das Geschenk ihrer Liebe mißachtet habe, sondern daß ich auch mein eigenes Ideal mit Füßen trat. Dank meiner Liebschaften gelang es mir, diesem tiefen Trieb in mir zu entkommen, der verzweifelt nach der Verwirklichung einer intimen Beziehung strebte.

Ich bedaure zutiefst die Schmerzen, die ich anderen zugefügt haben muß. Aber ich breche nicht unter dem Gewicht meiner Schuldgefühle zusammen. Dies ist meine Geschichte, und dank ihr kann ich heute einen von aller moralischen Rigidität befreiten Bindungsbegriff erahnen. Wenn das Herz berührt ist, findet es seine Integrität von selbst wieder.

Ich weiß, daß ich nicht mehr mit einer Partnerin leben könnte, die eine zu enge Vorstellung von Freiheit hat. Jede intime Dimension muß im Licht der Geschichte des einzelnen neu bewertet werden. Ich brauche eine offene Partnerschaft, in der jeder ausreichend in seinem persönlichen Prozeß verwurzelt ist, um zu verstehen, daß Untreue zuerst einmal den, der sie begeht, mit sich selbst konfrontiert.

Es ist selbstverständlich, daß die Frage nach sexueller Unabhängigkeit im Licht der emotionalen Sicherheitsbedürfnisse beider Partner erörtert werden muß. Doch auch, wenn die Frage rhetorisch bleibt, ist sie von Interesse, weil sie ein anderes Thema zur Sprache bringt, das ich für grundlegend halte, damit eine Beziehung befreiend wird: die Freundschaft zwischen beiden Partnern.

Freundschaftlich lieben

Wie viele Paare können wirklich von sich behaupten, daß sie einander freundschaftlich verbunden sind? Meist führt doch eine Verschmelzung der Identitäten in der Partnerschaft dazu, daß wir von unserem Partner nur ein Viertel dessen wahrnehmen und auffassen, was uns ein Freund oder eine Freundin über ihn sagen könnte. Über unsere Freunde fällen wir kein Urteil, über unsere Partner aber durchaus, und zwar, weil wir uns mit ihnen identifizieren. Sie sind wir. Dennoch ist einer der Faktoren, die echte Nähe schaffen, die Freundschaft. Freundschaft macht es möglich, den anderen mit seiner anderen Geschichte und seinen anderen Themen anzunehmen und in seinem individuellen Erleben zu verstehen. Freundschaft läßt das Paar atmen; für eine langfristig angelegte Beziehung ist sie eine stärkere und dauerhaftere Grundlage als die Sexualität. Sie beruht auf einer echten, aufrichtigen Kommunikation durch Worte, die ein Ausdruck von Gefühlen sind. In der Freundschaft kann man alles sagen und sich alles anhören, ohne zu urteilen. Nur wenigen Paaren gelingt es, in ihrer Beziehung ein solches Einverständnis zu erzielen. Diejenigen, die es geschafft haben, sind von einer Aura aus Kreativität und wahrer Liebe umgeben.

Die Freundschaft in der Liebe ist schwierig, weil sie ernsthafte Arbeit erfordert, um sich aus der völligen Identifizierung mit dem anderen zu lösen. Keine stoische Ablösung, die zu Gleichgültigkeit führt, ist hier gemeint, sondern ein Loslassen, das den anderen sein läßt, was er ist. Wenn wir diese Arbeit geleistet haben, hören wir auf, alles kontrollieren zu wollen, was uns an unserem Partner stört. Wir sehen ein, daß es sich dabei um Teile unserer eigenen Persönlichkeit handelt, für die er oder sie nicht verantwortlich ist, auch wenn sie durch seine oder ihre Gegenwart geweckt werden. Vielleicht kommen wir auch zu dem Schluß, daß wir das, was die geliebte Person in uns auslöst, zu diesem Zeitpunkt nicht ertragen können. Dann ist es wahrscheinlich besser, verschiedene Wege zu gehen.

Wenn's uns schlecht geht, geht's uns besser

Jede Schwierigkeit, die im Zusammenleben auftaucht, stellt uns vor grundlegende Fragen. Glauben wir wirklich, daß wir auf individuelle Weise glücklich sein können und daß wir dieses Glück auch verdienen? Glauben wir wirklich, daß das Glück zu zweit möglich ist? Haben wir wirklich lieber Frieden als Krieg?

Wir behaupten zwar, wir strebten nach Liebe und Glück, in Wahrheit aber gibt es nichts, was wir mehr fürchten. Wie viele Menschen können mehr als zwei oder drei Tage wolkenlosen Glücks ertragen? Die meisten Paare fahren lachend in die Ferien – es sei denn, sie hätten sich schon beim Kofferpacken zerstritten, ein «Klassiker» des Widerstands gegen das Glück –, und am Ende kehren sie schweigsam und mürrisch zurück. Nach zwei oder drei Tagen sinnlichen, paradiesischen Lebens ist einer von ihnen einfach schlecht gelaunt aufgewacht, eines schönen Morgens, einfach so, ohne Grund, weil das Glück unerträglich wurde. Ein anderes Beispiel? Stellen Sie sich vor, Sie kommen erschöpft von der Arbeit, und Ihre Partnerin hat ein kleines Abendessen bei Kerzenschein vorbereitet ... Was für eine schöne Geste! Wenn am nächsten Tag bei ihrer Heimkehr wieder Kerzen auf dem Tisch stehen, fangen sie an, sich Fragen zu stellen. Ist da womöglich was im Busch? Am dritten Tag kann es Ihnen regelrecht mulmig werden. Dieser allzu romantischen Stimmung muß doch abzuhelfen sein. Ein Weinglas kippt um, der Braten brennt an, oder einer von beiden bricht bei irgendeiner Kleinigkeit einen Streit vom Zaun.

Das Glück ist unerträglich. Wir haben gelernt, davon zu träumen, wir haben nicht gelernt, damit zu leben. Wir müssen uns erst daran gewöhnen, in positiven Energien zu wachsen. Es geht darum, sie zu kultivieren. Allmählich begreifen wir, mit welchen Einstellungen wir sie stimulieren können. Vielleicht sollten wir mit bestimmten Gewohnheiten brechen, die uns schwermütig oder mißmutig machen.

Die meisten Erwachsenen machen auf mich den Eindruck, als

hätten sie, kaum daß sie den Kinderschuhen entwachsen sind, schon vergessen, daß wir auf der Erde sind, um Freude zu erleben und zu bereiten, um das Leben zu feiern. Scheinbar geht es uns besser, wenn's uns schlecht geht. Vielleicht auch nur deshalb, weil Unglück ein intensives Lebensgefühl hervorruft. Wenn es darum geht, eine schwierige Situation zu meistern, den Geliebten zurückzuerobern, den Helden zu spielen, um eine Krise zu überwinden, so ist das dramatisch und greifbar. Wenn wir unglücklich sind, sind wir in uns selbst zentriert, in unserem Leben, und wissen, daß wir existieren.

Im Vergleich dazu ist das Glück in unserer Vorstellung ziemlich statisch: Man sitzt auf einer kleinen Wolke und ist bis in alle Ewigkeit in die Betrachtung Gottes vertieft. Schluß mit Abenteuer und Herausforderungen! Wir sollen Engel spielen und uns mit dem Duft der Heiligkeit zufriedengeben. Diese Vorstellung ist absolut lebensfeindlich. Es wird sogar behauptet, glückliche Menschen hätten keine Geschichte. Doch wer möchte ohne eine, seine Geschichte leben?

Der Zustand der Glückseligkeit wird oft mit einem Verzicht auf die vordergründigen weltlichen Genüsse und mit Bewegungslosigkeit in Zusammenhang gebracht. In diesem Konzept kommen Kreativität und die Kraft der Gefühle nicht vor, obwohl wir doch vor allem aus Gefühl und schöpferischen Kräften bestehen. Um zu einem lebendigen Glück zu gelangen, müssen wir diese körperlosen Begriffe entstauben, uns mit der Idee eines greifbaren, neugierigen und abenteuerlichen Glücklichseins vertraut machen. Wir müssen die Vorstellung von einer lauen, statischen Freude mit einer lebensprühenden Lust konfrontieren, die sich aus allen Quellen des menschlichen Wesens speist. Wir sind geboren, um das Glück durch alle Sinne, all unsere geistigen und körperlichen Möglichkeiten zu erfahren. Jedes Paar, jedes Individuum ist berufen, mit seinen Lebensquellen eins zu werden. Seit mit der Krise des Patriarchats fast alle traditionellen Gründe für ein Leben zu zweit entfallen, ist die einzig wahre Motivation, es trotzdem zu versuchen, das Streben nach freudvoller Harmonie.

Der psychische Ehevertrag

Eine befreiende Beziehung gründet auf einer bewußten Entscheidung

Heute, da unsere Kultur auseinanderbricht, müssen wir immer tiefer in unser Inneres eintauchen, um eine solide Basis zu finden. Ein religiöser oder ziviler Ehevertrag kann in unserer Zeit keine solche Grundlage mehr bieten. Es bedarf eines psychisch verbindlichen Gegenstücks zu diesen alten Verträgen. Man kann einen Vertrag des gegenseitigen Vertrauens aufstellen, in dem man alle Prinzipien aufführt, die jedem einzelnen wichtig sind, und mit dem Einigkeit über die Welt hergestellt wird, die beide miteinander teilen wollen. Es bringt nur Vorteile, einen solchen Vertrag auszuhandeln, abzuschließen und gelegentlich zu erneuern.

Wir glauben aber immer noch lieber, das alles sei völlig selbstverständlich, weil es sonst zu kompliziert wird. Wir sind es nicht gewohnt, gemeinsam offen und ehrlich über etwas zu verhandeln, das mit unserer inneren Welt zu tun hat. Wir sind es nicht gewohnt, über alles zu sprechen und zu zweit den Rahmen dessen abzustecken, was wir als unser gemeinsames Leben ansehen wollen. Sind wir einander vertraut genug, um unsere Partnerschaft nicht auf Besitzansprüche zu gründen? Wieviel Zeit braucht jeder für sich, und wie läßt sich das organisieren? Wie wollen wir unvermeidliche Konfliktsituationen regeln? All diese Fragen und noch viele andere müssen offen angesprochen werden können, denn eine befreiende Beziehung beruht auf einer freiwilligen Lebensentscheidung.

Wir müssen uns bewußtmachen, daß eine Beziehung ihre eigene Dynamik besitzt, die die in ihr vereinten Individuen umfaßt. Sie stellt einen symbolischen Dritten dar, und wir tun gut daran, dessen Realität anzuerkennen. Die Beziehung wird so zu einem Raum, der uns in schwierigen Zeiten Halt gibt. Solange wir verliebt sind, ist es kein Problem, den Müll wegzubringen oder einkaufen zu gehen. Erst wenn die ersten Spannungen auftreten, wird es problematisch. Dann wollen wir nichts mehr für den anderen tun und beginnen mit ihm darum zu kämpfen, wer in der Beziehung das Sagen hat.

Wenn wir uns aber darauf eingelassen haben, unsere Vorstellungen, wie eine Beziehung sein sollte, gemeinsam auszuarbeiten, und uns mit dem Ergebnis wohl fühlen, fällt die Aufgabenteilung leicht. Dann bringt nicht mehr einer den Müll für den anderen raus, sondern er tut es für die Partnerschaft, für das «Wir». Er opfert seine Liebschaften nicht mehr, um dem anderen eine Freude zu machen, er macht es, um die Beziehung zu fördern.

Solange solche Übereinkünfte nicht getroffen sind, hat die Partnerschaft meiner Meinung nach keine Form und noch keine wirkliche Existenz. Erst wenn man seine Ideale im offenen Austausch benannt hat, können sie zum gemeinsamen Bezugsrahmen werden. In schwierigen Situationen vergegenwärtigt man sie sich und kommt so aus Machtkämpfen heraus. Es ist leichter zuzugeben, daß man gegen einen gemeinsamen Wert gehandelt hat, als dem geliebten Gegenüber seinen Fehler einzugestehen.

Das Traumpaar

Noch etwas scheint mir von entscheidender Bedeutung für die Erarbeitung gemeinsamer Werte und Bezugspunkte zu sein: Man sollte sich gestatten, gemeinsam von dem zu träumen, was jeder für sich als Ideal einer Beziehung ansieht. In den Seminaren über Nähe in Liebesbeziehungen, die ich in Montreal mit meiner Kollegin Danièle Morneau abgehalten habe, schlugen wir für gewöhnlich folgende Übungen vor: Jeweils zwei miteinander nicht bekannte Seminarteilnehmer bilden ein Paar als Modellsituation realer Beziehungen. In einem ersten, vierzig Minuten dauernden Abschnitt schildert jeder sein Beziehungsideal, anschließend wird darüber verhandelt. Im zweiten wird der Traumurlaub bis in die kleinsten Einzelheiten geplant. Und im dritten Teil bekommt die Übung eine dramatische Wendung: Einer muß dem anderen erläutern, daß er den Beschluß gefaßt hat, sich von ihm zu trennen.

Diese einfache Situationsübung reaktivierte tiefe Traumata. Das Verblüffendste daran war, wie sehr Menschen, die sich gerade mal neunzig Minuten kannten, an ihrer «Partnerschaft» hingen. Die Macht der gemeinsamen Träume beeindruckte mich jedesmal aufs neue. Was würde wohl in unseren Beziehungen geschehen, wenn jedes Paar sich ohne Hemmungen eine ideale Situation erträumte und sich dann dazu verpflichtete, diese so gut wie möglich zu verwirklichen?

Wir nutzen die Macht der Träume nicht genügend. Wir müßten es wie die Politiker oder Geschäftsleute halten, die immer auf der Suche nach einer «Vision» sind, um ihre Handlungen daran zu orientieren. Wir sollten unsere jeweiligen Visionen miteinander teilen, damit unsere Nähe sich an einem von beiden gewollten Gemeinsamen laben kann. Wenn es uns gelingt, unsere Träume aufeinander abzustimmen, dann sind die Hindernisse auf dem Weg zum Aufbau einer Partnerschaft leichter zu überwinden. Dann gehen wir von einem Ideal aus, das wir in uns tragen. Deshalb sollten wir es offenlegen, und es wird bewußt oder unbewußt als Richtschnur unseres Handelns dienen.

Die Bedeutung von Spiel und Sinnlichkeit

Noch etwas wurde in meinen Seminaren deutlich: Um den geistigen Raum zu verlassen, aus dem die Urteile und Vorurteile kommen, mit deren Hilfe man sich und andere so oft in Schubladen sperrt, ist es wichtig, die körperliche Dimension einzubeziehen. Dazu benutze ich verschiedene Techniken, die vom Tanz bis zur gefühlvollen Berührung reichen. Diese scheint mir besonders wirksam und läßt sich sehr gut in der Zweierbeziehung anwenden. Dabei geht es darum, den anderen mit all dem aufrichtigen Wohlwollen zu berühren, dessen wir fähig sind. Der andere stellt sich innerlich ganz auf Empfang ein, und wir übermitteln ihm das Gefühl der Präsenz. Das kann einige Minuten dauern oder auch länger. Es ist keine Massage, sondern eine stille Aufmerksamkeit, die durch die Hände geht und im allgemeinen beruhigend auf den anderen wirkt. So kann jenseits aller aktiven Sexualität eine Atmosphäre des Vertrauens und der Liebe entstehen.[2]

Wir brauchen diese neue Einstellung zum Körper, denn alle Spannungen und Widerstände sind in ihm «gespeichert». Das trifft insbesondere auf Männer zu, deren körperliche Struktur oft sehr starr ist. Ihre ganze Kindheit hindurch wurde ihnen beigebracht, daß sie nicht so empfindlich oder sinnlich sein sollten, weil das weibisch sei. Diese defensive Starre gilt es zu lösen.

Will man sich zu zweit nicht zuletzt auch in seinem Körper verwirklichen, muß man den Mut haben, den christlichen Glaubensgrundsatz in Frage zu stellen, nach dem die Geschlechtlichkeit von Gott entfernt. In den traditionellen patriarchalischen Religionen können sich nur jene verwirklichen, die «dem Göttlichen nahe» sind: Priester und Nonnen. Die Sexualität bleibt zweite Wahl und die Ehe eine Art Notlösung für die Schwäche derer, die sich nicht zurückhalten können. Jesus Christus hatte wie die Mehrzahl der großen Meister kein Sexualleben, und seine Gefolgschaft bestand ausschließlich aus Männern. Angesichts dieser Lehren schämt man sich schließlich seiner eigenen Menschlichkeit.

Aber auch die moderne Spiritualität lädt überwiegend zu einer eher abstrakten Kommunion mit dem Universum ein, zu einer Art Verschmelzung mit dem kosmischen Selbst, wo unsere sexuellen Bedürfnisse als Mann oder Frau nicht vorkommen.

Doch das erotische Begehren ist eine Realität. Heterosexuelle oder homosexuelle Männer und Frauen üben aufeinander eine starke Anziehung aus. Und diese Anziehungskraft ist das Wesen der Liebe, die uns ins Abenteuer Leben führt. Wir müssen unsere Vorstellungen grundlegend verändern und endlich dem Gedan-

---

2 Ich möchte dem Masseur François Dufour dafür danken, daß er mich in die Haptonomie eingeführt hat.

ken Raum geben, daß Menschen sich Gott auch nähern können, indem sie den Körper und die Sexualität feiern. In der Ablehnung der Sexualität spiegelt sich ein versteckter Lebenshaß und eine äußerst beschränkte Wahrnehmung unseres irdischen Lebens.

Die Unterdrückung der Sexualität ist auf jeden Fall der falsche Weg, das ist, als wollte man die Bäume zwingen, statt in den Himmel in die Erde zu wachsen. Die Erfahrung der Sexualität in der Liebe kann zum Sprungbrett einer Ekstaseerfahrung werden, die am Ende vielleicht sogar zum Verzicht auf das Geschlechtliche führt, von dem sie jedoch stets ihren Ausgang nimmt. Und solange das Geschlechtliche eine so starke Anziehung ausübt, sollte es meiner Meinung nach auch gelebt werden und als Brücke zur Freude dienen. Nicht die Sexualität ist schlecht, sondern das, was wir daraus machen.

Die Krise ist nötig

Die Herausforderung einer neuen Nähe ist groß. Sie ist schwer zu verwirklichen, denn dem Paar geht es heute wie einem Land, das nach Jahrhunderten der Diktatur nur langsam wieder zum Leben erwacht. Eine ganz neue Erziehung ist gefordert, eine regelrechte Entprogrammierung, um die Beherrschungs- und Unterwerfungsreflexe zu löschen, die jahrhundertelang die Voraussetzung zur Paarbeziehung bildeten. Um einen so tiefgreifenden Wandel zu ermöglichen, war eine schwere Krise nötig. Wir leben in einer einzigartigen, außergewöhnlichen Welt, an der Schwelle zu einem neuen Zeitalter, wo ein echter Austausch zwischen Männern und Frauen stattfindet und wo allmählich in den Beziehungen Demokratie einkehrt. «Und dabei geht unser Leben drauf ...» Wer so denkt, läuft Gefahr, sich zum Opfer der Krise zu machen, anstatt zu ihrer Lösung und zur eigenen Freiheit beizutragen. Wer so denkt, hängt immer noch der Überzeugung an, daß das Leben erst einen Sinn bekommt, wenn man es zu zweit verbringt. Es geht aber darum, den Sinn im Leben selbst zu finden, ob mit oder ohne Partner. Solange mein Glück von der Gegenwart eines liebenden Menschen abhängt, besteht ein Riß in mir. Die Entdeckung, daß ich ohne romantische Liebe glücklich sein kann, ist eine Voraussetzung der neuen Nähe. Je weniger ich den Partner zu meinem persönlichen Glück brauche, um so bereichernder wird das Leben zu zweit. Wenn ich die Liebe unbedingt brauche, weil nur sie meinem Leben einen Sinn verleiht, wird jede Möglichkeit einer wirklichen Begegnung dadurch vergiftet. Anders gesagt: Männer und Frauen sollten dieses Gefühl der Leere und der Niedergeschlagenheit, das sie beherrscht, wenn sie nicht verliebt sind, aus eigener Kraft zu überwinden lernen. Erst wenn man die Lebensfreude für sich, unabhängig von einer Beziehung, gefunden hat, wird eine ehrliche, integre, echte Zweierbeziehung möglich, deren Grundlage eben diese Freude am Leben ist.

Es wird keine Nähe zu einem anderen Menschen mehr geben ohne Nähe zu sich selbst. Das ist die wahre Größe jener Revolution der Liebe, die von den kommenden Generationen zu verwirklichen sein wird. Und wenn wir bereit sind für die Krise und die Lehren, die sie uns erteilt, können auch wir schon daran teilhaben.

11. Die Nähe zu sich selbst

> Wir sind so alt wie unsere Zärtlichkeit.
> Was uns abnutzt, ist die unverbrauchte Liebe!
> STAN ROUGIER

Wer wahre Nähe will, muß erst mit sich selbst vertraut werden

In der Einleitung habe ich gesagt, es gebe keine andere Weise, das Schlachtfeld der Liebe zu verlassen, als in sich selbst zu gehen. Darauf komme ich nun, am Ende unserer langen Reise, wieder zurück. Wir müssen uns entscheiden: Entweder unser Leben und unsere Begegnungen haben wirklich Sinn, oder das Ganze ist nur eine absurde Komödie; entweder all diese Schwierigkeiten spiegeln wirklich unbekannte Dimensionen unseres Selbst, oder das Leben ist eine Lotterie, und wir haben bloß die falsche Nummer gezogen, den falschen Partner oder die falsche Partnerin gewählt. Ich für mein Teil halte die Wiederholungen, die unser Leben charakterisieren, nicht für zufällig, sondern bin im Gegenteil davon überzeugt, daß sie uns auf die verborgenen Seiten unseres Wesens hinweisen, die wir erkennen müssen, um sie zu überwinden.

Anders ausgedrückt, die Nähe zu anderen wirft uns auf uns selbst zurück, und unsere Vertrautheit mit uns selbst ermöglicht uns eine größere Vertrautheit mit anderen. In unserem Liebesleben herrscht meist ein Kommen und Gehen. Die längste Zeit setzen wir nur auf die Begegnung mit anderen, ohne je uns selbst gegenüberzutreten. Das ist, als würden wir uns gefesselt und geknebelt einem Schicksal ausliefern, das uns zu ewiger Erwartung und Abhängigkeit verdammt. Es gibt natürlich auch die andere Seite: Menschen, die nur sich selbst nahe sein wollen, die sich in den Tiefen ihrer Seele verkriechen und die Beziehung zu anderen vernachlässigen. Auch diese ängstliche Haltung führt in eine Sackgasse und zu innerer Verödung.

Liebe ist eine ständige Herausforderung. Es ist ungeheuer schwer, sie zu leben, und wird es wahrscheinlich immer sein. Wenn wir uns aber auf die Möglichkeit einlassen, daß die Probleme, die wir mit ihr haben, keine Sache des Zufalls sind, erhalten sie am Ende wirklich einen Sinn für uns. Je mehr Beachtung wir ihnen schenken, desto mehr werden sie für uns zu Ausgangspunkten einer tiefen Verbindung mit uns, mit dem anderen und mit unserer Lebendigkeit. Die Nähe zu anderen beruht auf der Fähigkeit zur Selbstversenkung. Die gegenwärtige Krise der Partnerschaft führt unweigerlich zu dieser Bewußtwerdung. Wenn Geld, Kinder und die Meinung der Umgebung keine ausreichenden Gründe mehr sind, um zusammenzuleben, dann kann die persönliche Entwicklung des einzelnen zu einem Faktor werden, der die Paarbeziehung als den Raum und Rahmen dafür nahelegt.

Die Herausforderung der Nähe ist eine Einladung zur Arbeit an sich selbst. Eine Einladung, auf die eigenen emotionalen Bedürfnisse, die in Konflikten zutage treten, selbst zu reagieren, statt darauf zu warten, daß der andere reagiert. Eine Einladung, sich wirklich einzulassen auf das Leben und auf sich selbst.

Es ist keine leichte Aufgabe, sich für das zu entscheiden, was guttut, und bewußt beiseite zu lassen, was Leiden und Demütigungen verspricht. Wir hängen richtig an den Dingen, die uns zerstören. Als würden uns Haß und innere Konflikte wie schlechte Angewohnheiten daran hindern, das zu befolgen, was wir als gut erkannt haben. Das ist dasselbe Problem wie mit unserer Gesundheit. Wir wissen alle, daß ein bißchen Bewegung jeden Tag sehr gesund ist. Trotzdem tun viele überhaupt nichts und hoffen, daß sie wie durch ein Wunder von Krankheiten verschont bleiben.

So wiegen wir uns auch lieber in der Illusion einer phantastischen Liebe, die eines Tages vom Himmel fällt, die alles verändert und uns damit verschont, für uns selbst Verantwortung zu übernehmen. Dabei würde schon ein bißchen Selbstliebe jeden

Tag für eine erhebliche Besserung sorgen. Ein wenig Fürsorge für sich selbst, ein wenig vorurteilslose, wohlwollende Aufmerksamkeit für die eigenen Leiden, den eigenen Kummer kann eine bedeutende Veränderung mit sich bringen. Wenn wir lernten, einen kleinen Teil der Zuneigung, die wir dem geliebten Wesen entgegenbringen, uns selbst zu schenken, könnte unser Herz genesen. Das ist das Geheimnis der Selbstachtung und die Grundlage eines gesunden Selbstwertgefühls. Eine kleine Prise täglich würde ausreichen.

Man kann nicht lieben, wenn man sich nicht liebt. Sich zu lieben bedeutet, gut zu sich zu sein und sich eine Chance zu geben, statt unerfüllbare Forderungen an sich zu stellen. Es bedeutet, vom Stadium des Kindes, dem alles zufällig widerfährt, ins Stadium des Erwachsenen überzugehen, der seine inneren Zustände selbst beeinflussen kann und dafür verantwortlich ist. Das Universum wirkt mit einer Art Magnetismus: Damit wir bekommen, was uns guttut, müssen wir in unserem Inneren Zustände des Positiven kultivieren. Das heißt auch, um der Ausstrahlung von Menschen, die uns schaden und uns zu immer neuen Wiederholungen alter, abträglicher Muster zwingen, zu widerstehen, müssen wir eine neue Art der Anziehung durch inneren Frieden und innere Ruhe erfahren.

Sich selbst zu lieben bedeutet, in der Freude über das Gegebene zu leben, statt sich in die Sehnsucht nach dem Fehlenden zu verbeißen. Es bedeutet, die Beziehung zum «inneren Geliebten» zu pflegen, wie die Sufimystiker es nennen. Wenn die Liebe auch nach innen und nicht nur nach außen gerichtet ist, wenn wir die Verantwortung übernehmen, für unsere Bedürfnisse selbst zu sorgen, hören wir auf, Opfer zu sein. Dann merken wir, daß die Liebe, die wir suchen, in uns und um uns ist und daß wir sie daher nie verlieren können. Sie ist überall. Wir müssen nur lernen, sie auch in Kleinigkeiten zu erkennen und anzunehmen. Es ist egal, wie vollkommen oder unvollkommen wir sind, wir brauchen nichts zu erwarten oder zu verwirklichen. Die Liebe ist da. Sie zeigt sich und gibt sich uns, wo wir sie entdecken.

Uns um uns selbst kümmern bedeutet auch, daß wir alle Beziehungen daraufhin untersuchen sollten, was sie in uns auslösen, und danach entscheiden, ob wir sie aufrechterhalten wollen oder nicht. Das kann dazu führen, daß wir eine Verbindung abbrechen oder weiterführen, obwohl sie schlecht für uns ist, weil eine Trennung zu schmerzhaft wäre. Und daß wir uns diese Anhänglichkeit verzeihen und sie in vollem Bewußtsein ausleben, um daraus emotionales Wissen und die Weisheit der Erfahrung zu schöpfen. Das Erlebnis des Schmerzes ist damit nur auf später verschoben. Wir sollten Schwierigkeiten nicht übergehen, sondern durch sie hindurchgehen, um aus ihnen etwas über uns selbst und über die Welt zu lernen.

Im Widerstand gegen die Trennung von einem Menschen, der uns erniedrigt, wird der Selbsthaß sichtbar, der dieser romantischen Liebe innewohnte. Und aufgrund der Magie, die die individuelle Freiheit ausübt, wird niemand uns daran hindern, uns darin zu suhlen, solange wir Lust dazu haben. Die Gefahr ist groß, daß wir alles gegen uns wenden, solange wir von Gefühlen der Schwermut und des Mangels beherrscht sind. Vor diesem Hintergrund stellt sich die Frage, ob es überhaupt wünschenswert ist, der idealen Liebe zu begegnen, wenn sie doch nur die Bewußtwerdung unserer inneren Misere verzögert und uns in der Illusion der wiederhergestellten Liebe wiegt, während wir auf der bewußten Ebene noch nichts erreicht und uns noch nicht für Offenheit und Freude entschieden haben.

Indem wir bereit sind anzuerkennen, daß die kleineren oder größeren Ereignisse unseres Lebens das heimliche Werk unserer Wünsche sind, egal ob wir diese Wünsche seit Jahren gepflegt haben oder niemals zugeben würden, befreien wir die anderen von ihrer Verantwortung für uns. Wenn wir weder Papa und Mama noch der Regierung die Schuld zuschieben, sondern die ganze Verantwortung für das, was in uns geschieht, selbst übernehmen, dann bekommen die Schwierigkeiten einen Sinn.

Aus therapeutischer Sicht läßt sich in der Tat behaupten, daß alle seelischen Prüfungen, Unfälle oder Krankheiten einen Beitrag leisten zu unserer Selbst- und Welterkenntnis. Sie sind nicht umsonst. Sie führen uns zu uns selbst. Und wir sollten sie annehmen, damit sie sich in uns ausdrücken und ihre wertvolle Botschaft mitteilen können. Sonst werden sie sich so lange wiederholen, bis wir weise genug geworden sind, ihnen die angemessene Beachtung zuteil werden zu lassen.

So gesehen, könnten wir sogar hinzufügen, daß die schwierigsten Beziehungen, wenn sie bewußt gelebt werden, wahrscheinlich auch die meisten Früchte tragen. Sie zwingen uns zu einer ungeheuren Anstrengung, aufgrund derer wir uns ganz und gar in einem Partner wiedererkennen, der uns abstößt. Wenn wir aber einen so großen Schatten annehmen, kommen wir am schnellsten vorwärts. Das ist es sicher, was der Dichter Rainer Maria Rilke sagen wollte, als er schrieb: «Wir wissen so wenig, nur daß wir uns ans Schwerste halten müssen ...»

Anscheinend ist der eigentliche Grund eines Zusammenlebens die gegenseitige Anregung, die die Kreativität jedes einzelnen aufbrechen läßt. Doch um diese Kreativität zu leben, muß man von Anfang an hinnehmen, daß das, was man als «positiv» oder «negativ» ansieht, nicht viel damit zu tun hat. Das Leben mag uns streicheln oder gegen den Strich bürsten – alles ist eine Aufforderung zum Leben. Und jeder muß selbst entscheiden, welche Gefühle für sie oder ihn inwieweit erträglich oder nicht mehr hinzunehmen sind.

Am Ende werden wir zu der Einsicht gelangen, daß eine Entwicklung zu Freude und Genußfähigkeit meist intensives Leiden zur Voraussetzung hat. Die Weisheit verlangt, daß wir das Leben willkommen heißen, wie es ist, ohne Urteile zu fällen. Das gelingt uns im allgemeinen erst, nachdem wir unsere beschränkten Muster bis zum Umfallen wiederholt haben. Aber die Schwierigkeiten des Lebens zu zweit fördern die Selbsterkenntnis und bahnen uns den Weg zu einer tieferen Verbindung mit dem Universum und dem Herzschlag des Lebens, den jeder von uns in sich trägt.

Diese existentielle Verbundenheit kann sich sowohl in der Qual als auch in der Ekstase zeigen. Es scheint, als wären der Natur alle Mittel recht, uns aufzurütteln und zur Entdeckung unserer eigentlichen Identität zu treiben.

Das bisher Gesagte bedeutet allerdings nicht, daß nicht jeder seines Weges gehen sollte, wenn in der Beziehung alle Lösungsmöglichkeiten blockiert sind und es keinen schöpferischen Austausch mehr gibt. Oft ist es jedoch besser, auch unter schwierigen Bedingungen noch eine Zeitlang auszuharren, bis man den nötigen Abstand hat, um sich zu trennen, ohne dem Partner die ganze Schuld zu geben. Die aufmerksame und vorurteilslose Beobachtung einer erdrückenden Verbindung hilft uns dabei, jene Seite an uns zu erkennen, die uns dahin gebracht hat, und eine Wiederholung in Zukunft zu vermeiden.

Der zerbrochene Spiegel

Aus der Opferposition zur konkreten Erkenntnis der Mechanismen zu gelangen, mit denen sich ein Mensch sein Schicksal selbst erschafft, ist die tiefgreifendste Umwälzung, die man in seinem Leben durchmachen kann. Niemand kann sich dieses Schlüsselerlebnis ersparen, obwohl die meisten Menschen darüber hinweggehen, ohne mit der Wimper zu zucken. Es ist eine regelrechte Initiation, vergleichbar mit dem Übergang von der Kindheit zum Erwachsenenalter. Ohne diese Verwandlung, die uns die Trauer um unsere Kindheit auferlegt, ist der Geist des Spiels, der Freiheit und der Leichtigkeit paradoxerweise nicht zu haben.

Wenn wir uns der Notwendigkeit bewußt werden, daß wir die Verantwortung für uns übernehmen müssen, weil die Liebe uns nicht davor retten wird, können wir den anderen von unserer Forderung freisprechen, sich dem Idealbild der Frau oder des Mannes, das wir in uns tragen, anzupassen. Wir müssen unsere Projektionen von Animus oder Anima zurücknehmen, weil das die einzige Möglichkeit ist, unsere persönliche Macht zurückzuerlangen und uns mit unserem tiefsten Sein zu verbinden. Die Annahme des eigenen Schattenteils ist die Voraussetzung, um zum eigentlichen Kern der eigenen Identität vorzudringen. Solange die Illusion der Projektionen besteht, kann von psychologischem oder gar spirituellem Fortschritt keine Rede sein.[1]

Um sich des eigenen Wesens und davon ausgehend auch der Essenz des Lebens im Universum bewußt zu werden, müssen wir unsere Projektionen zurücknehmen, weil wir sonst den anderen nicht sehen, wie er ist, sondern wie wir sind. Alles, was wir in ihm erkennen, ist dann Teil unserer selbst. Selbstverständlich hat der andere meist einen seelischen Widerhaken, an dem wir unsere Projektion aufhängen. Im Prinzip müssen wir aber einen Charakterzug, den wir bei jemand anderem erkennen, auch in uns tragen. Ich möchte dieses Spiel der Projektionen an einem Beispiel demonstrieren: *Sie* findet, daß *Er* in seinem Gefühlsausdruck ernstlich behindert ist. Sie leidet unter seinem Schweigen und macht ihn für die Verschlechterung der Beziehung verantwortlich. Ihre erste Reaktion ist also eine Schuldzuweisung. Sie hält an ihrer aktiven Projektion fest, ohne sich selbst erforscht zu haben.

Die Rücknahme ihrer Projektion wird in mehreren Etappen erfolgen und ihr am Ende die Erkenntnis bescheren, inwiefern sie selbst zu dieser Dynamik beiträgt. Zunächst wird sie sich fragen müssen, ob sie das, was ihr Partner sagt, wenn er seine Gefühle ausdrückt, eigentlich akzeptiert und ob sie dazu neigt, vorschnell zu urteilen, so daß er gar nicht erst bis zum Ende kommt.

In einer zweiten Etappe würde sie sich darüber Gedanken machen, inwieweit sie ihre Gefühle mit anderen teilen kann, und einsehen, daß sie in manchen Fällen oder bezüglich einiger Gefühle selbst ernstlich behindert erscheint. Die Einsicht, daß sie an einer ähnlichen Verletzung leidet, wird ihr erlauben, eine Brücke zu bauen und eine Verständigungsgrundlage zu finden.

---

1 Siehe dazu Jolande Jacobi, *Die Psychologie von C. G. Jung …*, Zürich: Rascher 1940.

Die dritte Etappe dient der Erkenntnis, wie sehr ihre Sicht der Dinge durch ihre frühere Wirklichkeit geprägt ist. Die Hintergründe ihres Grolls werden ihr bewußt. Wenn sie sich etwa als kleines Mädchen für das Schweigen des Vaters verantwortlich fühlte und seine Wut fürchtete, ist es durchaus möglich, daß sie dieses Muster auch auf die Beziehung zu ihrem Partner überträgt.

Statt ihn mit Vorwürfen zu überhäufen, könnte sie ihm ihre innere Verwirrung mitteilen, etwa indem sie sagt: «Wenn du so schweigsam bist, fühle ich mich wie ein kleines Mädchen vor seinem Vater und fürchte deine Reaktionen.» So läßt sie ihn an ihrem emotionalen Erleben teilhaben und eröffnet damit ein Gespräch, während Anklagen seine Abwehrhaltung nur verstärken. Das erlaubt ihm, ein Verständnis dafür zu entwickeln, was in ihr vorgeht. Anschließend könnte sie ihm von ihrem Bedürfnis nach emotionaler Sicherheit erzählen und schließlich die Bitte hinzufügen: «Es würde mich schon beruhigen, wenn du mir mit ein paar Worten sagst, was du zur Zeit in bezug auf uns erlebst und warum es dir so schwer fällt, mit mir zu reden.»

Kommunizieren, um zu leben

Was eben geschildert wurde, ist ein Beispiel für einen «gewaltfreien Kommunikationsprozeß», wie der Psychologe Marshall Rosenberg ihn konzipierte. Wenn auch nicht jede Rücknahme von Projektionen diesem Etappenmodell folgt, bleibt doch festzuhalten, wie ungeheuer vorteilhaft es ist, das, was einem bewußt wird, dem Partner mitzuteilen. Daraus entsteht Heilung. Wir sind prinzipiell Kommunikationswesen, das heißt, wir müssen das, was auf uns einwirkt, verwandeln, um es in veränderter Form zurückzugeben. Im Gespräch kann die Energie zirkulieren und der Prozeß weitergehen. Wenn mir jemand etwas mitteilt, provoziert mich das zu einer Reaktion, ich interpretiere den Inhalt, gebe ihn in anderer Form an den anderen weiter und reize ihn so wiederum zu einer Reaktion. Er erhält meine Botschaft, wehrt sie ab oder akzeptiert sie, nimmt sie in irgendeiner Weise auf und verwandelt sie, um sich seinerseits auszudrücken, und so weiter.

Alles, was uns geschieht oder mitgeteilt wird, wirkt auf uns ein, damit wir es verwandeln, um uns auszudrücken. So stimuliert das Leben das Leben, und die Menschen werden sie selbst. Nicht die Intensität eines Reizes macht krank, sondern die Unfähigkeit, ihn kreativ zu verwandeln. Wenn ein Bedürfnis unbefriedigt, ein Affekt blockiert bleibt, strömt der Lebensfluß ins Innere zurück und staut sich. Dann sind körperliche oder psychische Krankheit nicht weit.

Die Energiezirkulation ist letztlich entscheidender als die Problemlösung. Selbst die heftige, impulsive Entladung eines Affekts ohne jede Transformation ist gesünder als dessen Hemmung. Je bewußter wir allerdings auf Reize reagieren, desto besser wird es uns nach und nach auch gelingen, unser Schicksal zu meistern. Um dahin zu gelangen, ist es der beste Weg, die Projektionen zurückzunehmen und über das zu reden, was man dabei herausfindet. Auch wenn Tanzen, Zeichnen oder jede andere Art des Ausdrucks brauchbare Werkzeuge sind, um unsere Affekte zu verwandeln und anderen zu übermitteln, sind wir doch Sprachwesen, und deshalb stellen Gespräche innerhalb intimer Beziehungen eine grundlegende Dimension unseres Lebens dar.

Der Übergang von der unvermittelten Entladung eines nicht transformierten Affekts zur schöpferischen Kommunikation ist auch der Übergang von der Du-Sprache, die den anderen vernichtet, zur Ich-Sprache, die von sich spricht und dabei die unantastbare Freiheit des anderen respektiert.[2]

In unserem Beispiel kann *Sie* zunächst ein Verhalten (sein Schweigen) beobachten, ohne darüber zu urteilen. In einem zweiten Schritt kann sie überprüfen, welche Gefühle dieses Verhalten in ihr auslöst (Furcht und Unsicherheit). Dann kann sie in einem

---

2 Siehe dazu Jacques Salomé und Sylvie Galland: *Si je m'écoutais ... je m'entendrais,* Montréal: Éditions de l'Homme 1990.

dritten Schritt das grundlegende Bedürfnis (nach emotionaler Sicherheit) entdecken, das er durch sein Verhalten frustriert hat. Schließlich kann sie eine adäquate Forderung an ihren Partner formulieren, diesem Bedürfnis zu entsprechen («Sag mir mit ein paar Worten ...»). Also noch einmal die vier Etappen dieses Prozesses, der in der Praxis viel Fingerspitzengefühl verlangt und selbstverständlich bei *Ihm* genauso funktioniert: beobachten, ohne zu urteilen, Gefühle erkunden, das verletzte Bedürfnis erkennen und eine realistische Forderung stellen.[3]

Die Arbeit der Projektionsrücknahme beruht auf einer authentischen Kommunikation, die die Partner verbindet, statt sie durch Urteile und Vorwürfe zu entzweien. Kommunikationsfähigkeit in der Beziehung kann zu einem Element der Befreiung und einer Möglichkeit der Selbsterkenntnis werden. Die Wahrnehmungen und Empfindungen des Partners in bezug auf uns können helfen, Grenzen zu überwinden. Ich erinnere mich voller Rührung an einen Mann mit einer sehr schüchternen, schweigsamen Frau. Beide waren sich des Problems bewußt. Sie kamen zu mir in die Therapie, und die Frau war damit einverstanden, sich beim Erwerb neuer Ausdrucksmöglichkeiten helfen zu lassen. Diese Prüfung schweißte sie zusammen, aber beide mußten auch ihre Vollkommenheitsträume aufgeben.

Auf dem Papier sieht das alles ganz einfach aus, aber in der Beziehungswirklichkeit stellt dieser Prozeß die meisten Menschen vor fast unüberwindliche Schwierigkeiten. Jeder scheut vor dieser Arbeit mehr oder weniger zurück, weil er sicher sein kann, daß sie auch seine Verletzlichkeit aufdeckt. Die Herausforderung einer neuen Nähe besteht darin, sich aus Einzelkämpfern, die sich ständig gegenseitig den Prozeß machen, zu Menschen zu entwickeln, die zu Kooperation und gegenseitiger Hilfe fähig sind. Das wird vielleicht noch lange dauern, aber das Grundprin-

---

3 Diese vier Etappen bilden die Grundlage des «gewaltfreien Kommunikationsprozesses» nach dem Modell des amerikanischen Psychologen Marshall Rosenberg.

zip ist einfach: Jeder der Partner ist zu hundert Prozent für alles verantwortlich, was in der Beziehung geschieht. Das ist nur die Anwendung des Grundsatzes der allumfassenden Verantwortlichkeit, den der tibetanische Buddhismus lehrt, auf den Bereich der Partnerschaft.

Die Konfrontation mit dem Schatten[4]

Sich den Schattenteil zu eigen zu machen, den wir bei jenen, die uns in ihrer Unwissenheit verletzt haben, gesehen haben, ist mühsam. Wenn wir aber bereit sind, den Herrschsüchtigen, den Lügner, den Verräter, den Heuchler, all diese Schatten, die vielleicht in uns schlummern, zur Kenntnis zu nehmen, bekommen wir Macht über diese Ausdrucksformen, statt immer wieder deren Verkörperungen in anderen zum Opfer zu fallen. Oft symbolisieren sie Teile von uns selbst, die wir nicht mögen oder nicht kennen, und solange wir sie nicht akzeptieren, werden wir an diese anderen gebunden bleiben. Die Anerkennung des Schattens in uns ebnet den Weg zu Vergebung und Mitgefühl, wenn wir uns eingestehen können, daß der andere in seiner Schwäche und Boshaftigkeit uns ähnlich ist.

C. G. Jung nannte diese Begegnung mit dem Schatten *Konfrontation*, um anzudeuten, wie schwer sie ist. Wahre Freiheit ist jedoch zu keinem geringeren Preis zu haben. Wenn wir aber unserer Familie, unseren Partnern und Freunden die Bürde der Schändlichkeiten abgenommen und in unserem Inneren die Natur unserer verschiedenen Beziehungen geklärt haben, dann wird uns leicht ums Herz.

Warum schrecken wir so sehr vor der Integration unseres

---

4 Siehe Marie-Louise von Franz, «Der Individuationsprozeß», in: *Archetypische Dimensionen der Seele*, a. a. O. und: C. G. Jung, «Die Technik der Unterscheidung zwischen dem Ich und den Figuren des Unbewußten», in: *Die Beziehungen zwischen dem Ich und dem Unbewußten*, a. a. O.

Schattens zurück? Weil dies unsere täglich neu geschaffenen Illusionen von unserer Vollkommenheit und Unschuld in allen unseren Handlungen erschüttern würde. Die Arbeit mit dem Schatten führt jedoch keineswegs in Resignation oder Depression. Wir errichten durch sie einen Raum der Wahl, wo es vorher keinen gab, weil andere die Macht hatten, uns Unrecht zu tun, und wir nichts gegen sie unternehmen konnten. Wenn wir entdecken, daß diese Macht uns gehört, können wir unser Verhalten ändern. Statt Vogel Strauß zu spielen und uns zu beklagen, wie übel uns das Schicksal mitspielt, während wir gleichzeitig die Augen davor verschließen, wie sehr jeder auch seines Unglücks Schmied ist, können wir ein Zwiegespräch mit diesem Schatten beginnen, der in unserem Haus wohnt.

Wieso reagieren wir in bestimmten Situationen automatisch negativ? Was treibt uns dazu? Welche verborgenen Wünsche und Neidgefühle stecken in uns? Warum haben wir die Neigung, uns so zu verhalten, daß die Dinge sich gegen uns wenden? Was ist das für ein Wesen in uns, dem keine Lösungen lieber sind? Das sich an unserem Mißmut ergötzt? Das so kriegslüstern ist? Dem es ein solches Vergnügen bereitet, Konflikte explodieren zu lassen, den anderen zu beschämen und alle Brücken zu zerstören, daß keine Verbindung mehr möglich ist? Diese Fragen führen direkt zur Begegnung mit dem Schatten.

Die Wahrnehmung dieser dunklen Gestalt, die zu jeder Konfliktsituation des Lebens einen Bezug hat, wird Sie bald davon überzeugen, daß die Gründe für die Zwistigkeiten in Ihrer Ehe wie für den Krieg in der Welt nicht nur außerhalb Ihrer Person liegen. Sie müßten den Ort des Konflikts von außen nach innen verlagern. Das ist natürlich unangenehm. Ihre täglichen Klagen über die Schlechtigkeit der Frau, des Mannes an Ihrer Seite könnten zu einem Kampf gegen Ihre eigene Schlechtigkeit werden. Es war nur bequemer, sie nach außen zu projizieren, als sie in Ihnen selbst zu bekämpfen. Einen Sündenbock zu haben, der die ganze Bürde unserer Untaten trägt, ist übrigens eine vorrangige psychologische Funktion traditioneller Beziehungen. Die Schuld auf den anderen abzuwälzen hilft zwar nichts, tut aber irgendwie gut. Dazu ist unser Partner in der alltäglichen Wirklichkeit vor allem da: schuld zu sein. Auf kollektiver Ebene haben wir die Russen, die Islamisten, die Frauen, die Männer usw. Auf persönlicher Ebene haben wir sonst niemanden, der uns erlösen könnte. Dem Partner ist diese Rolle geradezu auf den Leib geschrieben, um so mehr, als eine dauernde Beziehung uns stets an die Abgründe heranführt, die wir bei unseren Nächsten viel schneller entdekken als bei uns selbst.

Die Projektion des Schattens ist einer der bevorzugten Abwehrmechanismen des Ichs, das auf diese Weise die Illusion seiner Unschuld aufrechterhalten will. Je schwächer das Selbstwertgefühl, um so eher wird der andere zum Sündenbock gemacht. Deshalb finden bestimmte Konflikte zwischen Verliebten nie eine friedliche Lösung. Die geringe Selbstachtung eines oder beider Partner verhindert das. Unrecht oder Schwächen einzugestehen würde als eine zusätzliche Niederlage erlebt, die eine zu große Bedrohung für die Ichstruktur wäre. Da bewahrt man doch lieber ein starkes Selbstbild und sieht sich als Opfer fremder Niedertracht, um nicht alles zu verlieren.

Wie ich schon weiter oben sagte, hat der Schatten nicht nur negative Seiten. Wir projizieren auch positive Aspekte auf den Partner, die bei uns zu schwach entwickelt sind. Sie ketten uns aber genauso an ihn wie die negativen Aspekte und müssen deshalb genauso zurückgenommen werden, wenn wir uns aus Verstrickungen lösen wollen, die uns leiden machen. Es gibt Menschen, die sich lange eingeredet haben, sie seien dumm, und sich grundsätzlich nur in solche verlieben, die über hervorragende intellektuelle Gaben verfügen. Im Fall einer Trennung haben sie dann das Gefühl, daß sie von einem Teil ihres Selbst abgeschnitten, ja, verstümmelt werden. Das ist exakt das, was auf psychologischer Ebene passiert. Solange sie nicht aktiv ihre intellektuelle Seite entwickeln, werden sie sie auf andere projizieren und immer in die gleiche Abhängigkeit geraten.

Ein Teil der Trauerarbeit, um einen solchen Trennungsschmerz zu überwinden, besteht in der Anstrengung, die positiven und negativen Projektionen zurückzunehmen. So wird jede Beziehung zu einem Ort tieferer Selbsterkenntnis. Da das Seelenleben so beweglich ist und jeder von uns eine ganze Welt in sich trägt, besteht zu der Hoffnung, eines Tages würden einfach keine Projektionen mehr übrig sein, wenig Anlaß. Aber je besser man vorankommt, desto weniger zwingend sind sie. Und irgendwann ist die Freiheit groß genug, daß man die Faszination, die jemand auf einen ausübt, im vorhinein nach der Art der Projektionen untersuchen kann, die er auf sich zieht. Dann hat man die Wahl, ob man sich dieser Erfahrung in der Form der Liebe aussetzen will oder nicht.

Unsere Projektionen zwingen uns, unseren Leidenschaften nachzugeben. Auf diesem Umweg manifestiert sich unser unbewußtes Sein in unserem Bewußtsein. Deshalb ist das, was wir Verliebtheit nennen, so oft mit Magenschmerzen und nächtlichen Angstzuständen verbunden. Aber wir haben die Wahl, da, wo sonst nur blinde Bestimmung herrschte, Entscheidungen zu treffen. Wenn wir bereit sind, ohne über andere oder über uns zu urteilen, uns dem Schatten zu stellen, den wir nach außen projizieren, können wir diese Freiheit gewinnen.

Die Integration des Schattens öffnet uns der Welt. Wenn wir schließlich sogar mit dem, was wir an uns als negativ empfinden, einverstanden sind, können wir auch das annehmen, was uns im Universum schlecht vorkommt. Ohne diese Arbeit an uns selbst werden wir nie zu Ganzheit gelangen, weil wir uns stets einem Teil verschließen und unsere Sicht des Universums die Hälfte ausschließt, damit wir ein wenig Ruhe finden. Der Weg über den Schatten ist effizienter. Indem wir die Konflikte zwischen dem Guten und dem Bösen in uns selbst bewältigen, werden wir eins mit uns und schließlich auch mit dem Kosmos. Allmählich stellen wir fest, daß nichts verändert werden muß. Die Kräfte der Zerstörung dienen der Erneuerung des Lebens genauso wie die Kräfte der Schöpfung. Der Reigen des Lebens ist vollkommen, es gibt nichts, was man daraus entfernen müßte. Die Integration des Schattens führt zur Entspannung und zu einer inneren Gelassenheit, die über dem Schmerz und der Freude steht. Schmerz und Freude empfinden wir weiterhin, aber sie werden relativ und beherrschen uns nicht mehr. Sie gehören zum Spiel des Lebens an sich, das uns die Lust des Ausdrucks und der Kommunikation gewährt.

Dann kommt tief empfundene Freude in einem Menschen auf. Erst in kleinen Wellen, deren Frequenz und Intensität sich stetig steigert, je mehr er sich des Prozesses bewußt wird, bis er sich schließlich in einem dauerhaften Frieden verankert, doch nicht in einem durch ständigen Selbstverzicht mühsam errungenen künstlichen Frieden des Geistes, sondern in einer Dynamik, die auf dem vollkommenen Einverständnis mit dem Lebendigen beruht. Diese vibrierende Begeisterung erfordert keine stundenlangen täglichen Meditationen, keinen Verzicht auf sexuelle Beziehungen und kein makelloses Schweigen des Geistes. Sie ist ein seiner selbst bewußtes Eintauchen in die Freude am Dasein.

Seelenfrieden und Herzensfreude

Die Erfahrung dieser Freude fordert Freiheit im Umgang mit den Beziehungen, die wir in unserem Leben geknüpft haben, mit *allen* Beziehungen, besonders mit jenen, die unvollständig oder problematisch geblieben sind. Um frei zu sein, müssen wir uns von ihnen lösen, das heißt, bewußt zu früheren Erinnerungen zurückgehen und hochkommen lassen, was dabei spontan in uns aufsteigt. So folgen wir den Fäden und lösen die Knoten, die sich durch jede dieser Beziehungen in uns gebildet haben. Das kann heißen, daß wir einige Briefe schreiben, Anrufe tätigen und das eine oder andere Treffen organisieren, um uns ernsthaft auszutauschen. Das ist der Preis für die Leichtigkeit des Herzens.

Wir dürfen nichts hinter uns zurücklassen. Wir müssen alle Bindungen durchgehen, eine nach der anderen, jeden Groll untersuchen, der in uns sitzt, und alles tun, was angemessen erscheint, um ihn abzubauen. Manchmal müssen wir nur eine innere Entschlossenheit erlangen, die den anderen nicht miteinbezieht, manchmal müssen wir noch einmal Kontakt zu jemandem aufnehmen, um bestimmte Konflikte, die noch in der Luft hängen, konkret zu lösen. So wird es uns allmählich gelingen, Frieden zu schließen mit allem, was unser Leben mit sich gebracht hat, mit den Eltern, den Liebesunfällen, den schwierigen Erfahrungen und problematischen Beziehungen. Am Ende werden wir verstehen, wie sehr wir durch all das zu dem geworden sind, was wir sind. Und erkennen, wie sehr uns das alles gleicht.

So habe ich im Laufe dieser Erkundungen begriffen, daß einige meiner Partnerinnen wirklich ein Problem hatten, sich auszudrücken. Damit hatten sie in meinen Augen unser gemeinsames Leben zerstört. Aber ich habe diese Unfähigkeit, tiefe Gefühle zu äußern, auch bei mir selbst wiedergefunden. Meine Partnerwahl hat es mir jahrelang ermöglicht, mein eigenes Ausdrucksproblem zu umgehen, weil ich meine Partnerinnen für mein Unglück verantwortlich machen konnte. Bis ich durch den Schmerz der Trennungen den Faden meiner Geschichte wiederfand, der mir nicht nur diese Einsichten ermöglichte, sondern auch ein Aktivwerden auf der Ebene des Ausdrucks. Ich habe meine Praxis aufgegeben und angefangen zu schreiben und Vorträge zu halten, ich mache wieder Musik und verfasse Gedichte. Seither kommt mir mein ganzes Leben stärker und glücklicher vor.

Das ist nur ein Beispiel. Indem man alle Schuldgefühle, allen Groll, alle Bindungen und Vorurteile noch einmal Revue passieren läßt, beginnt man zu verstehen und sich zu befreien. Indem man seine Hüllen fallen läßt, gewinnt man seine Leichtigkeit zurück und mit ihr eine Herzensfreude, die sich immer stärker in der Gegenwart verkörpert.

Das Ziel dieser Übung ist es, sich verfügbar zu machen für die Wirklichkeit, im *Hier* und *Jetzt* zu leben, wie es eine gebräuchliche Formel so schön ausdrückt. Man kann für sich, für den anderen und die Welt nur gegenwärtig sein, wenn man nicht mehr von ungelösten Beziehungen innerlich zerrissen wird. Man muß sich von ihnen lösen und mit jeder einzelnen abschließen.

Sie finden vielleicht, es seien ziemlich viele Umwege, die da zur Freiheit führen sollen. Aber solange diese Arbeit nicht getan ist, bleibt das Glück ein Zufallsereignis. Es ist nicht im Selbst verankert und wird durch die geringste Widrigkeit hinweggefegt. Die Arbeit an sich selbst ist der einzige Weg aus den Konditionierungen, die uns fesseln, in die Freiheit. Ja, es stimmt, wahre Nähe beginnt bei uns selbst. Zu dieser Barmherzigkeit ist jeder sich selbst gegenüber verpflichtet.

Der Weg ist die Freude

In unserer schnellebigen Zeit liegt die Lösung in unserem Inneren, wo die Dinge sich nicht so schnell ändern. Angesichts des permanenten Wandels und der Instabilität der Welt, in der wir leben, müssen wir, was dauerhaft und beständig sein soll, in uns selbst suchen und kultivieren. Indem wir Lebenslust und Freude am Dasein in unserem Innersten verankern, rühren wir an die Unsterblichkeit unseres Wesens. Ich spreche hier von der Erfahrung einer inneren Gewißheit in einer Tiefe des Seins, die die Zufälligkeit unseres jetzigen Lebens umfaßt, birgt und übersteigt. Unser Leben beginnt und endet in der schlichten Freude am Dasein. Es gilt, sie täglich auf einfachste Weise zu pflegen. Wir müssen nur bereit sein, uns in unseren Entscheidungen nach dem zu richten, was Leben gibt und fördert. Das Wagnis, dieses Barometer zu nutzen, führt zu einer unglaublichen Entrostung unserer Lebendigkeit, die zweifellos weh tut, weil sie zum Bruch mit vielen Gewohnheiten, Verantwortlichkeiten und Routinen führt. Aber wenn ich mein gesamtes Tun daran messe, ob es meine Lebensfreude hebt oder verringert, dann wird mir allmählich bewußt, daß ich über einen Maßstab verfüge und endlich eine positive Veränderung herbeiführen kann.

Wir behandeln die Liebe herkömmlich wie einen glücklichen

Zufall, von dem wir wünschen, daß er uns zustößt. Das ist wie in einer Lotterie: Haupttreffer sind in beiden Fällen selten. Eine dauerhafte Lösung ist so nicht zu finden. Wir sollten lieber versuchen, die Liebe in uns zu hegen und zu pflegen, unabhängig vom Zustand unserer Beziehung, um unserem Zusammensein etwas zu geben, statt immer nur etwas von ihm zu fordern. Wie soll uns etwas, das zu pflegen wir uns nicht die Mühe machen, auf Dauer nähren können? Was jeder investieren will, um die Gemeinsamkeit zu erhalten, ist eine Kernfrage jeder Beziehung. Dabei spielt die Qualität der Energien eine große Rolle. Wenn wir immer nur erschöpfte Energiequellen in die Partnerschaft einbringen, werden wir als Gegenleistung höchstens Müdigkeit und Ärger bekommen.

Aus einer Welt, in der ich alles für den anderen bin und der andere alles für mich ist, zu einer Welt zu gelangen, in der ich mich am Dasein des anderen freue und in der ich auch selbst gerne lebe: das ist die Herausforderung. Die emotionale Liebe ist eine Liebe der Aktionen und Reaktionen, die dem Universum der Leidenschaften und Eifersüchte angehört. Die Liebe des Herzens dagegen gründet in der Freude, der tiefen Freude am eigenen Leben und am Dasein des anderen. Diese Liebe kommt aus der Liebe zu sich selbst und der Liebe zum Leben in sich und dem anderen.

Die Freude fesselt nicht, fordert nicht, urteilt nicht. Sie ist immer frei und verfügbar, zugänglich für jeden, der mit ihr Umgang haben möchte. Sie ist die beste innere Geliebte. Deshalb ist ein Mensch, der in Freude lebt, der beste Partner, den man sich wünschen kann. Geteilte Freude ist Lehrzeit der Freiheit, Kultivierung eines Seelenzustands der Offenheit und Harmonie. Ihr Gipfel ist die Verbindung mit der Leichtigkeit und Süße des Lebens.

Das Beste, was wir für uns und unsere Gefährten tun können, ist, Zustände der Freude in uns zu verankern, die allmählich das Gefühl des Abgeschnittenseins vom anderen und von der Welt verschwinden lassen. Wir suchen verzweifelt nach Freude und Harmonie in unserer Beziehung, weil wir sie in uns nicht finden.

Wie sollen zwei Menschen eine beständige Freude zu zweit erleben, durch welchen unwahrscheinlichen Zufall soll ihr Glück in dieser Verbindung von Dauer sein, wenn keiner für sich die tiefe Lust am Dasein empfindet?

Erst durch die Nähe zu uns selbst sind wir bereit, den anderen in der Tiefe anzunehmen. Ein Gedicht des belgischen Autors Émile Verhaeren[5] beschreibt das wunderbar.

Stündlich denke ich an deine Güte
die schlichte tiefe und
versinke im Gebet an dich

Zu deinem sanften Blick
kam ich so spät zurück
durch weite Fernen fand ich am Ende
deine ausgestreckten Hände

Ich hatte soviel Rost in mir
der mit ungeheurer Gier
zerfraß jedes Vertraun

Ich war so müde so schwer
so alt vor lauter Mißtraun
ich war so müde so schwer
von meiner Schritte vergeblichem Hin und Her.

Ich verdiente nicht der Freude Süße
daß mein Weg erleuchtet ward durch deine Füße.
Noch zittre ich und halte kaum meine Tränen zurück
so steh ich in ewiger Demut vor meinem Glück.

---

5 Émile Verhaeren, *Les Heures claires*, 1896.

Schluß

Der Liebe wegen sind wir zusammen.
OSHO

Liebe ist kein Verhältnis, sondern ein Zustand

Wir sind Rohstoff, schlecht vorbereitet auf Lebensglück und Ekstase. Problematische Erfahrungen in der Kindheit oder in Beziehungen dienen unserer Reinigung. Sie öffnen uns und machen uns bereit für das Erhabene. Sie fördern unsere innerste Substanz zutage, weil sie uns zwingen, unsere Schutzpanzer und begrenzten Vorstellungen nach und nach fallen zu lassen.

Für die Alchimisten, die gewöhnliches Eisen in Gold verwandeln wollten, hieß die erste Etappe der Reinigung «nigredo – der schwarze Prozeß». Verwesung, Verbrennung, Zerstückelung waren die wichtigsten Vorgänge dieser Phase. Das ist eine gute Metapher für das Leben im allgemeinen und das Zusammenleben im besonderen. Wenn etwas stinkt, wenn es heiß hergeht, wenn's brennt, wenn sich etwas auflöst, ist *nigredo* dabei, das Reinigungswerk zu vollenden. Gefährlich wird es, wenn das Feuer der Gefühle zu hoch lodert und eine Explosion stattfindet. Dann gibt es Verletzungen zwischen Mutter und Sohn, eine Tochter wird von ihrem Vater erdrückt, ein Paar trennt sich. Ohne Feuer aber keine Verwandlung. Man bleibt aus Bequemlichkeit und Gleichgültigkeit zusammen, die Kommunikation ist eingeschlafen. Die hohe Kunst besteht darin, die Glut nicht erkalten zu lassen und für die richtige Temperatur zu sorgen.

Das gleiche gilt für die Krise. Es ist nicht nur nicht schlimm, daß unsere Beziehungen im Alchimistenofen der Verwandlung entgegenschmoren, es ist sogar notwendig. Wir können uns die

Krise nicht ersparen. Sie ist ein natürlicher Reinigungsprozeß. Erst durch sie können wir zu neuen Werten gelangen.

Zweck der Krise ist das Ende der Illusion, man könne das Glück im anderen finden, im richtigen Partner, in einem vollkommenen Wesen, das, wenn man es erst gefunden hat, alle Probleme regelt. Diese Erkenntnis ist wesentlich und die Grundvoraussetzung einer noch bedeutenderen Erkenntnis: daß nämlich die Liebe kein Verhältnis ist, sondern ein Zustand. Das geheime Ziel unserer Verwandlung ist die Einsicht, daß die Liebe bereits in uns existiert, vor jeder Beziehung, und daß diese Liebe uns immer Nahrung gibt.

Die Prüfung der Beziehungen provoziert eine Rückkehr zu sich selbst, auf deren Grundlage erst ein dauerhaftes Zusammensein zwischen zwei souveränen Menschen möglich wird, die zusammen ihre Daseinsfreude feiern. Denn das fordern die lebendigen Kräfte der Existenz von uns: das gemeinsame, bewußte Fest der Lust am Leben. Viele Weise, Mystiker und Asketen der Vergangenheit haben die höchste Vereinigung mit der Dimension des Göttlichen einsam, in ihrer Höhle oder einem Kloster vollzogen. Jetzt ist es an der Zeit, diese Vereinigung auch im Zusammenleben als Paar und als Familie und somit als gesamte Gemeinschaft zu vollziehen. Solange dieses Ziel nicht allgemein anerkannt ist, wird die Erde mehr oder weniger zu einem Ort der Lebensminderung werden. Schade um das wunderbare Geschenk der Sinnlichkeit und Sexualität, solange es als Versuchung und Hemmnis auf dem Weg der persönlichen Entwicklung betrachtet wird. Dabei könnte es realistischerweise im Leben gerade darum gehen, ohne Schuldgefühle unsere körperliche und seelische Verwandlungsfähigkeit zu genießen und darum, unsere Empfindungsfähigkeit auszuschöpfen, lustvoll unsere Gefühle auszudrücken. Es könnte schließlich darum gehen, in Verbindung mit allem Lebendigen an der Ekstase des Lebens teilzuhaben.

Die Erde stirbt an unserem Getrenntsein. Das Leben auf unserem Planeten bedarf unserer positiven, empfindungsfähigen

Aufmerksamkeit. Die Inkarnation, die Fleischwerdung, ist auf unserem menschheitsgeschichtlichen Weg das nächste Rätsel, die nächste Entwicklungsstufe, die Herausforderung, die an uns gestellt ist. Unsere Deutungen der Worte von Weisen wie Jesus oder Buddha haben zu einer Vernachlässigung des körperlichen Lebens zugunsten des Geistigen geführt. Eine so eingeschränkte Vorstellung vom spirituellen Leben ist eine Beleidigung für die Gesamtheit des Seins. Jeder, der die Erfahrung des Einswerdens aller Dinge gemacht hat, weiß, daß es keinen anderen Ort gibt, an den man gehen könnte, daß das, wonach wir suchen, hier genauso existiert wie auf anderen Bewußtseinsebenen. Die Energie ist überall die gleiche. Die Energie der Liebe, die alles zusammenhält, ist sich selbst auf allen Daseinsebenen gleich. Was wir suchen, ist schon da.

Die Freiheit zur Selbstzerstörung

Das Universum besteht aus dieser undefinierbaren Energie, die in ihrer unendlichen Liebe – wie soll man es anders nennen? – stets unserem Eigensinn nachgibt, ohne zu urteilen und ohne sich je zu versagen. Die Entscheidung liegt in unseren Händen. Es gibt nichts, absolut nichts, was uns daran hindern könnte, uns selbst zu zerstören, wenn wir es wollen. So weit reicht unsere Freiheit. Nicht einmal ein Urteil ist darüber zu fällen. Vielleicht muß jeder von uns solche Erfahrungen zumindest ansatzweise gemacht haben, um sich selbst kennenzulernen und mit der Kraft der Liebe in Kontakt zu kommen. Aber ebenso gibt es nichts, absolut nichts, was uns daran hindern könnte, den Weg zu Freude und Freiheit zu wählen, indem wir unsere personale Macht einnehmen.

Das Leben, wenn es intelligent, selbstbewußt und freudvoll auftritt, ist vollkommen. Es ist in der Lage, sich selbst zu erschaffen und zu regenerieren. Jede lebende Zelle verfügt über diese Fähigkeit, und der Mensch, der sich im kosmischen Spiegel wiedererkennt, gelangt zur Herrschaft über sich selbst und zu der

Einsicht, daß er seine Existenz aus diesem Feld alles Möglichen erschaffen kann, das das Leben ist.

Wir kommunizieren ständig mit dem Universum. Es gibt keine Trennung. Wir haben mit jeder Faser an allem teil. Wir sind von der gleichen Art, aus demselben Stoff. Wir sind das Universum und können es dank unseres Bewußtseins, das gleichsam die herausragende Eigenschaft des Universums ist, zutiefst genießen. Die Herausforderung der Nähe besteht darin, diesen Genuß zu zweit, zu dritt, zu zehnt, zu Tausenden, zu Milliarden zu feiern. Wenn wir erwacht sind, werden wir zu bewußten Mitschöpfern des erregenden Abenteuers der Schöpfung. Statt dem Teufel oder dem lieben Gott untertan zu sein, werden wir zu Menschen, die für ihr Schicksal selbst Verantwortung übernehmen.

Der beste Weg, um glücklich zu sein

Acht Uhr früh. Ich sehe von meinem Computer auf. Draußen erwacht der Frühling. Der Baum vor meinem Arbeitszimmer trägt dicke Knospen, die nur auf die Wärme der ersten Sonnenstrahlen warten, um zu Blättern zu werden. Die Vögel zwitschern. Der Stadtverkehr mit dem unaufhörlichen Tosen seiner Brandung hört sich für mich wie ein endloses Meer an. Auch in mir ist Frühling. Ich fühle eine Lust zu leben und eine unerhörte Kraft durch meine Adern fließen. Genug gedacht! Das Leben ruft nach mir. Ich bin so aufgeregt wie damals, als zehnjähriger Junge, wenn ich beim Aufwachen sah, wie wunderschön die Sonne schien, mich aufs Fahrrad schwang und zu neuen Abenteuern brauste. Und noch ein letztes, bevor ich Sie verlasse, das Wichtigste, versteht sich: der Satz, den mein Tai-Chi-Lehrer Vlady seinen Schülern unermüdlich einbleute: «Der beste Weg, um glücklich zu sein, ist, glücklich zu sein!»

Epilog

Sie

Endlich Ferien! Wenn man die Vorgeschichte bedenkt, läuft es eigentlich ganz gut. Ein kleiner Badeort an der amerikanischen Küste, auf gut Glück reserviert kurz vor der Abreise. Ein erbärmliches Zimmer über einem lärmenden Ventilator. Das Essen läßt auch zu wünschen übrig. Gründe genug also, um verärgert zu sein. Seltsamerweise bringt euch das einander näher. Es liegt etwas in der Luft ... fast so, als hättet ihr euch neu verliebt. Moment mal – vielleicht hast du dich zu früh gefreut. Verrenkt er sich doch grade den Hals nach einem halbwüchsigen Gör, das seine Titten am Strand spazierenführt. Du wolltest schon was sagen, aber er ist so komisch, wenn er dreinsieht wie ein kleiner Junge, der was ausgefressen hat, schuldbewußt und bereit zu schwören, daß er überhaupt nicht geguckt hat, fast hättest du laut losgelacht. Nein, wirklich, der wird seine Mutter nie loswerden.

Er

Du liefst hinter ihr her, über den zu heißen Asphalt auf diesem amerikanischen Parkplatz, mit einer Cola und einer Tüte fettiger Pommes in der Hand – da kam diese Göttin vorbeigeschwebt ... Wow! Was für Titten! So was müßte verboten sein! Du wolltest gar nicht hinschauen, schon um *sie* nicht zu verletzen, aber es war stärker als du. Plötzlich zieht es dir den Boden unter den Füßen weg. Das kann doch nicht wahr sein! Ist *sie* doch glatt gekommen, um dir ein Bein zu stellen, und rennt vor dir weg und schreit ganz laut: «Ich liebe dich, mein Leibling! Ich liebe dich, mein Liebling!» Schön und gut, aber deine Pommestüte ist perdu. Du merkst, wie eine irrsinnige Wut in dir hochkocht. Wird sie nie aufhören, dir auf die Nerven zu gehen? Aber irgendwie ist es doch zu komisch. Die ganze Situation kommt dir plötzlich total lächerlich vor. Und wie du da so stehst, die Füße in einem Matsch aus Pommes und Cola, überkommt dich auf einmal eine Welle von Gefühl, so schön, so tief, daß du ihr lauthals nachbrüllst: «Ich liebe dich, mein Liebling! Ich liebe dich!» So laut, daß der halbe Strand es hören kann. Dieses «Ich liebe dich» kann sie sich ruhig auf Kassette aufnehmen. Das kommt so tief aus dir heraus, du hast so lange darauf gewartet. Das tut dir so gut, daß du vor Freude zu heulen anfängst wie ein Kind. Und durch deine Tränen hindurch siehst du sie lachen, und dann nimmt sie dich ganz sanft in den Arm, ganz sanft …

Der Autor

Ich weiß, … Sie haben geglaubt, das wäre nur bei Ihnen so. Tut mir leid, das kommt in den besten Familien vor. Das kommt von der Liebe! Das ist die Liebe.

Danksagung

Zunächst möchte ich mich bei meiner Lebensgefährtin, Marie-Ginette Landry, dafür bedanken, daß sie von Anfang an von diesem Projekt überzeugt war und mich dabei auf jede erdenkliche Weise unterstützt hat.

Ebenso möchte ich Christiane Blondeau danken, meiner unverzichtbaren Assistentin, die während meiner Schreibphasen die laufenden Büroarbeiten erledigte, die erste Version des Manuskripts erfaßte und die Fertigstellung des Buchs aufs genaueste überwachte. Marie-Claude Goodwin, meine Agentin, die die Verträge mit den Verlagen Éditions de l'Homme und Robert Laffont ausgehandelt hat, verdient meine ganze Anerkennung. Joëlle de Gravelaine, der Herausgeberin der Reihe «Réponses» bei Laffont, die mich so anerkennend und freundlich behandelt hat, schulde ich dafür ebenso großen Dank wie James de Gaspé Bonar, dem damaligen Verleger der Éditions de l'Homme für seinen unerschütterlichen Glauben an meine Arbeit.

Keinesfalls möchte ich das rettende Eingreifen von Jean Bernier übergehen, der mir das Vertrauen zu meinem Text und in mich selbst wiedergab, als ich mich in einem Wellental befand.

Darüber hinaus begleiteten mich auf dieser langen Reise: Céline Bietlot und Shandra Lord, die mir eine unverhoffte Hilfe waren; Hélène Deschesnes, eine Leserin der ersten Stunde, und Nicole Plamondon, Leserin der letzten Stunde. Auch ihnen allen möchte ich für ihre Begeisterung über meine Ideen meinen Dank aussprechen. Außerdem bedanke ich mich bei meiner Kollegin und Freundin Jan Bauer für ihre anregenden Gedanken und bei

Robert Blondin, Tom Kelly, Pierre Lessard, Marie-Lise Labonté, Danièle Morneau, Louis Plamondon, Camille Tessier und allen Mitgliedern meiner Familie für ihre Ermutigung. Auch die Unterstützung meiner belgischen «Seilschaft»: Thomas d'Ansembourg, Louis Parez, Pol Marchandise, Bettina de Pauw, Régine Parez, Alexiane Gillis, Liliane Gandibleu, Véronique Boissin und Pierre-Bernard Velge hat mir sehr geholfen.

Last but not least gilt mein Dank all jenen, die zu mir in die Therapie, zu Vorträgen und Seminaren gekommen sind, für die Einblicke, die sie mir gewährten und ohne die dieses Buch nicht zustande gekommen wäre.

Bibliographie

Badinter, Elisabeth, *XY – die Identität des Mannes*, München: Piper 1993

Bauer, Jan, *Unmögliche Liebe: vom Sinn unerlaubter Leidenschaft*, Zürich: Schweizer Spiegel Verlag 1995

Biller, Henry B., «Fatherhood: Implications for child and adult development», in: Benjamin B. Wolman, Hg., *Handbook of Developmental Psychology*, Englewood Cliffs (New Jersey): Prentice-Hall 1982

Bly, Robert, *Eisenhans. Ein Buch über Männer*, München: Kindler 1991

Carter, Julian, und Sokol, Julia, *Ces hommes qui ont peur d'aimer. Ceux qui séduisent et ne s'engagent pas. Comprendre les hommes des amours impossibles*, Paris: «J'ai lu» 1994

Chevalier, Jean, et al., *Dictionnaire des symboles. Mythes, rêves, coutumes, gestes, formes, figures, couleurs, nombres*, Paris: Robert Laffont 1969

Corneau, Guy, *Abwesende Väter, verlorene Söhne. Die Suche nach der männlichen Identität*, Solothurn/Düsseldorf: Walter 1993

– «Le défi de l'intimité», in: Jacques Solomé, *Communiquer pour vivre*, Paris: CLÉS Albin Michel 1996

Cyrulnik, Boris, *Sous le signe du lien. Une histoire naturelle de l'attachement*, Paris: Hachette 1989

– *Das Drehbuch menschlichen Verhaltens: was Tiere uns voraus haben*, München: DTV 1996

Desteian, John, *Coming Together – Coming Apart, The Union of Opposites in Love Relationships*, Boston: Sigo Press 1989

Dorais, Michel, und Ménard, Denis, *Les Enfants de la prostitution*, Montréal: VLB Éditeur 1987

– und Seguin, Christian-André, *Une enfance trahie. Sans famille, battu, violé,* Montréal: VLB Éditeur/Editions du Jour 1993

Ellenberger, Henry, *Die Entdeckung des Unbewußten – Geschichte und Entwicklung der dynamischen Psychiatrie*, Zürich: Diogenes 1985

Émond, Ariane, *Les ponts d'Ariane*, Montréal: VLB Éditeur 1994

Franz, Marie-Louise von, «Der Individuationsprozeß», in: *Archetypische Dimensionen der Seele*, Einsiedeln (Schweiz): Daimon 1994
– *Das Weibliche im Märchen*, Stuttgart: Bonz 1977
Gravelaine, Joëlle de, *La Déesse sauvage. Les divinités féminines: mères et prostituées, magiciennes et initiatrices*, Frankreich (o. O.): Dangles 1993
Graves, Robert, et al., *New Larousse Encyclopedia of Mythology*, London: Hamlyn 1983
Guggenbühl-Craig, Adolf, *Die Ehe ist tot – lang lebe die Ehe!* Zürich: Schweizer Spiegel Verlag 1980
Jacobi, Jolande, *Die Psychologie von C. G. Jung – eine Einführung in das Gesamtwerk*, Zürich: Rascher 1940
Jacoby, Mario, *Individuation und Narzißmus*, München: J. Pfeiffer 1985
– Scham – Angst und Selbstwertgefühl: ihre Bedeutung in der Psychotherapie, Solothurn: Walter 1993
Jung, Carl Gustav, *Der Mensch und seine Symbole*, Freiburg/Br.: Walter 1980
– *Symbole der Wandlung*, Grundwerk 7 und 8, Freiburg/Br.: Walter 1985
– *Die Beziehung zwischen dem Ich und dem Unbewußten*, Grundwerk Band 3, Freiburg/Br.: Walter 1984
– *Von den Wurzeln des Bewußtseins. Studien über den Archetypus*, Psychologische Studien 9, Zürich: Rascher 1954
Kast, Verena, «Animus and Anima. Zwischen Ablösung von den Eltern und Spiritualität», in: Frick/Huber (Hg.), *Die Weise von Liebe und Tod. Psychoanalytische Betrachtungen zu Kreativität, Bindung und Abschied*, Göttingen: Vandenhoeck 1998
Kinsey, Alfred Charles, Wardell, B. Pomeroy, Martin, Clyde E., *Das sexuelle Verhalten des Mannes*, Frankfurt/M.: Fischer TB 1970
Kohut, Heinz, *Die Heilung des Selbst*, Frankfurt/M.: Suhrkamp 1995
Lagacé, Linda, *Femmes et relations humaines*, Vorlesungsreihe an der Universität Sherbrooke, unveröff. Manuskript, 1994
Laplanche, Jean, und Pontalis, Jean-Bertrand, *Das Vokabular der Psychoanalyse*, Frankfurt/Main: Suhrkamp 1972
Lavallée, Gabrielle, *L'Alliance de la brebis*, Montréal: Editions JCL 1993
Lebrun, Paule, «Face à l'ombre», Gespräch mit Jan Bauer, in *Guides Ressources*, Bd. 11, Nr. 8, Montréal, Mai 1996
Lewis, C. S., *Till We Have Faces*, Grand Rapids (Michigan): Eerdman 1956
Lichtenberg, Joseph D., *Psychoanalyse und Säuglingsforschung*, Berlin/Heidelberg: Springer 1991

Miller, Alice, *Das Drama des begabten Kindes und die Suche nach dem wahren Selbst*, Frankfurt/Main: Suhrkamp 1994

Neuman, Erich, *The Origins and History of Consciousness*, New York: R. F. C. Hull 1954

Norwood, Robin, *Wenn Frauen zu sehr lieben. Die heimliche Sucht, gebraucht zu werden*, Reinbek: Rowohlt 1986

Olivier, Christiane, *Jokastes Kinder. Die Psyche der Frau im Schatten der Mutter*, München: DTV 1993

– *F wie Frau – Psychoanalyse und Sexualität*, Düsseldorf: Econ 1991

– *Die Söhne des Orest. Im Schatten des Vaters*, München: Econ 1994

O'Neil, Huguette, «Santé mentale: les hommes, ces grands oubliés ...», in *L'Actualité médicale*, 11. Mai 1988

Pednault, Hélène, «Mon père à moi», *La Vie en rose*, Montréal: März 1985

Rich, Adrienne, *Von Frauen geboren*, München: Frauenoffensive 1979

Rodgers, Karen, «La violence conjugale au Canada», *Tendances sociales canadiennes,* Nr. 11-008 F, Herbst 1994, Catalogue Statistique Canada

Salomé, Jacques, und Galland, Sylvie, *Si je m'écoutais ... je m'entendrais, Montréal*: Éditions de l'Homme 1990

Schierse-Leonard, Linda, *The wounded woman: healing the father-daughter relationship*, Boston: Shambhala 1983

Sheehy, Gail, *Die neuen Lebensphasen – Wie man aus jedem Alter das Beste machen kann*, München: List 1996

Simard, Réjean, «Au delà de l'inceste. A la recherche de son identité», Vortrag zum 11. Kongreß über bioenergetische Analyse, Miami (Florida), Mai 1992

Singer, June, *Nur Frau – nur Mann? Wir sind auf beides angelegt*, München: J. Pfeiffer 1981

Stevens, Anthony, *Archetypes, A Natural History of the Self*, New York: Quill 1983

Tremblay, Michel, *Les Belles-Sœurs*, Montréal: Lemeac 1972

Turner, Victor, «Betwixt and Between: The liminal period in rites of passage», in: Louise Carus Mahdi, Steven Foster und Meredith Little (Hg.), *Betwixt and Between*, La Salle (Illinois): Open Court 1987